जे.पी.
आंदोलन 1974

संतोष सुमन

TRUE SIGN
PUBLISHING HOUSE

प्रकाशक : ट्रू साइन पब्लिशिंग हाउस

पता : 212, दूसरी मंजिल, वर्धमान डी सी प्लाजा, प्लॉट नंबर-6,
सेक्टर-11, द्वारका, नई दिल्ली - 110075

पता : 21, द्वितीय तल, कुन्दन नगर, बागमुगलिया,
भोपाल, मध्य प्रदेश - 462026

मोबाइल : 9340014844
ईमेल : truesignbooks@gmail.com
वेबसाइट : www.truesign.in

जे.पी. आंदोलन 1974

लेखक: संतोष सुमन

ISBN: 978-93-5904-749-2

संस्करण: 2024

अनुक्रमणिका

ये बातें...

लोकनायक जयप्रकाश नारायण (जेपी) ने उस दौर यानी 1974 में देश के अंदर व्याप्त भ्रष्टाचार, महंगाई, शिक्षा में व्याप्त कुव्यवस्था आदि मांगों को लेकर देशव्यापी जन आंदोलन शुरू किया और देश में सत्ता परिवर्तन हुआ। उस दौर से ज्यादा विस्फोटक स्थिति आज है, लेकिन जेपी नहीं हैं, कौन देशव्यापी जन आंदोलन करेगा? लेकिन एक वक्त आयेगा, जब जेपी जैसा आंदोलन पूरे देश में होगा। जेपी आंदोलन पर अनेक किताबें छपी हैं। यह किताब एक रिसर्च बुक है। मैं स्वयं जेपी आंदोलन में सक्रिय कार्यकर्ता रहा। इस किताब पर रिसर्च करने का काम 21 मार्च, 1977 से शुरू किया, जो लगातार 6 वर्ष,1983 तक चला। इसमें मुख्य रूप से जेपी आंदोलन के घटनाक्रम, वस्तुस्थिति, जेपी के भाषण, विपक्षी दलों का अंतर्कलह सहित आपातकाल की महत्वपूर्ण बातों का जिक्र किया गया है।

जेपी आंदोलन से जुड़े कई नेता 1977 में सत्ता में आये जिन पर कांग्रेस से भी ज्यादा भ्रष्टाचार के आरोप लगे। और आज भी जेपी आंदोलन के कई नेता सत्ता एवं विपक्ष में बने हुए हैं, जो बढ़ती महंगाई, भ्रष्टाचार, शिक्षा में कुव्यवस्था, स्वास्थ्य, बेरोजगारी जैसे बुनियादी मुद्दों के नाम पर खुली लूट चला रहे हैं। कांग्रेस से ज्यादा खराब स्थिति देश में भाजपा और उसके गठबंधन की सरकार में चल रही है। जेपी ने राईट टू रिकॉल (जन प्रतिनिधि वापसी के अधिकारी की बात) कही, लेकिन केन्द्र में रही सरकार चाहे वह भाजपा हो या कांग्रेस, किसी ने भी इसे लाना नहीं चाहा।

आज लोग बढ़ती महंगाई, भ्रष्टाचार, शिक्षा में कुव्यवस्था, बढ़ते अपराध और स्वास्थ्य की मार झेल रहे हैं। बेरोजगारी, किसानों की समस्या सहित बुनियादी मुद्दों को छोड़कर सरकार द्वारा धर्म के नाम पर सत्ता में बने रहने का खेल जोर-शोर से चल रहा है। आज लोगों को इस बात का इंतजार है कि जेपी जैसा आंदोलन कब शुरू होगा? एक दिन जरूर आयेगा, जब जेपी जैसा

देशव्यापी जन आंदोलन होगा और सत्ता व व्यवस्था परिवर्तन भी जरूर होगा। देश में आज सच लिखने, बोलने की आजादी पर खतरा दिन पर दिन बढ़ता ही जा रहा है, सच बोलने व लिखने वालों को देशद्रोही कहा जा रहा है, सरकार सिर्फ स्तुतिगान करा रही है। फिर एक बार आजादी के लिए क्रांति की जरूरत है। यह आजादी सत्ता एवं व्यवस्था परिवर्तन की होगी। जेपी ने कहा था- "व्यवस्था परिवर्तन क्रांति से आयेगा।" इस पुस्तक में जेपी आंदोलन संबंधी घटनाओं का न सिर्फ वर्णन है, बल्कि उनके भाषणों को भी उसी तरह से प्रस्तुत किया गया है, जैसा उन्होंने कहा था। 'जेपी आंदोलन 1974' पर इस शोधपूर्ण (रिसर्च बुक) पुस्तक की रचना की गई है, जोकि अपने आप में ऐतिहासिक है।

-संतोष सुमन

1974 से ज्यादा विस्फोटक स्थिति आज...

1974 में महंगाई, भ्रष्टाचार, बेरोजगारी, शिक्षा में कुव्यवस्था सहित कई मांगों को लेकर बिहार के युवा छात्रों ने 18 मार्च, 1974 से आंदोलन शुरू किया, जो देखते ही देखते देशव्यापी जन आंदोलन बन गया। उन्हीं दिनों सर्वोदय नेता लोकनायक जयप्रकाश नारायण (जेपी) के नेतृत्व में यह जन आंदोलन जाग्रत हुआ। फिर 1977 में केंद्र एवं राज्यों में सत्ता परिवर्तन हुआ, केंद्र एवं राज्यों से कांग्रेस सरकार हटी और गैर कांग्रेसी सरकार बनी।

यह छात्र-युवा आंदोलन 18 मार्च, 1974 को शुरू हुआ। आंदोलन को कुचलने के लिए सरकार और उसके विभिन्न तंत्रों द्वारा खुलेआम दमन शुरू हुआ, गोलियां चलीं, काफी लोग शहीद हुए। लोकनायक जयप्रकाश नारायण सहित देश के विभिन्न नेताओं को गिरफ्तार कर जेल में डाला गया, इसी दौरान आपातकाल लगाया गया। पूरा देश आतंक और भय में जीवन व्यतीत कर रहा था। फिर 1977 में आम चुनाव हुए, कांग्रेस हर जगह से हार गई और लोकतंत्र की वापसी पूरे देश में हुई।

आज आपातकाल नहीं है, फिर भी किसी आपातकाल से कम नहीं है। सामाजिक माहौल अघोषित आपातकाल से ज्यादा खतरनाक होता जा रहा है। महंगाई सातवें आसमान को छू चुकी है। न केवल गरीब किसान, मजदूर वर्ग बल्कि मध्यमवर्गीय लोगों के लिए भी बेरोजगारी, भोजन, शिक्षा एवं स्वास्थ्य संबंधी समस्याओं के कारण रोजमर्रा की जिंदगी जीना कठिन हो गया है। भ्रष्टाचार के बिना अब कोई काम नहीं होता है। सरकारी संपत्तियों को निजी हाथों में बेचा जा रहा है, विरोध को दबाया जा रहा है। 2014 से केंद्र में सरकार ने लगातार कई गलत निर्णय लिए, जिनमें नोटबंदी, किसानों की दयनीय स्थिति, महंगाई, सहित अनेक गलत नीतियों के खिलाफ आवाज उठाने वालों को 'देशद्रोही'-'राष्ट्रद्रोही' कहा जा रहा है, यही नहीं उन पर झूठे मुकदमे भी चलाए जा रहे हैं।

भारत कर्ज के महासागर में डूबता चला जा रहा है। रिजर्व बैंक की 31 दिसंबर, 2021 की रिपोर्ट के अनुसार, हमारे देश पर कुल कर्ज का भार 128 लाख करोड़ रुपये से भी अधिक का हो चुका है। 31 मार्च, 2022 को जारी दूसरी रिपोर्ट के अनुसार, यह कर्ज बढ़कर 133 लाख करोड़ से अधिक हो गया, यानी देश के ऊपर पांच लाख करोड़ रुपये का कर्ज बढ़ा। रिजर्व बैंक ने सरकार को चेतावनी देते हुए कहा कि यदि रुपये की कीमत और देश की अर्थव्यवस्था इसी प्रकार गिरती रही, तो 31 मार्च, 2023 तक देश 155 लाख करोड़ रुपये कर्ज के नीचे दब जाएगा। आज देश के ऊपर यह बढ़ता हुआ कर्ज 142 लाख करोड़ रुपये से अधिक हो चुका है। बीते आठ वर्षों में देश के धन्ना सेठों के लाखों-करोड़ों रुपये माफ कर दिए गए, लेकिन रेपो रेट बढ़ाकर आम लोगों पर ईएमआई का भार डाला जा रहा है।

2014 से केंद्र सरकार की गलत नीतियों के खिलाफ उठने वाली आवाजों का दमन करने हेतु सरकारी तंत्रों का दुरुपयोग किया जा रहा है। लोकनायक जयप्रकाश नारायण ने कहा था, "भ्रष्टाचार के खिलाफ वही आवाज उठा सकता है, जिस पर भ्रष्टाचार के आरोप नहीं लगे हों।" जब भी केंद्र सरकार की गलत नीतियों का विरोध होता है, 70 वर्षीय कांग्रेसी शासनकाल संबंधी बातें कर वर्तमान मुद्दों को दबा दिया जाता है। फिर सवाल यह उठता है कि 2014 से केंद्र सरकार ने क्या किया?

सिर्फ जुमलेबाजी, झूठे वादों के तहत बेरोजगारी, महंगाई जैसी मूल समस्याओं से जूझता आम आदमी परेशान है। सभी के खातों में 15-15 लाख रुपये देने के वादे का क्या हुआ? हर साल 2 करोड़ नौकरियां देने के वादे का क्या हुआ? ऐसे कई वादे जो सरकार द्वारा किए गए थे, जनता भूली नहीं है, आज भी लोगों को याद हैं।

केंद्र सरकार ने 2014 से सरकारी आंकड़ों को छिपाना शुरू कर दिया है, यही कारण है कि वास्तविक आंकड़े देश की जनता के सामने नहीं पेश किए जा रहे हैं, जोकि बिलकुल गलत है। प्रेस की आजादी खतरे में है, प्रिंट मीडिया, इलेक्ट्रॉनिक मीडिया, सोशल मीडिया को बोलने और लिखने की आजादी खतरे में है। देश के इतिहास को बदला जा रहा है।

महंगाई के कारण 1974 में गुजरात व बिहार में चल रहे आंदोलन के साथ ही मुंबई और दिल्ली में भी महंगाई को ही लेकर आंदोलन चला और बंद भी सफल रहा था लेकिन आज पेट्रोल, डीजल, खाद्य सामग्रियों की कीमत आसमान छू रही है, फिर भी लोग चुप हैं, आखिर क्यों? क्योंकि मीडिया पर अघोषित अंकुश लगा हुआ है। सभी सत्ता पक्ष की स्तुतिगान में लगे हुए हैं।

आज देश में 1974 से ज्यादा भयावह-खतरनाक स्थिति बनी हुई है, फिर भी 1974 जैसा देशव्यापी आंदोलन क्यों नहीं हो रहा है? कारण स्पष्ट नजर आ रहा है, देश की अर्थव्यवस्था

खोखली हो चुकी है। सभी अपनी-अपनी जरूरतों को पूरा करने के लिए दिन-रात संघर्ष कर जीवन यापन में जुटे हुए हैं। आज जन-नेतृत्व का अभाव है और नेतृत्व को जिस दिन जन-समर्थन मिल जाएगा, 1974 का इतिहास एक बार फिर दोहराया जाएगा। जेपी जैसे नेतृत्व का इंतजार है, देशवासियों को एक दिन ऐसा नेतृत्व जरूर मिलेगा।

1974 युवा क्रांति की ओर......

देश की आजादी के सत्ताईस वर्षों बाद 1974 में केंद्र से लेकर राज्यों तक कांग्रेस की सरकारें थीं। उन्हीं दिनों भारत सरकार के आर्थिक मामलों संबंधी मंत्रालय द्वारा प्रकाशित 'इंडिया 1972' के अनुसार 1971 के अंत तक देश की कुल आबादी का 67.1 प्रतिशत यानी 36 करोड़ 76 लाख लोग बेरोजगार थे। बेकारी यानी बेरोजगारी का यह आंकड़ा 1951 में मात्र 51.9 प्रतिशत, 1921 में 53.1 प्रतिशत और 1931 में 56.7 प्रतिशत था। दुर्भाग्य की बात तो यह थी कि एक ओर बेरोजगारों की संख्या बढ़ रही थी और दूसरी तरफ काम करनेवालों की संख्या घटकर 18 करोड़ 4 लाख रह गई। मात्र 10 वर्षों में 1961 में बेरोजगारों की संख्या 25 करोड़ 3 लाख से बढ़कर 36 करोड़ 73 लाख हो गई। सरकारी आंकड़ों के अनुसार 18 करोड़ 87 लाख लोग कहीं न कहीं काम कर रहे हैं, उनमें से मात्र डेढ़ या दो करोड़ लोग ही सुरक्षित किस्म के काम में लगे हैं। बाकी 15 करोड़ से ज्यादा लोगों का काम जोखिम भरा अर्थात असुरक्षित है।

कांग्रेस सरकार के 27 वर्षों के शासन काल में 25 प्रतिशत ही लोग शिक्षित थे। सरकारी दावा रहा है कि 79.6 प्रतिशत, 6 से 11 वर्ष की उम्र के बच्चों को स्कूल भेजने की व्यवस्था है। माध्यमिक कक्षाओं में 1971 तक 14 से 17 वर्ष की उम्र के बीच मात्र 20.8 प्रतिशत बच्चे शिक्षा पा रहे थे। प्रथम पंचवर्षीय योजना में शिक्षा पर मात्र 7 प्रतिशत खर्च किया गया था। उन दिनों 70 प्रतिशत लोग कृषि पर निर्भर थे। सरकारी आंकड़ों के अनुसार राष्ट्रीय आय का लगभग 50 प्रतिशत सरकार को कृषि से मिलता था। साल 2014 से लगातार केंद्र में भाजपा की सरकार इन सरकारी आंकड़ों को छिपाती रही है, जिसे सार्वजनिक नहीं करती है।

भ्रष्टाचार पर मुंशी प्रेमचंद की कही पंक्तियां स्मरण हो आती हैं, "ऐसा काम ढूंढ़ना, जहां कुछ ऊपरी आय हो। मासिक वेतन तो पूर्णमासी का चांद है, जो एक दिन दिखाई देता है और घटते-

घटते लुप्त हो जाता है। ऊपरी आय बहता हुआ स्रोत है, जिससे सदैव प्यास बुझती है। वेतन मनुष्य देता है, इसी से इसमें वृद्धि नहीं होती। ऊपरी आमदनी ईश्वर देता है, इसी से उसमें बरकत होती है।"

गुजरात आंदोलन !

गुजरात आंदोलन की शुरुआत अन्न संकट और बढ़ती महंगाई के कारण हुई। उस समय महंगाई इतनी बढ़ी हुई थी कि लोगों के लिए दो समय का भोजन जुटाना भी मुश्किल हो गया था। गुजरात में बढ़ती महंगाई को कम करने की मांग की गई, लेकिन सरकार ने उनकी मांगों को नहीं माना, जिसे लेकर छात्र-युवाओं ने अपना आंदोलन तेज कर दिया और प्रदेश की जनता का समर्थन भी मिला। उन दिनों गुजरात में कांग्रेसी मुख्यमंत्री चिमन भाई पटेल और केंद्र में कांग्रेस की इंदिरा गांधी की सरकार थी।

सर्वप्रथम महंगाई की बात करें तो गुजरात की स्थिति उन दिनों ऐसी थी कि 'भाजी पाऊ' (पाव रोटी-मसालेदार सब्जी) की एक प्लेट की कीमत दो रुपये थी। सब्जी जो पहले प्रति किलो के हिसाब से मिलती थी, वह सौ ग्राम के हिसाब से बिकने लगी थी। गुजरात के 'नव गुजरात कॉलेज' में हुई तोड़-फोड़ की हिंसक घटना का कारण भी यह महंगाई और भूख ही थी। छात्रावासों में खाना महंगा मिलने लगा था। एक कॉलेज के बाद दूसरे अन्य कॉलेजों में भी छात्रों-युवाओं ने आवाज उठानी शुरू दी, और यह आवाज आंदोलन में तबदील हो गई। यही वह समय था जब मोरवी इंजीनियरिंग कॉलेज की 20 लाख रुपये की लेबोरेटरी जला दी गयी, इसकी कड़ी आलोचना भी हुई। अब यह छात्र-युवा आंदोलन प्रदेशव्यापी आंदोलन का रूप धारण कर चुका था। आंदोलन तेज हुआ, सरकारी दमन भी तेज हो गए। पुलिस द्वारा छात्रों पर लाठीचार्ज हुआ, गोलियां चलीं, जानें गईं, कर्फ्यू लगाया गया, कई गिरफ्तारियां हुईं। गोलीकांड से यह छात्र-युवा आंदोलन जन-आंदोलन बन गया। उन दिनों गुजरात सरकार द्वारा जारी किए गए सरकारी आंकड़ों के अनुसार, आंदोलन में कुल 95 व्यक्ति मारे गये तथा 933 लोग घायल हुए थे। लगभग 2.5 करोड़ रुपये की सरकारी एवं गैर सरकारी संपत्ति का नुकसान हुआ था।

महंगाई एवं शिक्षा संबंधित मांगों को लेकर गुजरात की 'युवक लामिनि समिति' संचालन कर रही थी। धीरे-धीरे छात्र आंदोलन से जन-आंदोलन के रूप परिवर्तित इस आंदोलन में सामाजिक मांगें भी शामिल होती गईं। 1973 में गुजरात विश्वविद्यालय ने अपनी सीनेट में 12 छात्र प्रतिनिधियों को रखने की व्यवस्था की। इनमें से मनीषी को 'नव निर्माण समिति' का अध्यक्ष बनाया गया। 'नव निर्माण समिति' गुजरात आंदोलन का सबसे शक्तिशाली संगठन बन गया।

इन्हीं दिनों, 1973 में बम्बई की महंगाई की तस्वीर सामने आई। भूख की तख्ती हाथों में लेकर बम्बई के नन्हे-नन्हे नॉनिहालों ने जुलूस निकाला, सभा और प्रदर्शन किए। फिर नॉनिहालों की दर्द भरी आवाज सुनकर उनकी मां कैसे बरदाश्त करतीं। महिलाओं के अनेक संगठनों ने अपनी एक समिति- 'महंगाई विरोधी प्रतिकार महिला संयुक्त समिति, गोरेगांव', बेलन मोर्चा का गठन किया। मूल्यवृद्धि रोकने में असमर्थ सरकार के विरुद्ध बेलन लेकर सड़कों पर निकल आयीं। प्रदर्शन का नेतृत्व बम्बई नगर पार्षद अहल्या रांगणेकार, विधायिका मृणाल गोरे ने किया। आंदोलनकारी महिलाओं को पुलिस की लाठियों का सामना करना पड़ा।

1973 में राजधानी दिल्ली की जो तस्वीर उभरती है, वह ऐतिहासिक थी। दिल्ली 'राजधानी बंद' पहली बार 06 नवम्बर, 1973 को जनसंघ के आवाहन पर तत्कालीन प्रधानमंत्री इंदिरा गांधी के आवास स्थान पर घेराव कर प्रदर्शन हुए और दिल्ली बंद सफल रहा।

सिर्फ अहमदाबाद में ही नहीं, अन्य सभी बड़े-छोटे नगरों, यहां तक कि ग्रामीण स्तर तक व्यापक रूप ले चुका यह गुजरात आंदोलन दिन-प्रतिदिन सर्वत्र बढ़ता ही जा रहा था। जिसका मुख्य कारण जनता का साथ था। छात्रों ने अपनी तीन सूत्री मांगें रखीं- छात्रावासों में हुई भोजन कटौती में सुधार, विश्वविद्यालय की यूथ बोर्ड का पुनर्गठन तथा शिक्षा मंत्री के इस्तीफे की मांग को लेकर 10 जनवरी, 1974 को अहमदाबाद बंद का आवाहन हुआ और अहमदाबाद बंद सफल रहा। इसके बाद तो जैसे आंदोलन का स्वरूप ही बदल गया, आंदोलन और भी तीव्र हो गया। जगह-जगह छात्र-युवाओं के साथ न केवल आम लोग बल्कि बुद्धिजीवियों, अध्यापकों द्वारा अनशन, भूख हड़ताल, जुलूस आदि निकालने पर गिरफ्तारियां होती रहीं। गुजरात के 20 हजार से अधिक आबादी वाले 82 प्रतिशत नगरों में जबर्दस्त आंदोलन चल रहा था। कम आबादी एवं ग्रामीण स्तर पर भी आंदोलनकारी पीछे नहीं थे।

सरकारी दमन और आंदोलन के तेजी से बढ़ने के कारण कांग्रेसी सरकार के मुख्यमंत्री चिमन भाई पटेल का इस्तीफा मंजूर हुआ और राष्ट्रपति शासन लागू किया गया। राष्ट्रपति शासन काल में भी 'नव निर्माण समिति' का आंदोलन शांत नहीं हुआ। नव निर्माण समिति का कहना था- अभी

हमारी मांगें कहां पूरी हुई हैं? भ्रष्टाचार कहां खत्म हुआ है? सामाजिक शुद्धिकरण कहां हुआ? सड़ी-गली परंपराएं कहां समाप्त हुईं?

उन्हीं दिनों उत्तर प्रदेश के 'पवनार आश्रम' से 09 दिसंबर, 1973 को जयप्रकाश नारायण ने 'लोकतंत्र के लिए युवा शक्ति (यूथ फोर डेमोक्रेसी)' का आवाहन किया। गुजरात नव निर्माण समिति के नेतृत्व मार्गदर्शन के लिए जयप्रकाश नारायण की आवश्यकता हुई। तब जयप्रकाश ने गुजरात वालों से सवाल किया, "क्या मंत्रिमंडल भंग कराना चाहते हो? उनकी जगह दूसरा मंत्रिमंडल आयेगा? विधानसभा भंग कराना चाहते हो? उसकी जगह दूसरी विधानसभा बनेगी? साँपनाथ का भाई नागनाथ आयेगा, तो फर्क क्या पड़ेगा?" तब गुजरात के छात्रों की समझ में आ गया कि समूचे ढांचे में आमूल परिवर्तन किये बगैर परिस्थिति बदल नहीं सकती।

साबरमती, 13 फरवरी 1974

जयप्रकाश नारायण तीन दिवसीय यात्रा पर गुजरात के साबरमती आश्रम गये। इसी आश्रम में जयप्रकाश जी, गांधी जी के आवाहन पर 1921 में आये थे। 13 फरवरी, 1974 को जेपी ने रचनात्मक कार्यकर्ताओं के सम्मेलन में कहा, "चुनौती को स्वीकार करें! रचनात्मक कार्यकर्ताओं के इस परिवार को, जिसका मैं भी एक सदस्य हूं, एक बात कहना चाहता हूं। न केवल गुजरात में, बल्कि कन्याकुमारी से कश्मीर तक जो एक क्रांतिकारी स्थिति पैदा हो रही है। उस पर क्या प्रधानमंत्री, क्या राष्ट्रपति, कोई भी शासन काबू नहीं कर पायेगा।

चीजें खिसक रही हैं और बहुत तेजी से बागडोर उन लोगों के हाथों से निकलती जा रही है। ऐसी परिस्थिति में हम लोग आमतौर पर जिस ढंग से सोचते हैं, उसमें भिन्न ढंग से सोचना चाहिए। जो परिस्थिति कठिन मालूम देती थी, जिसके लिए वातावरण बना नहीं था, वह परिस्थिति आज तैयार है। लोग आज आपकी बात सुनने को तैयार हैं, आज आपकी बात उनको यूरोपियन नहीं लगती। जनता के इस बदले हुए रुख को पहचानना होगा। क्रांति को कोई क्रांतिकारी नेता पैदा नहीं करता। क्रांति को न लेनिन ने पैदा किया, न माओ ने किया, न गांधी ने। क्रांति परिस्थिति में निर्मित होती है। क्रांतिकारी नेता की पहचान यह है कि वह परिस्थिति की नब्ज को पहचान लेता है।" बोल्शेविक पार्टी की सभा लेनिनग्राद से होती थी। लेनिन ने कहा, "6 नवंबर को क्रांति होनी है तो वह समय से पहले होगी और 8 नवंबर को होनी है तो समय के बाद होगी, इसलिए हमको 7 तारीख को क्रांति करनी होगी।" इस बात के लिए उन्होंने दलीलें पेश की।

इन दलीलों में एक बात यह कही कि हमारी क्रांति के लिए जार के सिपाहियों ने भी अपना वोट दिया है। किसी ने पूछा, वह कैसे? लेनिन ने कहा, "सैनिकों ने अपने पैरों से वोट दिया है।

देखिये न, मोर्चों पर से आये दिन हजारों सैनिक अपनी बंदूकें लेकर भाग रहे हैं।" इस प्रकार क्रांतिकारी नेता ने समय को पहचाना। सन् 1905 वाला प्रयत्न निष्फल हुआ था, क्योंकि तब समय अनुकूल नहीं था। और सन् 1942 में बापू ने क्या देखा था? उन्होंने देख लिया कि इस समय देश का आवाहन करने के लिए परिस्थिति बनी हुई है, लेकिन कांग्रेस की वर्किंग कमेटी तैयार थी क्या? स्वयं जवाहरलाल तैयार नहीं थे, वे असमंजस में पड़े हुए थे। वे फासीवाद मोर्चे में थे, उनको लगता था कि इस समय अगर अंग्रेजों के खिलाफ कुछ करेंगे तो उससे फासिस्टों की ताकत बढ़ेगी। लेकिन बापू अपनी बात पर दृढ़ थे। उन्होंने क्रांति के मौके को पहचान लिया था। उनको लग रहा था कि अंग्रेजों को भारत छोड़ना चाहिए, उनको साफ-साफ कहने का समय यही है। इसलिए उन्होंने 'भारत छोड़ो' का नारा दिया।

.....यहां गुजरात में भ्रष्टाचार को लेकर आंदोलन खड़ा हुआ, लेकिन उसमें कई बातें सामने आ गईं। मेरी समझ में गुजरात की जनता अन्य प्रांतों की अपेक्षा कुछ भिन्न है। भ्रष्टाचार तो सब जगह दूर-दूर तक फैला हुआ है, लेकिन और प्रांतों के लोग भ्रष्टाचार सहने के जितने आदी हो गये हैं, उतने गुजरात के लोग अभी नहीं हुए हैं। फिर भी वे लोग एक हद तक भ्रष्टाचार को सह लेने को तैयार हैं। उदाहरणार्थ, मुझे किसी ने बताया कि किसी पार्टी के फंड के लिए कोई आदमी धनिकों से चंदा इकट्ठा करके 40 लाख, 50 लाख या 1 करोड़ रुपया भी इकट्ठा करता है और यह पता चलता है कि यह धन किसने दिया तो यहां की जनता उसको क्षम्य मानेगी। अपने पैसे थे, किसी पार्टी को देना था तो दिया। लेकिन उसे लेकर अगर कोई सौदेबाजी होती है, तो उसको जनता सहन करने को तैयार नहीं है। आप लोग शायद नहीं जानते होंगे, लेकिन दिल्ली, उत्तर प्रदेश, बिहार आदि में खूब सौदेबाजी चलती है। इतना दो, तो इतना मिलेगा। जितना रुपया फंड में देंगे, जनता से उसका दस गुणा वसूल करने की सुविधा का वे लोग सौदा कर लेते हैं। यह सौदेबाजी गुजरात के लोग सहने को तैयार नहीं हैं। इस मायने में भ्रष्टाचार को हजम करने के मामले में आप लोग बिहार और उत्तर प्रदेश से बहुत पीछे चल रहे हैं, और बातों में चाहे जितना भी आगे हों। तो मैं कहना यह चाहता था कि इस मायने में यहां की जनता का चरित्रबल ऊंचा है।

और एक सहज बात बताना चाहता हूं कि भ्रष्टाचार को रोकने के लिए मालूम नहीं कितनी कमेटियां बनीं और कितनी रिपोर्ट प्रकाशित हुईं- संतामन कमेटी, वांचू कमेटी आदि। उन लोगों ने बहुत अच्छे-अच्छे सुझाव दिये हैं, फिर भी दिल्ली वाले उस पर कोई अमल नहीं करते, कोई कानून उसके लिए नहीं बनाते। इस बात को कोई गंभीरता से क्यों नहीं देखता, क्यों नहीं सोचता, मेरी समझ में नहीं आता।

मित्रों, अब आगे क्या करना है उसके संबंध में शांतिपूर्ण सोचना होगा। भ्रष्टाचार केवल मंत्रियों की ही ठेकेदारी नहीं है। व्यापार में, उद्योग में, नगर पालिकाओं में भी भ्रष्टाचार है। हमारे यहां तो निरीक्षक के सामने ही विद्यार्थी किताबें खोलकर नकल करते हैं। मजाल है किसी की कि कोई बोले और किसी ने बोलने की हिम्मत कर भी ली तो वह छुरी निकालेगा। अगर ऐसे विद्यार्थी भ्रष्टाचार के विरुद्ध आंदोलन चलाएं भी तो क्या होगा? हो सकता है, तोड़-फोड़ कर दें, आग लगा दें, लेकिन उससे कोई परिणाम नहीं निकलेगा, इसलिए भ्रष्टाचार का विरोध करने वाला पहले खुद सदाचारी होना चाहिए। भ्रष्टाचार के खिलाफ सदाचारी ही खड़ा हो सकता है।

अब महंगाई को ही लीजिये। महंगाई के कई कारण हैं। कुछ तो दुनिया की परिस्थिति के कारण और कुछ भ्रष्टाचार के कारण। उसके लिए अधिकतम जिम्मेदार हैं, भारत सरकार की आर्थिक गलत डिफेक्टिव नीतियां और गलत योजनाएं। समाजवाद के नाम पर जवाहरलाल जी और इंदिरा जी के जमाने में बहुत सारे काम किये गये। मैंने कई मुख्यमंत्रियों, कई केंद्रीय मंत्रियों आदि से बातें की और पाया कि इस कथन के साथ कई जानकार लोगों की सहमति भी थी। मैंने कहा कि इन कामों के कारण समाजवाद आज जितना बदनाम हुआ है, उतना तो कोई जानबूझ कर योजनापूर्वक बदनाम करने की कोशिश करता तो भी समाजवाद इतना बदनाम न होता। इंदिरा जी में प्रमाणिकता का अभाव है, ऐसा कहना मैं नहीं चाहता। लेकिन उसके साथ जो होमवर्क होना चाहिए था, तैयारी होनी चाहिए थी और उनकी पार्टी तथा प्रशासन में अनुशासन एवं वफादारी होनी चाहिए थी, उसका अभाव था। यानी जो भी समाजवादी कदम उठायें, वह प्रमाणिकता से उठायें। जवाहरलाल की पुत्री होने के कारण उनसे मेरा निकट का व्यक्तिगत संबंध रहा है। मैंने एक बार उनसे कहा, "इन्दु तुम्हारा समाजवाद सफल होने वाला नहीं है। जब-तक महंगाई है तब तक 'गरीबी-हटाओ' वाला नारा सफल नहीं होने वाला है। जब-तक तुम अपनी पार्टी से, मंत्रिमंडल से, प्रशासन से, भ्रष्टाचार हटा नहीं पाओगी, तब तक समाजवाद सफल होने वाला नहीं है।"

"देखिये, बिहार में कितना लोहा और कोयला है, लेकिन जब से राष्ट्रीयकरण हुआ है, घर में जलाने के लिए भी कोयला नहीं मिलता। दाम भी बेतहासा बढ़ गये। ऐसी परिस्थिति में गरीब बेचारा क्या करेगा? समाजवाद से लाभ होना चाहिए, लेकिन होता किसको है? राजनीतिक लोगों को और अफसरों को होता है।"

..... हमारे संविधान में प्रतिनिधि को वापस बुलाने का अधिकार नहीं दिया गया है। फिर भी मैं मानता हूं कि जिस प्रतिनिधि को जनता ने चुनकर भेजा है, वह बेईमानी करता है, दल-बदल करता है या और कोई कांड करता है तो जनता उसको वापस बुला सकती है।

.....मैं स्वास्थ्य के कारण लाचार हूं। दिल में तो हिम्मत है, लेकिन नाजुक स्वास्थ्य के कारण हिचकिचाता हूं। वरना विद्यार्थियों का आवाहन करता कि एक वर्ष के लिए कॉलेज छोड़कर निकल पड़ो। चलो हमारे साथ। इस देश में हम लोकतंत्र का नया ढांचा खड़ा करें।"

जयप्रकाश नारायण ने अपने इस भाषण के उपरांत इसी दिन 13 फरवरी, 1974 को अहमदाबाद में 'व्यापारी महामंडल' के सामने भी भाषण दिया।

अहमदाबाद : 14 फरवरी, 1974

जेपी ने अपनी तीन दिवसीय गुजरात यात्रा के दूसरे दिन गुरुवार, 14 फरवरी, 1974 को अहमदाबाद में गुजरात यूनिवर्सिटी के विद्यार्थियों की सभा को संबोधित करते हुए कहा-

"दोस्तों मुकेश (मुकेश पटेल, कॉमर्स छात्र, अहमदाबाद) ने कहा कि आज प्रेरणादायी मार्गदर्शन दीजिए। जी तो बहुत चाहता है, लेकिन मजबूरी है आयु के कारण नहीं, स्वास्थ्य के कारण। महाकवि बच्चनजी की इस पंक्ति से आप लोग मेरी तड़पन समझ सकेंगे। कवि ने कहा है:

आज लहरों में नियंत्रण, तीर पर कैसे रुकूँ मैं?

आज लहरों में नियंत्रण............

नदी की लहरें बुलावा दे रही हैं, तब तीर पर कैसे रुका जा सकता है? वास्तव में रुकना नहीं चाहता, समाज में उठ रही इन तरंगों में कूदना चाहता हूं।

एक समय था, युवकों का बहुत प्रिय था और युवक ह्रदय सम्राट के नाम से पुकारा जाता था, लेकिन स्वास्थ्य गिर चुका है। इसकी लाचारी है, इसलिए आप लोगों की अपेक्षाओं की पूर्ति कर न पाऊं तो क्षमा करें।

देश भर का दौरा करके देश के युवाओं का आवाहन करने के लिए छटपटा रहा हूं। पिछले छह महीनों से दिल में एक तीव्र मंथन अनुभव कर रहा था। लग रहा था, देश के रथ के दोनों पहिये कीचड़ में फंस गये और बैल आगे खींच नहीं पा रहे हैं।

देश के हालात देखते हुए मैंने कानपुर की सभा में 'यूथ फोर डेमोक्रेसी' लोकतंत्र के लिए युवा का आह्वान किया। इसी आवाहन को लेकर आंदोलन खड़ा हो गया था। उस सभा में मैंने कहा था कि देश में जो महंगाई, बेरोजगारी, भ्रष्टाचार है वह कई कारणों से है।

इसका एक कारण दुनिया के मौजूदा आर्थिक प्रभाव भी हैं। व्यापार में लगे हुए लोगों के कारण नहीं, किन्तु जो लोग कालाबाजारी और जमाखोरी करते हैं, उनके कारण है। और इस प्रकार के

लोगों के प्रति जनता में रोष है। जीवन संबंधी जरूरत की चीजें बाजार में उपलब्ध नहीं हैं, लेकिन जिन लोगों के पास खूब धन है, उन लोगों को वे चीजें मिलती हैं।

समाज में जीवन की समस्या और आवश्यकताओं के साथ जिसका कोई तालमेल नहीं है, ऐसी पुरानी पद्धति की शिक्षा चल रही है। हर साल हजारों ग्रेजुएट बाहर निकलते हैं, उन लोगों को नौकरी नहीं मिलती और उसके कारण असंतोष बढ़ता जा रहा है। यह सब कुशासन के कारण, सरकार की गलत नीतियों के कारण हो रहा है।

इन सारी परिस्थितियों को देखते हुए मैंने कानपुर की सभा में कहा था कि मैं आज फिर सन् 42 की स्थिति देख रहा हूं। इतिहास अपने आप को दोहराता भी है, नहीं भी दोहराता। आज की परिस्थिति एक मायने में भिन्न है, लेकिन उतनी ही क्रांतिकारी है।

देश में विभिन्न शक्तियां हैं। देश में विद्वान लोग हैं, राजनीतिक पार्टियों के लोग हैं, सर्वोदय के कार्यकर्ता हैं और 50-60 कोटी की जनता में युवा शक्ति भी है।

भारत की युवा शक्ति सोयी हुई है, ऐसा तो नहीं कह सकते। मैंने देखा कि देश की युवा शक्ति आज छोटे-छोटे प्रश्नों में उलझी हुई है या विभिन्न पार्टियों में बंटी हुई है। इसी कारण युवकों की एक सम्मिश्रित शक्ति नहीं बन पायी।

इसी वजह से मैंने 'यूथ फोर डेमोक्रेसी' लोकतंत्र के लिए युवा-शक्ति का आवाहन किया। मैं करता भी क्या, मुझसे रहा नहीं गया। मेरी बेबसी, लाचारी, हेल्पलेस होते हुए भी, मैंने आवाहन किया। मुझे खुशी है कि युवकों ने इसका अच्छा उत्तर दिया।

अहमदाबाद के और सारे गुजरात के छात्रों के सामने जो परिस्थितियां, जो चुनौतियां विश्वविद्यालयों में. बाहर समाज में तथा शासन में खड़ी हुईं, उनमें से स्वत: स्फूर्त ढंग से प्रेरित होकर आप लोगों ने आंदोलन खड़ा किया। और मैंने पहली बार पाया कि युवा-शक्ति छोटे-छोटे सीमित दायरे में प्रश्नों में उलझ कर खत्म नहीं हुई, क्योंकि आप लोगों ने बड़े-बड़े प्रश्न, न केवल गुजरात के, बल्कि सारे देश पर लागू होने वाले सवाल किये हैं। इसके लिए मैंने आप लोगों को तभी मुबारकबाद-बधाई दी थी, आज फिर से बधाई देता हूं।

....अभी मैं मुकेश और मनीषी के साथ बातें कर रहा था। मैंने कहा कि मैं बापू के विचारों को मानता नहीं था, मार्क्सवादी था और हिंसक क्रांति में विश्वास करता था, लेकिन मैं बापू का सिपाही था, क्योंकि मैंने देखा कि देश की बड़ी-बड़ी क्रांतिकारी पार्टियां भी जनशक्ति पैदा नहीं कर सकती थीं लेकिन बापू जैसी समझ-बूझ से कर सकते थे, क्योंकि जो काम हम लोगों को करना था, वह कितना बड़ा था। एक भी कदम गलत न उठे, जोश और होश दोनों का मेल बना रहे, यह देखना जरूरी था।

आपके आंदोलन के दो पड़ाव हैं। एक में सफलता प्राप्त हुई,मंत्रिमंडल का इस्तीफा हुआ। यह न भूलें कि उसमें दूसरों का भी हिस्सा है। दुनिया की कोई भी क्रांति केवल युवा-शक्ति के द्वारा ही हुई हो, ऐसा नहीं है। जनता का साथ अनिवार्य है। अब आपकी मांग है विधानसभा का विघटन हो और फिर से चुनाव हो, क्यों? आपका उनसे कोई झगड़ा नहीं है, लेकिन एक सिद्धान्त की बात है। एक पार्टी का शासन रहा और और बहुत बड़ा बहुमत रहा। बड़ा बहुमत होते हुए भी पार्टी के अंदरुनी-झगड़ों के कारण मंत्रिमंडल का परिवर्तन हुआ तब राजनीतिक अस्थिरता आयी और शासन की नीतियों में परिवर्तन हुआ। मंत्रिमंडल के कामों के बारे में मैंने सुना, पं. रविशंकर महाराज के साथ बातें हुईं, इस्तीफा देने वालों से बातें हुईं और लोगों से भी बातें हुईं, इन सबसे मेरे मन पर असर यह पड़ा कि उस मंत्रिमंडल के शासन-काल में ऐसे कई कार्य हुए हैं, जिनको भ्रष्टाचार या अनैतिक कहा जा सकता है।

हर एक विधायक बेईमान है (जोरों की तालियां बजीं) और जेपी कुछ रुक कर कहने लगे- मैं ठीक उल्टी बातें कर रहा था और आप लोगों ने तालियां बजा दीं, बात समझिये। कोई अगर यह कहता है कि जितने सदस्य हैं, शासक कांग्रेस के, संगठन कांग्रेस के, जनसंघ के, कम्युनिस्ट पार्टी के या अन्य पक्षों के - वे सबके सब बेईमान हैं और भ्रष्टाचार में शामिल हैं तो यह बात ठीक नहीं है। जब तक जांच न हो, तब-तक ऐसा कहना उचित नहीं है। सरकार के बारे में जो आम धारणा बनी है और अखबारों में जो अपेक्षा-चार्ज लगाए गए हैं, उनके उत्तर अब तक नहीं दिये गये। मैं मानता हूं कि इस विधानसभा को बने रहने का नैतिक अधिकार नहीं है। गुजरात की जनता को फिर से चुनाव का, अपने प्रतिनिधियों को दुबारा चुनने का अवसर दिया जाना चाहिए।

जो विधायक शक्तियां हैं, वे चाहती है कि शासन अच्छा हो, शुद्ध हो और योग्य हो। उसके लिए चुनाव-पद्धति का अच्छी होना जरूरी है। इसके लिए समय चाहिए। अगर तीन महीने की अवधि में चुनाव करना हो तो स्वयं नवनिर्माण समिति कहेगी कि उसके लिए हमारी तैयारी नहीं है। इसलिए चुनाव की अवधि के बारे में सोचना आवश्यक है।

सभी विधायक बुरे हैं, यह न मानते हुए भी इतना तो स्पष्ट है कि उन लोगों ने जनता का विश्वास खो दिया है। उन लोगों को स्वयं इस्तीफा देना चाहिए था, लेकिन नहीं देते। कुछ लोगों ने दिया है, लेकिन बाकी लोग नहीं देते। उन लोगों को इस्तीफा देने के लिए बाध्य करने का तरीका क्या हो? ढाई करोड़ जनता को छोड़कर छात्र समुदाय जो कहे वही होना चाहिए। ऐसी छात्रशाही का दावा, मैं मानता हूं, आपका नहीं होगा। छात्र समुदाय तानाशाह बनना चाहता और अगर छात्र समुदाय का लोकतंत्र में विश्वास है, तो उस स्थिति में उनको लोकतंत्रात्मक ढंग से काम करना पड़ेगा। आप विधायकों के पास जाकर उनको समझाइये, पूछिये कि गुजरात की जनता के साथ, संविधान

के साथ और देश के लोकतंत्र के साथ न्याय करेंगे? अपनी बात एक से अधिक बार समझाइये, उनके परिवार को समझाइये, यह आप लोगों का अधिकार है। उसके बाद का कदम क्या हो, यह आप लोगों को सोचना होगा। लोगों के पास जाना, उनको समझना, जुलूस निकालना, गवर्नर के यहां जाना, यह सब लोकतंत्र का हिस्सा है, उसमें कोई रुकावट नहीं हो सकती। मोहल्लों में नुक्कड़ सभाएं कर सकते हैं, किन्तु दबाव डालने के तरीके इस्तेमाल न करें, जिससे कि आंदोलन का नैतिक आधार ही टूट जाए।

आप विधायक के पास जाते हैं, वह कहता है कि मैं, तुम्हारा प्रतिनिधि नहीं हूं। तुमने मुझको वोट देकर नहीं भेजा है, तो आप उनसे कहिये कि मैं गुजरात का नागरिक हूं। मेरा यह कहने का अधिकार है कि अपने चुनाव क्षेत्र में जाएं और जनता से पूछें। अगर जनता आपको नहीं चाहती तो इस पद पर आपको रहने का क्या अधिकार है।

आज के लोकतंत्र में सबसे बड़ा दोष यह है कि अपने प्रतिनिधि के लिए उम्मीदवार खड़ा करना जनता के हाथ में नहीं है। चुनाव के बाद विधायक के ऊपर जनता का कोई कंट्रोल नहीं है। इसलिए मैंने कहा था कि यह जनतंत्र नहीं, दलतंत्र है, पक्षतंत्र है। और इसलिए अब कहता हूं कि जिन लोगों ने वोट दिया है, उन वोटरों से जाकर विधायक उनका मत पूछे।

नवनिर्माण समिति पूरे गुजरात में फैली हुई है। उन लोगों को कहिये कि वे अपने-अपने क्षेत्र के विधायकों के साथ जाएं और उनसे कहें कि जनता ने आपको विधानसभा का सदस्य बना कर भेजा है, गुजरात में जो सारे कांड हुए, गोली कांड हुआ, 50 लोग मारे गये, यह सारा आपने देखा है। अब आप क्या करना चाहते हैं? अगर वे लोग नया चुनाव नहीं करना चाहते तो 100-50 मीटिंग कीजिए और विधायक को तैयार कीजिये कि इस्तीफा दें। फिर भी अगर इस्तीफा न दे तो आगे की सोचिए।

.....मैं मानता हूं कि विधानसभा का विघटन होना चाहिए। यह कहने का अधिकार देश के हर नागरिक का है, चाहे वह गुजरात का हो या मद्रास का। अब अगला कदम है पुन: निर्वाचन का। आप लोग जो तारीख अपनायेंगे, उस पर आप लोगों की नैतिक शक्ति बनेगी। आप लोगों को आंदोलन आगे बढ़ाने का रास्ता मैंने सुझाया है। आंदोलन भ्रष्टाचार और महंगाई को लेकर आरम्भ हुआ था। भ्रष्टाचार का आपेक्षा जिस मंत्रिमंडल पर था, वह गया। अब मांग है जांच की, शायद आप लोगों की भी यही मांग है कि मंत्रिमंडल के कार्यकलापों पर एक इन्क्वायरी कमीशन-जांच आयोग बैठाया जाए। यह एक उचित मांग है, कमीशन नियुक्त होना चाहिए।

......आज, कल, परसों या जब भी विधानसभा का विघटन हो, तब चुनाव शुद्ध ढंग से हो उसके लिए हम लोगों को काम करना होगा। चुनाव की यही पद्धति रही तो क्या होगा? वही दल

उन्हीं उम्मीदवारों में से किसी एक का हम लोगों को चुनाव करना होगा। आजकल मतदाता लोग तंग आ गये हैं, इसलिए सिर्फ 50 प्रतिशत या उससे कम मतदाता मतदान करने जाते हैं। इस हालत में चुनाव होगा, तो एक पक्ष के स्थान पर दूसरा पक्ष आयेगा। सभी पक्षों का अनुभव हम लोग ले चुके हैं। ऐसा कौन सा पक्ष है, जो दिल पर हाथ रखकर कह सके कि हम भ्रष्टाचारी नहीं हैं। इसलिए अगर चुनाव की यही पद्धति रही तो कौन सी क्रांति होने वाली है? एक मंत्रिमंडल की जगह दूसरा मंत्रिमंडल और आज के विधायकों की जगह दूसरे विधायक आयेंगे तो क्या फर्क पड़ने वाला है? मैं आपसे कहता हूं कि सारी दुनिया में जहां-तहां प्रतिनिधि लोकतंत्र है, चाहे वह संसदीय हो या प्रसेंडियल राष्ट्रपति शासित हो, सबमें यही दोष है। चर्चिल ने कहा कि लोकतंत्र में बहुत दोष है, लेकिन इससे अच्छा विकल्प कोई नहीं है। क्या भारत इसका विकल्प पेश कर सकता है? लेकिन यह आज का विषय नहीं है। आज का लोकतंत्र बनाने के लिए मैंने एक रूपरेखा पेश की है। पु. महाराज और विनोबा जी भी कहते हैं कि जनता अपना उम्मीदवार खड़ा करे। आज तो जनता नहीं, बल्कि पक्षों के हाई कमांड उम्मीदवार खड़ा करते हैं। हर पार्टी का एक-चौथाई हाई कमांड यहां है और तीन-चौथाई दिल्ली में है, वास्तव में हाई कमांड कौन होना चाहिए, जनता या दिल्ली वाले? लोकतंत्र में हाइएस्ट कमांड जनता की होनी चाहिए। लेकिन उसको तो कोई पूछता भी नहीं है। वोट दे दीजिये, चाहे जिसको, नहीं देना है तो मत दीजिए। अकाल के समय कोई खबर लेने नहीं गया, उसके विरोध स्वरूप साबर कोटा जिले के दो गांवों ने मतदान का बहिष्कार किया। यह एक बहुत बड़ा समोलिक प्रेस्टिज प्रतिकार है, ऐसा अतिकार है, ऐसा प्रतिकार लोकतंत्र को वास्तविक बनाने के लिए आवश्यक है।

....अब आप लोगों के सामने सवाल है, इस समय यूनिवर्सिटी बंद हैं तो आगे क्या करना है? (छात्रों ने जवाब दिया कि यूनिवर्सिटी बंद रहनी चाहिए।) आप लोगों की राय मैं जानता हूं। मेरी राय यह है कि आप लोग हाईस्कूल के विद्यार्थियों को छोड़ दीजिए, क्योंकि वे उम्र में कम हैं।

1921 में बापू ने आह्वान किया था कि कॉलेज छोड़ दो। मैं तो कोई गांधी नहीं हूं, लेकिन कानपुर में मुझको कहना पड़ा कि मैं बीमार न होता तो हिम्मत करके विद्यार्थियों को कहता कि 'तीर नहीं है, लहर में कूद जाना है।' सभी छात्र कॉलेज छोड़कर एक वर्ष के लिए कूद पड़े। बापू ने तो एक वर्ष के लिए नहीं, हमेशा के लिए कॉलेज छोड़ने का आह्वान किया था। उस समय मैं इंटर साइंस का छात्र था।

20 दिनों में परीक्षा होने वाली थी। मुझे यह कहते हुए संकोच नहीं है कि पटना कॉलेज में उस समय हमारी एक जमात थी। सबके सब छात्र प्रथम श्रेणी के थे। आह्वान के बाद हम लोगों ने बहुत सोचा और कॉलेज छोड़ने का निश्चय किया। हमारे अभिभावकों, राजेन्द्र बाबू और मौलाना आजाद

के बीच चर्चा हुई। अभिभावकों ने कहा कि जब तक इन विद्यालयों की जगह दूसरे अच्छे विद्यालय बन नहीं जाते, तब तक इन लोगों को पढ़ने नहीं देते। मौलाना ने कहा, "हमारा बेटा, भाई जहर पी रहा है, मैं उसको क्या यह कहूं कि जब तक अमृत का प्याला नहीं आता है, तब तक जहर पीते रहो?" उसके बाद सोचना बंद हो गया। मौलाना के भाषण ने मानों गंगा में आग लगा दी।

दूसरे दिन हम लोग कॉलेज छोड़कर निकल गये। तब और आज की परिस्थिति में बहुत फर्क है, यह बात ठीक है। आज विदेशी हुकूमत नहीं है। लेकिन मेरे मन में यह बात चल रही है कि अगर कोई देशव्यापी कार्यक्रम ध्यान में आता है तो छात्रों को नये भारत के निर्माण के लिए कॉलेज और विश्वविद्यालय एक वर्ष के लिए छोड़ने के लिए आह्ववान करूं।

आप लोगों में से आंदोलन को आगे बढ़ाने के लिए जो लोग समय देना चाहें वे जरूर दें। अभी आपका सबसे बड़ा उद्देश्य है, विधानसभा का विघटन हो। उन उद्देश्य की पूर्ति के बाद का नव निर्माण (नव निर्माण समिति) का काम एक दिन में होने वाले काम नहीं है। इस कार्यक्रम को पूरा करने के लिए आपमें जो आ सकता है, उन सबको आने के लिए मैं आह्वान करता हूं, अपील करता हूं। लेकिन उसके लिए किसी भी, किसी प्रकार की जबरदस्ती या तोड़-फोड़ नहीं होनी चाहिए। और एक बात कह दूं, हिंसा चाहने वाली पार्टियों की कठपुतली न बनें, 'डू नॉट बी दी टूल्स ऑफ ऐनी पॉलिटिकल पार्टी' सबकी राय सुनिये। सब कार्यक्रम समझ लीजिए, हम अपने मालिक हैं हम तय करेंगे। मैं नेतृत्व करना नहीं चाहता। आपको ही अपना नेता बनना है।

.....शांतिमय क्रांति के पथ पर अग्रसर होने के साथ बहुत दूर तक चलना है। जब तक जीवित रहूंगा तब-तक मैं चलना चाहूंगा।

गांधीजी के 1921 और 1942 के आह्वान की तरह जयप्रकाश नारायण ने 1974 में गुजरात वालों का आह्वान किया। सिर्फ गुजरात ही नहीं, सम्पूर्ण भारत की युवा शक्ति का आह्वान किया। जेपी के इस आह्वान ने गुजरात में क्रांति को नया रूप दिया।

नव निर्माण समिति ने घोषणा की कि युवक सर्वोदय नेता जयप्रकाश नारायण के आह्वान पर 'पढ़ो और अन्याय के विरुद्ध लड़ो।' पर एकजुट होकर दूषित राजनीति, शिक्षा और सामाजिक परंपराओं का शुद्धिकरण करेंगे।

छात्रों ने नेताओं के, खासकर मुख्यमंत्री के पुतले जलाए, दाह संस्कार के बाद नदी में स्नान के कार्यक्रम किए। राजनीतिक और प्रशासनिक सत्ताधारियों का घेराव किया। विधायकों और नगर निगम के सदस्यों को त्यागपत्र देने को बाध्य किया। गधों पर राजनेताओं के नामों की तख्ती लगाकर जुलूस निकाले। पुलिस से गुरिल्ला लड़ाई लड़ी। कर्फ्यू का सायरन बजने के समय 'मौत

का घंटा' बजाने का रिवाज चलाया गया- इधर सायरन बजता, उधर छत पर चढ़ कर घंटा-घड़ियाल, घंटी-थाली बजानी शुरू कर दी जाती। गरज यह कि उन्होंने परंपरागत सत्ता-व्यवस्था को एक ओर चलने नहीं दिया तथा दूसरी ओर सार्वजनिक परिहास का विषय बनाया।

गुजरात विधानसभा को भंग करने की मांग को लेकर 'नव निर्माण समिति' के लगभग 110 सदस्य दिल्ली पहुंचे और राष्ट्रपति तथा अनेक सांसद सदस्यों के समक्ष अपनी बात रखी और इस सिलसिले में दिल्ली में मौन जुलूस भी निकाला।

'नव निर्माण समिति' का कहना था कि विधानसभा के विघटन के बाद हम तुरंत चुनाव की मांग नहीं करेंगे, बल्कि एक वर्ष तक राष्ट्रपति शासन जारी रहे, ऐसी हमारी इच्छा होगी। राष्ट्रपति शासनकाल की अवधि में 'नव निर्माण समिति' जन जागरण का कार्यक्रम देगी, जिसमें युवक गांव-गांव घूमकर जनमत तैयार करेंगे, ताकि फिर से भ्रष्ट व्यक्ति विधानसभा में न चुने जाएं। जन-जागरण के लिए समिति ने तीन बातें मुख्य रूप से रखीं। एक, समिति चुनाव लड़ने वाले उम्मीदवार की आय और सम्पत्ति का पूरा ब्योरा घोषित करवायेगी। दूसरी, समिति उम्मीदवार से यह वचन लेगी कि वह उद्घाटन सभाओं में नहीं जायेगा और तीसरी यह कि हरेक उम्मीदवार को यह लिखकर देना होगा कि जिस वक्त बहुमत चाहेगा, उसे विधान सभा की सदस्यता से इस्तीफा देना होगा। समिति ने यह निश्चय किया कि जो व्यक्ति इस प्रकार की तीनों बातें मान कर प्रतिज्ञा पत्र नहीं भरेगा, उसे हम जनता के सामने बेनकाब करेंगे और चुनाव नहीं लड़ने देंगे।

गुजरात आंदोलन 'नव निर्माण समिति' के आंदोलन ने तीव्रता पकड़ी और अन्ततः स्वतंत्र भारत में पहली बार गुजरात की विधान सभा भंग हो गई। नव निर्माण समिति की जिम्मेदारी और बढ़ गई क्योंकि समिति ने सिर्फ आंदोलन कार्य ही नहीं बल्कि रचनात्मक कार्य भी करने शुरू कर दिए। परिणामतः खबरें मिलने लगीं...गुजरात में खाद्य पदार्थों की कीमतें घट गईं- रिश्वतखोरी, जमाखोरी करने वाले जन-आक्रोश से डरने लगे। भ्रष्टाचार में गिरावट आने लगी।

स्वतंत्र भारत होने के बावजूद क्रांति का जन्मदाता गुजरात को ही कहा जायेगा। गुजरात की युवा जन शक्ति की जीत ने समस्त देश के सभी प्रदेशों की युवा जन शक्ति को क्रांति जागरण की प्रेरणा दी। फिर क्या था देखते ही देखते प्रदेशों में छात्र-युवा की क्रांति का बिगुल बज उठा। और बिहार प्रदेश ही गुजरात की इस जीत के बाद पहला प्रदेश था, जिसने क्रांति के यंत्र का यह सशक्त मंत्र दिया-

गुजरात की जीत हमारी है,

अब बिहार की बारी है!

बिहार आंदोलन

बिहार आंदोलन : प्रथम चरण-18 मार्च, 1974 से 4 जून, 1974

18 मार्च, 1974

गुजरात आंदोलन की पृष्ठभूमि ही बिहार आंदोलन की पृष्ठभूमि बनी।

बिहार में महंगाई, भ्रष्टाचार, शिक्षा में कुव्यवस्था सहित अन्य मुद्दों को लेकर 'बिहार प्रदेश छात्र संघर्ष समिति' ने 12 सूत्रीय मांगों की एक विज्ञप्ति राज्य सरकार को समर्पित की तथा वही विज्ञप्ति प्रदेश के सभी हिस्सों में जन-जन तक पहुंचाई गई।

गुजरात की जीत हमारी है,
अब बिहार की बारी है!

विधान सभा के समक्ष अभूतपूर्व प्रदर्शन और घेराव 18 मार्च, 1974 को होगा। जिसमें राज्यपाल रामचन्द्र धोविया भंडारे सहित किसी भी मंत्री, अफसर तथा विधायक को विधानसभा में घुसने नहीं दिया जाएगा। छात्रों की अपनी इन मांगों में सिर्फ आठ मांगें शिक्षा संबंधित और चार जन-साधारण जीवन से संबंधित थीं।

1. महंगाई पर अविलंब रोक लगायी जाए। मुनाफाखोरों, जमाखोरों को सरकार द्वारा पकड़ा जाए तथा छात्रों के लिए निम्न दर पर भोजन, किताब, कापी आदि शिक्षा संबंधी सामग्री प्रदान करने की व्यवस्था की जाए। भ्रष्टाचारी अफसरों को दण्डित किया जाए।

2. मेडिकल प्रतियोगिता में भाग लेने के लिए आवश्यक अंकों की अनिवार्यता समाप्त की जाए।

3. डिग्री को आधार मानकर राष्ट्रीयकृत बैंकों से शिक्षित बेरोजगारों को व्यवसाय प्रदान करने के लिए ऋण दिया जाए।

4. छात्रवृत्तियों की संख्या बढ़ायी जाए एवं छात्रवृत्ति की रकम का वर्तमान प्राइस-इंडेक्स के अनुसार पुनर्मूल्यांकन किया जाए।

5. शिक्षा में आमूल परिवर्तन कर इसे राष्ट्रीय आवश्यकताओं के अनुरूप तथा रोजगारोन्मुखी बनाया जाए।

6. शिक्षित बेरोजगारों को काम दिया जाए अथवा उन्हें बेरोजगारी भत्ता दिया जाए।

7. विश्वविद्यालयों को स्वायत्त बनाया जाए, सरकारी हस्तक्षेप रोका जाए तथा विश्वविद्यालय व्यवस्था के प्रत्येक निकाय में दक्ष-सिंडिकेट, एकेडमिक, काउंसिल में छात्रों का निर्णायक एवं प्रभावी प्रतिनिधित्व दिया जाए।

8. बिहार के प्रत्येक जिले में महाविद्यालयों की व्यवस्था की जाए।

9. बिहार के प्रत्येक महाविद्यालय, विश्वविद्यालय में अनिवार्य सदस्यता प्राप्त प्रत्यक्ष चुनाव छात्र-संघ की स्थापना हो।

10. बिहार में आयुर्वेदिक स्नातकों को आधुनिक चिकित्सकों जैसे अधिकार एवं सुविधाएं देने के साथ ही राजकीय अस्पतालों में आयुर्वेद विभाग की स्थापना की जाए।

11. होम्योपैथी शिक्षा के समुचित विकास के साथ ही इनके स्नातकों को भी आधुनिक चिकित्सकों जैसी सुविधाएं मिलें तथा इनके छात्रों की समस्याओं का निदान किया जाए।

12. अंग्रेजी की अनिवार्यता समाप्त किया जाए तथा अध्ययन मातृभाषा में हो।

उपर्युक्त बारह सूत्रीय मांगों का एक पर्चा मुझे भी 18 मार्च के पहले मिला और छात्रों से भी बातें हुईं। और फिर सोमवार 18 मार्च, 1974 का दिन भी आ गया।

18 मार्च, 1974 को घटने वाली घटना आकस्मिक नहीं थी। बात मई, 1970 से शुरू हुई। पटना से प्रकाशित होने वाले हिन्दी दैनिक समाचार पत्र 'प्रदीप' ने अपने संपादकीय एवं अन्य लेखों से छात्र-युवाओं को देश में हो रहे भ्रष्टाचार, महंगाई के विरुद्ध संघर्ष करने के लिए आह्वान किया। दैनिक 'प्रदीप' के संपादक रामसिंह समय-समय पर युवा छात्रों, छात्र नेताओं से मिलते

रहे तथा सत्ताईस वर्षों से चल रहे भ्रष्टाचार, महंगाई, भाई-भतीजावाद तथा वर्तमान शासन पद्धति के कुशासन व्यवस्था को बदलने के लिए सर्वत्र बातें होने लगीं।

1972-73 में बिहार, उत्तर प्रदेश, गुजरात, मध्यप्रदेश, केरल, आन्ध्र प्रदेश, पश्चिम बंगाल, कर्नाटक में छात्र-युवाओं में असंतोष एवं सरकारी अव्यवहारिक योजनाएं 'युवा चिन्तन' का विषय बन गईं। जनवरी, 1974 के दूसरे सप्ताह दिल्ली में 'दिल्ली विश्वविद्यालय छात्र-संघ' के तत्वाधान में देश भर के विश्वविद्यालय एवं छात्र-संघों के पदाधिकारियों का एक सम्मेलन हुआ, जिसमें शैक्षणिक और सामाजिक समस्याओं के समाधान के लिए देशव्यापी आंदोलन करने का निश्चय किया गया। इन्हीं दिनों सर्वोदय नेता जयप्रकाश नारायण ने पवनार आश्रम से छात्रों के नाम 9 दिसंबर, 1973 को 'यूथ फोर डेमोक्रेसी' की अपील जारी की। जेपी की इस अपील से सम्पूर्ण देश में क्रांति की नई लहर दौड़ गई। और उसी समय, गुजरात की जीत बिहार के लिए वरदान बन गई। 22 जनवरी, 1974 के पटना के व्हीलर सीनेट हॉल में जयप्रकाश नारायण ने युवकों के बीच उक्त अपील के अन्र्तगत भाषण में कहा-'युवकों आगे बढ़ो...।' 1 फरवरी, 1974 को पटना कॉलेज के प्रांगण में जेपी ने पुन: अपने भाषण में 'लोकतंत्र की रक्षा हेतु युवकों से अपील की।' बिहार के मुजफ्फरपुर में छात्र नेता सम्मेलन 8 फरवरी, 1974 को हुआ। सम्मेलन में आंदोलन के कार्यक्रमों पर विचार विमर्श हुआ तथा 9 फरवरी, 1974 को ही मुजफ्फरपुर में छात्रों द्वारा जमाखोरी और मुनाफाखोरी के विरुद्ध अभियान शुरू किया गया।

17-18 फरवरी, 1974 को पटना में बिहार के छात्र, युवा संगठन के नेताओं, पटना विश्वविद्यालय छात्र संघ, समाजवादी युवाजन सभा, अखिल भारतीय विद्यार्थी परिषद, युवा कांग्रेस (रा.), भारतीय क्रांतिकारी युवा संघ तथा तरुण शांति सेना के प्रयासों से सम्मेलन एवं 'बिहार प्रदेश छात्र संघर्ष समिति' का गठन तथा स्वयं ही आंदोलन का बीजारोपण हुआ। इसमें कम्युनिस्ट पार्टी की छात्र शाखा 'ऑल इंडिया स्टूडेंट फेडरेशन' ने 'बिहार प्रदेश छात्र संघर्ष समिति' के अहिंसक एवं शांतिपूर्ण आंदोलन चलाने के प्रस्तावित कार्यक्रमों का बहिष्कार किया, परन्तु 'बिहार प्रदेश छात्र संघर्ष समिति' अपने अहिंसात्मक ढंग से आंदोलन चलाने के लिए दृढ़ संकल्प थी तथा इस 'समिति' ने शुरू में महंगाई, बेरोजगारी, भ्रष्टाचार, शिक्षा में आमूल परिवर्तन आदि विषयों को लेकर आठ सूत्रीय मांग की।

26 फरवरी, 1974 को 'बिहार प्रदेश छात्र संघर्ष समिति' के लगभग 200 छात्रों द्वारा अपनी मांगों के समर्थन में 24 घंटे का अनशन मुख्यमंत्री अब्दुल गफूर के निवास स्थान पर किया गया तथा प्रदेश के अन्य स्थानों पर भी छात्रों ने जिलाधिकारी और अनुमंडला अधिकारी के समक्ष अनशन किया, परन्तु मुख्यमंत्री छात्रों से नहीं मिले। 1 से 5 मार्च, 1974 तक राज्य भर में जिला

मुख्यालयों पर प्रदर्शन किए गए। 2 मार्च, 1974 को 'बिहार प्रदेश छात्र संघर्ष समिति' की 11 सदस्यीय 'संचालन समिति' का गठन किया गया। 4 मार्च, 1974 को छात्र संघर्ष समिति द्वारा पटना में शिक्षा मंत्री के निवास स्थान पर प्रदर्शन किया गया तथा ज्ञापन भी दिया गया परन्तु सरकार छात्रों के साथ बैठने को तैयार नहीं थी। 18 मार्च, 1974 को विधान सभा के घेराव को असफल करने के लिए युद्धस्तर पर सरकार ने इंतजाम शुरू कर दिए। सरकार ने छात्रों से हर स्तर पर निपटने की घोषणा कर दी। एक सप्ताह तक लगातार अब्दुल गफूर की सरकार ने अखबारों में विज्ञापनों के माध्यम से झूठी बातों का प्रचार किया कि सरकार ने छात्रों की सभी मांगें मान ली हैं, किंतु प्रश्न यह उठ रहा था कि सरकार ने यदि छात्रों की इन सभी मांगों को मान लिया है, तो फिर आंदोलन की गंभीरता को देखते हुए सरकार ने राज्य के 35,000 प्राथमिक विद्यालयों तक को क्यों बंद कर दिया? सरकार ने छात्रों से निपटने के लिए सीआरपीएफ, सीमा सुरक्षा दल और सेना की सेवाएं तो प्राप्त कर लीं, परन्तु एक बार भी छात्र नेताओं से बातचीत कर उनकी सही मांगों को मानने और आंदोलन को टालने की कोशिश नहीं की। उलटे छात्रों को सदैव भड़काने वाले वक्तव्य दिए गये। कहा गया, "मुट्ठी भर लोग गुंडई पर उतारू हैं, तो उन्हें देख लिया जायेगा।" इतना ही नहीं मंत्रियों द्वारा खुले शब्दों में छात्रों को गालियां एवं हिंसात्मक वक्तव्य भरी चुनौतियां दी गईं। हालात ये थे कि छात्र भी दृढ़ थे तो सरकार भी झुकने के लिए तैयार नहीं थी। इन छात्रों के सामने दुनिया का इतिहास था, जिसने बड़े-बड़े तानाशाहों को उखाड़ फेंका था। गुजरात इन्हीं भावनाओं से जाग्रत होकर अन्त में विजयी हुआ। फिर बिहार के छात्र-युवाओं में क्रांति का बिगुल बज उठा।

मुख्यमंत्री अब्दुल गफूर के प्रिय मित्र व बिहार राज्य के तत्कालीन वित्त एवं योजना मंत्री दरोगा प्रसाद राय ने अपने पुत्र को आपातकालीन सरकारी ठेका देकर 4 लाख 84 हजार रुपये की लागत से दस फुट ऊंचे बांस-बल्ले और कंटीली तारों के दोहरे घेरे से सम्पूर्ण विधान मंडल, नए एवं पुराने सचिवालय को घेर कर सुरक्षित किया। विभिन्न स्थानों पर मजिस्ट्रेटों के साथ 40 पुलिस वाले तैनात रहते तथा मुख्य सचिव के अनुसार उतने ही दस्ते दण्ड अधिकारियों के साथ चौबीस घण्टे शहर में घूम रहे थे। 50 से अधिक बेतार यंत्र (वायरलेस सेट) लगे सरकारी वाहनों सहित पुलिस शहर में घूमती रही तथा अपने नियंत्रण सूचना केन्द्र से 'आंखों देखी खबरें' पहुंचाने में जुटी रही। राजधानी में उपलब्ध पुलिस दल के अतिरिक्त सीआरपीएफ एवं बीएमपी की 12-16 बटालियनों को बुला लिया गया। इतना ही नहीं, सेना की और बटालियन राजधानी से सात किलोमीटर दूर दानापुर में तैयार खड़ी थीं, जो बिगुल बजने की प्रतिक्षा कर रही थीं। मुझे संस्मरण है, मुख्यमंत्री अब्दुल गफूर का वक्तव्य- "सीआरपीएफ, बीएसएफ एवं बिहार मिलिट्री पुलिस को बिहार के किसी भी कोने में दो घंटों के अंदर पहुंचाया जा सकता है। शायद इतनी

जबरदस्त तैयारियां अंग्रेजी शासन के समय भारत छोड़ो, 1942 के जन आंदोलन में नहीं हुई थीं। मुख्यमंत्री गफूर के वक्तव्यों में साफ स्पष्ट हो जाता है कि सरकार लोकतांत्रिक देश में छात्रों की मांगों को शान्तिमय ढंग से मानने के बदले हिंसात्मक तरीका अपनाने की तैयारी कर रही है। सत्ताईस वर्षीय सत्ता में बनी रहने वाली कांग्रेस का तालमेल सांठगांठ भारतीय कम्युनिस्ट पार्टी से था, क्योंकि कम्युनिस्ट पार्टी भी हिंसात्मक तरीकों की समर्थक है इसलिए कम्युनिस्ट पार्टी की छात्र शाखा ऑल इंडिया स्टूडेंट फेडरेशन ने बिहार प्रदेश छात्र संघर्ष समिति के अहिंसात्मक तथा शान्तिमय कार्यक्रमों का विरोध किया। संघर्ष समिति के साथ सर्वोदय कार्यकर्ता ने 12-13 मार्च, 1974 को अपना एक वक्तव्य प्रसारित कर कहा, "आंदोलन को हर कीमत पर शांतिपूर्ण बनाए रखने की अपील करते हुए आशंका व्यक्त की जाती है कि संघर्ष समिति के प्रदर्शन (18 मार्च 1974) के ठीक दो दिन पूर्व 16 मार्च, 1974 को छात्र फेडरेशन वाले हिंसा फैलाकर संघर्ष समिति के लोकप्रिय आंदोलन को शायद बदनाम करने की कोशिश करेंगे।"

संघर्ष समिति की यह सूचना सही भी साबित हुई। 16 मार्च, 1974 से ही ऑल इंडिया फेडरेशन और कम्युनिस्ट पार्टी का ही नौजवान मोर्चा हिंसात्मक एवं अशांति का नग्न नाच दिखाने लगा जिसका पूर्ण समर्थन तत्कालीन सत्ताधारी कांग्रेस ने किया। कम्युनिस्ट पार्टी की छात्र शाखा ऑल इंडिया स्टूडेण्ट फेडरेशन के डेढ़-दो सौ नौजवान छात्रों ने 16 मार्च, 1974 को शिक्षा मंत्री विद्याकर कवि के आवास पर उग्र हिंसक प्रदर्शन किया।

शिक्षा मंत्री कवि पहले से ही ज्वर से पीड़ित होते हुए भी प्रदर्शनकारियों से मिलने बाहर निकले। पहले से तैयार कम्युनिस्ट नौजवान प्रदर्शनकारियों ने कवि के निकलते ही उनके ऊपर पथराव शुरू कर दिया। यही नहीं जो छात्र नेता एवं छात्र उनके समीप खड़े थे, उन्होंने शिक्षा मंत्री कवि के साथ धक्का-मुक्की शुरू कर दी। कम्युनिस्ट छात्रों ने शिक्षा मंत्री के कपड़े फाड़कर तार-तार कर दिये, इस बीच उन्हें चोट भी लगी। फिर भी छात्र फेडरेशन के छात्रों ने विद्याकर कवि को नहीं छोड़ा। अन्तत: भीड़ को तितर-बितर करने के लिए प्रशासन को लाठी चार्ज और अश्रु गैस के गोलों का प्रयोग करना पड़ा। उग्र प्रदर्शनकारी पुन:शिक्षा मंत्री के निवास स्थान के समक्ष एकत्रित हो बुद्धमार्ग की ओर चल पड़े। पटना के व्यस्ततम रोड बुद्ध मार्ग स्थित 'दि बिहार जर्नल्स लि.' के दो दैनिक पत्र - 'दी सर्चलाइट' अंग्रेजी तथा 'प्रदीप' हिन्दी दैनिक अखबारों के कार्यालय की ओर बढ़े और प्रेस पर जमकर घंटों पथराव करते रहे, परन्तु पुलिस की कोई सुविधा प्रेस को नहीं मिली तथा उग्र भीड़ धीरे-धीरे अपने-आप तितर-बितर हो गई।

16 मार्च, 1974 को ही राजधानी पटना से 50 किलोमीटर दूर आरा में दो कॉलेजों में आग लगा दी गई। आग लगने से 3 लाख रुपये की संपत्ति की क्षति हुई। बेतिया में जिलाधिकारी के

कार्यालय में तोड़-फोड़ तथा आग लगाने की कोशिश की गई। अन्तत: गोली चली और सात व्यक्ति मारे गए। मरने वालों में सभी गैर छात्र एवं एक कुख्यात शहर का गुण्डा भी था। यानी इस प्रकार, पटना में विधान सभा के समक्ष प्रदर्शन के 18 मार्च, 1974 के मुख्य कार्यक्रम के ठीक दो दिन पहले 16 मार्च से सम्पूर्ण राज्य में हिंसात्मक तोड़-फोड़, आगजनी, लूटपाट की घटनाओं से भयंकर आतंक स्थापित करने में कम्युनिस्ट पार्टी एवं तत्कालीन कांग्रेसी सरकार सफल हो गई। पुन: 'बिहार प्रदेश छात्र संघर्ष समिति' ने 18 मार्च का प्रदर्शन शांतिमय तरीके से करने की घोषणा की।

सूर्य की लालिमा के साथ बिहार के कोने-कोने एवं सुदूरवर्ती राज्यों से आये लगभग 40 हजार छात्रों ने 18 मार्च, 1974 सोमवार की सुबह 9 बजे तक बिहार विधान सभा एवं सचिवालय के सभी द्वारों को घेर लिया तथा नारों से चारों दिशाएं गूंज उठीं- 'गुजरात की जीत हमारी है, अब बिहार की बारी है, छात्र एकता जिन्दाबाद, हमारी मांगें पूरी करो, भ्रष्टाचार मिटाओ।' आदि-आदि। बिहार राज्य पथ परिवहन निगम की कुल छह बसें छात्रों के अधीन समझौते के अंतर्गत सुरक्षित थीं। जिनमें से मुख्यत: चार बसें विशेष रूप से सचिवालय एवं विधान सभा के घेरे में छात्रों के साथ घूम रही थीं और दो बसें शहर के मुख्य मार्गों पर छात्रों के परिवहन कार्य में संलग्न थीं।

वहीं चार लाख चौरासी हजार की लागत से बने लगभग दस फुट ऊंचे बल्ले और कंटीले तारों के दोहरे घेरे में विधान सभा, सचिवालय के पश्चिमी द्वार की सड़क पर बैठ कर छात्र नेता एवं अन्य छात्र राज्यपाल रामचन्द्र धोविया भण्डारे की गाड़ी को रोक कर यह बताना चाहते थे कि उनके द्वारा दिए जाने वाले अभिभाषण का नाटक देखते-देखते अब जनता ऊब चुकी है- जनता अब भ्रष्टाचार, मुनाफाखोरी, कुशिक्षा और महंगाई का अन्त चाहती है।

ठीक नौ बजे से चल रहे घेराव के तहत बिहार प्रदेश छात्र संघर्ष समिति-पटना विश्वविद्यालय छात्र संघ तथा संचालन समिति के 11 सदस्यों के नेतृत्व में 40 हजार छात्रों द्वारा सचिवालय एवं विधान सभा को घेर लिया गया। सुबह करीब 9 बजकर 45 मिनट पर पश्चिम द्वार पर 20-20 सत्याग्रहियों को गिरफ्तार किया गया। दूसरे शब्दों में यह कहा जा सकता है कि सचिवालय-विधान सभा के समक्ष 9.45 पर सत्याग्रहियों की यह सर्वप्रथम गिरफ्तारी थी, जिन्हें तत्काल छोड़ दिया गया। कुछ छात्र नेताओं के नेतृत्व में छात्रों के एक बड़े समूह ने पश्चिमी द्वार पर पुन: धरना देना शुरू कर दिया, जिस रास्ते से राज्यपाल आने वाले थे। इस शांतिपूर्ण धरने को देखकर पुलिस अधिकारी से लेकर उच्च पदस्थ अधिकारी एवं मंत्रीगण बेचैन हो गये, क्योंकि राज्यपाल के लिए रास्ता साफ चाहिए था। विधान सभा में होने वाले इस सत्र के सर्वप्रथम अधिवेशन को निश्चित समय पर शुरू करने के लिए राज्यपाल अपने निवास स्थान

'राजभवन' से अनुमानत: 10.55 पर चले। अब पुलिस अधिकारियों में बेचैनी और भी बढ़ गई तथा शांतिपूर्ण धरने को विफल करने के लिए खींचा-तानी शुरू हो गई। तनाव की स्थिति पुलिस अधिकारियों ने स्वयं पैदा कर दी तथा लाठीचार्ज एवं अशु गैस के गोलों की वर्षा शुरू हो गई। दृढ़ संकल्प छात्र लाठी प्रहार अशु गैस के विस्फोट के उपरांत भी राज्यपाल की गाड़ी को रोक कर यह बताना चाहते थे कि अब इनके इस नाटकीय भाषण की जरूरत नहीं, जनता जाग उठी है। लाठीचार्ज एवं अशु गैस के गोलों का विस्फोट लगभग डेढ़ घंटे तक जोर-शोर से चलता रहा तथा सचिवालय एवं विधान सभा के सामने का मैदान युद्ध क्षेत्र बन गया। दृश्य बहुत ही खतरनाक हो गया। करीब 11.45 पर जब राज्यपाल का बैण्डबाजों के साथ स्वागत किया गया तथा सेना की टुकड़ी द्वारा सलामी दी जा रही थी, साथ ही अशु गैस के गोले और लाठीचार्ज चलता रहा, परिस्थिति नाजुक थी। राज्यपाल रामचन्द्र धोविया भण्डारे ने किसी तरह विधान सभा के अंदर प्रवेश कर अभिभाषण की नाम मात्र औपचारिकता पूरी की। विधान सभा के अंदर विपक्षियों की पंक्तियां पहले से रिक्त थीं,सत्ताधारियों के गिने-चुने चेहरे थे। हां, पत्रकार बंधु अवश्य ही थे। उसी समय शहर आग की प्रचण्ड ज्वाला में जलने लगा तथा विधान सभा के पूर्वी द्वार, जिलाधिकारी के निवास स्थान पर एवं पुलिस सूचना कक्ष में काम कर रहे सभी नियंत्रण कक्षों को एक साथ आगजनी की सूचना मिलनी शुरू हो गयी। पटना के बुद्धमार्ग स्थित दो दैनिक समाचार पत्र 'दी सर्चलाइट' अंग्रेजी एवं 'प्रदीप' हिन्दी दैनिक एवं प्रेस गोदाम भी जलता रहा।

समाचार पत्र का इस तरह से लगभग 17 घंटे तक जलते रहना, इतिहास में पहली दुखद घटना थी। सिर्फ इतना ही नहीं, यहां के दो प्रमुख होटलों के साथ ही 'पटना नगर निगम' के मुख्य कार्यालय तथा नवीन अंचल कार्यालय, विधान सभा के सचिव का आवास, नए सचिवालय के समक्ष सरकारी भवन तथा दो पुलिस अधिकारियों के आवास, बिहार विधान सभा के पास हार्डिंग रोड एवं मैगिंल्स रोड के सभी मुख्य भवन एक साथ जलने लगे। विधान सभा के पूर्व द्वार के सामने मैगिंल्स रोड पर स्थित आवास क्रमश: 6 और 5 जलने लगे। सबसे पहले आर. ब्लॉक (ब्रिटिश काल में आर. ब्लॉक को 'रिजर्व ब्लॉक' कहा जाता था।) चौराहे पर स्थित पुलिस को-ऑपरेटिव का भवन प्रचण्ड अग्नि वेग से जल रहा था, इसकी सूचना पुलिस नियंत्रण केंद्र को मिली। ये सब आगजनी की घटनाएं अनुमानत: एक ही समय हुई थीं अर्थात 11.45 पर और छात्रों का स्थान अब असामाजिक तत्वों ने ले लिया।

राज्यपाल तो 11.45 पर किसी तरह विधान सभा में घुसे, परन्तु मंत्रियों का क्या हुआ? जो मंत्री उपस्थित थे, वे सभी प्रात: काल 6 बजे ही पुलिस की भारी संख्या के साथ सुरक्षा सहित

पहुंचे थे। विपक्षियों का दीर्घा पहले से ही खाली था परन्तु पत्रकारों ने जो कुछ विधान सभा के अंदर देखा, वह सब ऐतिहासिक था। एक बार आगजनी की खबर लेकर करीब बीसियों अधिकारी विधान सभा के अंदर प्रवेश किए, तो भगदड़ मच गई। भगदड़ में मुख्यमंत्री अब्दुल गफूर सहित कई मंत्री एवं सदस्य बेतहाशा भाग खड़े हुए। भागते हुए मंत्रियों में से एक मंत्री ने अपना रिवाल्वर निकाल कर कहा, 'मारो सालों को' तथा कई मंत्री तो बाथरूम में, सभा सचिवालय के विभिन्न अधिकारियों के कक्षों में घुस गये। यहां तक कि एक मंत्री तो विधान सभा के पीछे लगे हुए सफेदी के लिए दीवारों के साथ लगे बांसों के सहारे जैसे-तैसे कूद कर भाग खड़े हुए। एक मंत्री जी किवाड़ के पीछे खड़े थरथरा रहे थे तथा मुख्यमंत्री अब्दुल गफूर विधान परिषद के सभापति के बाथरूम में डेढ़ घंटे छिपे रहे। पटना के प्रमुख हिन्दी दैनिक 'आर्यावर्त' ने 21 मार्च,1974 को इन खबरों को प्रकाशित कर जनता तक पहुंचाया।

राजधानी पटना का दृश्य, मानो पूरे शहर में धुएं के बादल छाए हुए थे। आंधी की तरह हवा तीव्र गति से चल रही थी। शहर आग की लपटों में जल रहा था। दूसरी तरफ लाठीचार्ज, सरकारी अस्त्र-शस्त्र, अश्रु गैस के गोले, गोलियों की आवाजें होती रहीं। आंदोलनकारियों के साथ जन समूह की भगदड़, शोरगुल था। चारों तरफ से एक ही आवाज गूंज रही थी, "सिंहासन खाली करो कि अब जनता आ रही है।" जब अश्रु गैस के गोलों का सरकारी गोदाम खाली हो गया, तब ऊपर से आदेश की जरूरत थी।

अगला आदेश मिलते ही दिन के लगभग 12 बजे से पटना एवं पटना के सात स्थानों पर गोलियां चलीं। 18 से 20 मार्च, 1974 बिहार में एक सौ से अधिक व्यक्ति घायल हुए तथा लगभग 40 व्यक्तियों की जानें गईं परन्तु सरकारी सूत्रों ने इसे गलत बताते हुए 4-5 प्रतिशत घायल एवं एक-दो प्रतिशत व्यक्तियों को ही मृत घोषित किया। गोली लगने वाले व्यक्तियों में छात्रों के साथ वे व्यक्ति भी थे, जो 18 मार्च, 1974 को अपने पुत्र-पुत्रियों को 'बिहार राज्य प्राथमिक बोर्ड' की वार्षिक परीक्षा दिलवाने परीक्षा केंद्रों तक जा रहे थे। पटना विश्वविद्यालय छात्र संघ, बिहार प्रदेश छात्र संघर्ष समिति के पूर्व घोषित इस घेराव कार्यक्रम के कारण शहर के सभी परिवहन बसें तथा अन्य वाहन बंद थे। सिर्फ इतना ही नहीं, सरकार ने दो दिन पूर्व सभी पेट्रोल पम्पों को बंद करा दिया। जिससे लोगों के समक्ष परिवहन की विकट समस्या खड़ी हो गई। गफूर सरकार से उस दिन होने वाली माध्यमिक परीक्षा को अस्थगित करने के लिए सार्वजनिक अनुरोध किया गया। परन्तु गफूर सरकार ने किसी अपील को नहीं सुना और घोषणा की कि परीक्षार्थियों को सरकारी सुविधाएं मिलेंगी। गफूर की यह घोषणा, सिर्फ घोषणा बन कर रह गई। किसी को कोई सुविधाएं नहीं दी गईं। उन दिनों तो ऐसा महसूस होता

था कि अब्दुल गफूर के सारे वक्तव्य नाटकीय एवं जनतंत्र विरोधी ही थे। सवाल यह था, जब विधान सभा सचिवालय के समक्ष हर क्षण अश्रु गैस के गोलों का विस्फोट हो रहा था, गोलियां चल रही थीं, लाठीचार्ज हो रहा था। वहीं बिहार के पटना, गया, आरा, धनवाद, भागलपुर, रांची, मुंगेर, मुजफ्फरपुर, वैशाली, छपरा, देवघर, पटनासिटी, लखीसराय, मधेपुर, चाईबासा, पुनपुन, सदीसोपुर, जमुई, फारबिसगंज, पूर्णिया आदि शहरों में गोलियां चलीं, जिसमें अनेक लोग मरे, सैकड़ों की संख्या में घायल हुए, गिरफ्तारियां हुईं। गफूर साहब उस वक्त विधान परिषद के सभापति के बाथरूम में डेढ़ घंटे तक क्यों छिपे रहे। जो व्यक्ति स्वयं की रक्षा नहीं कर सकता वह दूसरों की रक्षा कैसे करेगा। पटना के दो दैनिक 'सर्चलाइट,' 'प्रदीप' समाचार पत्र एवं कई भवन जल कर राख हो गए, उन्हें सुरक्षा मिली ही नहीं। अब्दुल गफूर साहब ने कहा था, आम लोगों को सुरक्षा दी जाएगी, उन्होंने सुरक्षा दी? इसी बीच 18 मार्च, 1974 के दिन 1.30 बजे से कर्फ्यू लगा दिया गया और धारा 144 तो पहले से ही लगी थी। पटना के साथ-साथ राज्य के कई शहरों- रांची, धनबाद, छपरा, मुंगेर में कर्फ्यू लगा दिया गया।

18 से 24 मार्च, 1974 के बीच बिहार में कहीं न कहीं आगजनी, लूटपाट की घटनाएं होती रहीं तथा सरकार इन घटनाओं का आरोप निर्दोष छात्रों पर जबरदस्ती लगाये जा रही थी। बिहार छात्र संघर्ष समिति द्वारा 18 मार्च, 1974 के शांतिपूर्ण कार्यक्रम का विरोध भारतीय कम्युनिस्ट पार्टी की छात्र शाखा ऑल इंडिया स्टूडेंट्स फेडरेशन द्वारा 18 मार्च को हिंसात्मक घटनाएं की गईं तथा बिहार प्रदेश छात्र संघर्ष समिति के शांतिपूर्ण कार्यक्रम को बदनाम करने का प्रयास किया गया। कम्युनिस्ट पार्टी ने 18 मार्च के आंदोलन को बदनाम करने के लिए कई जगह आग भी लगाई। प्रतिपक्ष के गिरफ्तार नेता सपा की राष्ट्रीय कार्यसमिति के सदस्य भोला प्रसाद सिंह के अनुसार प्रतिपक्ष दलों के नेताओं की गिरफ्तारियां जनमत को गुमराह करने के लिए की गई थीं। भोला सिंह ने आरोप लगाया कि सभी हिंसक घटनाएं अपनी विफलता को छिपाने के लिए कम्युनिस्टों द्वारा सुनियोजित ढंग से, शांतिपूर्ण आंदोलन को बदनाम करने के उद्देश्य से की गई थीं। प्रमाण स्वरूप उन्होंने कई कम्युनिस्ट कार्यकर्ताओं के नाम गिनाए, जो पुलिस द्वारा आगजनी में संलग्न रंगे हाथ पकड़े गए थे। उन्हीं नामों में कम्युनिस्ट विधायक लाल बिहारी प्रसाद का भी नाम था, जो कि 18 मार्च को मैगिल्स रोड पर स्थित एक कार्यालय में आग लगाते हुए गिरफ्तार किये गये थे। इस तरह से हमेशा कम्युनिस्ट पार्टी द्वारा आंदोलन को बदनाम करने के लिए हिंसात्मक घटनाएं करता रहा।

19 मार्च, 1974 को संचालन समिति के कुछ सदस्यों द्वारा जयप्रकाश नारायण से आंदोलन को नेतृत्व प्रदान करने का आग्रह किया गया। और 19 मार्च को ही दिल्ली से गृहमंत्री उमा शंकर

दीक्षित और प्रतिरक्षा मंत्री जगजीवन राम सर्वोदय नेता जयप्रकाश नारायण से 'मुंह न खोलने' की बात कहने दिल्ली से पटना आए और डेढ़ घण्टे तक बैठे रहे तथा कोई महत्वपूर्ण काम उन दोनों नेताओं ने नहीं किया, न आंदोलन की मांगों को ही पूरा किया। जब दोनों नेताओं ने पटना हवाई अड्डे पर अपनी रिपोर्ट के साथ उपस्थित गुप्तचर विभाग के अधिकारियों को यह कह कर लौटा दिया, "कोई जरूरत नहीं, हमें पता है कि क्या वक्तव्य देना है।" 20 मार्च, 1974 को जयप्रकाश नारायण द्वारा अब्दुल गफूर से अपनी अंतरात्मा की आवाज पर इस्तीफा देने की मांग की। जेपी ने अपने प्रेस को दिये वक्तव्य में आगे कहा, जिस कदर बिहार में सरकार की विफलता सीमा को पार कर चुकी है, किसी लोकतांत्रिक देश या राज्य के प्रधान का, ऐसी स्थिति में अपने पद पर बने रहना अनैतिक है परन्तु कांग्रेसी सरकार कैसे चुप रहती। कम्युनिस्ट पार्टी को हिंसात्मक काम करने के लिए कांग्रेस ने अपने साथ रख लिया था। अब्दुल गफूर ने जनतंत्र विरोधी वक्तव्य दिया, "त्यागपत्र देना मैं कायरता मानता हूं। जेपी जन संघियों के हाथ बिक गए हैं और नहीं चाहते कि एक अल्पसंख्यक राज्य का मुख्यमंत्री बना रहूं।"

तीसरे दिन गुरुवार 21 मार्च, 1974 की शाम को कर्फ्यू में सिर्फ दो घंटे की छूट के दौरान विशाल 'मौन जुलूस' निकला, जिसमें अपने शहीदों को श्रद्धांजलि अर्पित करने, हिंसक घटनाओं की भर्त्सना करने तथा शांतिपूर्ण आंदोलन में जनमत की आस्था का प्रमाण लिये पांच हजार से भी अधिक व्यक्ति शामिल थे। जिनमें खुले तौर पर पत्रकार, साहित्यकार, डॉक्टर, वकील एवं प्राध्यापकों ने खुल कर हिस्सा लिया तथा जनमत के समर्थन का प्रमाण सरकार को दिया। और 21 मार्च, 1974 को पटना बंद की पहली सफलता मिली।

बिहार प्रदेश छात्र संघर्ष समिति के आह्वान पर 23 मार्च, 1974 को 'बिहार बंद' पूर्ण सफल रहा। 24 मार्च, 1974 को राज्य के 12 शहरों में कर्फ्यू लगा था तथा राज्यभर में 178 व्यक्तियों की गिरफ्तारियां हो चुकी थीं। दिन-प्रतिदिन कांग्रेसी सरकार का दमनचक्र बढ़ता ही जा रहा था। संचालन समिति के सदस्यों ने 25 मार्च, 1974 को पुन: जयप्रकाश नारायण से बातचीत की तथा आंदोलन का नेतृत्व करने का अनुरोध किया। तब जेपी ने छात्रों के समक्ष अपनी दो शर्तें रखीं - पहली शर्त आंदोलन का स्वरूप निर्दलीय हो तथा दूसरी शर्त शांतिमय हो। छात्रों द्वारा इन दोनों शर्तों को मानने की घोषणा की गई। पटना में धारा 144 लगने के बावजूद स्थानीय गांधी मैदान में 27 मार्च, 1974 को छात्रों ने एक सभा की, जिसमें जन-जागरण एवं आंदोलन के नए कार्यक्रमों की रूपरेखा पर वक्तव्य दिये।

सभा में छात्रों की गिरफ्तारियां हुईं। सरकार की दमनात्मक कार्यवाहियां लगातार बढ़ती जा रही थीं, जिसके विरोध में जयप्रकाश नारायण ने पटना में 30 मार्च, 1974 को महत्वपूर्ण बयान

में कहा, "मैंने भ्रष्टाचार और कुशासन, कालाबजारी, मुनाफाखोरी और जमाखोरी के खिलाफ लड़ना तय किया है। शिक्षा व्यवस्था में पूर्ण परिवर्तन और लोगों के सच्चे लोकतंत्र के लिए संघर्ष करना तय किया है।" सरकार की दमनकारी नीतियों के विरुद्ध जयप्रकाश नारायण ने प्रदेश में एक अप्रैल से पूरे माह के लिए 12 घंटे का अनशन का कार्यक्रम छात्रों एवं जन समुदाय को दिया। इस कार्यक्रम में हर तबके के लोगों ने खुलकर सक्रिय रूप से भाग लिया तथा अनशन का कार्यक्रम सफलतापूर्वक चलता रहा। अप्रैल, 1974 के प्रथम सप्ताह में 'बिहार प्रदेश छात्र संघर्ष समिति' द्वारा बिहार विधान सभा को भंग करने की मांग की गई, जयप्रकाश नारायण भी इस मांग से सहमत नहीं थे परन्तु बाद में गया गोलीकांड की घटना से स्वयं जेपी दुखी थे।

इसी दमन-चक्र, भ्रष्टाचार, मुनाफाखोरी के विरुद्ध शुक्रवार 5 अप्रैल, 1974 को 'काला दिवस' मनाया गया तथा इसी दिन संध्या समय पटना की सड़कों पर महिलाओं का एक प्रभावकारी विशाल जुलूस निकला, जिसे जनता का अपार समर्थन मिला। मानो यह छात्र आंदोलन नहीं, सम्पूर्ण जनमत का आंदोलन बनता जा रहा था। 'सिंहासन खाली करो कि जनता आ रही है।' 'तुम नहीं रहे प्रतिनिधि हमारे- कुर्सी गद्दी छोड़ दो' महिलाओं ने सड़कों पर नारे लगाए। भारतीय संविधान के दिये पांच वादे- रोटी, कपड़ा, मकान, शिक्षा एवं चिकित्सा को पूरा करने में सत्ताईस वर्षों से चली आ रही कांग्रेस पूरा करने में नाकाम रही।

जन-आंदोलन

18 मार्च, 1974 से चल रहे बिहार छात्र आंदोलन का रूप ही बदल गया। मात्र 20 दिन उपरांत ही सोमवार 8 अप्रैल, 1974 को जयप्रकाश नारायण के नेतृत्व में लगभग पांच हजार स्त्री-पुरुषों का 6 मील की दूरी तय करता, मौन-जुलूस, मुंह पर पट्टियां बांधे और दोनों हाथ पीछे किये प्रदर्शनकारी 'क्षुब्ध हृदय, बंद जुबान' तख्तियां लिए चल रहे थे। लगभग तीन लाख दर्शनाभिलाषी स्त्रियों-पुरुषों ने सड़कों, मकानों पर खड़े होकर पुष्पवर्षा के साथ स्वागत किया। जेपी द्वारा दिया गया आंदोलन का यह शांत, अहिंसक स्वरूप स्वातंत्र्योत्तर भारत की पहली क्रांति था, जिसमें मुंह पर पट्टियां बांधे, हाथ बंधे हुए आंदोलनकारी जेपी की शर्त का अनुसरण कर रहे थे। शर्त थी- 'हमला चाहे जैसा हो, हाथ हमारा नहीं उठेगा।' और अब यह आंदोलन 'जन आंदोलन' बन गया था।

आंदोलन का समर्थन वकील और पत्रकार पहले से ही कर रहे थे तथा कर्फ्यू के 2 घंटे की छूट में 21 मार्च, 1974 को मौन जुलूस में लोगों ने बढ़-चढ़कर हिस्सा लिया, लेकिन अब पत्रकार, लेखक, साहित्य जगत का नेतृत्व प्रसिद्ध लेखक कथाकार फणीश्वर नाथ 'रेणु' ने 8 अप्रैल, 1974 को जेपी के साथ किया। और इसी दिन से इस जन-आंदोलन में साहित्यकारों, चित्रकारों, पत्रकारों, बुद्धिजीवियों ने खुलकर हिस्सा लेना शुरू कर दिया। 8 अप्रैल के दिन ऐसा देखने को मिला, जैसे सम्पूर्ण वातावरण ही बदल गया हो।

पहले 8-10 छात्रों की भीड़ देखकर दुकानदार शटर गिरा देते थे, आज उन्हीं दुकानदारों ने, दुकानें खोल कर पानी का इंतजाम कर रखा है। अब जेपी के दर्शन हेतु माल्यार्पण, पुष्प वर्षा की गई। कहा जाता है, कोई क्रांति जनता से अलग होकर नहीं चल सकती, सफल नहीं हो सकती। और आज इस आंदोलन के साथ भी जनता चल रही थी।

पटना में एक माह से लगी धारा 144 के बावजूद 8 अप्रैल, 1974 के मौन जुलूस के बाद राजधानी पटना के ऐतिहासिक गांधी मैदान में दो लाख से अधिक लोगों की अपार भीड़ के बीच में 9 अप्रैल, 1974 को छात्र, युवा और सर्वसाधारण जनता ने 72 वर्षीय वृद्ध सर्वोदय नेता जयप्रकाश नारायण को 'लोकनायक' की उपाधि से विभूषित किया।

इसी दिन से जेपी 'लोकनायक' कहे जाने लगे। जबकि इसी ऐतिहासिक गांधी मैदान में 1946 में जेपी को 'भारत का लेनिन जयप्रकाश' कहा गया था। 'लोकनायक' की उपाधि से विभूषित करते ही वातावरण गगनभेदी नारों से गूंज उठा- 'लोकनायक जयप्रकाश जिन्दाबाद-जिन्दाबाद', 'जयप्रकाश अमर हों।' तथा इसी गांधी मैदान से लोकनायक की उपाधि ग्रहण करने बाद जेपी ने निर्णायिक संघर्ष के लिए लम्बी लड़ाई की घोषणा की। उपस्थित दो लाख से अधिक लोगों ने जब हाथ उठाकर जयप्रकाश नारायण के नेतृत्व में आंदोलन का हिस्सा बनने के लिए जनसमर्थन दिया, जन समुदाय जेल तक जाने को तैयार था, तब लोकनायक ने जनता को उनकी छोटी-छोटी कठिनाइयों की याद दिलाई तो लोगों के गले रुंध गए। जनता ने महसूस किया कि देश में जेपी क्रांति की और पहले से शुरू होने की जरूरत थी।

लोकनायक ने अपने भाषण में आगे कहा कि अब वे चुपचाप देखते नहीं रहेंगे। उन्होंने नैतिक क्रांति का आह्वान किया। तब 'सरकार ठप' का कार्यक्रम शुरू हुआ। सचिवालय, विधान सभा के समक्ष 9 अप्रैल, 1974 को धरना देने जाते समय रास्ते में 'शहीद पार्क' के पास ही छात्रों की गिरफ्तारियां होने लगीं। छात्रों की इस भीड़ और पुलिस के लाठीचार्ज के बीच हार्डिंग रोड पर जब वरिष्ठ पत्रकार ओम प्रकाश 'दीपक' इन दृश्यों को देखने आये तो पुलिस ने उन्हें अपनी लाठी के प्रहार का शिकार बनाया तथा वे पुलिस के दुर्व्यवहार का कोपभाजन बन गये। उनके कैमरे को भी क्षति पहुंचाई। इस आंदोलन में पत्रकारों, प्रेस फोटोग्राफरों पर सरकार और पुलिस का दमन चलता रहा। उस दौर में कई प्रेस फोटोग्राफर थे, जिनमें रघुराय, सत्यनारायण, सत्यदेव सिन्हा, विद्याभूषण, बासुदेव शाह आदि थे।

जन-आंदोलन की अहिंसक नीति, शांतिपूर्ण कार्यक्रमों से बिहार एवं केंद्र की कांग्रेस सरकार की चिन्ता दिन पर दिन बढ़ती जा रही थी। पटना एवं दिल्ली की सरकार चाहती थी कि यह आंदोलन हिंसात्मक हो जाए, जिससे कि इसे कुचला जाए, लेकिन ऐसा नहीं हुआ। कांग्रेस को भारतीय कम्युनिस्ट पार्टी का समर्थन प्राप्त था। जन आंदोलन का समर्थन चार विरोधी दलों द्वारा 10 अप्रैल, 1974 को किया गया, इस कदम का चारों तरफ स्वागत किया गया तथा 10 अप्रैल को लोकनायक जयप्रकाश नारायण दिल्ली चले गये।

गया गोलीकांड

जेपी के जन आंदोलन में उल्लेखनीय यह रहा कि इस आंदोलन में महिलाएं, कॉलेज के छात्र, स्कूली बच्चे, शिक्षक, प्रोफेसर, वकील, डॉक्टर, सरकारी अधिकारी-कर्मचारी, पत्रकार, लेखक, चित्रकार, साहित्य जगत, मजदूर वर्ग तथा समाज के सभी तबके के लोगों ने योगदान दिया। महिलाओं का तो विशेष योगदान रहा, एक महिला के योगदान से एक परिवार को नेतृत्व मिलता था। साथ ही आरा, गया, पूर्णिया, मुंगेर, भागलपुर, सम्पूर्ण बिहार मौन जुलूस,सरकार ठप आदि सभी कार्यक्रमों में महिलाओं ने अभूतपूर्व भूमिका निभाई तथा सरकार ठप अभियान में 12 अप्रैल 1974 को गया में अहिंसक जुलूस पर गोलियां चलीं तथा महिलाओं व युवतियों के साथ पुलिस सार्जेंट के दुर्व्यवहार ने सम्पूर्ण देश में ज्वाला की अग्नि प्रज्वलित कर दी, परन्तु लोकनायक की शर्त, 'हमला चाहे जैसा होगा- हाथ हमारा नहीं उठेगा।' 12 अप्रैल को बर्बर 'गया गोली कांड' के उपरांत गया के छात्रों के बुलाने पर लोकनायक जयप्रकाश दिल्ली से वापस आते ही 16 अप्रैल, 1974 को उन सभी स्थानों पर गये, जहां गोलियां चली थीं, सड़कों पर खून के निशानों को देख कर कई जगह वे रो दिये थे। कर्फ्यू लगाकर सरकार ने गोलीकांड के निशानों को नष्ट करने का खुल कर प्रयास किया। स्वयं लोकनायक जयप्रकाश नारायण - बिहार प्रदेश छात्र संघर्ष समिति द्वारा अप्रैल के शुरू में बिहार विधान सभा भंग की मांग का समर्थन नहीं किया गया परन्तु बर्बर गया गोली कांड के उपरान्त विधान सभा भंग के समर्थन में 16 अप्रैल, 1974 को गया में विशाल जन सभा में लोकनायक जयप्रकाश नारायण ने कहा, "पुलिस का गया में गोली चलाना, अनेक प्रतिपक्षी विधायकों का त्यागपत्र लिखना और राज्य की इस दशा में भी सत्तारूढ़ पार्टी का मंत्री पदों के लिए नोच-खसोट करते रहना, अच्छी तरह से दिखाता है कि इस मंत्रिमंडल और विधान सभा को बने रहने का कोई नैतिक अधिकार नहीं है।"

REPORT

OF

The Citizens' Enquiry Committee

ON

POLICE FIRING AT GAYA

on 12 April 1974

Appointed by

Shri Jayaprakash Narayan

CHAIRMAN

CITIZENS FOR DEMOCRACY

Shri Jayaprakash Narayan
President
Citizens for Democracy
Camp : Vellore

Dear Sir,

On behalf of the Citizens Enquiry Committee on Gaya Police Firing (April 1974) constituted by you, I herewith submit the report of the findings of of the Committee for your kind information and necessary action.

I have also to apologize to you, on behalf of the Committee, for late the submission of the report. For various reasons, the delay became unavoidable despite the best efforts and continuosly hard labour put in by the members of the committee.

With respectful regards,

Your sincerely

G. P. Singh
(Convenor)
Gaya Firing Citizens'
Inquiry Committee

Gaya
18 May 1974

CHAPTER I

Introduction

1. In the wake of the students' movement in Bihar against price rise, corruption, unemployment, etc. that began on 18 March 1974, firings and lathi charges were resorted to in the city of Gaya, by the administration on 12 April 1974, as a result of which several persons were killed and many were injured. Following the firings, an uninterrupted curfew was clamped on the city for thirty-nine hours and, with breaks, for ten days, during which several persons were alleged to have been beaten, hurled abuses, or humiliated in several other ways. All this led to a great public resentment and indignation. The Lok Sabha discussed the happenings of Gaya for five hours. Demands for a judicial inquiry were made which the Government refused to accept.

2. Shri Jayaprakash Narayan visited Gaya on 16 April 1974 in order to get a first-hand view of the sufferings caused to the people at Gaya. The same day he addressed a public meeting at Gaya in the local Gandhi Maidan. In the course of his address at the meeting, he declared that he would constitute a committee consisting of people from different walks of life to inquire into the incidents of 12 April 1974. On 17 April he interviewed a large number of persons belonging to different sections of the society and discussed with them the probable names of persons to be nominated in the aforesaid committee.

3. On 20 April the names of persons who were to constitute the Committee were published in newspapers. The following persons constituted the committee.

— 3 —

लोकनायक जयप्रकाश नारायण द्वारा 5 सदस्यीय 'नागरिक जांच समिति' का गठन किया गया, जिसने गोलीकांड की जांच के बाद अपनी रिपोर्ट प्रस्तुत की। उस नागरिक जांच रिपोर्ट में कहा गया, "हमें इस बात का स्पष्ट सबूत मिला कि सीमा सुरक्षा दल का एक सैनिक तीन होमगार्डों को साथ लेकर राजेंद्र नगर के पूर्व की ओर गया। सुरक्षा दल के सैनिक ने के.पी.रोड के पूरब की ओर गोली चलाई, जिसके कारण कुछ लोग जो सड़क पर थे, गोली लगने से घायल हो गये और नीचे गिर गये। इसके बाद उस सौनिक ने एक दुकान को जबरदस्ती खुलवाया और बन्दूक तान कर दो गोलियां चलाईं। गालियों से दो व्यक्ति घायल हो गये। उस व्यक्ति को दुकान से घसीट कर सड़क पर बाहर लाकर छोड़ दिया गया। वहां एक घायल की उस सैनिक ने तलाशी ली और उसकी जेब से 1600 रुपये व कलाई की घड़ी उतार ली।

फिर वे पूरब की ओर वहां पहुंचे, जहां जैन मंदिर रोड और फल्गू नदी किनारे की सड़क मिलती है वहां उस सैनिक ने पुन: गोली चला कर दो व्यक्तियों को अपना निशाना बनाया। जब सैनिक ने उस व्यक्ति (जांच रिपोर्ट में उस व्यक्ति का नाम पाण्डे जी बताया गया।) की ओर बन्दूक तानी तो उन्होंने अपनी प्राण रक्षा के लिए दोनों हाथ जोड़ लिये और कहा, "मैं यहां का आदमी नहीं हूं। मैं निर्दोष हूं। मुझ पर दया कीजिए।" पाण्डे जी की प्रार्थना का कोई असर नहीं हुआ और उस पर गोली चला दी गई। दो होमगार्डों ने उस पर लाठी चलाई और फिर एक ने टांग पकड़ कर उसे घसीटना शुरू किया और बहुत दूर तक उसे घसीटते, पीटते हुए ले गये। पाण्डे जी के शरीर से खून बह रहा था। खून के चिह्न कई दिनों तक रास्ते पर दिखाई देते रहें। इस घटना को अनेक लोगों ने अपने मकान की छत व खिड़कियों से देखा।

नागरिक जांच समिति 15 से ज्यादा मौतों के स्पष्ट सबूत प्राप्त कर चुकी थी। लोकसभा में 19 अप्रैल, 1974 और राज्यसभा में 23 अप्रैल, 1974 को पांच-पांच घंटे बहस हुई। गृह मंत्री उमा शंकर दीक्षित ने गोलीकांड को उचित बताया और कहा कि इस घटना में दो राजनीतिक दलों का हाथ है। विरोधी दलों के नाम बताने के आग्रह को उन्होंने अस्वीकार कर दिया। गृह मंत्री ने मृतकों की संख्या 8 और घायलों की संख्या 15 बताई। जबकि गैर सरकारी सूत्रों के अनुसार गया के नागरिकों ने मृतकों की संख्या 40 बताई, क्योंकि कई दिनों बाद तक बेनामी लाशें मिलती रहीं। गृह मंत्री उमा शंकर दीक्षित के बयान से स्पष्ट था कि केंद्रीय सरकार से लेकर राज्य में कांग्रेसी सरकार पुलिस के जुल्म-दमन चक्र, पुलिस द्वारा आजाद देश में महिलाओं-युवतियों के साथ दुर्व्यवहार करें और उसे उचित संज्ञा दें तथा पुलिस को मनमानी करने की छूट दें।

नई दिल्ली : 19 अप्रैल 1974

12 अप्रैल, 1974 को गया गोली कांड को लेकर विपक्षियों द्वारा न्यायिक जांच की मांग को लेकर लोकसभा में पांच घंटे तक बहस हुई, लंबी बहस के कुछ अंश यहां प्रस्तुत हैं -

गया गोली कांड की न्यायिक जांच नहीं होगी तथा उपद्रव की तैयारी में दो विरोधी दलों का हाथ है - गृह मंत्री उमा शंकर दीक्षित ने लोकसभा में पांच घंटे की लंबी बहस में 19 अप्रैल, 74 को कहा। जब कम्युनिस्ट सदस्यों ने मांग की कि दलों का नाम बताया जाए तो दीक्षित ने कहा कि दलों में भारतीय कम्युनिस्ट पार्टी शामिल नहीं है, परन्तु इसके आगे उन्होंने कुछ बताने से भी इनकार कर दिया। उमा शंकर दीक्षित ने कहा कि देश की हालत गंभीर है, लेकिन सभी दलों को अपना दिल टटोलना चाहिए और स्थिति का सामना करने के लिए गंभीर रूपरेखा तैयार करनी चाहिए। पुलिस गोलीकांड का विवरण देते हुए दीक्षित ने जोर देकर कहा कि पुलिस की कोई ज्यादती नहीं हुई है। तथा उन्होंने कहा, "देखते ही गोली मार देने का आदेश भी नहीं दिया गया था।" दीक्षित ने लोकसभा में बहस के दौरान आगे कहा, "गया गोलीकांड : न्यायोचित था और नियमानुसार गोली चली। वहां किसी प्रकार की ज्यादती नहीं हुई। गोलीकांड में व्यक्ति मरे। 3.30 बजे और 5.30 बजे शाम के बीच आठ राउण्ड गोली चली और इसमें सैकड़ों व्यक्ति किस प्रकार मरे ? अंधेरे में मृतकों की लाश गया से बाहर ले जाकर जला देने की बात बिल्कुल गलत है।"

लोकसभा में गया गोलीकांड की चर्चा करते हुए गया के प्रतिनिधि सत्येन्द्र नारायण सिंह, संगठन कांग्रेस और ईश्वर चौधरी जनसंघ ने कहा कि सरकार का यह कथन सरासर गलत है कि गया में सिर्फ आठ व्यक्ति ही मारे गये हैं।

बहस के दौरान सत्येन्द्र नारायण सिंह ने कहा कि कम से कम 17 मृतकों का नाम और पता उनके पास है। उन्होंने कहा कि पांच स्थानों पर गोली चली तथा अश्रु गैस का प्रयोग नहीं किया गया। ईश्वर चौधरी ने यह दावा किया कि मरने वालों की संख्या 70 से कम नहीं है।

कांग्रेस के शंकर दयाल सिंह ने लोकसभा में कहा, "गया गोलीकांड के लिए जनसंघ दोषी है और हिंसा की शुरुआत कम्युनिस्ट पार्टी ने 16 मार्च, 1974 को बेतिया में की।"

गया गोलीकांड पर लोकसभा में बहस के दौरान गृह मंत्री उमा शंकर दीक्षित के वक्तव्यों का जोरदार खंडन करते हुए, 24 अप्रैल, 1974 को लोकनायक जयप्रकाश नारायण ने कहा, "जब मैं समाचार पत्रों में उमा शंकर दीक्षित द्वारा बिहार के बारे में दिये गये वक्तव्य की रपट पढ़ रहा था, तो मुझे जानकर विस्मय हुआ कि भारत के गृह मंत्री को इतनी गलत सूचनाएं दी गयी हैं और किस तरह उन्हें जानबूझ कर गुमराह किया गया है।"

अप्रैल माह की गर्म हवा के थपेड़े-तेज धूप में लोकनायक जयप्रकाश नारायण द्वारा दिये गये आठ घंटे के अनशन, जन-जागरण के तीव्र वेग से चल रहे कार्यक्रमों से आंदोलन दिन-प्रतिदिन बढ़ता ही जा रहा था। बुद्धिजीवियों के समूह पटना के फ्रेजर रोड डाकबंगला रोड के गोलंबर पर प्रसिद्ध कहानीकार-साहित्यकार फणीश्वर नाथ 'रेणु' के नेतृत्व एवं निर्देशन में 17 अप्रैल, 1974 के दिन अनशन पर बैठे। 'रेणु' जी के साथ कलाकार, साहित्यकार, कवि, रंगकर्मी सहित अनेक लोग बैठे थे। 'रेणु' जी दिनकर की कविता की वह पंक्ति पढ़ी गई - 'समर शेष है, नहीं पाप का भागी केवल व्याध! जो तटस्थ हैं समय लिखेगा उनका अपराध!!'

फिर उसी दिन यह तय हुआ कि जन-जागरण, लोक-शिक्षण के नुक्कड़ गोष्ठी एवं काव्य पाठ का आयोजन किया जाए तथा आंदोलन संबंधत चित्र बनाये जाएं। इन सबके लिए एक संगठन बना- 'जनसंघर्षी रचनाकार मंच'। रेणु जी उसके संयोजक और पत्रकार जुगनू शारदेय सचिव बने। पटना कला महाविद्यालय के छात्रों एवं अन्य व्यक्तियों ने चित्र बनाने में हिस्सा लिया। फिर प्रत्येक संध्या शहर के नुक्कड़ों पर आंदोलन संबंधित पटना आर्ट कॉलेज के कलाकारों अरुण कुमार वर्मा (एकेवी) गर्दनीबाग, अनिल कुमार सिन्हा-कदईपुरी आदि के सहयोग से नुक्कड़ चित्रप्रदर्शनी, काव्य पाठ आदि का कार्यक्रम घंटों चलने लगा। दूसरी तरफ अलग-अलग जत्थों में अनशन चल रहा था। 17 अप्रैल को पटना हाईकोर्ट के द्वार पर उन्तीस प्रमुख अभिवक्ताओं ने जत्थेवार अनशन शुरू किया। डाकबंगला चौराहे पर प्राध्यापक भी अलग जत्थों में अनशन कर रहे थे।

गुरुवार 18 अप्रैल, 1974 को आंदोलन को एक माह हो गया। 1920-21 में वकीलों के जुलूस सड़कों पर निकलने के उपरान्त 18 अप्रैल, 1974 को स्वतंत्र भारत का प्रथम दिन था,

जब सड़कों पर पहली बार पटना हाईकोर्ट के वकीलों द्वारा मौन जुलूस निकाला गया, जिसमें पांच सौ से अधिक अभिवक्ता न्यायालय की पोशाक में शामिल थे। पूरे राज्य में अदालतों, जिला न्यायालयों से संबंधित हजारों वकीलों ने आंदोलन को पूर्ण समर्थन दिया तथा जगह-जगह पर वकीलों की समितियां बनीं, जो आंदोलनकारियों को मुफ्त कानूनी मदद दिया करती थीं। दूसरी तरफ उसी दिन शाम 'गर्दनीबाग मोहल्ले' के संगठनों द्वारा पटना में उस समय तक का सबसे बड़ा एवं प्रभावशाली महिलाओं का मौन जुलूस निकला।

संस्मरण है कि जिसमें 90 वर्षीय वृद्ध महिला भी शामिल थीं तथा महिलाओं एवं अभिवक्ताओं का मौन जुलूस सचिवालय विधान सभा के समक्ष शहीद स्मारक के पास मिलती हुई, शहर की मुख्य सड़कों से गुजरा। सिर्फ दो दिनों के उपरांत 20 अप्रैल, 1974 को दरभंगा जिला अभिवक्ता संघ के तत्वाधान में एक सौ से अधिक वकीलों ने वर्तमान आंदोलन के समर्थन में जुलूस निकाला।

19 अप्रैल, 1974 को लोकनायक जयप्रकाश नारायण ने अपने बयान में जोर देकर कहा, "मंत्रिमंडल को इस्तीफा देना चाहिए तथा विधान सभा का विघटन होना चाहिए। लोकनायक का स्वास्थ्य दिन पर दिन बिगड़ता जा रहा था।" बेल्लूर (मद्रास) जाने से पहले बिहारवासियों को अपनी अनुपस्थिति में पूरे पांच सप्ताह का कार्यक्रम देते हुए 20 अप्रैल, 1974 को कहा, "यह आंदोलन किसी दल का समर्थक या विरोधी नहीं है, बल्कि यह एक निर्दलीय, निरपेक्ष आंदोलन है, जो अपने मूलभूत उद्देश्यों की प्राप्ति तथा समाज की एक नवी रचना के लिए चल रहा है।"

लोकनायक जयप्रकाश नारायण अपने 'पौरुष ग्रंथि' का ऑपरेशन कराने पटना से बेल्लूर (मद्रास) 23 अप्रैल, 1974 को जाने के पूर्व, 24 अप्रैल से लेकर 31 मई, 1974 पांच सप्ताह का कार्यक्रम देकर प्रस्थान किया। लोकनायक जयप्रकाश नारायण को 27 अप्रैल, 1974 के सुबह चिकित्सा के लिए बेल्लूर के 'क्रिश्चिन मेडिकल कॉलेज अस्पताल' में भर्ती किया गया। जेपी के प्रोस्ट्रेट ग्लैंड (पौरुष ग्रंथि) का सफल ऑपरेशन 29 अप्रैल को हो गया। ऑपरेशन के बाद जेपी की स्थिति संतोषप्रद रही। लोकनायक की अनुपस्थिति में भी महत्वपूर्ण कार्यक्रम चलते रहे, जिसमें धरना, प्रदर्शन, सत्याग्रह के साथ-साथ सम्पूर्ण राज्य में विधानसभा भंग करने के लिए हस्ताक्षर अभियान चलता रहा। इन कार्यक्रमों में विधान सभा भंग करने के लिए 'हस्ताक्षर अभियान' सर्वाधिक महत्वपूर्ण कार्यक्रम रहा। जेपी के आह्वान पर पूरे प्रदेश में हजारों की संख्या में छात्र संघर्ष समिति, जन संघर्ष समिति तथा महिलाओं की कई संघर्ष समितियां बना कर आंदोलन की व्यवस्था एवं आंदोलन को अलग-अलग ढंग से करने लगे। इन समितियों से

आंदोलन को बहुत बल मिल रहा था। सम्पूर्ण बिहार में आंदोलन की व्यवस्था का विभाजन किया गया, नेतृत्व का विभाजन नहीं।आंदोलन का नेतृत्व लोकनायक जयप्रकाश के हाथों में शांतिमय, अहिंसक बन कर ही चल रही था- 'हमला चाहे जैसा होगा, हाथ हमारा नहीं उठेगा।'

गया गोली कांड के विरोध में 'गया छात्र संघर्ष समिति' के आह्वान पर 22 अप्रैल, 1974 को गया बंद पूर्ण सफल रहा, तो दूसरी तरफ 22 अप्रैल,1974 को ही पटना के अशोक राजपथ पर दिन के ग्यारह बजे अजीबो-गरीब दृश्य देखने को मिला, जब चतुर्थ वर्ष का विज्ञान का एक छात्र जो वस्त्र विहीन था, जिसकी छाती एवं पीठ पर पोस्टर सटा हुआ था-'हम सब की आज यही दशा है।'

अप्रैल माह के अंतिम दौर में गुजरात की तरह राजधानी पटना की सड़कों पर 23 अप्रैल, 1974 को लगभग 100 अर्थियों का एक अजीबो-गरीब जुलूस निकला, जिसमें 10 हजार से अधिक छात्र शामिल हुये। जनमत ने मंत्रिमंडल के अस्तित्व को अस्वीकार करते हुए सभी मंत्रियों का दाह-संस्कार बांस घाट पर किया एवं गंगा नदी में स्नान कर क्रिया-कर्म पूरा किया। मुख्यमंत्री अब्दुल गफूर के ताबूत को दफन कर दिया। अर्थी जुलूस, पटना के चौराहों पर 'स्वाहा यज्ञ', अस्थि कलश जुलूस, प्रभात फेरी, जनता कर्फ्यू और पटना बंद जैसे कई जोरदार कार्यक्रम शांतिपूर्ण और अहिंसात्मक ढंग से सफल रहे, जो अपने आप में बहुत बड़ी उपलब्धि रही। अप्रैल माह में ही चल रहे अनशन के अंतिम दौर में 30 अप्रैल,1974 को पूरे बिहार की जनता ने आठ घंटे के बजाय बारह से चौबीस घंटे का उपवास रखा तथा विभिन्न स्थानों पर सभाओं में आंदोलन के समर्थन हेतु व्यापक जनमत तैयार किया। मंत्रियों के निवास स्थान के अतिरिक्त राजधानी पटना के बाहर सौ स्थानों पर छात्रों, महिलाओं और बच्चों ने जत्थेवार अनशन किया। सिर्फ राजधानी में 12 स्थानों पर अनशन हुए और सम्पूर्ण बिहार में कई हजार स्थानों पर अनशन हुए। साथ ही आंदोलन के समर्थन में राजधानी के प्रमुख दैनिक समाचार पत्र, न्यूज एजेंसियां एवं पीटीआई के कर्मचारी अनशन आदि कार्यक्रमों में भाग ले रहे थे। बिहार आंदोलन यानी जेपी आंदोलन के पहले चरण की अवधि 18 मार्च से 4 जून, 1974 रही।

बिहार विधान सभा भंग की मांग तेज होती जा रही थी। आंदोलन के समर्थन एवं सरकार के विरोध में दो दिन के अन्तराल में 115 विधायकों ने विधानसभा से त्यागपत्र दिया। पहले दिन 8 मई,1974 को सं.सो.पा. के छह विधायक तथा 9 मई, 1974 को जनसंघ के 9 विधायक विधान सभा की सदस्यता से त्यागपत्र देकर आंदोलन को सक्रिय सहयोग देने कूद पड़े। आंदोलनकारियों पर केंद्र एवं राज्य सरकार की दमनकारी नीतियां तेज होने लगीं। सरकार आकाशवाणी से झूठे समाचारों का प्रचार करने लगी। जिसके विरोध में पहली बार फ्रेजर रोड स्थित पटना

आकाशवाणी केंद्र के सामने महिलाओं ने 11 मई, 1974 को प्रदर्शन किया तथा झूठे प्रचार बंद करने की मांग की।

केंद्र एवं राज्य सरकार दोनों ने मिल कर शांतिपूर्ण अहिंसक आंदोलन को बदनाम करने की कोशिश जारी रखी। एक घटना 25 मई, 1974 की शाम हुई, फ्रेजर रोड स्थित पटना डाक बंगले के कमरा नंबर 7 में भयंकर विस्फोट 'इंदिरा ब्रिगेड' वालों ने किया। यह कमरा जो तत्कालीन कांग्रेस के शिक्षा मंत्री डॉक्टर रामराज प्रसाद सिंह के नाम से आवंटित था। बम विस्फोट से कोई हताहत नहीं हुआ। बम विस्फोट की आवाज से फ्रेजर रोड स्थित दैनिक 'आर्यावर्त्त' के कार्यालय एवं अन्य न्यूज एजेंसियों के दफ्तरों में आवाज सुनाई दी, जिसे सुनकर घटना स्थल पर पत्रकारों की भीड़ लग गई, पहुंचने पर पता चला कि कमरा नंबर 7 में बम विस्फोट हुआ था। 'इंदिरा ब्रिगेड' के दो कार्यालय में एक शाखा कार्यालय डॉ. राम राज सिंह के अधीन यहां से सम्पादित होती थी।

बिहार के मोतिहारी जिले में 27 मई, 1974 को एक अद्भुत जुलूस निकला। दो सौ से अधिक धोबियों के विशाल जुलूस ने जिलाधिकारी के समक्ष पहुंच कर अपनी तीन मांगों को रखा तथा 'सोडा, कोयला, साबुन दो नहीं तो गद्दी छोड़ दो।' के नारे लगाये।

सरकारी दमनचक्र तेजी से बढ़ रहा था, आये दिन नये-नये फरमान आ रहे थे। बिहार के वित्त मंत्री दरोगा प्रसाद राय ने पटना में 29 अप्रैल, 1974 को एक प्रेस कॉन्फ्रेंस में कहा - "जिन सरकारी अधिकारियों के परिवार वाले आंदोलन में भाग लेंगे, जिन व्यावसायिक प्रतिष्ठानों द्वारा आंदोलन को चंदा दिया जाएगा, उनके विरुद्ध कार्रवाई की जायेगी।" दूसरी तरफ कांग्रेस में ही ऐसे कांग्रेस जन थे, जो नैतिकता, बौद्धिकता के साथ न्याय एवं स्वतंत्रता की मांग करते रहे।

कांग्रेस के योजना राज्यमंत्री मोहन धारिया ने 27 अप्रैल, 1974 को नई दिल्ली में कांग्रेस कार्यसमिति की बैठक में कहा, "अखिल भारतीय कांग्रेस कमेटी एवं प्रांतीय कांग्रेस कमेटियों को ख्यातिक्षुब्ध व्यक्तियों की निगरानी सेल संगठित करनी चाहिए और सेलों को दल के किसी भी सदस्य के विरुद्ध लगाए गए आरोप की जांच के लिए अधिकृत किया जाना चाहिए। जांच सेल को जिस समय यह विश्वास हो जाए कि आरोप तथ्यपरक है, उसी समय जिस व्यक्ति के विरुद्ध आरोप लगाया गया हो या प्रकाशित हुआ हो, उसे स्वेच्छा से उस पद से इस्तीफा दे देना चाहिए, जिस पद पर वह है या उसे जांच कार्य सम्पन्न होने तक निलंबित रखना चाहिए।

मोहन धारिया ने दूसरा सुझाव यह भी दिया कि ऐसे किसी व्यक्ति या उसकी कंपनी को जिसे सरकार से लाइसेंस या सरकारी कोष मिला हो, प्रत्यक्ष या परोक्ष रूप में एकाधिकार घराने से समर्थक या समर्थन हो, उसे अखिल भारतीय कांग्रेस कमेटी, प्रांतीय कांग्रेस कमेटी या संसद और

विधान सभा का सदस्य बनने के लिए दल का प्रत्याशी नहीं बनाया जाना चाहिए। दल बदलने पर रोक लगाये जाने पर बल देते हुए मोहन धारिया ने कहा कि संसद, विधानमंडल या स्थानीय स्वशासन के चुनावों में किसी दल के टिकट पर जीतने वाले पर यह कानूनी रोक लगा दी जानी चाहिए कि वह दल-बदल नहीं कर सके। इसी प्रकार किसी दल के टिकट पर जीते व्यक्ति को तब-तक कांग्रेस की सदस्यता प्रदान नहीं की जानी चाहिए, जब तक कि वह व्यक्ति उस पद से इस्तीफा न दे, जिस पर वह निर्वाचित हुआ है। सरकार द्वारा कानून बनाए जाने की प्रतीक्षा किये बिना कांग्रेस को इस दिशा में आगे बढ़ना चाहिए। धारिया ने अंत में यहां तक कहा कि कांग्रेस ने अगर अपने कार्यक्रमों को ठीक प्रकार से कार्यान्वित किया होता तो विरोधी दलों को आज की स्थिति का राजनीतिक लाभ उठाने का अवसर नहीं मिलता। कांग्रेस को देश में व्यापक जन असंतोष को दूर करने के लिए नये उत्साह के साथ अपने निर्धारित कार्यक्रमों और नियमों को लागू करना चाहिए। वरना दूसरा कोई रास्ता नहीं है।

कांग्रेस में एक तरफ मोहन धारिया जैसे स्वतंत्र एवं न्यायप्रिय कांग्रेसी मौजूद थे, तो दूसरी तरफ दरोगा राय जैसे हजारों की संख्या में श्रीमती इंदिरा गांधी की चाटुकारिता करने वाले व्यक्ति भी मौजूद रहे। कांग्रेस का यह दोहरा रूप बाधक नहीं था।

मूल रूप से अप्रैल-मई, 1974 में आंदोलन के दूसरे चरण 5 जून, 1974 की तैयारी तेज गति से हो रही थी। विधान सभा के समक्ष लगातार सत्याग्रह, अनशन, उपवास, धरने होते रहे और सरकार गिरफ्तारियां करती रही। सबसे महत्वपूर्ण काम, पूरे राज्य में विधान सभा भंग करने के लिए हस्ताक्षर अभियान चल रहा था तथा 5 जून, 1974 के विशाल जुलूस के समर्थन में सम्पूर्ण बिहार के लोग पटना पहुंच रहे थे।

लेकिन दूसरी तरफ कांग्रेसी सरकार ने पूरे पटना शहर को बांस-बल्लों से घेर रखा था, ताकि लोग पटना तक न पहुंच सकें। गंगा नदी में चलने वाली सभी निजी नावों, सरकारी, गैर-सरकारी जहाजों, बसों, रेल यातायात को भी सरकार ने बंद कर दिया। पटना को चारों तरफ से बांस बल्ले की घेराबंदी कर सील कर दिया गया ताकि कोई अंदर नहीं आ सके।

भ्रष्टाचार, महंगाई, कुव्यवस्था के विरोध में सरकार के सारे अवरोधों के बाद भी लोग पटना के अंदर आ रहे थे। कारण, जन आक्रोश को कोई तानाशाह सरकार नहीं रोक सकती थी। देश की दूसरी आजादी का बिगुल बज चुका था, आम जनता को रोका नहीं जा सकता था, वहीं सरकार तो अपनी पूरी ताकत लगा चुकी थी। पुलिस प्रशासनिक तंत्र, खुफिया तंत्र सहित अपने सभी तंत्रों का खुलेआम दुरुपयोग कर रही थी, यानी खुलेआम तानाशाही का तांडव नृत्य चल रहा था।

5 जून 1974 : सम्पूर्ण क्रांति

5 जून, 1974 को जन आंदोलन के 1,920 घंटे, 80 दिन पूरे हुए। इसी माह 25 जून, 1974 को जन आंदोलन के 100 दिन 2,400 घंटे पूरे हुए। जून का महीना गर्मी की छुट्टियां, गर्म हवा के थपेड़ों से सड़क पर चलना मुश्किल था, चेहरा गर्मी से झुलस रहा था। फिर भी लोकनायक के स्वागत के लिए लोगों की भीड़ उमड़ रही थी। उस दिन वर्ष का सबसे अधिकतम तापमान 44.3 डिग्री पर पहुंचा हुआ था। साइकिल पर सवार दो छोटे, 8 एवं 12 वर्षीय बच्चों को हवाई अड्डे 'लोकनायक' के स्वागत के लिए जाते देखकर लगा कि यह जन-जन का आंदोलन बन गया है। अब इस जन आंदोलन को कोई तानाशाही रोक नहीं सकती थी। पटना हवाई अड्डे पर पहुंच कर देखता हूं कि महिलाएं, छात्र, युवा, बच्चे, सर्वोदय कार्यकर्ता जैसे, जन साधारण लोग, दस हजार से ज्यादा की अपार भीड़ देखकर, यह स्पष्ट हो गया कि इस क्रांति को अब कोई सरकार रोक नहीं सकती थी। पटना नारी मंडल, बिहार प्रदेश छात्र संघर्ष समिति एवं अन्य समितियों के लोग उपस्थित थे। पत्रकारों, प्रेस फोटोग्राफरों की भीड़ अलग थी। गगनभेदी नारों- लोकनायक जयप्रकाश नारायण जिन्दाबाद, विधान सभा भंग करो, भ्रष्टाचार मिटाना है, नया बिहार बनाना है, शहीदों का खून बेकार नहीं जाएगा, आदि नारों से दिशाएं गूंज रही थीं। गगनभेदी नारों के बीच नीले आकाश में दूर दिखाई दिया, जो लोगों के करीब पहुंच रहा था। वह था, हवाई जहाज, जिसमें लोकनायक जयप्रकाश नारायण थे।

पांच सप्ताह, 88 दिन 912 घंटे के उपरान्त, 1 जून, 1974 को लोकनायक जयप्रकाश नारायण अपने पौरुष ग्रंथि के सफल ऑपरेशन के बाद बेल्लूर पटना, सर्विस विमान से 10.40 बजे पटना हवाई अड्डे पर उतरे। हवाई जहाज से लोकनायक जयप्रकाश नारायण के नीचे उतरते ही सबसे पहले पत्रकारों का दल पहुंचा एवं उनके स्वास्थ्य के बारे में पूछा, उन्होंने स्वास्थ्य-प्रसन्नता एवं स्वास्थ्य लाभ के विषय में कहा। लोगों ने जेपी का दिल खोल

कर स्वागत किया। पटना हवाई अड्डा लोकनायक जयप्रकाश नारायण जिंदाबाद के नारों से गूंजता रहा।

5 जून, 1974 को निकलने वाले जुलूस से निपटने के लिए कांग्रेसी सरकार ने पटना शहर की घेराबंदी कर दी। बस, ट्रक, नाव, रेल आदि को पटना आना बंद कर ही दिया गया। युद्ध स्तर की तैयारियां भी कर ली गईं। लॉ एण्ड आर्डर के लिए पटना की पुलिस को 10 जोन्स तथा 6 सेक्टर में बांटा गया। नये सेक्टर में पटना सिटी, कदमकुआं, पीरबहोर, कोतवाली, दीघा, गर्दनीबाग, पुराना सचिवालय, दानापुर और खगोल। तीन अतिरिक्त पुलिस स्टेशन कंकड़बाग, जक्कनपुर तथा सचिवालय के क्षेत्रों में खोले गए। जिसमें पुलिस की अतिरिक्त व्यवस्था की गई, जिस में बीएसएफ की 46 कंपनियां, 4,600 जवान, बीएमपी एवं सीआरपी। आखिर सरकार ने इस तरह से जन विरोधी व्यवस्था कर ली।

कांग्रेस सरकार के एकमात्र समर्थक हिंसक पार्टी 'भारतीय कम्युनिस्ट पार्टी' की ओर से विधानसभा के विघटन के विरोध में 3 जून, 1974 को जुलूस निकाला गया तथा जनतांत्रिक विरोधी नारे लगाये गये- 'अमेरिका को दे दो तार, जयप्रकाश की हो गई हार' कम्युनिस्ट पार्टी की ओर से यह नारा था। यह जुलूस पटना के गांधी मैदान से चलकर राज्यपाल के समक्ष पहुंचा एवं विधान सभा भंग करने के विरोध में ज्ञापन दिया गया।

4 जून, 1974 को पटना में कांग्रेस का एक जुलूस निकलने वाला था, लेकिन जुलूस में शामिल कौन होता? कम्युनिस्ट पार्टी तो भाड़े पर लोगों को लेकर जुलूस निकालती रही, लेकिन कांग्रेस को तो भाड़े पर भी लोग नहीं मिलते-जुलूस, प्रदर्शन के लिए। कई पत्रकारों ने कम्युनिस्ट पार्टी के जुलूस में शामिल लोगों से पूछताछ की तो उपयुक्त जानकारी मिली। खैर कांग्रेस का जुलूस नहीं निकला। 4 जून, 1974 को ही शाम चार बजे जनमत को डराने के लिए लिए 'फ्लैग मार्च' सीमा सुरक्षा बल और केंद्रीय आरक्षित पुलिस के तीन हजार जवान, बस्तरबंद गाड़ियों की छत पर बन्दूकें ताने बैठे थे। जुलूस पूरे शहर में घूमा। इतना ही नहीं, सीमा सुरक्षा दल के प्रधान राजदेव सिंह ने कहा, "यदि आंदोलनकारी समूह हिंसक हो उठेगा तो दल के जवान उसका सामूहिक जवाब देंगे। हमारे पास अस्त्र का, तैयारी का संख्या बल है। हां, यदि आंदोलन शांतिमय रहा, तो हम लोग हस्तक्षेप नहीं करेंगे।" फिर एक संवाददाता ने पूछा, क्या टैंक भी घुमाये जायेंगे? उत्तर था "समाज विरोधी और गुंडे अपनी ताकत दिखाने की कोशिश कर देखें, जरूरत होगी तो टैंक भी आ जायेंगे।"

एक तरफ पुलिस की लोकतंत्र विरोधी नीति तो दूसरी तरफ सरकार की दमनात्मक कार्रवाई चल रही थी। कांग्रेस के तत्कालीन वित्त मंत्री दारोगा प्रसाद राय ने दमनात्मक एवं लोकतंत्र

विरोधी वक्तव्य 29 अप्रैल, 1974 को दिया, “जिन सरकारी अधिकारियों के परिवार वाले आंदोलन में भाग लेंगे, जिन व्यावसायिक प्रतिष्ठानों द्वारा आंदोलन को चंदा दिया जाएगा, उनके विरुद्ध कार्रवाई की जायेगी।” ऐसे अनैतिक घिनौने वक्तव्य दिये जा रहे थे, पता नहीं कांग्रेस एवं दारोगा राय द्वारा यह कार्रवाई किस कानून के अंतर्गत किए जाने का विचार था शांतिपूर्ण एवं अहिंसक आंदोलन कार्यक्रमों को बदनाम करने के लिए कांग्रेस एवं कम्युनिस्ट पार्टी ने खुल कर असामाजिक तत्वों का सहारा लिया।

5 जून, 1974 को प्रात: 7 बजे निकलने वाले जुलूस ने शाम 3 बजकर 15 मिनट पर 72 वर्षीय वृद्ध लोकनायक जयप्रकाश नारायण के नेतृत्व में प्रस्थान कर, पटना की ऐतिहासिक पृष्ठभूमि को पीछे छोड़ दिया। गांधी मैदान में राज्य के भिन्न-भिन्न स्थानों से आये लगभग दो लाख लोगों के 6 किलोमीटर लम्बे जुलूस में शामिल लोगों को व्यवस्थित कतारों में खड़ा करने के लिए स्वयंसेवक लगे हुए थे, जो सफेद पोशाक पहने हुए थे और बायीं बांह पर केसरिया रंग की पट्टी बंधी हुई थी, जिस पर ‘बिहार प्रदेश छात्र संघर्ष समिति’ लिखा हुआ था। जुलूस में शामिल प्रदर्शनकारी जुलूस के निर्देशों का तत्परता से पालन कर रहे थे। जुलूस के दोनों तरफ स्वयंसेवकों की कतारें थीं। जुलूस के सबसे आगे एक सूचना प्रसारण जीप थी, जो जुलूस के आगमन की पूर्व सूचना देती हुई बढ़ रही थी। ठीक इसी जीप के बाद ‘बिहार प्रदेश छात्र संघर्ष समिति’ का बैनर लिए दो स्वयंसेवक चल रहे थे। ‘बैनर’ के पीछे स्वयंसेवकों की पांच पंक्तियां चल रही थीं। और इसके बाद एक खुली जीप में स्वयं लोकनायक जयप्रकाश नारायण बैठे हुए थे। लोकनायक के पीछे बिहार की महिलाओं की एक विशाल टुकड़ी आठ कतारों में चल रही थी। महिलाओं के पीछे विधानसभा से त्याग पत्र दिये विधायकों, राजनीतिक दलों के नेताओं, समाज सेवकों, बुद्धिजीवियों, वकीलों, डॉक्टरों, पत्रकारों तथा साहित्य जगत को नेतृत्व प्रदान कर रहे थे पद्मश्री फणीश्वर नाथ ‘रेणु’। अपने लंबे बालों को लहराते हुए कंधे पर झूलता सर्वोदय झोला लिए ‘रेणुजी’ पैदल ही चल रहे थे। पांच-पांच स्वयंसेवकों की फिर आठ पंक्तियां चल रही थीं। साथ में इन पंक्तियों के पीछे माइक्रोफोन लगी एक गाड़ी से जुलूस को मार्गदर्शन मिल रहा था। तीन गाड़ियां और भी क्रमबद्ध धीरे-धीरे चल रहीं थीं। जिनमें विधानसभा भंग के समर्थन में हस्ताक्षरों के बंडल थे। जुलूस में घोष-फलक, प्ले कार्डस आदि लिए पूर्व निश्चित नारे लगाये जा रहे थे। जुलूस के अंत में दोनों तरफ 50-50 स्वयंसेवकों की लंबी कतारों के बीच जगह खाली रखी गई, जिसमें देर से आये लोग अपना-अपना स्थान लेते रहे। जुलूस एक्जिविशन रोड, फ्रेजर रोड, डाकबंगला चौराहा गोलम्बर, बेली रोड से राजभवन की ओर बढ़ रहा था। जुलूस पटना के रेवेन्यू बिल्डिंग के पास आकर रुका, जहां केन्द्रीय बांकीपुर जेल में गिरफ्तार सत्याग्रहियों को जुलूस देखने की अनुमति बिल्डिंग की पहली मंजिल से मिली। लोकनायक जयप्रकाश नारायण

यहां गाड़ी से उतर कर सभी गिरफ्तार सत्याग्रहियों का अभिनन्दन करते हैं। तत्काल फिर, जुलूस राजभवन की ओर बढ़ता है तथा 5 बज कर 5 मिनट पर राजभवन पहुंचता है।

लोकनायक जयप्रकाश नारायण एवं राज्यपाल रामचन्द्र धोबिया भंडारे से लगभग 50 मिनट तक बातें होती रहीं। लोकनायक जयप्रकाश ने 25 लाख व्यक्तियों द्वारा बिहार विधान सभा भंग करने के समर्थन में किये गये हस्ताक्षरों के प्रतीक के रूप में स्वयं एक बंडल राज्यपाल भंडारे को दिया। बाकी बंडलों को स्वयंसेवकों ने गाड़ी से उतार कर राज्यपाल को समर्पित किया तथा जुलूस पूर्व निर्धारित कार्यक्रम के अनुसार गांधी मैदान की ओर चल पड़ा।

गोली चली-इंदिरा ब्रिगेड की!

पूर्व निश्चित कार्यक्रम के अनुसार लोकनायक जयप्रकाश नारायण शाम 7 बजे सभा को संबोधित करने वाले हैं। लोकनायक की जीप आगे जा चुकी थी। बाकी लोग जुलूस को सड़क छोड़ कर गलियों से पैदल या जिसे जो सवारी मिल रही थी, उसी सवारी को पकड़ कर गांधी मैदान पहुंचने की कोशिश में तितर-बितर हो गये थे। जुलूस का अधिकांश हिस्सा आगे बढ़ चुका था। जब बेली रोड स्थित इंदिरा बिग्रेड के कार्यालय के समक्ष जुलूस जा रहा था, अचानक एक के बाद एक पांच गोलियां चलने की आवाज आई।

गोली चलने वाला स्थान चारों तरफ से पुलिस के घेरे में आ गया तथा वहीं पर पुलिस की एक जीप में लगे बेतार में मजिस्ट्रेट की आवाज सुनाई दी, 'बेली रोड पर एक मकान से गोली चली है। वहां इंदिरा बिग्रेड का दफ्तर है। पुलिस का एक डरेवर (ड्राइवर) घायल हुआ है, मैंने एक और आदमी के कपड़ों पर खून देखा है, इससे लगता है और कुछ घायल हुए होंगे। जुलूस का अधिकांश भाग आगे जा चुका है। इस गोली का जुलूस से कोई संबंध नहीं है।'

इससे पहले 25 मई, 1974 को ही मध्य पटना स्थित डाकबंगला के कमरा नंबर 7 में हुए भयानक बम विस्फोट, जहां इंदिरा बिग्रेड का गुप्त कार्यालय जो तत्कालीन शिक्षा मंत्री डॉ. रामराज सिंह के अधीन सम्पादित होती रहती और बेली रोड स्थित इंदिरा बिग्रेड का यह दूसरा कार्यालय कांग्रेसी विधायक फुलेना राय के अधीन सम्पादित होती थीं।

आश्चर्य हुआ, पटना की पुलिस ने दो मिनट के अंदर इंदिरा बिग्रेड के दफ्तर में छापा मारकर 17 गुजरियों को रंगे हाथों पकड़ा लेकिन फुलेना राय मुख्य अभियुक्त दो मिनट के अंदर कैसे फरार होने में सफल हो गया? पुलिस ने 17 गुजरियों के साथ तीन बंदूकें, पांच देशी पिस्तौल, पचास कारतूस और दो हथगोले बरामद किये तथा मकान पर ताला लगाकर पहरा लगा दिया एवं उन लोगों को तत्काल पुलिस ने अपनी गिरफ्त में ले लिया। फुलेना राय के विरुद्ध जब्ती-कुर्की

एवं गिरफ्तारी का वारंट निकला, पुलिस की अत्यधिक दौड़-धूप के बाद स्वयं फुलेना राय ने, 11 जून 1974 को विधान सभा के उपाध्यक्ष के समक्ष आत्मसमर्पण कर दिया तथा उन्हें गिरफ्तार कर पुलिस द्वारा हजारीबाग जेल भेजा दिया गया। गिरफ्तार फुलेना राय ने, जब हजारीबाग से मुख्यमंत्री अब्दुल गफूर को अंतर्देशीय पत्र लिखकर यह कहा, "हुजूर हमने आपकी आज्ञा से 5 जून को जुलूस पर गोली चलाई, इसमें मेरा क्या दोष है?" और यह पत्र अब्दुल गफूर के बदले लोकनायक जयप्रकाश नारायण को मिला तथा लोकनायक ने 6 अक्टूबर, 1974 को इस पत्र का रहस्योद्घाटन किया तो लोग चकित रह गये। जेपी ने इस पत्र की फोटो प्रतिलिपि 7 अक्टूबर को पत्रकारों को दे दी।

5 जून, 1974 को लोकनायक जयप्रकाश नारायण का भाषण विशेष महत्वपूर्ण है। इस भाषण को मैंने कई हिस्सों में लिखा। भाषण के इन हिस्सों का संकलन करने के उपरान्त यहां प्रस्तुत कर रहा हूं। कारण, आपात स्थिति में सरकारी दमन नीतियों के भयंकर चक्र चलने से मुझे भी ऐसे कई आंदोलन संबंधित भाषणों एवं दस्तावेजों को नष्ट करना पड़ा। फिर भी तीन वर्ष के बाद पूरी कोशिशों के बाद पुनः इस भाषण का संग्रह कर सका।

सम्पूर्ण क्रांति

5 जून,1974 की शाम 7 बजे गांधी मैदान में अपार भीड़ उमड़ रही थी, मानो चार लाख से ऊपर की भीड़ होगी, ऐसी अपार भीड़ जन समुदाय ने इसके पहले गांधी मैदान में नहीं देखी थी।

राष्ट्रकवि रामधारी सिंह 'दिनकर', जिन्होंने 1946 में पटना के इसी गांधी मैदान में जयप्रकाश नारायण की सभा में स्वयं अपनी इसी कविता को सुनाया था। 'दिनकर' जी की उसी कविता को जिसे सुप्रसिद्ध लेखक, कथाकार पद्मश्री फणीश्वर नाथ 'रेणु' ने सुनाया। 'रेणु' जी की इस कविता पाठ के बाद जेपी ने रेणु जी का सादर अभिनन्दन करने के उपरान्त कहा- अभी-अभी 'रेणु' जी ने जो कविता पढ़ी, अनुरोध तो वास्तव में उनका था, सुनाना तो वह चाहते थे। मुझसे पूछा गया कि वह कविता सुना दें या नहीं, मैंने स्वीकार किया। लेकिन उसने बहुत सारी स्मृतियों और अभी हाल की बहुत दुखद स्मृति को जागृत कर दिया है। इससे हृदय भर उठा है। आपको शायद मालूम न होगा जब मैं बेल्लूरू अस्पताल के लिए रवाना हुआ था, तो जाते समय मद्रास में दो दिन मित्र श्री ईश्वर अरूअर के साथ रुका। वहां दिनकर जी, गंगा बाबू मिलने आये थे। बल्कि, गंगा बाबू तो साथ ही रहते थे। और दिनकर जी बड़े प्रसन्न दिखे। उन्होंने अभी हाल की अपनी कुछ कविताएं सुनाईं और मुझसे कहा कि आपने जो कुछ आंदोलन शुरू किया है, जितनी मेरी आशाएं आपसे लगी थीं, उन सब की पूर्ति, आपके इस आंदोलन में, इस नये आह्वान में, इस नये आह्वान में, देश के तरुणों का आपने जो किया है, मैं देखता हूं। जोरों की तालियां बजी। तालियां हरगिज न बजाइये, मेरी बात चुपचाप सुनिये।

यह क्रांति है मित्रों और संपूर्ण क्रांति है। यह कोई विधान सभा के विघटन का ही आंदोलन नहीं। वह तो एक मंजिल है जो रास्ते में है। दूर जाना है, दूर जाना है। जवाहरलाल नेहरू के शब्दों

में- अभी न जाने कितने मीलों इस देश की जनता को जाना है, उस स्वराज को प्राप्त करने के लिए, जिसके लिए देश के हजारों-लाखों जवानों ने कुर्बानियां दी हैं।

तो मित्रों ! आज की स्थिति यह है। और इस स्थिति में वहां मद्रास में दिनकर जी ने जो कुछ हमें अपने शब्द सुनाये, बड़े हृदयग्राही थे। और उसी रात जब विदा हुए, हमारे मित्र रामनाथजी गोयनका, 'इंडियन एक्सप्रेस' के मालिक के घर पर वह मेहमान थे। रात को दिल का दौरा पड़ा, तीन मिनट में उनको अस्पताल पहुंचाया गया, गोयनका जी ने, तीन मिनट में 'विलिंग्डन नर्सिंग होम' शायद उसे कहते हैं। सारा इंतजाम था, वहां पर। पटना का अस्पताल तो.....पता नहीं तीन घंटे में भी तैयार न हो पाता। सभी डॉक्टर सब तरह के औजार लेकर तैयार थे। लेकिन दिनकर जी का हार्ट फिर जिन्दा नहीं हो पाया। उसी रात उनका निधन हो गया। ऐसी चोट लगी, उनकी कविता सुनके, उनका वह सुन्दर, सौम्य, जोशीला चेहरा याद आ गया। आज लगता है, हमारे दो मित्रों की कितनी कमी है। आज भाई बेनीपुरी जी होते, उनकी लेखनी में जो ताकत थी, आज के जुलूस का, इस सभा का जो वर्णन वह देते, एक-एक शब्द अंगार होता। आज दिनकर जी जो कविता लिखते, नये भारत के नवनिर्माण के लिए, जो देश के युवाओं, छात्रों और देश के साधारण व्यक्तियों, नर और नारियों के द्वारा आज से हो रहा है शुरू, प्रारंभ हो गया है, वह कविता शायद इस नवीन क्रांति का एक अमर साहित्य बन जाती लेकिन आज दोनों ही नहीं हैं। न दिनकर जी हैं, न बेनीपुरी जी।

तो मित्रों! ये स्मृतियां जगी हैं और हृदय पर हैं, मैं थक गया हूं। इसलिए मैं चला गया था गांधी संग्रहालय। डॉक्टर रहमान और दूसरे डॉक्टरों ने मेरी परीक्षा की, दवा मैंने ली, थोड़ा आराम किया, लेटा। खबर ले रहा था कि सब लोग आ गये हैं, बहनें हमारी जुलूस से लौटीं कि नहीं? तो खबर मिली कि सब लोग आ गये। तब जीप पर बैठ कर मैं आपकी सेवा में पहुंच गया। थोड़ा विलम्ब हुआ और थोड़ा और विलम्ब होगा, क्योंकि मुझे आपसे कुछ बातें कहनी हैं। अपेक्षा लेकर आप आये हैं। हमारे छात्र बन्धुओं की अपेक्षा है, प्रदेश की जनता की अपेक्षा है कि आज के इस मंच से जयप्रकाश नारायण कुछ नया कार्यक्रम आगे के लिए देंगे। तो मित्रों, यह मेरा कार्यक्रम नहीं है। मैंने अपने छात्र-बन्धुओं से चर्चा की। संचालन समिति में इसकी चर्चा हुई। उनमें से कई लोगों ने लिख कर अपने सुझाव भेजे। बुद्धिजीवियों से चर्चा हुई। आचार्य राममूर्ति जी, नारायण भाई, त्रिपुरारी शरण जिनको, जिन चार अपने वरिष्ठ साथियों को मैं जिम्मा दे गया था कि वे हमारी तरफ से, जो हमारे विचार हैं, उनको ठीक अर्थ में रखते हैं, छात्रों के सामने-छात्रों का नेतृत्व करने के लिए नहीं, उनका साथ देने के लिए हमारी तरफ से-उनसे बातें हुईं। सभी चर्चाओं का निचोड़ हमने निकाला है, वह आपके सामने रखूंगा। कोई तफसील का प्रोग्राम नहीं होगा। वह

पीछे आएगा, समय-समय पर तफसील में, विस्तार में किस तारीख से क्या करना है। लेकिन मुख्य बातें आपके सामने रख देता हूं। बहुत सारे कार्यक्रम एक साथ रख दिए जाएं, तो आपको याद भी नहीं रहेगा। तो मुख्य बातें आपके सामने आज रखूंगा। आठ बातें मैं कहना चाहता हूं।

मैंने आजतक कुछ लिखकर या लिखित अपने नोटों को देखकर भाषण नहीं दिया। बैठ जाता हूं बोलने, जो प्रेरणा होती है, वह बोल देता हूं। कभी अच्छा हो जाता है, कभी फीका हो जाता है। लेकिन आज बड़ी भारी जिम्मेदारी हमारे कंधों पर आयी है और मैंने इस जिम्मेदारी को अपनी तरफ से मांग कर नहीं लिया है। तरुणों से, छात्रों से बराबर कहता रहा हूं, जब पहला हमने आह्वान किया था 'यूथ फॉर डेमोक्रेसी', लोकतंत्र में युवाओं का क्या रोल होता है, वह हमने जो बताया था, उसमें लिखा था और उसके बाद बराबर कहता रहा हूं, संचालन समिति में बहस करता रहा हूं, हम बूढ़े हो गये, हमारी सलाह लीजिए। हम दूसरी पीढ़ी के हो गये। आप नयी पीढ़ी के लोग हैं। देश का भविष्य आपके हाथों में है। तो मित्रों, कुछ तो टिप्पणियों में कहूँगा और कुछ कार्यक्रम आपके सामने रखूंगा। दुर्भाग्य से हिन्दी लिखने का अभ्यास कम है, वो मैंने अपने सेक्रेटरी अब्राहम साहब को डिक्टेट कर दिया था, आज सुबह! उसे देखता रहूंगा और अपनी बातें हिन्दी में करता रहूंगा।

बहुत दिनों से सार्वजनिक जीवन में हूं। 1921 में, जनवरी के महीने में, इसी पटना कॉलेज में आई.एस.सी का मैं विद्यार्थी था। हमारे साथ, हमारे निकट के साथी थे, वे सब छात्रवृत्ति पाने वाले थे। मुझे भी छात्रवृत्ति मिलती थी। सब अव्वल दर्जे के, उस समय के विद्यार्थियों में। और सबने एक साथ गांधी जी के आह्वान पर असहयोग किया। असहयोग करने के बाद करीब डेढ़ वर्ष यों ही मेरा जीवन बीता।

चूंकि मैं, साइंस का विद्यार्थी था, तो राजेन्द्र बाबू के सचिव या मंत्री, मित्र या जो कहिये - मथुरा बाबू - उनके जामाता बाबू फूलदेव सहाय वर्मा थे, उनके पास भेज दिया गया कि फूल देव बाबू के साथ रहो और उनकी लेबोरेटरी में, उनकी प्रयोगशाला में कुछ प्रयोग करो और उनसे कुछ सीखो। महामना मदन मोहन मालवीय जी के लिए मेरे हृदय में पूजा का भाव है, परन्तु हिन्दू विश्वविद्यालय में दाखिल होने के लिए मैं तैयार नहीं था, क्योंकि सरकारी रुपया, सरकारी एड, मदद विश्वविद्यालय को मिलती थी। स्वतंत्र नहीं था, पूर्ण रूप से राष्ट्रीय विद्यालय नहीं था। तो मैं किसी विद्यालय में नहीं गया। बिहार विद्यापीठ में मैंने परीक्षा दी - आई.एस.सी. की। पास तो करना ही था, पास कर गया। बचपन में मैं, जब हाई स्कूल में था, मैंने स्वामी सत्यदेव के भाषण सुने, अमेरिका के बारे में। कोई धनी घर का नहीं हूं। थोड़ी सी खेती और पिता जी नहर विभाग में जिलादार, बाद में रेवेन्यू असिस्टेंट हुए। नन गजेटेड अफसर थे। इतनी हैसियत नहीं थी कि वह

मुझे इंग्लैण्ड - अमेरिका भेजें। मैंने सुना था कि अमेरिका में खुद मजदूरी करके लड़के पढ़ सकते हैं। मेरी इच्छा यह थी कि आगे पढ़ना है मुझे, आंदोलन तो गिराव पर आ गया है, चढ़ाव पर था, उतर चुका है, इस बीच में अमेरिका से कुछ शिक्षा प्राप्त करके आ जाऊं। इसलिए अमेरिका गया। कुछ लोग हैं जो हमारे-पता नहीं कि उन्हें किस नाम से मैं पुकारूं-मुझे आज वर्षों से गालियां देते रहे हैं। उस दिन तीन तारीख (3 जून, 1974 को सीपीआई ने विधानसभा भंग के विरोध में जुलूस निकाले) को कितनी गालियां मुझे दी गयी हैं। चूंकि अमेरिका में मैंने पढ़ा, इसलिए मैं अमेरिका का दलाल बना हूं। निक्सन को दे दो तार, जयप्रकाश की हो गयी हार! में नारे लगाये बेशर्म लोगों ने।

मित्रों अमेरिका के बागानों में मैंने काम किया, कारखानों में काम किया- लोहे के कारखाने में। जहां जानवर मारे जाते हैं, उन कारखानों में काम किया। जब यूनिवर्सिटी में पढ़ता था, छुट्टियों में काम करके इतना कमा लेता था कि खाना हम तीन-चार विद्यार्थी मिल कर पकाते थे, और सस्ते में हम लोग खा पी लेते थे। एक कोठरी में कई आदमी मिल कर रह लेते थे। रुपया बचा लेते थे, कुछ कपड़े खरीदने, कुछ फीस के लिए। और बाकी हर दिन - रविवार को भी छुट्टी नहीं.... एक घंटा रेस्तरां में या होटल में बर्तन धोया या वेटर का काम किया, तो शाम को रात का खाना मिल गया, दिन का खाना मिल गया। मकान किराया, कहां से मकान का हमको आया? बराबर के दो-तीन लड़के-कितने वर्षों तक दो चारपाई नहीं थीं कमरे में-एक चरपाई पर मैं और कोई न कोई साथ हमारे अमेरिकन लड़का रहता था, हम दोनों साथ सोते थे। एक रजाई हमारी होती थी। इस गरीबी में मैं पढ़ा हूं। इतवार के दिन या कुछ 'ऑड टाइम' में, यह जो होटल का काम है, उसको छोड़ करके, जूते साफ करने का काम 'शू शाइन पार्लर' में, से लेकर कमोड साफ करने का काम होटलों में करता था। वहां जब बीए पास कर लिया, स्कॉलरशिप मिल गयी, तीन महीने के बाद असिस्टेंट हो गया डिपार्टमेन्ट का, 'टयुटोरियल क्लास' लेने लगा तो कुछ आराम से रहा इस बीच में। इन लोगों से पूछिये। मेरा इतिहास ये जानते हैं और जानकर भी मुझे गालियां देते हैं।

अमेरिका में विकांसिन में, मैडिसन में, मैं घोर कम्युनिस्ट था। घोर मार्क्सवादी बना, स्टालिनवादी नहीं। वह लेनिन का जमाना था, वह ट्राटस्की का जमाना था। 1924 में लेनिन मरे थे और 1924 में मैं मार्क्सिस्ट बना था। और दावे के साथ कह सकता हूं कि उस समय तक जो भी मार्क्सवाद के ग्रन्थ छपे थे अंग्रेजी में, हम लोगों ने पढ़ डाले थे। रात-रात को रोज एक रशियन टेलर था, दर्जी था, उसके यहां हमारी क्लास लगती थी। और वहां से जब भारत लौटा था, घोर कम्युनिस्ट बनकर लौटा था लेकिन मैं कांग्रेस में दाखिल हुआ। कम्युनिस्ट पार्टी में क्यों नहीं दाखिल हुआ? ये कहते थे - महात्मा गांधी देश के भांडवलशाहों का, भांडवलदारों का, पूंजीपतियों का दलाल है।

चौपाटी में बम्बई के भाषण हुआ जोगलेकर का, कि गांधी उनका दलाल है-पूंजीपतियों का, यह कांग्रेस पूंजीपतियों की संस्था है। मैंने जो लेनिन से सीखा था, वह यह सीखा था कि जो गुलाम देश हैं, वहां के कम्युनिस्ट हैं, उनको हरगिज वहां की आजादी की लड़ाई से अपने को अलग नहीं रखना चाहिए-यद्यपि उस लड़ाई का नेतृत्व, जिसको मार्क्सिस्ट भाषा में 'बुर्जुआ क्लास' कहते हैं, उस क्लास के हाथ में हो। पूंजीपतियों के हाथ में उसका नेतृत्व हो, फिर भी कम्युनिस्टों को अलग नहीं रखना चाहिए, अपने को 'आइसोलेट' नहीं करना चाहिए।

उस समय 'मेरठ कांन्पीरेसी' केस चल रही थी। बड़े लोग जेल में थे, लेकिन खोज-खोज कर, मैंने उनको ढूंढा। घाटे को ढूंढा, मिरजकर को ढूंढा, पी.सी. जोशी को ढूंढा, बहस की इन लोगों से। लंदन में क्लेमेंस दत्त, पाल्मे दत्त के भाई- पाल्मे दत्त बेल्जियम में थे उनसे मुलाकात नहीं हुई - 'लेबर मंथली' के संपादक और विद्वान, वहां की कम्युनिस्ट पार्टी के ब्रेन थे। क्लेमेंस से कितनी बातें की - गलत रास्ता बता रहे हो आप, स्टालिन के गुलाम हो, रूस के गुलाम हो, लेनिन को भूल गये। इसलिए इनके साथ नहीं गया। आजादी की लड़ाई में गद्दारी की इन्होंने। डोंगे साहब ने सीआईडी का काम किया। क्यों रूस एलाई था, अमेरिका, इंग्लैंड का। 'पीपुल्स वार' था। हम लड़ रहे थे अपनी आजादी के लिए। गांधी जी जेल में थे। नेहरू जेल में थे और ये लोग गद्दारी किये हुए थे, उस जमाने में। हमें कहते हैं यह लोग।

पहली बात जो मैंने नोट की है, आपसे कहने के लिए वह इस सरकार के बारे में है। आज से तीन दिन हुए, गफूर साहब मिलने आये थे-बहुत प्रेम से मिले। उसके दो दिन बाद चन्द्रशेखर बाबू मिलने आये-बहुत प्रेम से मिले लेकिन प्रधानमंत्री से लेकर, दीक्षित जी से नीचे सब लोग मुझे डेमोक्रेसी का सबक सिखाते हैं। इनमें से किसी को कोई अधिकार नहीं है कि जयप्रकाश नारायण को लोकतंत्र की वे शिक्षा दें। लेकिन वे जयप्रकाश नारायण को शिक्षा देने की हिम्मत करते हैं, प्रदेश के कोने-कोने से छात्र आ रहे हैं, कहीं रेलों से आ रहे हैं, कोई ट्रक भाड़े पर लेकर, डीजल अपना खरीद कर, लेकर आ रहे हैं। जहां-तहां रोका है इनको, लड़कों को पीटा है, गिरफ्तार किया है अनायास, कोई कारण नहीं है। और यहां हमसे आकर सब मीठी-मीठी बातें आई.जी साहब और सब, कोहली साहब कमिश्नर साहब और सब अफसरान लोग करते हैं। इन्होंने जिद्द किया कि इस रास्ते से जुलूस नहीं जायेगा, इसमें यह खतरा है, वह खतरा है। मुझे कोई खतरा दिखाई नहीं दिया। लेकिन जब उन्होंने कहा कि शायद जेल तोड़ने की कोशिश हो और शायद उन्हें गोली चलानी पड़े, तो मैंने कहा, इसकी जिम्मेदारी मैं नहीं लेता हूं।

आंदोलन हमारा किसी दूसरे उद्देश्य से हो रहा है, बीच में डायवर्सन हो जाए, रास्ता ही भटक जाएं हम लोग यह नहीं चाहते। तो चलिये, जो आप कहते हैं, वही मैं मान लेता हूं। तो ये बिगड़े

भी होंगे छात्र लोग। उधर से जाना था आप इधर से क्यों आये? हालांकि वे उन लड़कों को ले आए और एक दूसरी बिल्डिंग में खड़ा करके - जो लड़के हमारी छात्र संघर्ष समिति के वहां जेल में हैं - उनको जुलूस दिखाने के लिए ले आए। मैं नहीं जानता हूं कि अंग्रेजी सरकार के जमाने में भी इस प्रकार का व्यवहार कभी हुआ हो। लोग रेलों से उतार दिये गये, बसों से उतार दिये गये। टिकट था उनके पास। बेटिकट लोग थे उनको उतार दिया अलग। यह मुजफ्फरपुर की रिपोर्ट आपने अखबारों में पढ़ी होगी। सारे डिवीजन में क्या नहीं हुआ है। शर्म नहीं आती इन लोगों को डेमोक्रेसी की बात करते हैं। लोकतंत्र में, डेमोक्रेसी में जनता को अधिकार नहीं है कि जहां भी चाहे वे शांतिपूर्ण सभा करें अपनी? जहां भी चाहें शांतिपूर्ण प्रदर्शन करें वे राज्यपाल के यहां जाना हुआ तो लाखों की तादाद में जाएं असेम्बली के सामने जाएं? उनको पूरा अधिकार है। हिंसा करें कोई तो दूसरी बात है। हमसे मिलने आये पुलिस के एक उच्च अधिकारी ने कहा, बड़े उच्चाधिकारी ने कहा, नाम लेना यहां ठीक नहीं होगा कि मैंने दीक्षित जी के मुंह से सुना है, "जयप्रकाश नारायण नहीं होते तो बिहार जल गया होता।"

जब जयप्रकाश नारायण के बारे में आप सोचते हैं, तो जयप्रकाश नारायण के लिए यह सब क्यों होता है? तो, उनके नेतृत्व में यह प्रदर्शन और यह सभा होने वाली है, क्यों लोगों को रोकते हैं, आप? जनता से घबराते हैं आप? जनता के आप प्रतिनिधि हैं? किसकी तरफ से शासन करने बैठे हैं आप? आपकी यह हिदायत कि लोगों को पटना आने से रोक लें? उनकी राजधानी है। आपकी राजधानी है? यह पुलिस वालों का देश है? यह जनता का देश है। डूब जाना चाहिए इन लोगों को। ऐसी नीचता का व्यवहार! यह बहुत कठोर शब्द का प्रयोग कर रहा हूं। मैं कठोर शब्द का प्रयोग नहीं करता। लेकिन यह नीचता का व्यवहार है। अगर कोई डेमोक्रेसी का दुश्मन है, तो वे लोग दुश्मन हैं, जो जनता के शान्तिमय कार्यक्रमों में बाधा डालते हैं, उनकी गिरफ्तारियां करते हैं, उन पर लाठी चलाते हैं, गोलियां चलाते हैं। ये लोग इसको 'डेमोक्रेसी' कहते हैं, दिन रात बैठ कर जो साजिशें करते हैं, जितने ये एम.एल.ए. हैं कांग्रेस के। जब टिकट बंटा था, तो कितने टिकट बांटा था, यह छिपा हुआ है, बिहार से? किसने टिकट बांटा था? एक व्यक्ति ने बांटा था, उसके बारे में बिहार की जनता की राय मालूम है। मैं नाम नहीं लूंगा। आप सब जानते हैं, वह व्यक्ति कौन है। उन्हीं एक व्यक्ति के, अधिकांश एम.एल.ए. हैं, और उनमें से सबको करीब-करीब माहवार, महीना बंधा हुआ है। अगर कांग्रेस चाहती है कि अपनी शक्ल जरा जनता के सामने अच्छी बनाकर रखना, अपना भला चाहती है, तो उनको खुद चाहिए, इंदिरा जी को चाहिए इस असेम्बली को 'डिजॉल्ब' कर दें। यह उनकी पार्टी नहीं है, यह एक व्यक्ति की पार्टी है, जो रुपये के बल पर खड़ी हुई है।

मित्रों एक बात तो यह कहनी थी। मैं जानता हूं कि डॉक्टर रहमान यहां बैठे होंगे तो वे कुछ चिन्ता में पड़े होंगे कि इस तरह जोर से बोलने पर असर मेरे हृदय पर बुरा होगा। मैं भी समझता हूं। अब जरा अपने को बांध के बोलूंगा।

मेरा किसी व्यक्ति से झगड़ा नहीं है। किसी व्यक्ति से झगड़ा नहीं है - चाहे वे इंदिरा जी हों या कोई हों। हमारा तो नीतियों से झगड़ा है, सिद्धांतों से झगड़ा है, कार्य गलत होंगे, जो नीति गलत होगी, जो सिद्धांत-प्रिंसिपल्स गलत होंगे, जो पॉलिसी गलत होगी-चाहे वह कोई भी करे,मैं विरोध करूंगा, अपनी अकल के मुताबिक।

हम लोग इनकी तरह नौजवान थे उस जमाने में, लेकिन यह जुर्रत होती थी हम लोगों की कि बापू के सामने हम कहते थे कि हम नहीं मानते हैं बापू, यह बात। और बापू में इतनी महानता थी, इतनी महानता थी, कि बुरा नहीं मानते थे। फिर भी बुलाकर हमें प्रेम से समझाना चाहते थे, समझते थे। तो, उनकी भी आलोचना की है मैंने। उस जमाने में तो घोर मार्क्सवादी था। बाद में लोकतांत्रिक समाजवादी बना। किन्तु बापू की मृत्यु के बाद कई वर्षों के बाद - 1954 में मैं सर्वोदय में आया गया। जवाहर लाल जी थे, एक बड़े भाई थे, मैं उनको 'भाई' कहता था। उनका बड़ा आदर और प्रेम करता था, लेकिन उनकी कटु आलोचना करता था। उनमें भी बड़प्पन था। अक्सर तो उन्होंने हमारी आलोचनाओं का बुरा नहीं माना, लेकिन पटना फायरिंग (सन् 1955 में पटना के विद्यार्थियों पर जो पुलिस फायरिंग हुई थी) पर जो मैंने बयान दिया था- मैं मानता हूं कि बहुत सख्त भाषा का मैंने प्रयोग किया था- उस पर बहुत नाराज हुए। लाल बहादुर जी ने कश्मीर के मामले में कुछ किया मैंने उनकी भी आलोचना की। उनको तार भी दिया कि वह बहुत गलत काम आपने किया है, इससे कश्मीर के सवाल को हल करने में आपको दिक्कत होगी। थोड़े ही दिनों में, 18 महीनों में वह चल बसे। देश का दुर्भाग्य है।

इंदिरा जी से जो मेरे मतभेद हैं, वे जवाहरलाल जी के साथ जो मतभेद थे, उनसे कहीं ज्यादा गंभीर और 'सीरियस' हैं। जवाहरलाल जी से परराष्ट्र नीतियों के संबंध में, स्वराष्ट्र के संबंध में अधिक उनसे हमारा मतभेद नहीं था। तिब्बत के मामले में मतभेद था, चीन के मामले में था, हंगरी के मामले में था। और मैं कोई गर्व नहीं करता हूं, मैंने उस समय जो आलोचना की, हंगरी में जो कुछ कहा था, जवाहरलाल जी को बाद में मानना पड़ा। तिब्बत के बारे में मेरी बात तो नहीं मानी उन्होंने। लेकिन आज चीन ने उनको धोखा दिया तो उस धोखे के कारण उनके हृदय को ऐसी चोट लगी कि दो वर्ष में चले गये, संभल नहीं सके। ऐसा घाव लगा जब चीन ने आक्रमण कर दिया। वह कभी उम्मीद नहीं करते थे, आशा नहीं करते थे कि चीन ऐसा करेगा। थोड़ी इनकी भी गलती थी। तो परराष्ट्र नीतियों के संबंध में मतभेद था उनसे, अन्तर्देशीय प्रश्नों में नहीं था उतना

मतभेद। लेकिन इंदिरा जी से तो अंतर्देशीय मामलों में मतभेद है। अब दीक्षित जी ने कहा,"मैं जयप्रकाश नारायण के साथ बैठकर 'करप्शन' के बारे में बात करना चाहता हूं, मैं सहयोग करना चाहता हूं।" तो बाबा.... इस आंदोलन के शुरू होने के पहले से, वर्षों से मैं 'करप्शन' के सवाल पर लिख रहा हूं, बोल रहा हूं। इंदिरा जी से मेरी बातचीत हुई। पार्लियामेंट के सभी सदस्यों को लोकसभा और राज्यसभा दोनों के सदस्यों को- हमने छपी हुई चिट्ठी भेजी, जिसमें एक तो सुप्रीम कोर्ट और फंडामेंटल राइट्स के बारे में, जनता के मूल अधिकारों के बारे में था और दूसरा छह हमने सुझाव दिये थे करप्शन को दूर करने के लिए। और मेरे सुझाव नहीं थे वे, एक-दो थे। बाकी संथानम कमेटी की रिपोर्ट से हमने लिया, 'एडमिनिस्ट्रेटिव रिफार्म्स कमेटी' से लिया, किसी और लेख से लिया और जोड़ करके उनको रखा उनके सामने। दीक्षित जी को कुछ करना था, इंदिरा जी को कुछ करना था तो क्यों नहीं किया? यह 'एण्टी डिफेक्शन' बिल क्यों पड़ा हुआ सड़ रहा है छह बरस से? यह लोकपाल बिल क्यों छह बरस से लटका हुआ है वहां? किसी को कुछ कहने की जरूरत है? जो बिल उन्हें पास करना होता है, जो उनके मतलब का होता है, 'स्टीमरोलर' करके उसे पास कर लेते हैं। न सेलेक्ट कमेटी बनेगी, न पब्लिक ओपीनियन ली जायेगी। फर्स्ट रीडिंग बातों बात में हो गयी, पहली रीडिंग, दूसरी, तीसरी - बस पास हो गया, बिल एक्ट बन गया, चूंकि दो-तिहाई बहुमत है। करप्शन को रोकना चाहते हैं-मैं नहीं कहता कि वे छह जो हमारे सुझाव हैं मंजूर हो जाएं तो करप्शन रुक जायेगा, लेकिन बहुत उस पर अंकुश पड़ जायेगा-तो क्यों नहीं मानते? दीक्षित जी चाहते हैं तो उन पर अमल कराएं। उसमें से किसी पर मतभेद हो, तो वह कहें। और मैं ही नहीं अकेला हूं। कितने लोगों ने लिखा है, सजेशन दिया है। कुछ कम है वह।

अब एक बात ले लीजिये, जिसके चलते बहुत ज्यादा करप्शन राजनीति में है। वह क्या है? इलेक्शन का खर्च, चुनाव का खर्च। करोड़ों रुपये वे चुनाव पर खर्च करेंगे। एक तरफ 'गरीबी हटाओ' का नारा लगायेंगे, समाजवाद का नारा लगायेंगे और यह सब रुपया ब्लैक मार्केटियर लोगों से आप इकट्ठा करेंगे - 'अनएकाउण्टेड मनी', करोड़ों रुपया जिसका कोई किताब नहीं। कांग्रेस की कि सब में, हिसाब को किताबों से कहीं उसकी एन्ट्री नहीं। कैसे वह खर्च हुआ, किसने वह खर्च किया - कुछ मालूम नहीं। इस करप्शन की जड़ पर प्रहार होना चाहिए। आज से नहीं बरसों से मैं पुकार रहा हूं कि भाई, इस चुनाव के पद्धति में आमूल परिवर्तन होना चाहिए, चुनाव का खर्च कम करना चाहिए।

अपना देश पिछड़ा हुआ है, इसलिए बावजूद इसके कि हमने लोकतंत्र की स्थापना की है, विकसित देशों के लोकतांत्रिक समाज में कॉन्टिबेलिटी फॉर (प्रतिप्रभावी शक्तियां, यानी परस्पर

एक दूसरे को प्रभावित करने वाली शक्तियां होती हैं, जनमत का जो प्रबल प्रभाव प्रतिनिधियों पर निरन्तर पड़ता है, जो स्वतंत्र और साहसी प्रेस पत्र-पत्रिकाओं के रोल होते हैं, शिक्षित समुदाय का जो वैचारिक और नैतिक असर होता है, इस सारे इन्फ्रास्ट्रक्चर का, यानी जनता और शासन के बीच की संरचना का, यहां नित्यंत अभाव है। ऐसी स्थिति में हमारा लोकतंत्र केवल नाम मात्र का रह जाता है।

इस पूरी अन्तरिम संरचना का, इन्फ्रास्ट्रक्चर का निर्माण तो एक दिन नहीं कर सकता, जिसके परिणामस्वरूप मंत्री तथा विधायक स्वच्छंद हो जाते हैं और जनता का किसी प्रकार का अंकुश उन पर नहीं रहता, सिवाय इस भय के कि अगले चुनाव में जनता यदि चाहे तो उनको वोट नहीं दे। परन्तु यह भय भी रुपया, जाति, बल प्रयोग, मिथ्याचरण आदि के कारण निष्प्रभ हो जाता है।

15 फरवरी इंदिरा जी, उनसे मेरी बात हुई, जब मैं अहमदाबाद से दिल्ली लौटा था। उन्होंने मदद मांगी थी कि पार्टियों का सहयोग दिलाने में हमें आप मदद दीजिये। बीमार पड़ा था मैं। बीमारी से थोड़ा अच्छा हुआ, कि अटल बिहारी बाजपेयी जी को बुलाया इस ख्याल से कि जनसंघ घोर विरोधी है, कांग्रेस का, तो पहले इनके साथ मिले। मैं आपसे कहता हूं कि अटलजी की जो प्रतिक्रिया हुई, वह सुनकर इतनी प्रसन्नता मुझे हुई। अटल जी ने कहा, जयप्रकाश जी, पार्टी एक चीज है, देश दूसरी चीज है, देश की स्थिति बहुत ही नाजुक है और आप मार्गदर्शन करें, आप हमें रास्ता दिखायें, मैं आपको विश्वास दिलाता हूं कि इंदिरा जी की सरकार को हर संभव सहयोग देने को तैयार हूं, हमारा संघ देने को तैयार है। मैंने इंदिरा जी को चिट्ठी लिखकर भेज दी।

उसके बाद फिर 'रिलैप्स' हो गया। फिर बीमार पड़ा। फिर अच्छा हुआ तो सोशलिस्टों को बुलाया - सुरेन्द्र मोहन जी को (अखिल भारतीय सोशलिस्ट पार्टी के महामंत्री)। बावजूद इसके कि उनके साथ हमारे इतने राजनीतिक मतभेद हैं, मैंने यह सब उनके लिए किया। लेकिन भुनेश्वर में उन्होंने कहा- जो आदमी अमीर लोगों से रुपया लेता हो, उसको करप्शन के खिलाफ कहने का क्या अधिकार है? मेरा नाम नहीं लिया। फिर दिल्ली जाकर बिहार के एम.पी.ज. के सामने कहा- जो बड़े लोगों के पॉश गेस्ट हाउस में रहता हो, माने बहुत अमीरीपन का जो गेस्ट हाउस हो, वहां रहता हो जो आदमी और जो उनके पैसों से सफर करता है, उसको क्या अख्तियार है बोलने का? तो, मैं तो गांधी जी चरणों के धूल के बराबर नहीं हूं। उनको भूल गई वह? बम्बई, दिल्ली आते थे तो बापू कहां रहते थे? कभी भंगी कॉलोनी में, कभी बिड़ला पार्क हाउस में रहते थे। कभी किसी ने गांधी जी से कहा बिड़ला के रुपये पर बिक गये हैं, करप्ट हो गये हैं? उसके बाद हमने एक ही बार जवाब दिया है। बस और फिर नहीं। दोहराना नहीं है। वह दोहराती रही हैं। राजनीतिक मतभेद के बावजूद हमारे मित्र करीब-करीब सब पार्टी में हैं, इस कांग्रेस पार्टी में

भी, कम्युनिस्ट पार्टी सी.पी.आई. में भी जिसने इतनी गाली दी। हमारे नजदीक जितना किशोरी भाई हैं उतना हमारा छोटा भाई भी नहीं होगा, कम्युनिस्ट नेता किशोरी प्रसन्न सिन्हा की बात कर रहा हूं। आज भी जब हमारी पार्टी में थे तो हम थे निकटतम लेकिन आज भी उनसे हमारा स्नेह है, वह किसी भाई के स्नेह से कम नहीं है।

अब यह कहते हैं हमारे मित्र, नाम नहीं लूंगा, कांग्रेस एम.पी, जो मेल-मिलाप की बात कहते हैं कि जयप्रकाश जी, दीक्षित मिलना चाहते हैं। मैंने कहा जरूर मिलूंगा, मैं नहीं जा सकता, वह जब आयें मिलूंगा, बात करूंगा। फिर उन्होंने कहा - जब तक बात आपकी न हो जाए, दो महीने के लिए आंदोलन स्थगित कर दीजिये- स्थगित कर दीजिये। सुनकर मैं स्तंभित हो गया। यह पढ़ा-लिखा आदमी, समझदार आदमी, संसद का सदस्य, ऐसी बात करता है। मुझे ऐसा मूर्ख समझता है। इस आंदोलन को समझा नहीं है। क्यों यह शुरू हुआ, कैसे यह आंदोलन शुरू हुआ? यह क्या जयप्रकाश नारायण की जेब का आंदोलन है कि जब चाहे इसको निकाल कर झंडा सामने दिखा दें, आंदोलन हो रहा है, जब चाहे झंडा लपेट लें? सिर्फ उमाशंकर दीक्षित जी से मेरी बात होगी, इसके लिए दो महीने आंदोलन स्थगित कर दूं? कैसी नासमझी की बात है। मैं तो सुनकर हैरान हो गया। इस बातचीत से क्या निकलेगा, यह तो भगवान जानें, लेकिन बातचीत हुई नहीं, बातचीत करने वाले हैं? अरे बाबा, बातचीत तो उस दिन करनी चाहिए थी, जिस दिन मैंने घोषणा की यहां, अपने बयान के जरिये कि अब करप्शन मुझसे व्यक्तिगत रूप से, मेरे सहन के बाहर है, इसलिए मैं स्वयं करप्शन की लड़ाई लड़ने के लिए मैदान में आया हूं।

मैं समझता था कि इस पर इंदिरा जी का तार मुझे मिलेगा या चिट्ठी मिलेगी कि आपके जैसा व्यक्ति अब करप्शन के खिलाफ लड़ने को तैयार है, तो मेरा पूरा सहयोग है। बजाय पूरे सहयोग के उन्होंने गाली दी है मुझे- तुम तो रुपया लेते हो अमीरों से, तुम करप्शन मिटाने की बात क्यों करते हो? मेरा नाम नहीं लिया था ठीक बात है, लेकिन प्रेस वालों ने लिखा कि 'ऐन ऑवियस रेफरेंस टु जयप्रकाश नारायण', पीटीआई के डिस्पैच में लिखा- 'इन एन ऑवियस टु जयप्रकाश नारायण' स्पष्ट है कि इशारा जयप्रकाश नारायण की तरफ था।

......और मैं इन छात्रों से और बाकी जो विद्यार्थी यहां बैठे हैं, उनसे कहना चाहता हूं कि यदि वे सीरियसली-गंभीरता और बहादुरी से काम करना चाहते हैं, तो हाईस्कूल की बात नहीं करता, यूनिवर्सिटी-कॉलेज एक वर्ष तक बंद रहेंगे। एक वर्ष में परीक्षाएं नहीं होगी। एक वर्ष सिर्फ, मैं कहता हूं। गांधी जी ने 'एक वर्ष' में स्वराज कहा था। मैं आज कहता हूं कि एक वर्ष में जनता का सच्चा राज्य होगा। एक वर्ष में शिक्षा का सच्चा स्वरूप निकलेगा। ज्यादा तो मैं नहीं मांगता हूं।

.....बिहार सबसे गरीब प्रदेश है, सबसे पिछड़ा हुआ प्रदेश है। शर्म नहीं आती? लज्जा नहीं आती है इन लोगों को, जो हुकूमत की कुर्सियों पर बैठे हैं? क्या किया है इन्होंने? खेती के विकास लिए क्या किया है? उद्योग के विकास के लिए, किसी चीज के विकास के लिए? अपने विकास के लिए बहुत कुछ किया है और लोगों के लिये बंगले बन गये हैं और जमीन खरीदी गई हैं और बचा, क्या किया है इन लोगों ने। जनता के विकास के लिए क्या किया है?

.....तो मैं समझता हूं, तीन प्रकार के काम होंगे। एक तो यह काम हो पटना में। असेम्बली में चार फाटक हैं, चार फाटक हैं। तो, आज पांच तारीख है। छह तारीख को छुट्टी मनायें, कुछ विश्राम कर लें। बहुत मेहनत हुई, इतनी धूप में लोग घूमे। सात तारीख से असेम्बली के चारों गेटों पर सत्याग्रह हो। सत्याग्रह का रूप क्या हो? पिकेटिंग का। पचीस हो, पचास हों, हम सब गेटों पर पर खड़े हो जायें। एम.एल.ए. साहब आएं, मंत्री साहब आएं, उनको रोकें कि आप अन्दर न जाइये, जाना है, तो हमारी पीठ पर से जाइये, हम आपको जाने नहीं देंगे, असेम्बली न चलने देंगे। गिरफ्तारियां होंगी, हम जेलों को भर देंगे। अब नारा यह नहीं रहेगा कि 'विधान सभा भंग' करो। नारा रहेगा, 'विधान सभा भंग करेंगे'। जो विधान सभा पर पलते हैं, जिनकी कमाई विधान सभा से है, वे भंग करेंगे विधान सभा? भंग करना होगा। भंग करेंगे, भंग करायेंगे' भंग करेंगे। यह बात रहेगा।

उसके साथ-साथ तीसरी बात यह कि यह एलान कर देना है, जो इस्तीफा नहीं देता है-एक सप्ताह उनको समय और दे देता हूं, आज से लेकर बारह तारीख तक दे देता हूं-बारह तारीख तक जो इस्तीफा नहीं देंगे, चुनाव में वह जहां से भी खड़े होंगे, जनता को हमारा आह्वान है, जनता को अगर मैं आदेश देने के स्थान पर हूं तो मेरा आदेश है कि जनता उनको एक वोट न दे, इन गद्दारों को।

उसके साथ-साथ यह भी कोशिश की जाए कि सरकारी दफ्तरों को, जो विशेषकर प्रशासनिक हैं, ठप कर दिया जाए- ब्लाक तथा अंचल से लेकर कलक्टरी तक और बाद में आवश्यकता हुई तो सचिवालय तक भी। तो, एक तो यह ठप करने का कार्यक्रम हुआ।

दूसरा कार्यक्रम यह कि जिस सरकार को हम मानते नहीं, जिसको हम हटाना चाहते हैं, उसको हम कर क्यों दें? तो हमें कर बंदी का आंदोलन करना होगा। अभी भी कुछ चुने हुए करों को बन्द करने का कार्यक्रम लेना है, जैसे जमीन का लगान, सब प्रकार का सेस, सड़क सेतु, शिक्षा सेस आदि। साथ-साथ करों की आमदनी भी बंद कर देनी होंगी। इस कर बंदी आंदोलन यह परिणाम होगा कि गिरफ्तारियां होंगी, जमीन की अचल सम्पत्ति की कुर्की आदि होगी।

.....तो, पुलिस के सिपाहियों से, इन छोटे अफसरों से मैं यह नहीं कहता कि अपने ऊपर वालों का हुक्म न मानो। जरूर मानो, परन्तु जैसा गांधी जी ने कहा था कि जिस हुक्म को

अन्तर्रात्मा कहे कि यह अनुचित और अन्यायपूर्ण है, उसको कभी भी नहीं मानें। इसके मायने यह नहीं है कि मैं पुलिस को बगावत सिखा रहा हूं। मैं तो केवल उनको कर्तव्य परायणता का ज्ञान करा रहा हूं। बिहार गवर्नमेंट को बिहार की पुलिस पर कोई भरोसा नहीं है। इसलिए आप लोगों ने बी.एस.एफ. के लोगों को बाहर से बुलाया है। हमारी आर्मी है-देश की सेना। देश की कितनी इज्जत इन्होंने बुलंद की है- हमारी सेना ने। हमारे बहादुर और हमारे इन बहादुर सिपाहियों को अपने देश के लोगों पर गोली चलाने के लिए इस्तेमाल किया जाए, इससे कोई शर्मनाक बात हो सकती है? क्या गोली और लाठी और जेल के सिवा और कोई तरीका नहीं है जनता के आंदोलन से निपटने के लिए? क्या ये मांगें ऐसी नहीं, जिनको वे मान्य कर सकते हैं?

मित्रों, अभी-अभी राममूर्ति जी एक दुखदायी समाचार देने वाले हैं। मैं स्वयं देता, लेकिन उनका देना और मेरा देना एक ही आप समझिएगा। मैं कुछ टाल नहीं रहा हूं। बैठें आप।

माइक्रोफोन के पास आचार्य राममूर्ति आते हैं और उन्होंने कहा- आप में से शायद कुछ लोगों ने सुना होगा कि जब हम लोगों का जुलूस राजभवन से वापस आ रहा था, तो इंदिरा बिग्रेड के दफ्तर के सामने जब भीड़ पंहुची, तो वहां कुछ घटना घटी और उस घटना में जो हमारे कुछ नवयुवक साथी घायल हुए, उनमें से एक यहां खड़ा है। डिस्ट्रिक्ट मजिस्ट्रेट साहब की लिखी हुई चिट्ठी है, अंग्रेजी में लिखी है। मैं अंग्रेजी में पहले यह पढ़ रहा हूं, फिर हिन्दी में आपको समझा दूंगा। जयप्रकाश जी के नाम यह पत्र है।

-आज शाम को जुलूस चलाने वाले लोगों पर कुछ गलत लोगों ने गोली चलाई, उसको सुनकर आप सबको और पटना के सभी निवासियों को बहुत सदमा पहुंचा होगा।

जब यह घटना घटी, इंदिरा बिग्रेड के कार्यालय में इन लोगों ने, इस सरकार के अधिकारियों ने जा कर के तलाशी ली तो क्या पाया वहां? छह लोगों को हथियारों के साथ रेड हैंडेड, यानी रंगे हाथों पकड़ा। एक बन्दूक मिली और बारह कारतूस और छह खोलें मिलीं, कारतूसों की जो चल चुकी थीं।

दो आदमी जिनको ज्यादा चोटें लगीं, उनकी मरहम-पट्टी हो रही है। उनमें एक पुलिस का ड्राइवर भी है।

आचार्य राममूर्ति ने वी.एस.दूबे का यह पत्र पढ़ा। इसके उपरान्त जेपी ने पुनः कहा- आचार्य राममूर्ति ने कलेक्टर साहब श्री दूबे का पत्र पढ़कर सुनाया,अगर वास्तव में वे इंदिरा बिग्रेड के लोग है, जिस को भाई राममूर्ति जी 'मलका बिग्रेड' के लोग कहते हैं, तो उनके लिए क्या कहा

जा सकता है? उनको सात खून माफ होंगे शायद। शायद कलेक्टर साहब की या गफूर साहब की भी हिम्मत न होगी कि कोई कार्रवाई करें-भगवान जाने।

लेकिन मित्रों, यह सब पाप का घड़ा भरता जा रहा है, भरता जा रहा है। भरने दीजिये। टूट जायेगा अपने आप। फूट जायेगा। लोगों ने जोरों की तालियां बजाईं.....ठीक है न? हमें आप वचन देते हैं न? लोगों ने वचन दिया। उसके बाद लोकनायक जयप्रकाश जी लोगों को धन्यवाद दिया। दसों दिशाएं नारों से गूंज उठीं- लोकनायक जयप्रकाश जिंदाबाद! लोकनायक जयप्रकाश जिंदाबाद!!

लोकनायक जी के शब्दों में -'यह क्रांति है, मित्रों और संपूर्ण क्रांति है। यह कोई विधान सभा विघटन का ही आंदोलन नहीं है। यह तो एक मंजिल है, जो रास्ते में है। दूर जाना है, दूर जाना है। जवाहरलाल नेहरू के शब्दों में - अभी न जाने कितने मीलों इस देश की जनता को जाना है, उस स्वराज्य की प्राप्ति करने के लिए, जिसके लिए देश के हजारों-लाखों जवानों ने कुर्बानियां दी हैं....यह संघर्ष केवल सीमित उद्देश्यों के लिए नहीं हो रहा है। इसके उद्देश्य तो बहुत दूरगामी हैं। भारतीय लोकतंत्र की वास्तविक गति को सुदृढ़ बनाना, जनता का सच्चा राज्य कायम करना, समाज से अन्याय, शोषण आदि का अंत करना, एक नैतिक, सांस्कृतिक तथा शैक्षणिक क्रांति करना और अतंतोगत्वा नया भारत बनाना है। मित्रों, जैसा प्रारम्भ में कह चुका हूं यह सम्पूर्ण क्रांति है।'

और यह सत्य है कि भारत के नव निर्माण विकाशील तथा शुद्ध राजनीतिक, गैर राजनीतिक जीवन, शिक्षण क्षेत्र, उन सभी क्षेत्रों में 'सम्पूर्ण क्रांति' के एक मात्र रास्ते से भारत आगे बढ़ेगा।

भ्रष्टाचार के आरोप संघर्ष समिति भंग

यह सच है कि आज भी कोई इनकार नहीं कर सकता कि उन दिनों आंदोलन में कांग्रेसी सरकार के समर्थक होते हुए भी कुछ लोग अपने-अपने स्वार्थ विशेष कारणों से आंदोलन में मिले हुए थे। छात्र संघर्ष समिति के नेतृत्व वाली मंडली में ऐसे भी लोग थे जो ईमानदारी से कार्य नहीं कर रहे थे। कुछ लोग भ्रष्ट आचरण लिए, जिसे वे छात्र आंदोलन कहते- आंदोलन की बातें सरकार के लोगों को बताते थे, ऐसे व्यक्ति दोहरे चरित्र को लेकर आंदोलन में चल रहे थे। स्वयं लोकनायक जयप्रकाश नारायण ने बिहार के छात्र-युवाओं को सम्बोधित करते हुए कहा था - "पहले स्वयं अपनी आत्मा का शुद्धिकरण करो तब दूसरों का शुद्धिकरण करना। इसलिए भ्रष्टाचार का विरोध करने वाला खुद सदाचारी होना चाहिए तथा भ्रष्टाचार के विरुद्ध में सदाचार ही खड़ा हो सकता है।" लोकनायक जयप्रकाश नारायण की इस नीति से कुछ छात्र-युवाओं में असंतोष की भावना उत्पन्न हुई लेकिन ऐसे लोग स्वयं जन-आंदोलन में रह नहीं सके या खुद इस तूफान में उखड़ गये या आंदोलन से ही चिपके रहे। आये दिन छात्र संघर्ष समिति के कार्यकर्ता द्वारा ही छात्र नेताओं पर भ्रष्टाचार के आरोप लगाये जाते रहे तथा 4 मार्च, 1974 को नवगठित 'बिहार प्रदेश छात्र संघर्ष समिति' की 11 सदस्यीय समिति के विघटन की मांग को लेकर आंदोलनकारियों का लम्बा संघर्ष चला। संचालन समिति पर भ्रष्टाचार एवं अनुशासनहीनता के आरोप लगाये गये तथा आंदोलन को बदनाम होने से बचाने के लिए छात्र-युवा जनमत के द्वारा की गई मांग पर लोकनायक जयप्रकाश नारायण की अपील पर 24 दिसंबर, 1974 को संचालन समिति के सदस्यों द्वारा त्यागपत्र दिये गये तथा स्वत: ही संचालन भंग हो गया।

लोकनायक जयप्रकाश नारायण ने स्वयं कहा,"मेरे नाम पर कुछ लोग चंदा वसूल कर गलत उपयोग कर रहे हैं तथा आम लोगों से उन्होंने अपील की कि वे चंदा देना बंद कर दें। 25 दिसंबर, 1974 को वाराणसी में लोकनायक जयप्रकाश नारायण ने कहा, "मेरे नाम पर बिहार में 18

लाख रुपये के कूपन का हिसाब नहीं दिया है, लोगों ने तथा उन रुपयों के संदर्भ में संघर्ष समिति चुप है।"

बिहार के छात्र-युवाओं में इस बात का अभिमान हो गया कि आंदोलन हम छात्र-युवाओं के कारण ही चल रहा है। वरना कब का ही खत्म हो जाता। गुजरात के छात्र-युवाओं में ऐसी बातें देखने को नहीं मिलीं। बिहार के कुछ छात्र-युवा यह सोचते थे कि वे आंदोलन से अपना पैर खींच लेंगे तो रुक जायेगा लेकिन यह वर्तमान आंदोलन, जन आंदोलन है, जो लाखों कदमों के बल पर चल रहा है। मात्र कुछ ऐसे स्वार्थी एवं अभिमानी छात्र-युवाओं के कुछ हजार कदमों को रोक लेने से या पीछे कर लेने से आंदोलन नहीं रुकेगा। एक आंदोलनकारी के पैर पीछे करते ही दूसरा-तीसरा पैर उस रिक्त स्थान को भरता-बढ़ता ही चला जा रहा था तथा ऐसे कुछ सौ-हजार लोग यदि अपना पैर खींच लेते तो आंदोलन को फर्क क्या पड़ता? नये लाखों पैर रिक्त स्थानों को भरते चले जा रहे थे। यह आंदोलन देश की दूसरी आजादी का आंदोलन है- जो निर्णायक संघर्ष, लम्बी लड़ाई के बाद लोगों को मिलेगी। तथा जेपी आंदोलन देश की इस दूसरी आजादी के लिए कुर्बानियां देने को तैयार है।

आंदोलन किसी के रोकने से नहीं रुकने वाला और न किसी के चलाने से ही आंदोलन चलने वाला है। स्वयं लोकनायक जयप्रकाश नारायण ने कहा, "मित्रों यह आंदोलन किसी के रोकने से, जयप्रकाश नारायण के रोकने से नहीं रुकने वाला है। यह आंदोलन क्यों हुआ है? छात्रों में जो खलबली है, उनकी जो छात्र की हैसियत से समस्याएं हैं- जैसे शिक्षा के बाद, डिग्री के बाद जो अन्धकार उनके सामने खड़ा है, जिस प्रकार कॉलेजों में इम्तिहान होते हैं, यह सारा कुछ होता है इस दोषपूर्ण शिक्षा के चलते। इससे छात्रों की भी, आप लोगों की भी समस्याएं हैं। महंगाई की चक्की में आप पिस रहे हैं, दिन-रात महंगाई बढ़ती जाती है, यह भ्रष्टाचार है, रिश्वत देनी ही पड़ती है, रिश्वतखोरी है, बेकारी बढ़ती चली जा रही है। अन्य लोगों की भी, पढ़े-लिखे लोगों की भी अगर ये बातें न होतीं, ये सब परेशानियां न होतीं, तो हजार जयप्रकाश नारायण भी चाहते तो आंदोलन खड़ा होता? हजार छात्र संघर्ष समिति चाहतीं तो आंदोलन खड़ा होता? जमाने की पुकार है यह। एक ललकार पर इकट्ठे हो गये हैं इतने लोग। जैसा राममूर्ति भाई ने कहा, "कोने-कोने में यह फैल गया है। यह पटना वाले, शासन वाले समझते हैं कि ये थोड़े से लोग हैं। एक चीज है कि दिल में सबके आग लगी हुई है। न जाने बिहार के कितने बच्चे बिलखते-बिलखते रात को सो जाते हैं, क्यों कि उनके पेट में एक दाना नहीं। कितने लोगों को मैं देखता हूं कि दिन पर दिन शरीर कृश हो गया है। हमारे गांव का एक नाई है, यहीं बैठता है-बेचारा। आया था तो उसको देखकर हैरान हो गया।"

"भई, क्यों दुबले हो रहे हो, राम सुभग ठाकुर? सरकार खाने को नहीं मिलता है।"आश्चर्य होता है, कैसे लोग गुजारा करते हैं, इस महंगाई में। क्या खाते हैं? कैसे खाते हैं? हमें हिसाब रखना पड़ रहा है। प्रभावती (पत्नी, जयप्रकाश नारायण) चली गयीं, हिसाब रखना पड़ता है। मैं हैरान हो जाता हूं। एक दिन के खाने में इतना खर्च हो जाता है। मित्र आते ही रहते हैं, उनको चाय पिलाना, चाय के साथ नाश्ता देना, उसका कितना खर्च हो जाता है। अगर मित्रों की मदद न होती, मैगसेस अवार्ड का जो सूद आता है, साढ़े चार सौ रुपया महीना, वह न होता, दो-तीन मित्र हैं, कोई करोड़पति नहीं है, अगर इनकी मदद न होती तो पता नहीं मैं भी, मुझे भी फाका करना पड़ता। महिला चरखा समिति में रहता हूं। खैर, अपने बारे में मैं क्या कहूं।

"तो मैं कुछ मित्रों से यह कह देना चाहता हूं कि यह आंदोलन तो रुकने वाला नहीं है।" छात्र-युवाओं ने छात्र आंदोलन शुरू किया, लेकिन उनकी कुछ गलत नीतियों के कारण मात्र पन्द्रह दिनों में 'छात्र आंदोलन' की बागडोर डगमगा गई। तब ही लोकनायक जयप्रकाश नारायण ने ठीक समय पर आंदोलन की बागडोर को अपने हाथ में लिया तथा अहिंसक, शांतिमय आंदोलन, जन आंदोलन-सम्पूर्ण क्रांति का नेतृत्व भार ग्रहण किया।

इसमें कोई दो मत नहीं कि छात्र-आंदोलन की मूल भावना को शुरू से ही जन-समर्थन प्राप्त था। 18 मार्च, 1974 से शुरू छात्र आंदोलन को सरकारी दमनचक्र एवं चल रहे कर्फ्यू के मात्र दो घंटे की छूट पर 21 मार्च, 1974 को पांच हजार की संख्या में विशाल मौन जुलूस निकला, जिसमें वकील, डॉक्टर, अध्यापकगण शामिल थे। 18 मार्च के उपरांत मात्र तीन दिन हुए थे कि पांच हजार लोगों में बुद्धिजीवियों का जुलूस समर्थन प्राप्त हुआ। लगातार बुद्धिजीवियों का समर्थन मिलता ही रहा। आंदोलन को मात्र एक महीना ही हुआ था कि पटना की सड़कों पर वकीलों ने 18 अप्रैल, 1974 को मौन जुलूस निकाल कर सरकार को चुनौती दी। स्वयं लोकनायक जयप्रकाश नारायण ने कहा था, "दुनिया की कोई भी क्रांति केवल युवा शक्ति के द्वारा ही हो ऐसा नहीं, जनता का साथ अनिवार्य है।" और मात्र 480 घंटे, बीस दिन में छात्र आंदोलन 8 अप्रैल, 1974 को 'जन आंदोलन' बन गया। आंदोलन को शुरू से बुद्धिजीवियों का समर्थन मिला तथा अंत तक मिलता ही रहा। चित्रकारों आंदोलन सम्बंधित तथा सरकार की दमन नीतियों के विरोध में चित्र बनाकर प्रत्येक शाम कवियों-लेखकों के साथ नुक्कड़ सभाओं पर अपने चित्रों की प्रदर्शनी करते तथा कवि अपने कविता पाठ करते। फणीश्वर नाथ 'रेणु', नागार्जुन, राबिन शॉ 'पुष्प' आदि ने खुल कर भाग लिया लिया। राष्ट्रकवि रामधारी सिंह 'दिनकर' से लोकनायक जयप्रकाश नारायण द्वारा मद्रास में हुई बातचीत में 'दिनकर जी' ने आंदोलन में कूदने की बात कही थी, परन्तु दैवीय योग से उनकी मद्रास में ही मृत्यु हो गई।

समाचार पत्रों ने खुलकर बिहार आंदोलन का साथ दिया। पटना से प्रकाशित अंग्रेजी दैनिक पत्र 'दि सर्चलाइट' के संवाददाता लव कुमार मिश्रा सहित कई पत्रकारों - फोटोग्राफरों को आंदोलन में कई बार पुलिस के लाठी प्रहार सहने पड़े। आंदोलन में दिल्ली से आये पत्रकार ओम प्रकाश 'दीपक' के साथ बिहार पुलिस ने जो दुर्व्यवहार किया। वह प्रशासन के लिए शर्मनात्मक है। और भी कई पत्रों के संवाददाताओं को पुलिस दुर्व्यवहार का शिकार बनना पड़ा। फिर भी पत्रकारों ने खुल कर आंदोलन का साथ दिया।

मुझे संस्मरण है कि पटना विश्वविद्यालय के छात्रों को 7 मार्च, 1974 को संबोधित करते हुए - देश के पत्रकार कुलदीप नैयर ने आंदोलन करने का आह्वान किया था। आंदोलन के समर्थन में श्रवण कुमार गर्ग द्वारा लिखित 'बिहार आंदोलन-एक सिंहावलोकन' नामक पुस्तक शीघ्र ही प्रकाशित हुई थी। पटना के युवा संपादक विजय रंजन ने आंदोलन के समर्थन में 'लोक आस्था' हिन्दी साप्ताहिक समाचार पत्र का प्रकाशन किया। सिर्फ इतना ही नहीं आंदोलन के समर्थन में इलाहाबाद, कलकत्ता, हैदराबाद (आन्ध्र प्रदेश), दिल्ली से प्रजानीति, प्रतिपक्ष, जेपी एवरीमेन्स आदि पत्र प्रकाशित हुए। यही नहीं, सभी भाषाओं के साहित्य जगत के साथ हिंदी जासूसी साहित्य जगत में गुजरात: बिहार आंदोलन पर एक पुस्तक कर्नल रंजीत द्वारा लिखित '11 बजकर 12 मिनट' प्रकाशित हुई। कर्नल रंजीत ने अपनी पुस्तक में आंदोलन को बदनाम करने वाले सरकारी षड्यंत्र का पर्दाफाश किया। पटना में 18-19 मार्च, 1974 की घटनाओं का विस्तृत उल्लेख भी पुस्तक में किया गया।

स्वयं लोकनायक जयप्रकाश नारायण ने आंदोलन सम्बन्धित कई पुस्तकों को उन दिनों लिखा था। बिहार आंदोलन के समर्थन में पटना से निकाले जा रहे पत्र 'तरुण क्रांति' को युवा पत्रकार कुमार प्रशांत के संपादन में प्रकाशित होती रहीं। पटना के दैनिक पत्रों के साथ-साथ राष्ट्र के समाचार पत्र, न्यूज एजेन्सियां, पत्रकार आदि खुलकर आंदोलन से जुड़े रहे। मेरी इस पुस्तक को पढ़ने के बाद 'दो शब्द' दिल्ली से प्रकाशित साप्ताहिक हिंदी (टाइम्स ऑफ इंडिया द्वारा प्रकाशित) 'दिनमान' के संपादक रघुवीर सहाय ने लिखा- 'प्रिय संतोष सुमन जी, आपने छात्र आंदोलन पर पुस्तक तैयार की, जानकर प्रसन्न्ता हुई। चूंकि इस आंदोलन को मैंने भी निकट से जाना है।' वे इस आंदोलन के सदैव निकट रहे तथा रघुवीर सहाय के संपादन में पत्रिका 'दिनमान' के माध्यम से हमेशा जे.पी. आंदोलन के साथ जुड़े रहे।

जन-आंदोलन में वे महान थे, जो कि वास्तव में जन जागरण का काम करते रहे तथा वे आज भी अमर हैं, जो शहीद हो गये। छात्र-युवा नेताओं में कुछ ऐसे भी चेहरे थे, जो अखबारों में अपने लम्बे-लम्बे वक्तव्य एवं तस्वीरें छपवाया करते थे। उनका मात्र हिस्सा एक मामूली से ज्यादा कुछ

नहीं रहा, लेकिन बाद में इन्हीं लोगों के हाथों में सत्ता की बागडोर आ गई। आंदोलन का संचालन तो स्वयं जनता करती रही जिसमें सभी शामिल रहे। छात्र युवाओं ने इसे संचालित नहीं किया-नेतृत्व लोकनायक जयप्रकाश नारायण का ही हमेशा रहा।

आंदोलन से पैर खींचने वाले आज भी आंदोलन की सफलता से अपने सहभाग से वंचित रहे। आंदोलन के क्रम में सदैव कुछ स्वयं पुराने चेहरे पीछे होते रहे और नये चेहरे क्रमबद्ध सदैव सामने आते रहे हैं। कुछ छात्र-युवाओं को आंदोलन में काम करने से उनके अभिभावक रोकते रहे और कुछ अभिभावकों ने सरकार के दमन चक्र से भयभीत होकर आंदोलन से अपने को एवं परिवार को अलग रखा। फिर भी मात्र कुछ दिन नहीं, दस-पन्द्रह दिनों में महिलाओं ने खुल कर सड़कों पर जुलूस निकाला और अनशन, धरना, उपवास आदि कार्यक्रम तेजी से करती रहीं। निर्णायक संघर्ष लम्बी लड़ाई के लिए जनमत ने सारी सरकारी बाधाओं और व्यवधानों को तोड़ दिया। इसके लिए सदैव उनके पास सामर्थ्य था और इस जनमत सामर्थ्य को सरकार अपने दमन चक्र से रोक न सकी। जन-आंदोलन में कार्यान्वित तमाम लोग किसी न किसी रूप से आंदोलन से संबंधित रहे, जिसमें छात्र-युवा, महिलाएं, बच्चे, वकीलों, डॉक्टरों, साहित्यकार, चित्रकारों, पत्रकार व सरकारी अधिकारी भी शामिल रहे।

बिहार आंदोलन में काम करने के लिए गुजरात से आये युवा राजीव बौदड़ा का नाम जरूर लूंगा। बौदड़ा से हमारी पहली मुलाकात पैकिटिंग करते हुए पटना में हुई थी, जहां उन्होंने बताया कि वे गुजरात से आये हैं, इसके पहले वे बिहार में रिलीफ कार्यों के लिए बिहार आये थे। उसके बाद कई बार राजीव भाई से मुलाकातें होती रहीं। लोकनायक जयप्रकाश नारायण ने राजीव भाई एवं आंदोलनकारी बहन के विषय में अपने निवास स्थान पर कार्यकर्ताओं की बैठक को संबोधित करते कहा, "अगर राजीव भाई एवं आंदोलनकारी बहन की तरह तीन-चार साथी और हों जाएं तो सफलता करीब है।"

आंदोलन के अंतराल में शिक्षकों, डॉक्टरों, अभियन्ताओं, मजदूर वर्गों तथा कर्मचारियों द्वारा की गई हड़तालों से आंदोलन को आंतरिक बल मिल रहा था इसमें कोई दो मत नहीं, क्योंकि शिक्षक, डॉक्टर, सरकारी कर्मचारी भी इसी समाज में रहते थे जहां जेपी आंदोलन चल रहा था। इनकी समस्याएं या मांगें भी मूल रूप से वही थीं, जो जन-आंदोलन की थीं। अखिल भारतीय रेल कर्मचारियों द्वारा बीस दिन की सफल हड़ताल 8 मई, 1974 से शुरू हुई और 28 मई, 1974 के प्रात: 6 बजे समाप्त की गई। इस हड़ताल के सामने सरकार ने आन्तरिक रूप से घुटने टेक दिए थे, क्योंकि सरकार द्वारा रेल पटरियों पर पार करने के लिए रेल-गुमटियों पर लगी सरकारी विज्ञप्ति ही इस बात की सबूत है।

सरकार की इन पंक्तियों से स्पष्ट है कि रेल-हड़ताल सफल रही लेकिन इस रेल हड़ताल से भारतीय राष्ट्रीय अर्थतंत्र को 5 अरब रुपये की क्षति पहुंची तथा लगभग छह हजार रेल कर्मचारियों को उनके पद से बरखास्त किया गया।

पांच जून को लोकनायक जयप्रकाश नारायण द्वारा दिये गये- कार्यक्रमों के अनुसार शुक्रवार 7 जून, 1974 से विधान सभा के गेटों पर धरना प्रारम्भ हुआ और गिरफ्तारियां दी जाती रहीं। पहले दिन 52 सत्याग्रहियों ने गिरफ्तारियां दीं। विधानसभा के सामने धरना कार्यक्रम 26 दिनों तक यानी 12 जुलाई, 1974 तक चला। इसमें 3,407 सत्याग्रहियों ने गिरफ्तारियां दीं।

धरने के पहले दिन जो घटना हुई उसका उल्लेख करना चाहूंगा। पहले दिन 7 जून, 1974 को 52 सत्याग्रहियों को 'बक्सर केंद्रीय जेल' ले जाते हुए पुलिस ने इनके रात्रि भोजन की व्यवस्था हेतु शहर के निजी होटलों का सहारा लिया। उसी समय गिरफ्तार सत्याग्रहियों में से आठ सत्याग्रही पूर्व निश्चित कार्यक्रम के अनुसार मौका पाते ही 'बक्सर' से फरार हो जाते हैं। इस घटना की खबर लोगों में बिजली की तरंगों की तरह फैल गई। आठ सत्याग्रही जब जेपी से मिले तो पुनः गिरफ्तारी देने को कहा। और आठ फरार सत्याग्रहियों में से दो सत्याग्रहियों से जब मैं मिला तो उन्होंने अपने इस पूर्व निर्धारित मनोवैज्ञानिक कार्यक्रम के विषय में बताया और कहा सरकार को हम झुका कर रहेंगे। आठ फरार सत्याग्रहियों को विधानसभा के समक्ष 10 जून, 1974 को गिरफ्तार करके स्थानीय 'फुलवारी शरीफ कैंप' जेल में रखा गया। धरने के 17वें दिन यानी 1 जुलाई 1974 को 114 महिलाएं गिरफ्तार की गईं जिनमें उनके छोटे-छोटे बच्चे भी थे, अपनी मां की गोद में गिरफ्तार किये गये। धरने का यह कार्यक्रम सफलता के साथ चलता रहा।

आंदोलन के संदर्भ में गया गोली कांड के उपरान्त गया, आरा, मुजफ्फरपुर और धनबाद का विशेष दौरा किया। गया से आने के बाद एक दिवसीय यात्रा में 21 जून की मध्यरात्रि को मुजफ्फरपुर पहुंचा, रात्रि में मुझे कुछ देखने को मिला, वह अद्भुत था मोतीझील से लेकर कल्याणी चौक तक। कल्याणी चौक पर धरना देते लोगों से मिला-जिसमें अधिकांशतः लोग छात्र, प्रोफेसर गण थे। दूसरे दिन 22 जून, 1974 को लंगड़ सिंह कॉलेज के होस्टल में पहुंचा। होस्टल में कुछ ही लड़के थे। होस्टल के छात्रों के साथ कई कॉलेजों के छात्रों से मिला एवं आंदोलन के तीव्र गति से बढ़ रहे कार्यक्रमों से अवगत कराया। जानकारियों की पोटली लेकर वापस आया। आंदोलन के संदर्भ में ऐसे कई छोटे-बड़े स्थानों का दौरा करता रहा।

लोकनायक जयप्रकाश नारायण वर्तमान आंदोलन के व्यापक समर्थन के लिए दो दिवसीय 22-23 जून, 1974 को 'अखिल भारतीय युवक सम्मेलन' का उद्घाटन करने 20 जून को

पटना से इलाहाबाद गये तथा 24 जून, 1974 को पटना वापस आते हैं। इस सम्मेलन का आयोजन 'अखिल भारतीय तरुण शांति' तथा 'इलाहाबाद युवा मोर्चा' के तत्वाधान में किया गया जिसमें देश के पांच सौ से अधिक छात्र प्रतिनिधियों ने भाग लिया। सम्मेलन के प्रथम दिन इलाहाबाद में 22 जून, 1974 को जेपी ने कहा, "मेरा पूर्ण विश्वास है कि बिहार विधान सभा को जो भ्रष्टाचार की प्रतीक बन गयी है, विघटित करना ही होगा। यद्यपि कांग्रेस अध्यक्ष ने ऐसे किसी कदम के विरुद्ध बार-बार आश्वासन दिए हैं। जनता वर्तमान जनतांत्रिक ढांचे से अपनी समस्याओं का समाधान ढूंढ निकालने में असमर्थ है। देश का भविष्य अंधकार में है और अभी तक मुझे वर्तमान व्यवस्था का कोई विकल्प नहीं मिल रहा है। मेरे नेतृत्व में आरम्भ बिहार का वर्तमान आंदोलन पहला कदम है और विधान सभा के विघटन के बाद, जो निश्चित ही है: छात्र, युवक और जन समितियां, भ्रष्टाचार, चोर बाजारी, जमाखोरी और अन्य सामाजिक आर्थिक बुराइयों के विरोध में संघर्ष करेंगी।"

सम्मेलन के दूसरे दिन 23 जून, 1974 को इलाहाबाद में लोकनायक जयप्रकाश नारायण ने कहा - "भारत सरकार देश के राजनीतिक तथा प्रशासनिक भ्रष्टाचार की यदि वह इन बुराईयों को पूर्णत: दूर नहीं करती और वह इन पर अंकुश लगाने के लिए गंभीर है, तो जांच के लिए एक मंत्रिमंडलीय समिति नियुक्त करें।....यदि सरकार राजनीतिक तथा प्रशासनिक भ्रष्टाचारों की जांच गंभीरता से करना चाहती है, तो सरकार के समक्ष बहुत से सुझाव पड़े हैं, जो उसे दिये गये हैं कि यदि भ्रष्टाचार का उन्मूलन पूर्णत: नहीं किया जा सकता है, तो उन पर कैसे रोक लगायी जानी चाहिए। दस वर्ष पूर्व संतामय कमेटी ने जो रिपोर्ट सरकार को दी है, उसे सरकार द्वारा कार्यान्वित करना अभी भी बाकी है। बांचू समिति तथा प्रशासनिक सुधार समिति ने विभिन्न सुझाव दिये थे पर उन पर सरकार का ध्यान अभी तक आकृष्ट नहीं हुआ है।" जेपी ने आगे कहा कि बांचू समिति ने कहा था कि काले धन की शक्ति का पूर्णत: उन्मूलन नहीं किया जा सकता तो उसकी ताकत को कम किया जाना चाहिए और इसके लिए उसने सुझाव दिया था पर सरकार द्वारा इस संबंध में अभी तक कुछ नहीं किया गया है।

पटना : 2 जुलाई 1974

सात जून से चल रहे धरना कार्यक्रम में गिरफ्तार सत्याग्रहियों की एक टोली के साथ पटना स्थित फुलवारी शरीफ कैंप जेल में दुर्व्यवहार किया गया। 2 जुलाई, 1974 को सत्याग्रहियों की बर्बर पिटाई हुई। इसके पीछे इसका बीजारोपण तब शुरू हुआ, जब 17-27 जून, 1974 तक नियमित रूप से सत्याग्रहियों ने जेल के भ्रष्टाचार-कैदियों से मिलने आने वालों से घूस लेने, कैदियों के लिए स्वीकृत चीजों का इस्तेमाल आदि के खिलाफ 12- 12 घंटे का उपवास किया

जा रहा था। सत्याग्रहियों का सिर्फ इतना दोष था कि वे जेल के अन्दर हो रहे भ्रष्टाचार को जारी रखने में रुकावट डाल रहे थे। सत्याग्रहियों का यह कदम आंदोलन जेल में दिन प्रतिदिन व्यापक होता गया और अन्दर ही अन्दर जेल के कर्मचारियों ने सत्याग्रहियों को सबक सिखाने की ठान ली। जेल कर्मचारियों की इस पूर्व षड्यंत्र की सूचना, किसी तरह जनसंघ के ईश्वर चौधरी सांसद सदस्य को लगी तथा 1 जुलाई, 1974 को जेलर महोदय को इसी संदर्भ में लिखित वक्तव्य दिया।

मंगलवार 2 जुलाई. 1974 को सुबह साढ़े दस बजे अचानक जेल में पगली घंटी बजा दी गई। साथ ही जेल के कर्मचारियों के समर्थक कुख्यात अपराधियों द्वारा पुलिस के साथ मिलकर लाठी से, राइफल के कुन्दों से सत्याग्रहियों के सिर और छाती पर प्रहार किया गया। जूता पहने कई कथित कुख्यात अपराधियों, जेल के सिपाही, वार्डरों तथा जेल के अन्य अधिकारियों ने सत्याग्रहियों को पीटा तथा उनकी मां-बहनों को भद्दी-भद्दी गालियां दीं। सत्याग्रहियों में एक छात्र की बर्बर पिटाई की, उसकी छाती को जूता पहन कर कुचला गया, राइफल के कुन्दों से मारा गया, यहां तक कि गरम लोहे की सलाखों से जेलर के सामने छात्र की पीठ जलायी गयी। छात्र बेहोश हो गया। उसके बाद मृत समझ कर जेल के द्वार के निकट एक कमरे में रख दिया गया। जब छात्र को होश आया तो सामने जेलर को देखकर पानी मांगा परन्तु जेलर ने कहा, “बड़े चले हैं नेता बनने” और पानी देने से इन्कार कर दिया। जब जेल अधीक्षक आये, तब 7 बजे शाम को पटना मेडिकल कॉलेज अस्पताल में घायल छात्र को दाखिल किया गया।

इस घटना के उपरान्त तत्काल लोकनायक जयप्रकाश नारायण ने अपने विशेष प्रतिनिधि आचार्य राममूर्ति को फुलवारी शरीफ कैंप जेल भेजा। और राममूर्ति ने छात्रों से मिल कर जेल से आकर अपनी रिपोर्ट जेपी को पेश की। घटना के दूसरे दिन लेखक जेल पहुंचे, छात्रों से हुई बात के बाद उपर्युक्त जानकारियां मिलीं। इसके बाद 4 जुलाई, 1974 को स्वयं लोकनायक जयप्रकाश नारायण फुलवारी शरीफ कैंप जेल में हुई घटना का जायजा लेने गए। इस घटना की बड़ी भर्त्सना हुई। घायल छात्र के बयान के अनुसार जेल के कर्मचारियों के विरुद्ध धारा 143, 323 के अर्न्तगत मामला दर्ज किया गया तथा जेल के 18 सजायाफ्ता तथा 18 विचाराधीन बन्दियों को फुलवारी शरीफ जेल से बांकीपुर केंद्रीय जेल भेज दिया गया। इस जेल कांड में जेलर एवं सहायक जेलर का तबादला कर दिया गया। राज्य के लगभग सभी हिस्सों में इस जेल कांड के विरोध में प्रदर्शन एवं सभाएं हुईं।

इस जेलकांड के बाद बिहार में होने वाली परीक्षा का जो रूप उन दिनों देखने को मिला, कुछ इस प्रकार था। जब लोकनायक जयप्रकाश नारायण ने 5 जून, 1974 को अपील की ....”मैं इन छात्रों से और बाकी जो विद्यार्थी यहां बैठे हैं, उनसे कहना चाहता हूं कि यदि वे सीरियसली,

गंभीरता से, पूरी ईमानदारी और बहादुरी से काम करना चाहते हैं तो हाईस्कूलों की बात नहीं कहता, यूनिवर्सिटी-कॉलेजों एक वर्ष तक बंद रहेंगे। एक वर्ष में परीक्षाएं नहीं होंगी। एक वर्ष सिर्फ, मैं कहता हूं। गांधी जी ने 'एक वर्ष में स्वराज्य' कहा था। मैं आज कहता हूं कि एक वर्ष में जनता का सत्ता होगा। एक वर्ष में शिक्षा का सच्चा रास्ता निकलेगा। ज्यादा तो मैं नहीं मांगता हूं।"

लेकिन जेपी की अपील पर छात्रों में दो वर्ग बने-परीक्षा को लेकर। एक वर्ग परीक्षा के बहिष्कार के तरफ तो दूसरा वर्ग परीक्षा देने के पक्ष में। ये दोनों वर्ग बिहार के सभी कॉलेजों में व्याप्त थे। और सरकार ने छात्रों के इस रवैये से फायदा उठाकर जेपी आंदोलन को विफल बनाने की नीति अपनाई लेकिन परीक्षा देने वाले समर्थक छात्रों ने परीक्षाएं दीं और आंदोलन में भी सक्रिय रहे। सरकार की इस दोहरी नीति को धक्का लगा। मुख्यमंत्री अब्दुल गफूर ने 9 जुलाई, 1974 को विधानसभा में घोषणा की- 15 जुलाई, 1974 को सभी विश्वविद्यालय एवं कक्षा तथा परीक्षाएं निश्चित होंगी। सरकार इस कार्य के लिए सख्ती से काम लेगी लेकिन 18 मार्च, 1974 के उपरान्त लगभग चार महीने बाद 15 जुलाई को 284 कॉलेजों में लगभग तीन लाख छात्रों में परीक्षा को लेकर विवाद उत्पन्न हो गया और इसी दिन छात्रों ने पटना, गया, मुजफ्फरपुर, पूर्णिया, रांची, भागलपुर, दरभंगा आदि सभी शहरों में बंद रखा।

इंटर की परीक्षा के लिए सीआरपीएफ के जवान ने जब पटना मेडिकल कॉलेज अस्पताल के एक डॉक्टर को जबरन बी.एन.कॉलेज में परीक्षा देने के लिए मजबूर किया तब डॉक्टर ने बार-बार अपना परिचय दिया। तब भी डॉक्टर को परीक्षा देनी पड़ी। ऐसे कई सरकारी एवं गैर सरकारी अधिकारियों को कार्यालय जाते वक्त जबरन परीक्षा भवन में परीक्षा देने के लिए सभी सरकारी दमनात्मक उपाय किये गये, जबरदस्ती किये गये। दूसरी तरफ परीक्षा देने वाले छात्रों को परीक्षा भवन में किताबें खोल कर लिखने की पूरी छूट कांग्रेस सरकार ने दे रखी थी। परीक्षार्थियों को यहां तक छूट दी गई कि वे 'परीक्षा कॉपी' को तीन घंटे की बजाय एक दिन में जब भी जमा कर दें। कॉलेजों में और अन्य व्यवस्थाएं भी दी गईं। चल रही परीक्षा के संदर्भ में अंत में लोकनायक जयप्रकाश नारायण ने 25 जुलाई, 1974 को पटना मेडिकल कॉलेज अस्पताल के मैदान में कहा, "मैं आज परीक्षा देने वालों के संदर्भ में कुछ नहीं कहना चाहता, जो देना चाहते हैं दें।" लोकनायक ने वर्तमान शिक्षा पद्धति की एक-एक दूषित शिक्षण पद्धति का विश्लेषण किया तो उपस्थित छात्रों के गले रुंध गये।

पटना मेडिकल कॉलेज के छात्रों ने जेपी के समक्ष शपथ ली-आंदोलन में कार्य करने के लिए। तो दूसरी तरफ परीक्षा का पूर्ण बहिष्कार करने वाले छात्रों के एक उदाहरणार्थ पेश करता हूं - परीक्षा के प्रथम दिन पटना विश्वविद्यालय के अधीन ग्यारह कॉलेजों में से तीन कॉलेजों में

परीक्षार्थियों की संख्या शून्य एवं आठ कॉलेजों में मात्र 92 परीक्षार्थी उपस्थित रहे। लेकिन सरकार जबरन परीक्षा दिलाने के लिए तैयार थी जैसा कि अब्दुल गफूर साहब ने कहा था- परीक्षा लेने के लिए सरकार सख्ती से काम लेगी। 18 जुलाई 1974 को जमशेदपुर, रांची, बेगूसराय में परीक्षा भवनों में गोलियां चलीं, मात्र सरकार की अपनी भ्रष्ट नीतियों को सफल बनाने के लिए।

पटना 9 जुलाई 1974

सरकार आंदोलन को समाप्त करने के लिए असफल कोशिशें कर रहीं थीं। वित्त मंत्री दारोगा प्रसाद राय ने अपने वक्तव्य में कहा था- जो आंदोलन का साथ देगा, उसके विरुद्ध सरकार कार्रवाई करेगी। तो दूसरी तरफ 13 जून, 1974 को मुख्यमंत्री अब्दुल गफूर ने विधानसभा में कहा - "जिन सदस्यों ने विधानसभा की सदस्यता से त्यागपत्र दे दिया है, उन्हें 48 घंटे के अंदर सरकारी आवास और फ्लैट खाली कर देने होंगे। नहीं तो, सरकार उनके लिए अविलम्ब ठोस कदम उठाएगी।"

बिहार के मुख्यमंत्री अब्दुल गफूर ने 9 जुलाई, 1974 को विधान सभा में लोकनायक जयप्रकाश नारायण एवं आंदोलनकारियों को चेतावनी देते हुए कहा, "यदि जनमत की हत्या करने की कोशिश अविलम्ब छोड़ नहीं दी गयी तो सरकार आंदोलनकारियों के विरुद्ध कड़ी कर्रवाई करेगी। मुख्यमंत्री ने धमकी दी कि यदि सर्वोदय नेता जयप्रकाश नारायण द्वारा चलाये जा रहे तथाकथित अहिंसात्मक आंदोलन के क्रम में भविष्य में विधायकों के साथ जोर-जबरदस्ती की गयी और उनके साथ दुर्व्यवहार किया गया, तो जयप्रकाश नारायण को भी असली मुकाम पर पहुंचा दिया जायेगा।"

अब्दुल गफूर ने आगे कहा, "सरकार जनमत की हत्या का प्रयास करने वाले किसी भी व्यक्ति से नहीं डरती, भले ही वह व्यक्ति कितना भी बड़ा क्यों न हो।" स्पष्ट है कि यह इशारा जयप्रकाश नारायण की तरफ था।

सरकार द्वारा दिये गये उपयुक्त वक्तव्य बहुत ही महत्वपूर्ण एवं रहस्यपूर्ण है। प्रश्न उठता है, क्या उन दिनों सरकार जेपी की हत्या के षड्यंत्र का विचार रखती थी? अब्दुल गफूर के वक्तव्य से हत्या के षड्यंत्र का पता चलता है कि 'जयप्रकाश नारायण को भी असली मुकाम पर पहुंचा दिया जायेगा। सरकार जनतंत्र की हत्या का प्रयास करने वाले किसी भी व्यक्ति से नहीं डरती, भले ही वह व्यक्ति कितना भी बड़ा क्यों न हो। उन दिनों क्या जेपी हत्या का षड्यंत्र रचा गया था- इसका पता तो तत्कालीन 'जनता पार्टी' की सरकार ही लगा सकती थी, लेकिन ऐसा नहीं किया गया।

जेपी का देशव्यापी आंदोलन !

मात्र तीन महीने में आंदोलन का स्वरूप देशव्यापी होने लगा। आंदोलन को देशव्यापी बनाने के लिए स्वयं लोकनायक जयप्रकाश नारायण ने पूरे देश का तूफानी दौरा किया। 7 जुलाई, 1974 को कलकत्ता में एक महती जनसभा को सम्बोधित करते हुए कहा- "शक्ति बन्दूक की नाल से आती है और माओत्से तुंग के इस कथन से मैं सहमत हूं। लेकिन बन्दूक किसके हाथ में है? स्वयं उन्होंने उत्तर दिया- "लोगों के हाथ में नहीं है।" जेपी जो अपने को रूस के अपेक्षा चीन के अधिक निकट है। ... चीन अथवा रूस जो भी हो, बन्दूक की नली से निकलने वाली शक्ति आज लोगों के हाथ में कभी नहीं रही। हिंसक क्रांति के जरिये वास्तव में जनता की सरकार नहीं बन सकती। चीन में माओ ने स्वयं क्रांति नहीं की, बल्कि उस समय की परिस्थितियों के अनुसार तथा जन आकांक्षाओं की पूर्ति के लिए एक ऐसी क्रांतिकारी स्थिति पैदा की जिसके कारण वहां क्रांति सफल हुई। आज देश की स्थिति विस्फोटक हो गयी है। लेकिन जयप्रकाश नारायण से क्रांति नहीं आ सकती। गांधी, लेनिन अथवा माओ भी क्रांति नहीं ला सके। इन नेताओं ने सिर्फ क्रांतिकारी स्थिति को पहचाना और लोगों को नेतृत्व प्रदान किया।

तो दूसरी तरफ केंद्र के बड़े-बड़े नेताओं ने जेपी की आलोचना की। स्वराष्ट्र मंत्री उमाशंकर दीक्षित ने 28 मई, 1974 को पटना में कहा, "आंदोलन के पीछे इंदिरा के नेतृत्व को कमजोर बनाने की साजिश है।" फिर दीक्षित ने नई दिल्ली में 6 जुलाई 1974 को कहा, "जयप्रकाश नारायण के तौर-तरीकों से भ्रष्टाचार दूर करने में सरकार पूर्णत: असहमत है।" तथा नई दिल्ली में ही 3 दिसंबर, 1974 को राज्यसभा में दीक्षित ने कहा, "मेरे पास बिहार विधान सभा विघटित करने का कोई आधार नहीं है।" 22 जून, 1974 को नई दिल्ली में प्रतिरक्षा मंत्री जगजीवन राम ने यहां तक कहा, "किसी भी विधायक को अपने क्षेत्र की जनता का विश्वास प्राप्त न रहा, यह

कहने का अधिकार निर्वाचकों को छोड़ कर अन्य किसी भी को नहीं। कोई भी निर्वाचक प्रतिनिधि बना है या नहीं और उसे अपने निर्वाचन क्षेत्र की जनता का विश्वास प्राप्त है या नहीं, यह निर्णय करना उस क्षेत्र के निर्वाचकों का काम है।"

स्पष्ट रूप से जगजीवन राम ने जेपी को चेतावनी दी कि उन्हें विधान सभा भंग करने की मांग का कोई अधिकार नहीं है। जेपी क्या देश के नागरिक के रूप में अपने वक्तव्य की अभिव्यक्ति नहीं कर सकते? क्या यही लोकतंत्र है?

लोकनायक जयप्रकाश नारायण द्वारा चलाये जा रहे आंदोलन से स्वयं आचार्य विनोबा भावे आन्तरिक रूप से असहमत थे। इसलिए वर्धा में 9 जुलाई, 1974 से चल रहे तीन दिवसीय सम्मेलन में जयप्रकाश नारायण के आंदोलन पर 'सर्व सेवा संघ' में तीव्र मतभेद उत्पन्न हुआ। इस पर लोकनायक जयप्रकाश नारायण ने वर्धा में 9 जुलाई को कहा, "बिहार का आंदोलन प्रारम्भ करने के पूर्व विनोबा भावे से अनुमति ली थी।" आंदोलन के मुद्दे पर चल रहे तीव्र मतभेद को सर्व सेवा संघ के सम्मेलन से दूर करते हुए 13 जुलाई, 1974 को जेपी ने अपने आलोचकों को बिहार आने का आमंत्रण देते हुए कहा, "मेरे तथा छात्रों के साथ विचार-विमर्श करने का मौका मिलेगा तथा इससे आंदोलन के संबंध में जो कि सर्वोदय के मार्ग अलग-अलग नहीं है-संदेश का निवारण होगा।"

13 जुलाई, 1974 को बम्बई में जयप्रकाश नारायण ने कहा, "सार्वजनिक जीवन में उच्च पदों पर विद्यमान व्यक्तियों के अर्थात राजनेताओं के विरुद्ध भ्रष्टाचार की शिकायतों की जांच करने के लिए जनतंत्र के समर्थक नागरिकों द्वारा शीघ्र ही 'लोकायुक्त' की नियुक्ति जायेगी।" देशव्यापी दौरे में 25 अगस्त, 1974 को लखनऊ में जेपी ने कहा, "भ्रष्टाचार, गरीबी और बेरोजगारी की समस्याएं राष्ट्र की जीवन शक्ति को समाप्त करने पर तुली हुई हैं।"

कांग्रेस सरकार बराबर यह कहती रही कि आंदोलन के पीछे जन संघियों का हाथ है, तो कभी कहती है- राष्ट्रीय स्वयं संघ वालों का। सीआईए एजेंटों से लेकर आनंद मार्ग तक की बात की जा रही थी। कांग्रेस अध्यक्ष डॉ. शंकर दयाल सिंह ने यहां तक कहा कि जेपी, सी.आई.ए. एजेंट हैं तथा उन्हें आंदोलन चलाने के लिए विदेशों से पैसा मिलता है। लेकिन वास्तव में इतना बड़ा आंदोलन न तो कोई एक संगठन कर सकता है, न ही कई संगठन मिलकर कर सकते हैं, जिन-जिन मुद्दों को लेकर आंदोलन जनव्यापी बना, लगभग उन्हीं मुद्दों को लेकर, बिहार में दर्जनों बार कई विरोधी दल एकजुट होकर खड़े हुए परन्तु इतना बड़ा आंदोलन नहीं कर सके। कारण यह रहा कि विरोधी दलों के आहवान पर मात्र उन दलों के समर्थक ही आंदोलन में शामिल हुए, जबकि इस आंदोलन में सारी जनता शामिल रही। विद्यार्थी, युवा, बच्चे,

महिलाएं, साहित्यकार, चित्रकार, पत्रकार, वकील, डॉक्टर तथा समाज के विभिन्न तबके के लोग आंदोलन में शामिल रहे। पता नहीं, फिर भी सरकार को जनता की यह खुली बगावत मात्र मुट्ठी भर लोगों का षड्यंत्र ही दिखाई देती रही।

सरकार अपने दमन चक्र का नंगा नाच खुलेआम करने लगी। बिहार से लेकर दिल्ली तक सभी ने इंदिरा गांधी, उमा शंकर दीक्षित, कांग्रेस अध्यक्ष डॉ. शंकर दयाल सिंह, मुख्यमंत्री अब्दुल गफूर तथा कांग्रेस जन सभी एक स्वर में यही कहते रहे, 'बिहार आंदोलन' समाप्त हो गया। एक तरफ सरकार कहती कि आंदोलन समाप्त हो गया है तो दूसरी तरफ बिहार सरकार आंदोलन में जार्ज फर्नांडिस, राज नारायण, सर्वोदय नेता ठाकुर प्रसाद बंग तथा जेपी के विशेष प्रतिनिधि आचार्य राममूर्ति और अन्य कई लोग बिहार से निष्कासित क्यों किये गये? इसकी तीव्र आलोचना होती रही। जेपी के देशव्यापी आंदोलन के समर्थन में उन दिनों की तस्वीरें आंखों के सामने उभरीं। सिर्फ, भारत ही नहीं विश्व के अन्य देशों ने भी जेपी आंदोलन का समर्थन किया तथा तत्कालीन कांग्रेस सरकार की कड़ी आलोचना की।

पहली तस्वीर 1 मई, 1974 में नई दिल्ली की है, जब लगभग 250 से अधिक भारतीय शामिल थे। बुद्धिजीवियों में डॉक्टर, वैज्ञानिक, इंजीनियर, शिक्षा शास्त्री, अर्थशास्त्री, पत्रकार, साहित्यकार एवं अन्य लोग शामिल थे, 'वोट क्लब' में एक 'कालपत्र' को भूमिगत किया। कालपत्र में सरकार के झूठे वादों और कभी पूरा न किये गये आश्वासनों के संबंध में सामग्री रखी गई थी। तो, दूसरी तस्वीर 25 अगस्त, 1974 को नई दिल्ली की थी।

जिसमें विश्व के विभिन्न भागों के लगभग तीन सौ बुद्धिजीवियों ने, भारत की जेलों में बगैर मुकदमा चलाये हजारों जेपी आंदोलनकारी, राजनीतिक कार्यकर्ताओं को बंद रखने तथा उनके साथ किये जा रहे अमानवीय व्यवहार और उन्हें नागरिक अधिकारों से भी वंचित रखने को लेकर एक विरोध पत्र भारत सरकार को भेजा था।

पत्र में भारत सरकार से राजनीतिक बंदियों के साथ उचित व्यवहार करने की मांग करते हुए इस बात पर गहरा दुख व्यक्त किया कि डी.आई.आर. और मीसा (आंतरिक सुरक्षा अधिनियम) का गलत इस्तेमाल किया जा रहा है।

पत्र पर हस्ताक्षर करने वालों में अमेरिका, फ्रांस, कनाडा, जापान, बांग्लादेश, इटली, जर्मनी, स्वीडन, न्यूजीलैंड आदि देशों के अर्थशास्त्री, समाजशास्त्री, मनोवैज्ञानिक, पत्रकार, लेखक आदि थे।

जेपी आंदोलन की लहर सिर्फ अब बिहार में नहीं रही-बल्कि बिहार, दिल्ली, उत्तर प्रदेश, पश्चिम बंगाल, गुजरात, हरियाणा, पंजाब, महाराष्ट्र आदि प्रदेशों तक आंदोलन फैलता गया।

पटना में एक पत्रकार सम्मेलन में 1 अगस्त, 1974 को भारतीय जनसंघ के अध्यक्ष लाल कृष्ण आडवाणी ने घोषणा की, “जनसंघ पूर्णत: आंदोलन के साथ है।” इन्हीं दिनों नई दिल्ली में 29 अगस्त, 1974 को चौधरी चरण सिंह की अध्यक्षता में सात दलों को मिलाकर ‘भारतीय लोक दल’ का निर्माण हुआ। और भारतीय लोकदल ने भी अन्य राजनीतिक पार्टियों की तरह जयप्रकाश नारायण के आंदोलन में सक्रिय भूमिका निभाई। सिर्फ राजनीतिक पार्टियां ही आंदोलन के साथ नहीं थी बल्कि अन्य संस्थाओं का भी आंदोलन को समर्थन मिला। जैसे आर्य सभा के अध्यक्ष अग्निवेश ने जालंधर में 24 सितंबर, 1974 को घोषणा की- जयप्रकाश नारायण के आंदोलन में मेरी सभा समर्थन देगी। 2 अगस्त, 1974 को जयपुर में समाजवादी पार्टी ने प्रस्ताव पारित करते हुए जेपी से अनुरोध किया कि देश की वर्तमान विषम परिस्थिति में बिहार के साथ-साथ सम्पूर्ण भारत में क्रांति का संदेश देने के लिए राजस्थान का भी दौरा करें। लोकनायक जयप्रकाश नारायण ने देशव्यापी आंदोलन के लिए सम्पूर्ण भारत का तूफानी दौरा किया और हर जगह आंदोलन के समर्थन में व्यापक जनमत जेपी को मिला।

जेपी का राज्यव्यापी कर बंदी और सरकार ठप अभियान

आंदोलन में स्कूली छात्रों को छोड़ कर, अन्य छात्रों को आंदोलन के कार्यान्वित रहने को जेपी ने कहा था। स्कूली छात्रों ने भी जेपी आंदोलन में कई स्कूलों का बहिष्कार किया, लाठियां खाईं, धरना दिया और जेल भी गये। स्कूली छात्रों के इस तूफान के ज्वार को कोई भी न रोक सका। राज्यव्यापी 'कर बंदी' और 'सरकार ठप' अभियान से स्कूली छात्रों ने भी खुल कर भाग लेना शुरू किया। आंदोलन के इस नये चरण में सरकार को 'कर' न देने के जोरदार कार्यक्रम 'कर बंदी' में विशेषकर शराब की दुकानों पर धरना, सिनेमाघर बंद तथा सरकार ठप में सरकारी कार्यालय प्रखण्ड से सचिवालय तक बंद करने के कार्यक्रम का उद्घाटन भारी वर्षा में भीगते हुए लोकनायक जयप्रकाश नारायण ने 11 अगस्त, 1974 को पटना के गांधी मैदान से किया।

लोकनायक जयप्रकाश नारायण ने वर्षा में भीगते हुए कहा,"आज से पूरे राज्य में कर बंदी और सरकार ठप करो अभियान शुरू है। इस अभियान में दीर्घकालीन चार सूत्रीय कार्यक्रम हैं -रचनात्मक, शिक्षाप्रद, आंदोलनात्मक और संगठनात्मक।"

सभा में उपस्थित सभी लोग तीव्र वर्षा में भीगते रहे, जब तक भाषण चलता रहा। कभी वर्षा धीमी हो जाती तो कभी तीव्र हो कर लगातार चलती रही। उस दिन पूरे वर्षा काल में जेपी बोलते रहे।

लोकनायक ने आगे कहा कि आंदोलनकारियों के मनोबल को तोड़ने की दिशा में सरकार ने जिस प्रकार की दमनात्मक कार्यवाही शुरू की है, वह अत्यन्त शर्मनाक है। आज उन छात्रों को छात्रावासों से निकाला जा रहा है, जो परीक्षा में नहीं बैठना चाहते हैं। जेपी ने आगे कहा कि

मुख्यमंत्री अब्दुल गफूर का वक्तव्य है कि अगर जयप्रकाश नारायण आंदोलन वापस ले लेते हैं तो वे मुख्यमंत्री पद से इस्तीफा देने को तैयार हैं।

सरकार के अनुसार जेपी ने आंदोलन वापस नहीं लिया बल्कि आंदोलन और तीव्र गति से चलने लगा। न्यूज एजेंसियां खबरें भेजने लगीं- पूरे राज्य में शराब की दुकानें बंद हो रहीं- प्रखण्ड स्तर से सचिवालय स्तर तक लगभग पूरे कार्यालय में सरकारी काम ठप रहे। 'कर बंदी' में पैकेटिंग करने वाले छात्रों-युवाओं के साथ महिलाएं-बच्चे भी शराब की भट्टी के दरवाजे पर 12-12 घंटे का धरना दे रहे थे। तब पुलिस द्वारा लाठीचार्ज किया गया- गिरफ्तारियां चलती रहीं। यहां तक कि शराब पीने के लिए सत्याग्रहियों की पीठ-छाती पर चढ़कर जाने वाले, सत्याग्रहियों के साथ ऐसा अमानवीय व्यवहार करने वाले शराबियों को भी नहीं रोका जाता था। महिलाएं घर-घर जाकर जेपी का संदेश पहुंचाती रहीं- गांवों में भी कर बंदी, शराब बंदी, सरकार ठप उतना ही जोरों पर था-जितना कि शहरों में। महिलाएं शराब भट्टी के सामने जातीं और कहतीं- अगर हम बहनों के शरीर पर पांव रखकर अन्दर जाना चाहते हो तो जाओ। ये शब्द सुनकर शराबियों का मानो नशा ही टूट जाता और फिर जब तक महिलाएं रहती, पैकेटिंग में शराबी भटकते भी नहीं थे।

18 मार्च, 1974 से चल रही गिरफ्तारियों में सत्याग्रही जेल जाते, फिर जेल से छूटते और फिर जेल जाते। इस क्रम में भी मानो कई हजार सत्याग्रही हमेशा जेल के शिकंजे में जकड़े रहते। महिलाएं - बहनें आंदोलन का कार्य बाहर से कर रही थीं और भाई जेल में बंद होकर। रक्षाबंधन आया - बहनें जेलों में एक नहीं, हजारों भाइयों को रक्षा सूत्र बांधने गईं। स्वयं लोकनायक जयप्रकाश नारायण ने कहा था- "यह रक्षाबंधन है। आज के दिन भाई-बहनों से दूर अनिश्चित काल के लिए जेल में बंदी हैं। मैं सारे प्रदेश की महिलाओं से विशेषत: उन नगरों की महिलाओं से, जहां जिला कैम्प या केन्द्रीय कारागार हैं, अपील करता हूं कि वे समूहों में. चाहे दो-तीन समूह में मिलकर जेलों में जाएं और साहसी लड़कों और नागरिकों की कलाइयों पर 'राखी' बांधें जो एक नये बिहार के निर्माण के लिए कारावास के अन्दर कष्ट झेल रहे हैं।" और 3 अगस्त, 1974 को 'रक्षाबंधन पर्व' पर बहनों ने जेल में जाकर अपने सभी जेल के भाइयों की कलाई पर 'रक्षा सूत्र(राखी)' बांध कर जिस स्नेह का उदाहरण दिया वह इतिहास के पन्ने पर दर्ज हो गया। यह आंदोलन में नई दिशा,नैतिकता, स्नेह, सेवा एवं अपनत्व की प्रधानता दर्शाता है।

एक तरफ तो सरकार आंदोलन वापस लेने की बात करती लेकिन स्वयं बिहार में कांग्रेस के अन्दर भ्रष्टाचार, कलह, नेता बदलने की बात तथा अपने-पराये की भावना पनप रही थी। सवाल नेता परिवर्तन का था। अब्दुल गफूर के पहले बिहार में 'ब्राह्मण हटाओ' अभियान स्वयं कांग्रेसियों द्वारा चलाया जा रहा था। उन दिनों देश में 'ब्राह्मण हटाओ' अभियान का श्रेय मध्यप्रदेश को

मिला। उसके बाद उत्तर प्रदेश, बिहार और गुजरात में यह अभियान चला। अब्दुल गफूर से पहले मुख्यमंत्री केदार पांडेय थे, जिन्हें हटाकर तत्कालीन रेल मंत्री ललित नारायण मिश्रा अपने छोटे भाई डॉ. जगन्नाथ मिश्रा को मुख्यमंत्री बनाना चाहते थे। एक तो पहले से ललित बाबू पर कई घोटालों का आरोप था तथा लाइसेंस कांड से और भी घोटालों में नाम आ रहा था लेकिन उनकी आंतरिक इच्छा थी कि डॉ. जगन्नाथ मिश्रा को ही बिहार का मुख्यमंत्री बनाया जाए लेकिन अपने भाई को मुख्यमंत्री न बनाकर अपने गुट के अब्दुल गफूर को मुख्यमंत्री बनवाया। अब्दुल गफूर को नेता पद से न हटाने की बात एल.एन. मिश्रा से लेकर स्वराष्ट्र मंत्री, कांग्रेस अध्यक्ष तक एक ही स्वर में सबने एक ही बात कही।

इन्हीं दिनों उत्तरी बिहार में बाढ़ आयी। वैसे तो प्रत्येक वर्ष बिहार में बाढ़ आती है। और आज भी देश के कई राज्यों में बाढ़ आती है। 'बाढ़' बिहार वालों के लिए कोई नई बात नहीं होती है। आंदोलन के साथ-साथ बाढ़ पीड़ितों को राहत पहुंचाने के लिए लोकनायक जयप्रकाश नारायण ने 10 अगस्त, 1974 को पटना में कहा -"बाढ़ पीड़ितों को रिलीफ देने में भ्रष्टाचार नहीं हो। गलत योजनाओं और भ्रष्टाचार के चलते तटबन्धों पर निगरानी के अभाव और अन्य सरकारी नीतियों के कारण ही उत्तर बिहार बार-बार बाढ़ का शिकार होता है।

बाढ़ नियंत्रण और सूखा निराकरण की बातें निरन्तर होती रहती हैं लेकिन बातें ही होती हैं, कुछ काम नहीं होता। फिर भी हमें अपना कर्त्तव्य करना है। प्रचार और संघर्ष के सारे कार्यक्रम चलाने के साथ-साथ हमें पीड़ितों की सहायता करना है। सरकारी सहायता कार्यों में सहयोग देने से हमें हिचकना नहीं चाहिए। इसमें इसकी ओर भी ध्यान देना चाहिए कि राहत कार्यों में भ्रष्टाचार और धांधली न हो। स्वास्थ्य ठीक रहा तो बाढ़ पीड़ितों के बीच आने की कोशिश करूंगा।"

जेपी ने बाढ़-पीड़ितों को राहत पहुंचाने के लिए आंदोलनकारियों के बीच रचनात्मक कार्यों को संपादित किया। फिर भी पटना में प्रदेश कांग्रेस समिति का दो दिवसीय सम्मेलन हुआ। बिहार प्रदेश कांग्रेस कमेटी के अध्यक्ष सीताराम केसरी के विषय में बिहार में यह कहावत बहुचर्चित है-'सीता राम केसरी, जो कहे सो सही।' फिर सम्मेलन के पहले दिन 18 अगस्त, 1974 को सीता राम केसरी ने कहा, "कांग्रेसजन आपस में एकता रखकर वर्तमान छात्र-आंदोलन और विनाशकारी बाढ़ का डटकर सामना करें।"

सम्मेलन के दूसरे दिन 19 अगस्त, 1974 को प्रतिरक्षा मंत्री जगजीवन राम ने कहा, "जयप्रकाश नारायण को यह चुनौती है कि पहले वे बाढ़ से बही जा रही और सूखे से जल रही बिहार की निर्धन जनता की प्राण रक्षा में संलग्न हों या आंदोलन करें। बाढ़ और सूखे के संकट से निपटने की जिम्मेदारी केवल सरकार की नहीं है, बल्कि जो भी 'देश प्रेमी' हैं और मानव

मूल्यों के हिमायती हैं, इस घड़ी में पीड़ित और जरूरतमंदों की मदद के लिए आगे आना चाहिये।" जगजीवन राम ने जोर देते हुए जयप्रकाश नारायण की तरफ इशारा करते हुए आगे कहा, "मतलब सिर्फ एक बात से है कि मुसीबत के समय कौन उनके काम आता है, कौन कष्ट सहन में उसका सहभागी है। उन्होंने कहा आप यह न भूलें कि आपकी हरकतों के बारे में जनता को कुछ पता नहीं है। उसे स्वविवेक से मालूम हो जायेगा कि वे डूब रहे थे तो कौन क्या कर रहा था।"

जगजीवन राम ने खुले शब्दों में जेपी की आलोचना के साथ-साथ चुनौती दे कि क्या जेपी में मानवता है? पता नहीं जगजीवन राम अपनी किस बौद्धिकता का परिचय दे रहे थे। इस पर जेपी ने 21 अगस्त, 1974 को पटना में अपने एक वक्तव्य में कहा,"जगजीवन राम की अपील मैंने समुचित ध्यान और आदर के साथ पढ़ी है। यदि जगजीवन बाबू ने पटना के दैनिक अखबारों को देखा होता तो उन्हें मालूम होता कि मैं बाढ़-पीड़ितों की छात्र एवं जन संघर्ष समितियों से अपील कर चुका हूं कि वे बाढ़ पीड़ितों को सभी संभव सहायता पहुंचाएं। लेकिन मुझे संदेह है कि अधिकारी वर्ग के लोग इन समितियों को यह काम नहीं करने देंगे। इस संबंध में, मैं जगजीवन बाबू का ध्यान हिन्दी के प्रसिद्ध साहित्यकार फणीश्वर नाथ 'रेणु' द्वारा पूर्णिया जेल से मुझको लिखे गये इस पत्र की ओर खींचना चाहूंगा, जो 19 अगस्त, 1974 की 'तरुण क्रांति' के बुलेटिन में प्रकाशित हुआ है। इस पत्र में 'रेणु' जी कहते हैं कि फारविसगंज की छात्र संघर्ष समिति द्वारा किये जा रहे राहत कार्य में वहां के अधिकारी बाधा डाल रहे हैं।" जेपी ने अपने स्वास्थ्य के कुछ ठीक होने के बाद 6 सितम्बर, 1974 को बाढ़ पीड़ित लोगों से मिलने के लिए बाढ़ ग्रस्त क्षेत्रों का दौरा किया।

बहिष्कार स्वाधीनता दिवस : बना लोक स्वराज्य दिवस

भारत की स्वाधीनता के सत्ताईस वर्षों में यह पहली घटना थी जब जेपी के आवाहन पर सरकारी समारोह का बहिष्कार '15 अगस्त 1974' को किया गया। मुख्यमंत्री अब्दुल गफूर ने गांधी मैदान में ऐतिहासिक राजकीय ध्वज फहराया, मात्र कुछ अपने समर्थकों, मंत्रियों, विधायकों, पुलिस अधिकारियों के साथ।

छात्र संघर्ष समितियों एवं जन संघर्ष समितियों द्वारा 15 अगस्त के इस समारोह को 'लोक स्वराज्य दिवस' के रूप में राज्यव्यापी बनाया गया। 'लोक स्वराज्य दिवस' पर स्कूलों-कॉलेजों के एनसीसी के छात्रों ने बैंड-बाजों पर राष्ट्रीय गीत की धुन के साथ 'लोक स्वराज्य दिवस' मनाकर, सरकारी समारोहों का पूर्ण बहिष्कार किया। पटना में यह समारोह विभिन्न मोहल्लों के लोगों के साथ प्रमुख समारोह 'अदालतगंज मैदान' एवं 'क्रांतिकारी मैदान' में 'लोक स्वराज्य

दिवस' मनाया गया। यह स्वातंत्र्योत्तर भारत की पहली घटना थी कि लोगों ने सरकारी समारोहों का खुलकर बहिष्कार किया।

सरकार यह कैसे बर्दाश्त करती कि उसके समारोह का पूर्ण बहिष्कार कर लोग आंदोलन के समारोह 'लोक स्वराज्य दिवस' में शामिल हों। मात्र एक माह तीन दिन यानी 2 जुलाई से 33 दिन उपरान्त 4 अगस्त, 1974 को भागलपुर जेल में सत्याग्रहियों की बर्बर पिटाई की गई-जैसे कि पिछले दिनों फुलवारी शरीफ कैंप जेल में सत्याग्रहियों को पीटा गया था।

इस घटना के बाद लोकनायक जयप्रकाश नारायण भागलपुर जेल में घायल सत्याग्रहियों को देखने गये।

आंदोलन के बढ़ते तीव्र गति से चल रहे कार्यक्रमों को देखते हुए पटना में जेपी ने अपने निवास स्थान पर राजनीतिक दलों के कार्यकर्त्ताओं के बीच 29 एवं 30 अगस्त 1974 को अपने भाषण में कहा- "अगर आंतरिक प्रेरणा हुई तो अनिश्चित कालीन अनशन भी करूंगा।"

आंदोलन की बढ़ती तीव्रगति अपने दूसरे चरण को समाप्त कर तीसरे चरण की तैयारी में जुट गई। सितम्बर माह में ही अक्टूबर में होने वाले ' त्रिदिवसीय बिहार बंद' के कार्यक्रमों को सफल बनाने में आंदोलनकारी जुट गये थे। बिहार की इस 'अक्टूबर क्रांति' को सफल बनाने के लिए स्वयं लोकनायक जयप्रकाश नारायण ने बिहार में तूफानी यात्रा शुरू कर दी। जेपी ने पटना में 25 सितंबर, 1974 को अपने वक्तव्य में कहा, "3 से 5 अक्टूबर तक सभी रेलों, बसों, सड़कों, वाहनों एवं सरकारी कार्यालय सहित बंद शान्तिपूर्ण तथा अहिंसक ढंग से किया जायेगा।" लोकनायक ने पटना में 25 सितंबर, 1974 को पुन: कहा, "तीन दिनों के सघन आंदोलन को सफल बनाएं तथा सभी वर्गों के लोग भाग लें।" जेपी ने घोषणा की कि वे स्वयं 3 अक्टूबर को सचिवालय के समक्ष धरना देंगे।

जन-आंदोलन तृतीय चरण : 2 अक्टूबर-3 नवंबर 1974

अक्टूबर क्रांति 1974

बिहार : 2 अक्टूबर 'संकल्प दिवस'

'जार' के अत्याचारों से 'रूस' की जनता ऊब चुकी थी। 'जार' एक निरंकुश शासक था जिसके अधीन सभी लोग गुलाम बने हुए थे। रूस की जनता ने पुन: अक्टूबर 1917 में बगावत की। जो 'अक्टूबर क्रांति' बनीं। रूस की दोनों सामायिक सरकारों- 'ल्वेव और केरेन्सकी' से जनता पूर्ण क्षुब्ध थीं। वह शांतिमय जीवन चाहती थी। इन सरकारों में किसी भी प्रकार की प्रजातांत्रिक संस्था का पूर्ण अभाव था। जिसके लिए '1917' में 'अक्टूबर क्रांति' हुई और लेनिन ने अपने 'बोल्शेविक दल' को लेकर बगावत की तथा साम्यवादी रूस का निर्माण किया।

जिस 19 नवम्बर, 1917 को रूस में जारशाही के विरुद्ध जनक्रांति का तूर्य बजा, उसके बाद जनक्रांति को कोई शासक सत्ता रोक नहीं पायी। जिस तरह से स्वतंत्र भारत में भी सत्ता एक व्यक्ति के हाथों, प्रधानमंत्री के पास सीमित हो गई।

जार को समाप्त करने के लिए लेनिन आये। भारत से अंग्रेजों को हटाने के लिए महात्मा गांधी तथा स्वतंत्र भारत से तानाशाही को समाप्त करने लोकनायक जयप्रकाश नारायण आगे आए।

पटना सचिवालय के मैदान में जेपी ने 1 अक्टूबर, 1974 को संध्या समय देश की दूसरी आजादी के लिए संकल्प लेने को कहा। स्वयं जेपी ने देश की आजादी के लिए महात्मा गांधी

के बुलावे पर अमेरिका से आकर '1929' में 'रावी नदी' के तट पर देश को आजादी दिलाने के लिए संकल्प लिया था।

जेपी ने स्वयं 'संकल्प पत्र' को पढ़ा, "अंग्रेजी साम्राज्य के खिलाफ आजादी की लड़ाई के समय सन् 1929 में रावी नदी के तट पर राष्ट्र ने पूर्ण स्वराज्य का, अर्थात देश के निर्धनतम व्यक्ति से प्रारम्भ करके सम्पूर्ण समाज के आर्थिक, राजनीतिक, सामाजिक और नैतिक उत्थान का संकल्प लिया था। गांधी जी के सपने का वह स्वराज्य अभी तक अधूरा है।

स्वतंत्रता को जन-जन के जीवन में उतारने का काम अभी बाकी है। स्वराज्य का पूर्वार्ध पूरा हुआ था, अंग्रेजी राज्य के अंत से उत्तरार्द्ध पूरा होगा, समता की स्थापना और गरीबी के अंत से, दमन की समाप्ति से। हमारा आंदोलन इसी के लिए है। हम इस पवित्र दिन पर यह संकल्प करते हैं कि उद्देश्यों की पूर्ति के लिए अपनी पूरी शक्ति से काम करेंगे।"

और इसी संकल्प का पूरे बिहार में 2 अक्टूबर, 1974 को लोगों ने जगह-जगह पर संकल्प लिया। देश के दो महान व्यक्तियों महात्मा गांधी एवं लाल बहादुर शास्त्री के जन्मदिन पर यह संकल्प लिया गया। यह 'संकल्प' जनता ने अपने शान्तिमय एवं अहिंसात्मक आंदोलन को एक व्यक्ति की सत्ता समाप्त कर, तानाशाही का अंत कर के फिर से देश की आजादी 'लोकतंत्र' की स्थापना करने के लिए लिया। जनता उस समय तक अपने शान्तिमय कार्यों से संघर्षशील रहेगी, जब तक कि आजादी न मिल जाए। यह 'अक्टूबर क्रांति' देश की आजादी का बिगुल है। देश की पहली आजादी के अमर शहीदों में राम प्रसाद बिस्मिल की प्रसिद्ध गजल जिसे शहीदे आजम भगत सिंह और उनके साथी गाया करते थे, आज उसी को देश की नई पीढ़ी, महिलाएं, बच्चे, वृद्ध सभी दोहराते रहे हैं :

सर फरोशी की तमन्ना अब हमारे दिल में है!

देखना है, जोर कितना बाजुए कातिल में है !!

इन्हीं पंक्तियों को जब लोकनायक जयप्रकाश नारायण ने दोहराया तो लोगों ने कहा, आजादी लेकर रहेंगे-सर कटा सकते हैं, लेकिन सर झुका सकते नहीं।

जेपी आंदोलन - तीन दिवसीय बिहार बंद....

बिहार 3 अक्टूबर से 5 अक्टूबर 1974

लोकनायक जेपी के आवाहन पर 2 अक्टूबर, 1974 को सम्पूर्ण बिहार में देश की दूसरी आजादी का 'संकल्प' लिया गया। तीन दिनों तक बिहार के शासन की बागडोर जनता के हाथों

में निहित थी। सरकार को यह चुनौती थी कि जनता ही सर्वोपरि है, शासक नहीं। जैसा कि महात्मा गांधी ने भी कहा था- "यह सोचना कि विधायकों के सदस्य मतदाताओं को रास्ता दिखाने के लिए हैं, एक भ्रम है। मतदाता अपने प्रतिनिधियों को विधायिका में इसलिए नहीं भेजते हैं कि वे उनका मार्गदर्शन करें बल्कि उनसे अपेक्षा होती है कि वे ईमानदारी से जनता की इच्छाओं की पूर्ति करेंगे। इस तरह वे नहीं लोगों के प्रदर्शक हैं। वे उनके सेवक हैं, जबकि जनता मालिक है।"

त्रिदिवसीय बिहार बंद के पहले दिन 3 अक्टूबर, 1974 को पटना में प्रात: काल 8 बजे 'प्रभा स्मृति' अपने निवास स्थान से लोकनायक जयप्रकाश नारायण एक खुली जीप से कदमकुआं स्थित 'क्रांतिकारी मैदान' पहुंचे और वहां से पांच हजार सत्याग्रहियों, जो बिहार के कोने-कोने एवं अन्य प्रदेशों से आने वाले सत्याग्रहियों के जुलूस का नेतृत्व जेपी कर रहे थे। जेपी की जीप आगे-आगे चल रही थी। जीप के पीछे छात्रों-युवकों के साथ महिलाएं-छात्राएं भी चल रही थीं। जुलूस नारों से गूंज रहा था- 'विधान सभा भंग करेंगे', 'राशन दो नहीं तो अपना आसन दो', 'पुलिस हमारा भाई है-इससे नहीं लड़ाई है', सरकारी कर्मचारी साथ दो', जीना है तो मरना सीखो' आदि नारे बुलंद किये जा रहे थे। आज तो पत्रकारों का एक बड़ा दल भी जेपी के साथ सक्रिय था। जुलूस जब विधान सभा सचिवालय के समक्ष पहुंचा तो कई टुकड़ियों में बंट कर नए एवं पुराने सचिवालयों के सभी प्रवेश द्वारों पर धरना दस बजे से दिया जाने लगा। यों तो लोगों ने करीब नौ बजे सुबह से ही सचिवालय के विभिन्न द्वारों के समक्ष धरना देना शुरू कर दिया था। जयप्रकाश नारायण के नेतृत्व में तीन दिनों तक होने वाले सत्याग्रह के पहले दिन 3 अक्टूबर को स्वयं जेपी ने सचिवालय के पूर्वी द्वार पर शहीद स्मारक के पास धरना देकर सत्याग्रह प्रारम्भ किया, जहां पर देश की पहली आजादी के लिए 1942 के 11 अगस्त को पुलिस की गोली से सात आंदोलनकारी शहीद हो गये थे।

सिर्फ पटना ही बंद नहीं, बल्कि सम्पूर्ण बिहार बन्द की व्यापक स्थिति में था - बाजार सूना, विश्वविद्यालय क्षेत्र सुनसान, वकीलों की अदालत, कलक्टरी सूनी पड़ी थी। बैंक, जीवन बीमा निगम के दफ्तरों में काम ठप रहे। दूसरे सरकारी दफ्तर तो बिल्कुल ही बंद रहे। यही नहीं सचिवालय एवं उच्च न्यायालय में भी पूर्ण सन्नाटा रहा। सड़कों पर सन्नाटा था - सिर्फ प्रेस एवं हॉस्पीटल जैसी आवश्यक सेवाओं के लिए राज्य के सभी शहरों की सड़कों पर वाहन चल रहे थे। दुकानदारों ने स्वेच्छा से तीन दिनों 3, 4 और 5 अक्टूबर तक सभी दुकानें बंद रखीं। सिनेमा घर, होटल और रेस्टोरेन्ट भी बंद रहे। रेलवे स्टेशन, बंदरगाह, हवाई अड्डे सब सूनसान तथा उनके टिकट काउन्टर की खिड़कियां बंद रहीं। सभी शिक्षण संस्थान पहले से ही बंद थे। राज्य में कहीं भी रिक्शे नहीं चल रहे थे, जिसे लेकर 3 अक्टूबर को जेपी ने कहा, बाकी दो दिनों में संध्या 5 बजे

से सुबह 4 बजे तक रिक्शा चलाने की छूट है। रिक्शा चालक गरीब होते हैं जो दैनिक मजदूरी पर ही आश्रित हैं। और फिर दो दिन 4 एवं 5 अक्टूबर को रिक्शा निर्धारित समय पर ही चलते रहे। धरना, सत्याग्रह, बंद राज्य के प्रखण्ड स्तर से लेकर सचिवालय स्तर तक चलते रहे थे। सचिवालय के द्वारों पर सत्याग्रही जमीन पर लेटे होते। कई सत्याग्रहियों के हाथों में गांधी जी की तस्वीरें थीं। पश्चिमी द्वार पर तो गांधी जी की एक तीन फुट की सफेद मूर्ति को पुलिस ने अपने कब्जे में कर लिया फिर भी सत्याग्रहियों में रोष उत्पन्न नहीं हुआ। पुलिस वाले सत्याग्रहियों को टांग कर बसों एवं पुलिस वाहनों में गिरफ्तार कर के ले जाते थे। उस समय भी सत्याग्रही यही नारे लगाते - "दम है कितना दमन में तेरे, देख लिया है,देखेंगे।" सत्याग्रही महिलाएं भी इसी तरह जमीन पर बैठ जातीं, जिन्हें विशेष रूप से 'महिला पुलिस' ही गिरफ्तार करती।

आंदोलन के तीव्रतर कार्यक्रम के दौरान 3 से 5 अक्टूबर 1974 को पूरा बिहार बंद करने का जेपी ने जो आहवान किया था, जिससे पूरे राज्य में शांतिपूर्ण ढंग से काम-काज ठप रहा।' तीन दिवसीय बिहार बन्द के दौरान पटना तथा राज्य के विभिन्न क्षेत्रों में आंदोलन की आड़ में तोड़-फोड़ करने वाले असामाजिक तत्वों पर सरकार की ओर से पूरी निगरानी रखी गई। दूसरी ओर जेपी तथा उनके समर्थकों के नेतृत्व में भी तोड़-फोड़ रोकने वालों के लिए दल काम करते रहे।

बंद के पहले दिन पटना से अमृतसर मेल और तूफान एक्सप्रेस के अलावा और कोई दूसरी ट्रेन पटना से होकर नहीं गुजर सकी। रेल पटरियों पर धरना देने वालों के कारण दानापुर प्रमंडल में आरा और बक्सर के बीच एक दर्जन से ज्यादा दूर जाने वाली ट्रेनें विभिन्न स्थानों पर रुकी रहीं। कई स्थानों पर टेलीफोन की लाइनों को काट देने से रेल सेवाएं बन्द रहीं। मेन तथा ग्रेण्ड कोर्ड लाइनों की ट्रेन भी बन्द रहीं। कई महत्वपूर्ण गाड़ियां नहीं चल पाईं। आंदोलनकारियों ने 'जयन्ती जनता एक्सप्रेस' ट्रेन को भोजपुर जिले के टूड़ीगंज स्टेशन पर रोककर रखा। उसी तरह हावड़ा दिल्ली एक्सप्रेस आरा स्टेशन पर, हावड़ा-दिल्ली जनता एक्सप्रेस बिहटा स्टेशन पर, पाटलिपुत्र एक्सप्रेस अथमल गोला स्टेशन पर, हावड़ा-देहरादून एक्सप्रेस भभुआ के निकट रोकी गई। पटना सिटी एवं बख्तियारपुर के बीच भी रेल सेवा बंद रही। रांची एक्सप्रेस तारेगना के पास रोक दी गई थी। पूर्वोत्तर सीमा रेलवे के बिहार क्षेत्र में ट्रेन सेवाएं पूर्ण रूप से बंद रहीं। पूर्वोत्तर रेलवे के सिवान एवं सोनपुर के बीच भी ट्रेन सेवाएं बंद रहीं। फिर भी सरकार ने घोषणा की कि बिहार बंद में रेल सेवाएं चलती रहीं। सरकारी सूत्रों के अनुसार रेल सेवाएं चलती रहीं तो एकमा तथा सहरसा जिले के त्रिवेणीगंज के सत्याग्रहियों पर गोलियां क्यों चलीं? एकमा में एक तथा त्रिवेणीगंज में तीन मारे गये, बंद के पहले दिन कई घायल हुए। बंद के पहले दिन पूरे राज्य में छह सौ से अधिक सत्याग्रहियों की गिरफ्तारियां हुई। जिसमें पटना के सत्याग्रह स्थलों पर 115

सत्याग्रहियों को गिरफ्तार किया गया, जिसमें एक दर्जन महिलाओं के साथ उनके छोटे बच्चे भी अपनी मां के साथ गिरफ्तार हुए।

जयप्रकाश नारायण के नेतृत्व में 3 अक्टूबर से तीन दिनों तक लगातार धरना अर्थात सत्याग्रह का यह पहला लम्बा कार्यक्रम सचिवालय के पूर्वी द्वार पर प्रात: नौ बजे से शुरू हुआ तथा अपराह्न में 3.45 पर समाप्त हुआ। स्वयं जेपी ने जब चिलबिलाती धूप में सत्याग्रह करने के क्रम में थकावट अनुभव की तो उनके निजी डॉक्टर की राय से उन्होंने एक कमरे में विश्राम किया, परन्तु थोड़े ही समय के उपरान्त वे फिर सत्याग्रह कार्यक्रम में शामिल हो गये। जेपी सचिवालय के विभिन्न द्वारों पर घूम-घूम कर सत्याग्रहियों की स्थिति का अध्ययन कर रहे थे। धरने के समाप्त होते ही जेपी ने कहा, "कल यह धरना 8 बजे प्रात: ही प्रारम्भ हो जायेगा। यह सत्याग्रह बिहार विधान सभा का विघटन एवं मंत्रिमण्डल को अपदस्थ कराने के निमित्त प्रारम्भ किया गया है। बार-बार मैं आश्वासन दे चुका था कि राज्यव्यापी सत्याग्रह एवं बंद आंदोलन शान्तिपूर्ण रहेगा, परन्तु इसके बावजूद सरकार ने बहुत बड़ी संख्या में पुलिस, सीआरपीएफ और सीमा सुरक्षा सेना के जवानों को जो तैनात किया, उससे ऐसा जाहिर हुआ जैसे सरकार को जल्द ही विदेशी आक्रमण का सामना करना है। बिहार की नब्बे प्रतिशत जनता विधान सभा विघटित किये जाने और मंत्रिमंडल को हटाये जाने के पक्ष में है। मुख्यमंत्री गफूर को प्रधानमंत्री इंदिरा के इशारे पर नहीं बल्कि राज्य के जन समुदाय के निर्देशों पर निर्भर होना चाहिए और आज मधुबनी की जनता की राय लेनी चाहिए कि वह उन्हें क्या कहती है। वही उन्हें सही राय देंगे।"

एक पत्रकार के पूछने पर जेपी ने हँसते हुए कहा था-"मुझे सत्याग्रह करते समय गिरफ्तार नहीं किया गया, इसका मुझे कतई दुख नहीं है। अच्छा हुआ कि मुझे कार्य करने का अवसर मिल गया है।" धरना-भाषण के समाप्त होते ही जयप्रकाश नारायण के साथ उनके पीछे एक विशाल जुलूस जेपी निवास तक गया।

जेपी ने यह घोषणा की कि कल यानी 4 अक्टूबर के सत्याग्रह का नेतृत्व वे स्वयं नहीं कर सकेंगे और इसका संचालन सर्वोदय नेता नारायण भाई द्वारा किया जायेगा तथा जेपी ने दूसरे दिन विभिन्न स्थानों पर सत्याग्रह की स्थिति का निरीक्षण किया। इसी क्रम में वे शहर के अन्य स्थलों की बजाय सचिवालय के द्वारों पर सत्याग्रहियों का मार्गदर्शन करते रहे।

तीन दिवसीय बंद में हजारों लोगों की गिरफ्तारियां हुईं। 4 अक्टूबर को 4 हजार सत्याग्रही 36 बसों से बिहार की विभिन्न जेलों में भेजे गये। भारत के प्रथम राष्ट्रपति डॉ. राजेन्द्र प्रसाद के पुत्र मृत्युंजय प्रसाद को सचिवालय के समक्ष धरना देते हुए 5 अक्टूबर को गिरफ्तार कर हजारीबाग जेल भेजा गया।

जेपी फेयर!

पटना के दैनिक समाचार पत्रों एवं देश के विभिन्न बड़े-बड़े पत्रों के मुख्य पृष्ठ पर 'त्रिदिवसीय बिहार बंद' ने अपना स्थान ग्रहण किया हुआ था। सचिवालय एवं अन्य कार्यालयों के समक्ष लाखों की भीड़, जिसमें महिलाएं, पुरुष, छात्र-युवा, बच्चे, वृद्ध, वकील, डॉक्टर, पत्रकार, बुद्धिजीवी, किसान, मजदूर वर्ग के लोग सत्याग्रह धरने में शामिल थे, जो राज्यव्यापी चल रहा था। सुप्रसिद्ध कवि नागार्जुन सचिवालय के विभिन्न द्वारों (गेटों) पर, रिक्शे पर सवार माइक्रोफोन हाथ में लिए अपनी कविता पाठ करके सत्याग्रहियों को सुनाते रहे। सचिवालय के समक्ष करीबन दो लाख लोगों की भीड़ देखकर कोई इसे 'मेला' की संज्ञा देने में अपने को पीछे नहीं रख सकता था। वास्तव में मेले का ही स्वरूप कहा जाता रहा। कई पत्रों ने तीन दिन के सफल बंद सत्याग्रह धरने को 'जेपी फेयर' की भी संज्ञा दी। बंद राज्यव्यापी था - सरकारी कर्मचारी स्वयं इसमें भाग ले रहे थे। इसी संदर्भ में भारतीय रिजर्व बैंक के एक कर्मचारी ने जेपी से कहा, "जयप्रकाश बाबू कल (3 अक्टूबर) हमारे यहां कोई सत्याग्रही नहीं आये, फिर भी हम लोग काम छोड़ कर कार्यालय से बाहर निकल गये।" एक दूसरी घटना भी इसी तरह की हुई-"डाक तार विभाग के एक अधिकारी ने भी जेपी के समक्ष कहा, "हम लोग कल दिन भर छात्रों का इन्तजार किया, लेकिन कोई नहीं आये। एक-दो छात्र भी कार्यालय आ जायेंगे, हम सभी दफ्तर छोड़ कर बाहर निकल जायेंगे।" फिर बंद के दूसरे दिन इन सभी कार्यालयों में सत्याग्रही गए और कर्मचारीगण स्वेच्छा से दफ्तर छोड़ कर बंद के कार्यक्रम में भाग लेते रहे। स्वयं सरकारी अधिकारीगण आंदोलन में स्वेच्छा से साथ जुड़े रहे। फिर सरकार 3 एवं 4 अक्टूबर के सफल शांतिपूर्ण 'बिहार बंद' को देखकर उत्तेजित हो गई थी। जबकि 4 अक्टूबर को जेपी ने पटना सिटी चौक के निकट अपने भाषण में कहा,"रेलों को बंद करना है तो उसके लिए लाइनों पर बैठना है। न रेल की पटरी उखाड़नी है, न सिग्नल तोड़ना है, न केबिन जलाना है, न कुछ करना है। लाइन की पटरी, रेलवे की लाइन पर बैठ जाना है हजारों की तादाद में, रेल बंद होगी। ड्राइवर कोई राक्षस नहीं है, उनकी सहानुभूति है। सौ में से नब्बे रेलवे कर्मचारियों की सहानुभूति है।"

5 अक्टूबर : पटना सिटी गोलीकांड

तीन और चार अक्टूबर को बिहार में विशेषकर पटना शहर में जो सम्पूर्ण बंद रहा और सम्पूर्ण शान्तिमय रहा। इसमें बिहार मंत्रिमंडल में बहुत बौखलाहट हो रही थी। केंद्र का दबाव बढ़ता जा रहा था- गृह मंत्री, प्रधानमंत्री की चिन्ता बढ़ती जा रही थी। अंतत: पटना से दिल्ली तक की बौखलाहट, चिंता में एक 'गुप्त योजना' का बीजारोपण हुआ। और यह गुप्त योजना में मंत्रिमंडल ने अपने बढ़ती बौखलाहट, परेशानी में एक ऐसा षड्यंत्र रचा कि आखिरी दिन यानी पांच अक्टूबर को कहीं न कहीं पटना शहर में कोई हिंसा कांड किया जाये। ऐसी परिस्थिति बनाई भी गई, जिसमें हिंसा हो और गोलियां चलें।

गफूर मंत्रिमंडल की इस योजना का पता जेपी के विशेष व्यक्ति को उसी शाम यानी चार अक्टूबर को चला। जेपी का विशेष दूत जब यह संदेश लेकर लोकनायक के पास पहुंचा, उस समय वे अपने विश्राम गृह में सो रहे थे इसलिए उन्हें जगाकर यह संदेश न देने का फैसला किया गया। और सुबह सात बजे यह संदेश दिया गया तो उन्होंने कहा- "ऐसी बात नहीं है कि इस तरह के अहिंसात्मक, शान्तिमय बंद के इतिहास में ऐसा सर्वप्रथम था परन्तु सरकारी निर्णय अटल था, उसे कौन बदलता? जेपी आन्तरिक रूप से इस गुप्त योजना की सूचना से पूर्ण दुखित थे, उस समय उनके चेहरे से यह स्पष्ट हो रहा था। सभी कार्यकर्ताओं में वातावरण की गंभीरता को देखने से ही स्पष्ट हो रहा था-कैसी करुणामय स्थिति थी उस दिन की। जेपी आंदोलनकारी चाहते थे कि आखिरी दिन भी उसी तरह बीते जैसे पिछले तीन-चार अक्टूबर बीते थे। फिर भी परिस्थिति की गंभीरता को देखते हुए, जेपी अपने निवास स्थान से सत्याग्रहियों को लेकर नए सचिवालय पर सत्याग्रह करने पहुंच गये। आज वे नेतृत्व नहीं करना चाहते थे, बल्कि सभी स्थानों पर घूम-घूम कर परिस्थिति का अध्ययन करना चाह रहे थे। सत्याग्रहियों के समक्ष जेपी

ने अपने संक्षिप्त भाषण में सरकार के 'गुप्त योजना' का जिक्र करते हुए कहा - ....सबको चेतावनी दे दूं के इस प्रकार का षड्यंत्र हो सकता है, आज आप पहले दो दिन से भी ज्यादा सतर्क रहिए। आपकी तरफ से ऐसी कोई हरकत न हो, उनको कोई मौका न दीजिए। ये जो निष्कलंक दो दिनों का सम्पूर्ण बंद हुआ है, इसमें कोई कलंक न लग जाये। और यह कह कर ज्यों ही जेपी बैठते हैं। उस समय सुबह के लगभग नौ बजे होंगे कि पटना के डी.आई.जी. ने मुख्यमंत्री अब्दुल गफूर का यह संवाद दिया - "पटना सिटी में रेलवे लाइन के ऊपर बड़ा तनाव हुआ है और जयप्रकाश जी को इसकी खबर कर दीजिये।" और इस संवाद के पीछे जो तत्व थे, कुछ आश्चर्य में डालने वाले थे, क्यों कि मुख्यमंत्री अब्दुल गफूर का पांच जून के बाद यह पहला संवाद था। मुख्यमंत्री के इस संवाद के बाद तत्काल जेपी ने अपने विशेष व्यक्ति नारायण भाई को पटना सिटी घटना स्थल पर भेजा। नारायण भाई 9.45 पर घटना स्थल पर पहुंचते हैं, जबकि घटना घट चुकी थी। फिर भी गोलियां चल रही थीं, लाशों की ढेर लगा था, घायल असंख्य थे, अशु गैस के गोलों के विस्फोट, लाठी चार्ज, गोलियों के बीच निहत्थे सत्याग्रहियों और बन्दूकधारी सिपाहियों के बीच लड़ाई चल रही थी। इसी वातावरण में घटना स्थल पर जेपी एवं अन्य लोग भी पहुंचे।

घटना चक्र कुछ इस प्रकार हुआ- मंत्रिमंडल ने अपनी 'गुप्त योजना' के अनुकूल 'पटना सिटी' को चुना। फिर उच्चपदस्थ पुलिस के करीब सभी सरकारी अधिकारियों को वहां भेजा। तनाव की स्थिति पुलिस को बनानी थी, क्योंकि हिंसात्मक घटना का षड्यंत्र जो पूरा करना था। तीन फीट की एक सफेद महात्मा गांधी की मूर्ति लिए सत्याग्रही रेल लाइन पर धरना दे रहे थे। कई सत्याग्रही महात्मा गांधी की तस्वीर भी लिए हुए थे। महिलाएं-युवतियां भी साथ थीं। पुलिस ने महात्मा गांधी की मूर्ति को कब्जे में करने की कोशिश की परन्तु सत्याग्रही मूर्ति नहीं देना चाहते थे। तनाव की स्थिति बढ़ने लगी, फिर लाठी चार्ज, अशु गैस के गोलों का विस्फोट होने लगा। महिलाओं पर प्रहार किया जाने लगा फिर कौन सा व्यक्ति अपनी आंखों के सामने मां-बहनों पर हो रहे दमनकारी प्रहारों को देख कर चुप रहता। स्वयं लोकनायक जयप्रकाश नारायण ने इस घटना स्थल पर हुई सरकारी गोलीकांड की 'गुप्त योजना' का पर्दाफाश करते हुए कहा - "कर्मनाशा से, जहां उत्तर प्रदेश और बिहार की सीमा है- कर्मनाशा के पूरब बिहार और पश्चिम उत्तर प्रदेश वहां से लेकर सासाराम तक 173 जगहों पर, इतनी ही दूरी में 173 जगहों पर लोग लाइनों पर बैठे थे। कहीं गोली नहीं चलीं। पांचवीं तारीख को भी कौन सी गाड़ियां चल रही थीं? गफूर साहब को या पटना के प्रशासन को या चीफ सेक्रेटरी साहब को या कमिश्नर साहब को इस बात की कौन सी चिंता थी। गाड़ी कहां जाती? पटना सिटी से निकल भी जाती तो कहां जाती? हजारों जगहों पर, लाइनों पर लोग बैठे थे। खास कर्मनाशा की बात है, कर्मनाशा में लोग बैठे हुए

थे, रेलवे लाइन पर, इंजन रुका। बहत्तर बरस की एक बूढ़ी माता जी चली गयीं, इंजन के पास। चढ़ गयीं ऊपर और ड्राइवर को कहा कि तुम हमारे बेटे की तरह हो। अगर तुम गाड़ी चलाओगे तो हमारे बदन के ऊपर से चलाओगे। कोई उठने वाला नहीं है। ड्राइवर ने कहा, माता जी हम गाड़ी नहीं चलायेंगे और उसके बाद ड्राइवर साहब और गार्ड साहब गायब। गाड़ी वहीं ठप। अब ये क्या है कि खामख्वाह पटना शहर में गोलियां चलायी जायें? मैं कह गया था चार तारीख को कि पटना जंक्शन, पटना सिटी, मोकामा, दानापुर कैंप बड़े-बड़े स्टेशन हैं। जहां मिलिट्री है यह जल्द पहुंच सकती है, वहां धरना हर्गिज न दीजिए। दूर चले जाइये गांव के इलाके हैं। लेकिन अफसोस है कि पटना सिटी इतना नजदीक और दो हजार पहुंच गये थे ये लोग मिलिट्री वाले। और ये सब कांड हुआ। क्या-क्या घटना हुई, कैसी घटी, वो तो जज की रिपोर्ट से निकल जाएगी या इन्क्वायरी कमेटी की रिपोर्ट से। मैंने अब तक जितना समझा है बांकीपुर गांधी मैदान में भी मैंने कहा, यहां भी कहना चाहता हूं कि जनता बिल्कुल शांत थी। जनता की तरफ से शुरू में कुछ भी हंगामा नहीं हुआ। उनको चेतावनी दी गयी कि आपको हटना पड़ेगा। लोगों ने कहा- धरना दे रहे हैं, आप गिरफ्तार कर लीजिए। गिरफ्तारी नहीं हुई।

जनता के पास थे पत्थर और सीआरपीएफ वाले भी पत्थर चला रहे थे। ईंट के टुकड़े बरस रहे थे। लेकिन किस वक्त हुआ ये? दुबे जी से, कमिश्नर साहब से, चीफ सेक्रेटरी साहब से, मुख्यमंत्री जी से यह पूछना चाहता हूं कि यह साधारण जनता जितनी है, सबने कोई अहिंसा का सबक सीखा है? कैसे आप उम्मीद करते हैं कि जब आप लाठी चलाएंगे तो और लोग देखेंगे? सामने बहनें बैठी थीं, हजारों की तादाद में, बहनों-माताओं पर लाठी चल रही हैं, बच्चे डर कर पीछे की ओर भाग रहे हैं तो गिर रहे हैं, वो जब्त रख सकेंगे, रोक सकेंगे अपने को? मैं भी वहां होता और देखता कि हमारी पत्नी तो चली गयीं-स्वर्गवासी हो गयीं, लेकिन वो वहां होतीं और मैं उनको लाठी खाते देखता तो पता नहीं मैं अपने को रोक पाता भी या नहीं। अच्छा होता यदि ईंट के टुकड़े न बरसाये जाते, लेकिन मैं उसको समझ सकता हूं और गफूर साहब को भी समझना चाहिये।”

जयप्रकाश जी ने आगे कहा - “जार का तख्ता कब उल्टा है, जब जार की सेना ने विद्रोह किया। लेनिन ने कहा, लेनिनग्राद में बैठकर इस जार के सिपाहियों ने क्रांति के लिए वोट दिया है तो मंच के नीचे बैठे कार्ल रॉडेड ने पूछा कहां वोट दिया है? कहां लड़ाई के मैदानों में। जार के सिपाही रूसी जर्मन मोर्चे को छोड़कर अपनी बन्दूकें लेकर चले आ रहे हैं और उनकी जुबान पर क्या नारा है?- ‘रोटी दो, शांति दो, जार जाये क्रांति हो, रेवोल्यूशन, ब्रेड, पीस।’ सिपाही और फौज के लोग बागियों की कतार में आ गये। जारशाही खत्म होगी।

"…. अगर लोकतंत्र को कायम रखना है, मजबूत रखना है, शांति के बैगर नहीं हो सकता है। शांति और लोकतंत्र एक ही सिक्के के दो पहलू हैं। एक दूसरे के बगैर नहीं जी सकते हैं, नहीं चल सकते हैं, यह आप ध्यान में रखो। बड़ी क्रांतियां दुनिया में हुई हैं। रूस की क्रांति हुई, चीन की क्रांति हुई। उसके पहले फ्रांस की क्रांति हो गयी थी। उसके बाद भी कई क्रांतियां हुईं। इन क्रांतियों का इतिहास क्या बतलाता है? जहां हिंसा से क्रांति हुई है नारा यही है कि जनता का है, ये राज। किसान और मजदूर का ये राज है। असल में किसका है? उसका, जिसके हाथों में बंदूक है। मैं कई बार पहले कह चुका हूं और हर सभा में कहकर गया हूं कि माओ का एक वाक्य अक्षरस: सत्य है, सौ फीसदी सत्य है कि सत्ता बंदूक की नली से निकलती है। लेकिन मित्रों, आज चीन की जनता के हाथों में, किसानों के हाथों में बंदूक नहीं, चीन के मजदूरों के हाथों में बंदूक नहीं, चीन के विद्यार्थियों के हाथों में बंदूक नहीं है। तो राज कैसा? सत्ता किसकी फिर, जिसके हाथों में बंदूक। बंदूक किसके पास? माओ के हाथों में। पीपुल्स लिबरेशन आर्मी के हाथों में। तो जनता के नाम पर होगी क्रांति। जनता के नाम पर, जनता की छाती पर बैठ कर राज करेंगे डिक्टेटर लोग। जनता का राज हरगिज नहीं होगा। अगर कभी भी जनता का राज बन सकता है, कोई भी संभावना उसकी है तो तभी जब क्रांति रहेगी। लोकतंत्र रहेगा तभी।"

पांच अक्टूबर के इस गोलीकांड के बाद पटना सिटी में कर्फ्यू लगाकर ठीक 12 अप्रैल, 1974 के 'गया गोलीकांड' की तरह पटना सिटी गोलीकांड के सभी सबूतों को समाप्त करने के लिए गफूर सरकार ने सभी प्रकार के निम्न स्तरीय काम किए। पटना सिटी के बैगमपुर के पास विशाल विस्तृत 'जलकुम्भी' से सटे तालाब, जिसे यहां के लोग 'जलला' कहते हैं, के सड़े पानी में करीब पचास से अधिक लाशें फेंकी गयीं- गैर सरकारी सूत्रों के अनुसार।

जब लाशें सड़ने से बदबू आने लगी। इन सभी सबूतों को कर्फ्यू लगाकर खत्म किया गया। कई लाशों को पुलिस ने लापता भी कर दिया। पटना सिटी गोलीकांड के बाद कदमकुआं से पटना सिटी के निकटवर्ती क्षेत्रों में धारा 144 लागू कर दी गई तथा लोकनायक जयप्रकाश नारायण को 7 अक्टूबर, 1974 को पटना सिटी के 'गांधी सरोवर मैदान' में सभा करने की अनुमति दी गई। लेकिन इस पर कर्फ्यू लगा कर सभा नहीं करने देना, एक आश्चर्यजनक बात है। पटना सिटी क्षेत्र में सीआरपीएफ एवं बीएसएफ के कारण आतंक फैला हुआ था। पुलिस घरों में घुस कर लोगों को पीटती एवं सिटी की गलियों में खड़े लोगों को खदेड़ती। फिर भी पचास हजार लोग कर्फ्यू होते हुए भी 'गांधी सरोवर मैदान' में जेपी का भाषण सुनने का इंतजार कर रहे थे। सभा मंच के सामान को तो पुलिस ने पहले ही अपने कब्जे में कर लिया था। 7 अक्टूबर को पटना के जिलाधिकारी

विजय शंकर दूबे ने जेपी को एक पत्र में लिख कर कहा- "आज पटना सिटी में संध्या काल अपनी सभा का कार्यक्रम रद्द कर दें।"

जिलाधिकारी के पत्र के जवाब में लोकनायक जयप्रकाश नारायण ने कहा,"पटना सिटी में यदि मेरी सभा होती तो निश्चित ही उससे स्थिति शांत होती।" उसी शाम यानी 7 अक्टूबर को जेपी ने अपने निवास स्थान पर पत्रकार सम्मेलन में कहा, "पटना सिटी जनसभा में आज मुझे भाषण करने से रोका गया और इसके लिए कर्फ्यू लागू कर दिया गया। मेरे निवास स्थान का क्षेत्र बराबर से शांतिपूर्ण रहा है और उसमें भी आज मेरे भाषण के समय ही कर्फ्यू लगा दिया गया। 5 अक्टूबर को प्रात: हर घंटे पर स्थिति बदलती रही और इसका प्रभाव है कि 4 अक्टूबर को ही बिहार मंत्रिमंडल ने अपने पिट्ठुओं, अफसरों तथा कम्युनिस्ट पार्टी के साथ शांतिपूर्ण आंदोलन को बदनाम करने की साजिश शुरू कर दी थी और उसकी सूचना मुझे भी मिलती रही। सरकार की मंशा शांतिपूर्ण आंदोलन को बदनाम करार देकर शस्त्र से दबाने की है।"

7 अक्टूबर को पटना सिटी में कर्फ्यू लगाकर जेपी को भाषण नहीं देने दिया गया। मात्र तीन दिन के बाद यानी 10 अक्टूबर को जयप्रकाश नारायण ने पटना सिटी के गांधी सरोवर मैदान में एक लाख से अधिक जनमत को सम्बोधित करते हुए, पटना सिटी गोलीकांड का जिक्र करते हुए कहा, "अगर विधान सभा भंग नहीं की गई तो जनता, सरकार और जन प्रतिनिधि सभा बनेगी।"

पटना सिटी गोलीकांड की सर्वत्र तीव्र भर्त्सना हो रही थी। पटना स्थित फुलवारी शरीफ कैंप में 60 बन्दियों में पत्रकार जुगनू शारदेय सहित जेल के सत्याग्रहियों ने पटना सिटी गोलीकांड के विरोध में 12 घंटे का अनशन किया तथा अनशन के दौरान दोनों समय नाश्ता नहीं करके उससे बचे पैसों को गोलीकांड में घायल एवं शहीद लोगों के परिवारों में बांट दिया।

जयप्रकाश नारायण ने पटना सिटी गोलीकांड की जांच के लिए पटना जिला कोर्ट के आठ वकीलों तथा पटना सिटी कोर्ट के चार वकीलों की प्रारंभिक जांच समिति ने दो सौ लोगों का बयान लिया। बयान देने वालों में घायल एवं मृतकों के परिवार के लोग भी थे। इस गोलीकांड की जांच के लिए 24 अक्टूबर, 1974 को तीन सदस्यीय समिति पूर्व लोकसेवा आयोग के अध्यक्ष रंजन धारी सिंह की अध्यक्षता में गठित हुई। समिति के दो अन्य सदस्य सुरमेंदु मुखर्जी और बिहार वाणिज्य मंडल के पूर्व अध्यक्ष खेम चंद्र चौधरी थे।

पटनाः 6 अक्टूबर 1974

तीन दिवसीय बिहार बंद और पटना सिटी गोलीकांड के उपरान्त पहली जन सभा 6 अक्टूबर को पटना के गांधी मैदान में संध्या समय संबोधित करते हुए लोकनायक ने कहा - "बिहार के

राज्यपाल आर.डी. भण्डारे से अपील है कि वे अविलम्ब बिहार विधान सभा को भंग करने तथा गफूर सरकार को बर्खास्त करने के लिए राष्ट्रपति से सिफारिश करें। वर्तमान विधान सभा पर से जनता का विश्वास उठ गया है। मंत्रिमंडल का इस्तीफा एवं विधान सभा के भंग की मांग को लेकर तीन दिन का बिहार बंद हुआ, उसकी अभूतपूर्व सफलता ने यह सिद्ध कर दिया है कि राज्य की नब्बे प्रतिशत जनता चाहती है कि बिहार विधान सभा भंग हो और गफूर मंत्रिमंडल इस्तीफा दे। अगर इसके बावजूद इंदिरा नहीं समझती हैं तो उन्हें देश के प्रधानमंत्री की कुर्सी पर बैठने का कोई अधिकार नहीं है।

....कांग्रेस में अभी भी कुछ अच्छे और ईमानदार लोग हैं। उन्हें भी यह निश्चय करना चाहिए कि वे किधर रहना चाहते हैं। जो उन्हें टिकट देते हैं उनके साथ या जो उन्हें वोट देते हैं, उनके साथ। यह बड़ी शर्म की बात है कि अभी तक कांग्रेस के महामाया प्रसाद सिन्हा के अलावा कोई इस्तीफा नहीं दे रहा है। इंदिरा जी का प्रभाव अब समाप्त हो चुका है। नारे लगने लगे हैं- इंदिरा तेरे समाजवाद में बच्चे भूखे मरते हैं।" अत: कांग्रेस वालों को सोच लेना चाहिए कि अब वे शक्ति के नाम पर देश को, जनता को और अधिक गुमराह नहीं कर सकेंगे। और इंदिरा जी अब जनता का वोट उन्हें नहीं दिला सकतीं।

राज्य के मुख्य सचिव एवं महानिरीक्षक से लेकर सभी नीचे के अफसरों को अब यह तय करना होगा कि वे जिस जनता का नमक खाते हैं, उसके साथ रहेंगे या जो जनता के नमक हराम बने हैं उनके साथ रहेंगे। राज्य के कर्मचारी अपना निर्णय ले चुके हैं, अब उनके निर्णय की बारी है। वे सरकार के साथ रहें या एक साथ इस्तीफा देकर जनता के साथ हो जायें। जयप्रकाश नारायण ने आगे कहा- जहां कहीं भी जो हिंसक घटना हुई है, उसकी सारी जिम्मेवारी कांग्रेस और भारतीय कम्युनिस्ट पार्टी पर है। दो दिन के शांतिपूर्ण बन्द को देखकर कांग्रेस सरकार इतना डर गई कि तीसरे दिन उसने आंदोलन को हिंसक रूप देने की साजिश की और उसमें पूर्ण सफल रही, जबकि वहां के सत्याग्रही बिल्कुल शांतिपूर्ण एवं अहिंसक रूप में सत्याग्रह कर रहे थे। मुझे निश्चित रूप से खबर है कि कम्युनिस्ट पार्टी के कुछ खास लोग वर्तमान आंदोलन को हिंसक रूप देने के लिए दिल्ली से आये हैं। जेपी ने इस सभा में एक रहस्योद्घाटन करते हुए कहा- डाक बंगला बम कांड एवं 5 जून के जुलूस पर की गई गोलीबारी सरकार के इशारे पर इंदिरा बिग्रेड द्वारा की गई थी। पत्र के महत्वपूर्ण अंश को पढ़ा जो हजारीबाग जेल से ही फूलेना राय द्वारा मुख्यमंत्री अब्दुल गफूर को लिखा गया है। पत्र में लिखा था- "मैंने जो कुछ किया था आपके हुकूम से किया था।" और 'अगले दिन 7 अक्टूबर 74 को जेपी ने पत्रकारों को इंदिरा बिग्रेड के अध्यक्ष फूलेना राय के पत्र की फोटो प्रतिलिपि दी।' भाषण के अन्त में आंदोलन के

दरम्यान घायलों एवं शहीदों के प्रति अपनी संवेदना प्रकट की तथा उनके लिए राज्य के तमाम लोगों से अपील की कि एक कोष में कदमकुआं स्थित मेरे निवास स्थान के पते पर स्वेच्छा से जो बने भेजें। जेपी ने आंदोलन के अगले कार्यक्रम का जिक्र किया- 24 घंटे का जत्थेदार अनशन का कार्यक्रम अगले दिन 7 अक्टूबर से दिया।"

नई दिल्ली : 6 अक्टूबर 1974

बिहार विधान सभा के विघटन की मांग को लेकर दिल्ली की विशाल रैली में भाग लेने वाले कार्यकर्ताओं तथा प्रदर्शनकारियों की बसों को हरियाणा व उत्तर प्रदेश की सीमाओं पर ही रोक दिया गया। यही नहीं हरियाणा एवं उत्तर प्रदेश में अनेक लोगों को गिरफ्तार किया गया, फिर भी 6 अक्टूबर को बिहार विधान सभा के विघटन, गफूर मंत्रिमंडल का इस्तीफा, भ्रष्टाचार की मांग को लेकर भारत की राजधानी दिल्ली में आंदोलन की पहले चरण में वयोवृद्ध स्वतंत्रता सेनानी आचार्य कृपलानी के नेतृत्व में करीब 50 हजार लोगों का जबरदस्त प्रदर्शन दिल्ली के मुख्य मार्गों से होते हुए- सफदरजंग, प्रधानमंत्री इंदिरा गांधी के निवास स्थल पर जुलूस के प्रतिनिधिमंडल ने उपर्युक्त आशय का एक ज्ञापन दिया।

ज्ञापन में महत्वपूर्ण मांगें कुछ इस प्रकार थीं- देश के सार्वजनिक जीवन में भ्रष्टाचार, भाई-भतीजावाद और अक्षमता की समाप्ति, मुनाफाखोरी, कर चोरी, काला बाजारी, मिलावट और तस्करी जैसी समाजिक बुराइयों का निरीक्षण, जरूरत की चीजों की पैदावार बढ़ाना और उन्हें उचित दाम पर उपलब्ध कराना, मुद्रास्फीति रोकना, बेरोजगारी दूर करना और शिक्षा पद्धति में आमूल परिवर्तन आदि। ज्ञापन में कहा गया कि मूल्य वृद्धि और मुद्रास्फीति रोकने के लिए अनुत्पादक खर्च में भारी कटौती की जाये। नेताओं और अफसरों के जीवन में सादगी तथा मितव्ययिता लायी जाये। चुनाव निष्पक्ष कराने के लिए राजनीतिक दलों की आय का हिसाब रखने और मतदान केन्द्रों पर मतों की गिनती कराने की व्यवस्था की जाए।

रेडियो और सूचना प्रसारण सेवाओं के स्वायत्त अधिकार बनाये जायें। ज्ञापन में यह भी मांग की गई कि राजनीतिक कैदियों पर अत्याचार न हो तथा सेना के जवानों का उपयोग जन आंदोलनों को दबाने के लिए न किया जाए। ज्ञापन में यह भी चेतावनी देते हुए कहा गया कि 'उचित मांगों को न माना गया तो अहिंसक तरीके से सीधी कार्रवाई की जाएगी।

ज्ञापन देते हुए आचार्य कृपलानी ने प्रधानमंत्री इंदिरा गांधी से कहा कि हमारी मांगें ऐसी नहीं हैं जो लोकतांत्रिक व्यवस्था में पूरी न की जा सकें। अत: जनता की कठिनाइयों को देखते हुए इसे तत्काल पूरा किया जाना चाहिए। प्रधानमंत्री के साथ उनके निवास स्थान पर उस समय गृह मंत्री

उमा शंकर दीक्षित भी थे। इंदिरा गांधी ने आचार्य कृपलानी के जवाब में केवल इतना ही कहा -"आप मुझसे क्या कहने की अपेक्षा करते हैं।"

आचार्य कृपलानी के नेतृत्व में प्रतिनिधिमंडल के अन्य सदस्य भारतीय लोकदल के अध्यक्ष चौधरी चरण सिंह, सुप्रसिद्ध हिन्दी साहित्यकार जैनेन्द्र कुमार, ब्रज मोहन तूफान, पंजाब के पूर्व मुख्यमंत्री भीम सेन सच्चर एवं दिल्ली नागरिक संघर्ष समिति के संयोजक केदारनाथ गुप्ता शामिल थे। अंततः यह कहा गया, महंगाई, भ्रष्टाचार से मुक्ति दिलाने के लिए 'सम्पूर्ण क्रांति' की आवश्यकता है, जो देशव्यापी हो।

24 घंटे का क्रमिक उपवास!

लोकनायक जयप्रकाश नारायण ने 6 अक्टूबर, 1974 को पटना में 24 घंटे का जत्थेदार अनशन किया था। 24 घंटे के इस 'क्रमिक उपवास' के पहले दिन 7 अक्टूबर से विधान सभा के पूर्वी द्वार (गेट) पर सर्व सेवा संघ के अध्यक्ष सिद्धराज ढड्ढा के नेतृत्व में 58 आंदोलनकारियों ने अनशन किया।

अनशन के दूसरे दिन रंगीन शामियाने में लोकनायक जयप्रकाश नारायण दिन के दस बजे से 36 अनशनकारियों के बीच एक सफेद आराम कुर्सी पर विश्राम की मुद्रा में बैठे रहे। उनके साथ 25 महिलाएं भी अनशन में शामिल थीं। यह अनशन बिहार विधान सभा तथा सरकार से इस्तीफे की मांग के लिए छात्र संघर्ष समिति, जन संघर्ष समिति और समन्वय समिति के संयुक्त तत्वाधान में 12 दिनों का 18 अक्टूबर तक 24 घंटे का जत्थेदार अनशन हुआ। इस जत्थेदार अनशन में सभी तबके के लोगों ने भाग लिया। अनशन के नौवें दिन, 15 अक्टूबर को साहित्यकारों, पत्रकारों ने 24 घंटे का जत्थेदार अनशन किया - जिसका नेतृत्व सुप्रसिद्ध कवि नागार्जुन ने किया। अनशन के अन्तिम दिन दो व्यक्ति शामिल हुए, जिसमें रिक्शा चालक व मजदूर ने भी अनशन किया।

7 अक्टूबर से विधान सभा के इसी द्वार पर चल रहे अनशन शिविर में 18 अक्टूबर को यानी 12 दिनों में कुल 11 जत्थों में 1,104 अनशनकारी सम्मिलित हुए, जिनमें 138 महिलाएं तथा लगभग सौ से अधिक बच्चे भी थे।

आंदोलन के बढ़ते कार्यक्रम को देखते हुए - दूसरी तरफ कांग्रेस सरकार ने पटना के 'राम मोहन राय सेमिनरी' में 'बिहार राज्य साम्प्रदायिकता विरोधी समिति के तत्वाधान' में आयोजित दो दिवसीय 'अधिनायकवादी विरोधी सम्मेलन (बिहार राज्य फासिस्ट सम्मेलन) के पहले दिन 20 अक्टूबर को केन्द्रीय कृषि मंत्री जगजीवन राम ने कहा -"जयप्रकाश नारायण

अपने दृष्टिकोण में परिवर्तन कर आंदोलन को समाप्त कर दें। विधान सभा के विघटन से देश की समस्या नहीं सुलझेगी।"

दो दिन के बिहार राज्य फासिस्ट विरोधी सम्मेलन में मुख्यमंत्री अब्दुल गफूर ने जयप्रकाश नारायण को चुनौती देते हुए कहा - "जयप्रकाश नारायण अगले सौ वर्षों तक आंदोलन करेंगे तो भी बिहार विधान सभा विघटित नहीं होगी।" पता नहीं, क्या अगले सौ वर्षों तक अब्दुल गफूर ही बिहार के मुख्यमंत्री बने रहेंगे या कांग्रेस का शासन सौ वर्षों तक रहेगा? शायद इस प्रश्न का जवाब स्वयं कांग्रेसी ही खोजें?

सम्पूर्ण क्रांति : चौथे चरण की तैयारी

निर्णायक संघर्ष, लम्बी लड़ाई...!

आंदोलन अपने तीन चरणों को समाप्त कर चौथे चरण की तैयारियों में जुट गया। यह चरण जो निर्णायक संघर्ष, लम्बी लड़ाई देश की दूसरी आजादी की लड़ाई है। आंदोलन के पिछले दो चरणों के बाद तीसरे चरण में पटना सिटी गोलीकांड के उपरान्त जेपी ने 10 अक्टूबर को कहा- "अगर विधान सभा भंग नहीं की गई तो समानांतर सरकार और जन विधान सभा बनेगी।" अपने इस वक्तव्य के मात्र तीन दिन बाद, 13 अक्टूबर को पटना में जेपी ने सरकार को चेतावनी देते हुए कहा- "विधान सभा भंग करने तथा मंत्रिमंडल के इस्तीफे की मांग को पूरा करने के लिए सरकार को अन्तिम तिथि 3 नवंबर 1974 दी। अगर विधान सभा निश्चित तिथि को विघटित नहीं की गई, तो समानांतर सरकार की स्थापना की जाएगी तथा 4 नवंबर, 1974 को 24 घंटे का सचिवालय, विधानसभा का घेराव किया जाएगा - जिसमें मंत्री, विधायकों का भी घेराव किया जाएगा।"

एक तरफ जेपी आंदोलन की तीव्र गति तो दूसरी तरफ स्वयं कांग्रेस पार्टी पटना से दिल्ली तक अन्दर से घबराई हुई थी। बिहार में नेता परिवर्तन की मांग तीव्र हो रही थी, तो दिल्ली में इंदिरा गांधी का अपने मंत्रिमंडल के सदस्यों, सहयोगियों से विश्वास उठ चुका था।

हम इस वक्त बिहार और दिल्ली में कांग्रेस की आंतरिक राजनीतिक उथल-पुथल, जिसकी आग में जल रहे कांग्रेस जनों का जायजा लेते हुए चले। बिहार कांग्रेस की राजनीतिक सरगर्मी पटना से ज्यादा दिल्ली में तेज हो गयी थी। बिहार प्रदेश कांग्रेस के अध्यक्ष सीताराम केसरी दिल्ली में पिछले कई दिनों से 'नेता परिवर्तन' की बात को लेकर बैठे हुए थे। सीताराम केसरी ने

केंद्रीय नेताओं से कई बार बिहार की स्थिति पर वार्ता की, यहां तक कि प्रधानमंत्री इंदिरा गांधी से काफी देर तक बातें हुईं। फिर भी केसरी को कोई सफलता नहीं मिल रही थी। केन्द्रीय नेता अब तक यह जान चुके थे कि बिहार में कांग्रेस का राजनीतिक वातावरण इतना बिगड़ चुका है और विधायकों का रोष मुख्यमंत्री अब्दुल गफूर के विरुद्ध इतना उग्र हो चुका है कि उसको दबाया नहीं गया तो इसका एक मात्र निदान नेता परिवर्तन ही है। केन्द्रीय नेता, नये नेता के नाम पर गंभीरता से विचार कर रहे थे। प्रधानमंत्री के सामने दो-तीन नाम लिये गये, जिनमें विधान सभा के अध्यक्ष हरिनाथ मिश्र, श्रम मंत्री राम दुलारी सिन्हा तथा बिहार के वरिष्ठ नेता दीप नारायण सिंह के नाम थे परन्तु दीप नारायण सिंह के पास कांग्रेसियों के बड़े गुट का समर्थन नहीं था।

प्रधानमंत्री के समक्ष कम्युनिस्ट नेताओं ने भी उनका विरोध किया था। अत: उनके स्थान पर केदार पाण्डे का नाम आया और हवा के झोंके के साथ उड़ गया। अब सर्वसम्मति से यह तय हुआ कि नये कांग्रेस अध्यक्ष देवकान्त बरुआ 19 अक्टूबर, 1974 को अपना कार्यभार संभालने के बाद बिहार के नेता परिवर्तन की समस्या का समाधान करेंगे। नेता परिवर्तन का समाधान देवकान्त बरुआ को दिया गया। यों तो बिहार क्या, पूरे देश में कोई राजनीतिक परिवर्तन प्रधानमंत्री इंदिरा के इच्छा के विरुद्ध नहीं हो सकता, लेकिन बिहार के इस मामले में अब यह स्पष्ट हो चुका था कि प्रधानमंत्री से ज्यादा रेल मंत्री ललित नारायण मिश्र का प्रभाव था। राज्य के बहुसंख्यक विधायक और संगठन में भी बहुसंख्यक लोग इसी कारण से एल.एन.मिश्र के संकेतों पर चलना चाहते थे। कांग्रेस अपने आंतरिक संघर्ष में गंभीर रूप से फंसी हुई थी। तो दूसरी तरफ कांग्रेस का एक गुट 'गफूर हटाओ' आंदोलन में लगा हुआ था। दूसरा गुट 'नेता बचाओ' के चक्कर में पटना से दिल्ली की दौड़ में रहा। 'गफूर हटाओ', 'नेता बचाओ' के दरमियान मुख्यमंत्री, राज्यपाल आर.डी. भंडारे, प्रदेश कांग्रेस अध्यक्ष तथा दल के करीब-करीब सभी नेता दिल्ली पहुंचे हुए थे। बिहार के इन आंतरिक मामलों का निदान करने तथा आंदोलन का मुकाबला करने कांग्रेस अध्यक्ष देवकान्त बरुआ अपनी तीन दिवसीय यात्रा के दौरान 28 अक्टूबर, 1974 को पटना पहुंचे। कांग्रेस कार्य समिति का जवाबी आंदोलन चलाने के लिए कांग्रेस अध्यक्ष के रूप में उनका पटना आना, प्रथम आगमन था। बरुआ ने उस दिन कहा था- "आज मेरा, यहां अपने घर में आने जैसा है। मैं अपने घर को ठीक-ठाक करने आया हूं। मेरा यहां आने का उद्देश्य कांग्रेस दल को एक सूत्र में बांध कर सर्वोदय नेता जयप्रकाश के आंदोलन के कारण जनतांत्रिक व्यवस्था पर जो संकट उत्पन्न है, उसका मुकाबला करने की तैयारी में लगाना है।"

कांग्रेस अध्यक्ष ने एक तरफ बिहार आगमन को अपने घर का आगमन बताया। देवकान्त बरुआ के आगमन पर वर्षों बाद पहली बार इतने उत्साह से कांग्रेसजनों द्वारा पटना हवाई अड्डे

पर स्वागत की तैयारी की गई थी लेकिन पटना हवाई अड्डे के बाहर धारा 144 लगने के बावजूद बिहार के आंदोलनकारियों सहित काला झंडा लिये महिलाएं, युवक, बच्चे नारे लगा रहे थे- 'बरुआ वापस जाओ'। जनता बरुआ के निर्णय से पूर्व परिचित थी कि वे बिहार विधानसभा भंग करने तथा मंत्रिमंडल के इस्तीफा दिलाने के लिए क्या फैसला करेंगे। प्रत्यक्षदर्शी के रूप में वहां जो कुछ देखने को मिला, वह कुछ इस प्रकार था - पटना हवाई अड्डे के बाहर करीब दस हजार से अधिक छात्र एवं जन संघर्ष समिति के लोग हाथों में काला झंडा लिये नारा लगा रहे थे - 'बरुआ वापस जाओ'। बरुआ की कार करीब डेढ़ बजे हवाई अड्डे के मुख्य द्वार से ज्यों ही निकली - आंदोलनकारियों ने घेर लिया -'बरुआ वापस जाओ'। 'लोकनायक जयप्रकाश नारायण जिन्दाबाद!' के नारे लग रहे थे। कार के समीप मौजूद भीड़ को हटाने के लिए पुलिस ने लाठी चार्ज शुरू कर दिया जिसके फलस्वरूप बहुत से लोग घायल हो गये। भीड़ के बीच में देवकान्त बरुआ की गाड़ी को उनका कार ड्राइवर अचानक पीछे दूर तक ले गया। लोगों ने यह समझा शायद गाड़ी हवाई अड्डे वापस जायेगी लेकिन इसी बीच बरुआ की गाड़ी तेजी से धक्का मारते हुए आगे सदाकत आश्रम की ओर बढ़ी और उसी कार से धक्का लगने के कारण आठ वर्षीय बालक सिकन्दर राय का सिर कुचल गया। वह बुरी तरह से घायल हो गया तथा वहीं तत्काल उसकी मृत्यु हो गई। बरुआ की गाड़ी के बाद पुलिस की गाड़ी तथा वित्त मंत्री दारोगा प्रसाद राय की गाड़ी लाश के बगल से गुजर गई। इसी बीच छात्र-युवकों ने लाश को घेर कर उस पर काला झंडा डाल दिया और कांग्रेसियों की फूल माला को लेकर 'शव' पर डाल दिया। इसके बाद तत्काल एक छात्र शव को गोद में लेकर आगे बढ़ा, लेकिन पुलिस के लाठी प्रहार से उस छात्र ने शव को छोड़ दिया फिर दूसरे आंदोलनकारियों ने शव को लेकर भागना चाहा। आंदोलनकारी 'शव' लेकर शहर में सरकार के इस दमन के विरोध में जुलूस निकालना चाहते थे लेकिन पुलिस ने आंदोलनकारियों से 'शव' प्राप्त करने के लिए बन्दूकें तान लीं और जबरन 'शव' को अपने कब्जे में कर लिया। फिर भी वातावरण गंभीर था लेकिन शहरों में पूरी शांति और व्यवस्था बनी रही। इस घटना में उपस्थित आंदोलनकारियों में नगर के एक नागरिक राम कुमार सिंह ने इसी दिन 28 अक्टूबर, 1974 को गर्दनीबाग थाना में अपनी रिपोर्ट दर्ज कराई - "प्राथमिकता के अनुसार उक्त बालक की मृत्यु उस कार से हो गयी, जिसमें कांग्रेस अध्यक्ष सवार थे।"

उपर्युक्त घटना के दूसरे दिन 29 अक्टूबर,1974 को बिहार प्रदेश कांग्रेस कमेटी की बैठक में सीता राम केसरी ने घोषणा की, "कल यहां हवाई अड्डे के बाहर जिस बालक सिकन्दर राय की कार टक्कर से मृत्यु हो गई, उसके परिवार को राज्य सरकार से 5 हजार रुपये, प्रदेश कांग्रेस की ओर से 2 हजार रुपये तथा कांग्रेस अध्यक्ष बरुआ की ओर से 5 सौ रुपये सहायता के रूप

में दिए जायेंगे।" कांग्रेस सरकार ने मृतक बालक की कीमत साढ़े सात हजार रुपये आंकी, क्या यही लोकतंत्र है? दूसरी तरफ पटना के जिलाधिकारी विजय शंकर दूबे ने 29 अक्टूबर, 1974 को अपनी एक विज्ञप्ति में कहा- "हवाई अड्डे के बाहर जिस बालक की मृत्यु सड़क दुर्घटना में हुई वह कांग्रेस अध्यक्ष देवकान्त बरुआ की गाड़ी से कुचल कर नहीं मरा। वह बालक सुरक्षा में तैनात पुलिस गाड़ी से ठोकर खाकर उस समय मारा गया, जब वह सड़क पार करने की कोशिश कर रहा था।"

उपयुक्त बातों से स्पष्ट होता है कि सिकन्दर राय कांग्रेस अध्यक्ष की गाड़ी से कुचल कर मरा जिससे आंदोलनकारियों में जो तनाव की स्थिति पैदा हुई उसे शांत करने के लिए साढ़े सात हजार रुपया अनुदान के रूप में मृतक बालक के परिवार को दिया गया। और जिलाधिकारी ने गलत सरकारी विज्ञप्ति प्रसारित करके साबित करना चाहा कि बालक की मृत्यु कांग्रेस अध्यक्ष की गाड़ी से नहीं हुई है।

खैर बरुआ बिहार के नेता परिवर्तन तथा जेपी आंदोलन को कुचलने की बात को लेकर आये थे। उन्हें मृत बालक से क्या लेना-देना था? बरुआ के साथ रेल मंत्री ललित नारायण मिश्र भी पटना आये। देवकान्त बरुआ ने सदाकत आश्रम में प्रदेश कांग्रेस दल के नेता परिवर्तन का निदान 29 अक्टूबर को कर दिया। बिहार के मुख्यमंत्री अब्दुल गफूर ही बने रहे। पटना में 29 अक्टूबर को कांग्रेस अध्यक्ष देवकान्त बरुआ ने कहा, "बिहार के कांग्रेस कर्मी पहले एकजुट होकर जयप्रकाश के जनतंत्र विरोधी आंदोलन का मुकाबला करें। उसके बाद ही किसी दूसरे मुद्दे पर विचार किया जाएगा। किसी भी कीमत पर आंदोलन को सफल नहीं होने दिया जाएगा, क्योंकि यह आंदोलन जनतंत्र विरोधी है और देश से गणतंत्र को समूल नष्ट करने की एक प्रतिक्रियावादी साजिश है। वर्तमान आंदोलन का मुकाबला करने में कांग्रेस पूर्ण सक्षम है। हर मुकाम पर इसका जबरदस्त विरोध किया जाएगा, हमारे पास इसके सिवा दूसरा कोई रास्ता नहीं है कि हम एक होकर इसका मुकाबला करें। विधान सभा का न विघटन होगा और न वर्तमान मंत्रिमंडल को बर्खास्त किया जायेगा और न नेता बदला जायेगा। कांग्रेस के सामने भीतरी और बाहरी दोनों खतरे उपस्थित है। आंदोलन केवल बिहार में नहीं, बल्कि देश भर में फैलाने की साजिश है।"

आंदोलन से उत्पन्न स्थिति में बिहार कांग्रेस एवं मंत्रिमंडल का जायजा लेने के बाद दिल्ली में हो रही गतिविधियों को देखना जरूरी है। आंदोलन से उत्पन्न स्थिति एवं कांग्रेस के आंतरिक मतभेद की बढ़ती तीव्र गति को देखते हुए प्रधानमंत्री इंदिरा गांधी का अपने सहयोगियों पर से विश्वास उठ चुका था। बिहार के आंदोलन से कांग्रेस उच्च सत्ता प्रधानमंत्री इंदिरा गांधी ने भी चुनौती समझ कर उसका मुकाबला करने का फैसला लिया तथा इस संबंध में अपने मंत्रिमंडल

के केंद्रीय नेताओं में अचानक 10 अक्टूबर, 1974 को परिवर्तन कर दिया। जगजीवन राम कृषि एवं सिंचाई मंत्री, वाई.वी. चौहान विदेश मंत्री तथा स्वर्ण सिंह प्रतिरक्षा मंत्री बनाये गये। ललित नारायण मिश्र रेल मंत्री तथा डी.पी. धर योजना मंत्री बने रहे। एन. आर. गौरवले कानून तथा कंपनी विषयक मंत्री, के. डी. मालवीय पेट्रोलियम तथा रसायन मंत्री, टी. ए. के. उद्योग मंत्री, आपूर्ति विज्ञान तथा प्राविधिक मंत्री, सी. सुब्रह्मण्यम नये वित्त मंत्री नियुक्त किये गये तथा उमा शंकर दीक्षित मंत्री बनाए गए। डॉ. कर्ण सिंह स्वास्थ्य एवं परिवार नियोजन मंत्री बने। आई. के. गुजराल सूचना व प्रसारण मंत्री बने।

कांग्रेस अध्यक्ष डॉ. शंकर दयाल शर्मा अब संचार मंत्री बने तथा केंद्रीय पेट्रोलियम एवं रसायन मंत्री डी. के. बरुआ नये कांग्रेस अध्यक्ष बनाए गये। ये सभी परिवर्तन इंदिरा गांधी ने अपने प्रधानमंत्रित्व को बनाये रखने के लिए किया, न की देश बचाने के लिए किया। इसे स्पष्ट करते हुए अखिल भारतीय जनसंघ के मंत्री नाना जी देशमुख ने पटना में 19 अक्टूबर, 1974 को कहा, 'प्रधानमंत्री इंदिरा गांधी सर्वोदय जयप्रकाश नारायण के नेतृत्व में चलने वाले लोकप्रिय आंदोलन को 'विद्रोह' करार देकर बिहार के शासन को सेना के सुपुर्द कर देना चाहती हैं। ताकि इस आंदोलन को कुचला जा सके। हाल में प्रतिरक्षा विभाग में परिवर्तन इसी उद्देश्य की पूर्ति के लिए उठाया गया एक कदम है। चूंकि जगजीवन राम बिहारवासी हैं, इसलिए इस प्रकार के निर्णय लेने के पूर्व जगजीवन राम को मंत्रालय से हटा दिया गया।

मुझे यह भी ज्ञात हुआ है कि जयप्रकाश नारायण को नजरबंद कर दिया जाएगा। प्रधानमंत्री समझती हैं कि बिहार हमेशा के लिए कांग्रेस के हाथ से निकल चुका है। इसलिए उन्होंने हौसला पस्त होकर भागती हुई सेना के समान मार्ग में आने वाले सभी को नष्ट करना शुरू कर दिया। इस आंदोलन को जनता का विश्वास प्राप्त है। अत: इसे किसी भी कीमत पर दबाया नहीं जा सकेगा। यदि लोकतंत्र का थोड़ा भी भाव शासकों में शेष बचा होता तो पिछले तीन दिनों के अभूतपूर्व बंद द्वारा व्यक्त प्रबल जन भावना का आदर किया गया होता। केन्द्रीय सरकार इस तथ्य से पूर्ण रूपेन परिचत है कि बिहार के राज्य कर्मचारी तथा पुलिस, आंदोलन के प्रति सहानुभूति रखते हैं।'

रूस पर आरोप : अप्रजातांत्रिक रूस !

नानाजी देशमुख ने अपने पत्रकार सम्मेलन में आगे कहा, "रूस का हमारे आंतरिक मामलों में दखल का हक तथा इस षड्यंत्र में प्रधानमंत्री को उनका सहयोग अत्यन्त ही अशुभ लक्षण है। केंद्रीय सरकार द्वारा बिहार वासियों पर जुल्म ढाना,'मॉस्को' में गहरी चाल का ही परिणाम है। जन आंदोलन का सामना करने के उपाय पर विचार करने के लिए बिहार मंत्रिमंडल तथा राज्य कम्युनिस्ट नेताओं की संयुक्त गुप्त बैठक अप्रजातांत्रिक है तथा शीघ्र ही कम्युनिस्टों को सरकार में शामिल किया जा सकता है। यह रूस के हाथ देश को बेच देने के समान होगा। जो हमारे देश के लोकतंत्र के लिए अप्रजातांत्रिक है। इस प्रकार के खतरनाक कदम से किसी लोकप्रिय आंदोलन को दबाया नहीं जा सकता, वरना इससे यह और भी तेज होगा। इसी का फल है कि पिछले 215 दिनों में यह आंदोलन अनेक उत्तेजनाओं और दमन के बावजूद सक्रिय रहा। बिहार वासियों के खिलाफ कांग्रेस-कम्युनिस्ट षड्यंत्र सफल नहीं हो सकेगा।

बिहारवासी अब यह समझ चुके हैं कि जनादेश का पालन वर्तमान विधान सभा और कांग्रेस सरकार नहीं कर सकती। आंदोलन का सबसे बड़ा उद्देश्य यह स्पष्ट करना है कि जनता की ताकत शासन के ऊपर है। इसको चुनौती देकर सुरक्षित नहीं रखा जा सकता। इसी दिशा में जयप्रकाश जी ने समानांतर सरकार बनाने की जो घोषणा की वह जनता के विश्वास पर ही चलेगी।"

बिहार और दिल्ली की दो तस्वीरों को सामने रख देने पर उन दिनों की स्थिति का स्पष्ट रूप नजर आ जाता है। कांग्रेस के आंतरिक झगड़े, कांग्रेस-कम्युनिस्टों के हिंसात्मक षड्यंत्र के इशारे पर इंदिरा गांधी की रूसी नीतियों के फलस्वरूप मंत्रिमंडल का परिवर्तन, इन सभी बातों की स्पष्ट पुष्टि हो जाती है।

प्रधानमंत्री इंदिरा गांधी एवं कांग्रेस के सामने मूल उद्देश्य जयप्रकाश नारायण के आंदोलन को कुचलना था। कांग्रेसियों के लिए सिर्फ दिल्ली या पटना ही नहीं, सम्पूर्ण देशव्यापी जेपी आंदोलन की चुनौतियों का सामना करना एकमात्र उद्देश्य रह गया था। आंदोलन के गांवों को न मानने तथा उस समय के देश में उत्पन्न आर्थिक संकट से निपटने के लिए न कोई कार्यक्रम बनाया गया, न ही कोई ठोस कदम उठाये गये। इंदिरा गांधी ने नई दिल्ली में 'नेशनल हेराल्ड' को एक भेंट में कहा था - "जयप्रकाश आंदोलन क्रांति नहीं प्रतिक्रांति विरोधी है। मुझे भ्रष्टाचार पर, अन्य मुद्दों पर जयप्रकाश नारायण के कुछ वक्तव्यों को समझने में दिक्कत हो रही है।" फिर केंद्र से लेकर राज्य तक लोगों ने आंदोलन को कुचलने के अपने दमन चक्र तेज कर दिये। यह स्पष्ट है कि जयप्रकाश नारायण ने वर्तमान कांग्रेस सरकार के विरुद्ध आंदोलन शुरू किया, लेकिन कभी भी जेपी ने 'अपशब्द' का व्यवहार नहीं किया। परन्तु कांग्रेस-कम्युनिस्ट वालों ने जेपी को ऐसे-ऐसे 'अपशब्दों' से सम्बोधित किया जिससे उनके चरित्र का परिचय मिलता है। कम्युनिस्ट पार्टी ने यहां तक कहा- "अमेरिका को दे दो तार जयप्रकाश की हो गई हार।" कांग्रेस के सात सांसद सदस्यों ने 7 अक्टूबर, 1974 को दिल्ली में हर्षदेव मालवीय, सतपाल कपूर, राम कृष्णा सिन्हा, उन्नी कृष्णन, बामलार रवि, शशि भूषण और ऋषि कुमार मिश्रा ने एक संयुक्त बयान में कहा - "जयप्रकाश नारायण कम से कम सप्ताह के लिए हिमालय पर चले जायें और वहां जाकर अपने आंदोलन के विषय में फिर से चिंतन करें ताकि वे किसी उचित निर्णय पर पहुंच सकें।" कांग्रेस अध्यक्ष देवकान्त बरुआ ने तो जवाबी आंदोलन करने की बात की तथा किया भी। केंद्रीय श्रम मंत्री के. बी. रघुनाथ रेड्डी ने कानपुर में 20 अक्टूबर, 1974 को लोगों से अपील करते हुए कहा, "बिहार में जयप्रकाश नारायण द्वारा चलाये जा रहे आंदोलन को दबाने का हर संभव प्रयास करेंगे।" जगजीवन राम ने तो यहां तक कहा,"जयप्रकाश नारायण अपने दृष्टिकोण में परिवर्तन कर आंदोलन को समाप्त कर दें। विधान सभा के विघटन से देश की समस्या नहीं सुलझेगी।" पटना के गांधी मैदान में मुख्यमंत्री अब्दुल गफूर ने बड़े गर्व से कहा, "कदमकुआं के गुण्डों से निपटने के लिए हमारे शेरे बिहार ही काफी हैं।"शेरे बिहार कांग्रेस के राम लखन सिंह यादव ने जो मंच पर बैठे थे, उठ कर दर्शकों के समक्ष अपने को प्रस्तुत किया। 22 अक्टूबर, 1974 को केंद्रीय उद्योग मंत्री एवं नागरिक आपूर्ति मंत्री अनंत प्रसाद शर्मा ने पटना में कहा, "आंदोलन की समाप्ति का दिन बहुत निकट है।" हरियाणा के मुख्यमंत्री बंसीलाल ने यहां तक चुनौती देते हुए कहा- "जयप्रकाश नारायण यहां (हरियाणा) आए तो उन्हें देख लिया जायेगा।" सिर्फ कांग्रेस ही नहीं कांग्रेस पार्टी के एकमात्र समर्थक भारतीय कम्युनिस्ट पार्टी के अध्यक्ष एस. ए. डांगे ने 24 अक्टूबर, 1974 को बम्बई में कहा, "सर्वोदय नेता जयप्रकाश नारायण बिहार में जो आंदोलन चला रहे हैं, हमारी पार्टी इसके विरुद्ध है।"

जेपी की गिरफ्तारी की गुप्त योजना!

जेपी आंदोलन को कुचलने के लिए देशव्यापी कांग्रेस-कम्युनिस्ट के दमन चक्र तेज हो गये। विशेष कर बिहार मंत्रिमंडल की जिम्मेदारियां और भी अधिक बढ़ गईं कि वे जेपी आंदोलन को किसी तरह से कुचलें। क्योंकि जेपी आंदोलन तीन चरणों को पार कर अब निर्णायक चौथे चरण संघर्ष-लम्बी लड़ाई के लिए 4 नवंबर, 1974 को 24 घंटे तक सचिवालय, मंत्रियों, विधायकों के घेराव के प्रस्तावित कार्यक्रम को असफल करने की पूरी कोशिश कांग्रेस-कम्युनिस्ट पार्टी को मिलकर करने का निर्देश केंद्र से मिला-जिसे गफूर मंत्रिमंडल को किसी भी कीमत पर पूरा करना था। यूं तो मुख्यमंत्री अब्दुल गफूर ने कहा था, "जयप्रकाश नारायण को भी असली मुकाम पर पहुंचा दिया जायेगा।"

सर्वोदय नेता जयप्रकाश नारायण के आह्वान पर पटना में 4 नवंबर, 1974 की विशाल रैली का मुकाबला करने के लिए मुख्यमंत्री अब्दुल गफूर ने पटना में 16 अक्टूबर, 1974 को 'राजकीय अतिथिशाला' में संध्या समय एक गुप्त बैठक की। बैठक कक्ष में पूर्ण रूप से गंभीरता छायी हुई थी। इस बैठक में उपस्थित लोगों की गंभीरता यह बता रही थी कि 'गुप्त योजना' को किस तरह सफल बनाया जाए, लोग अपने-अपने सुझाव पेश कर रहे थे। सभा की सूचना विशेष लोगों को छोड़ कर किसी अन्य को नहीं थी। मुख्यमंत्री ने अपने प्रमुख सहयोगियों तथा कम्युनिस्ट नेताओं के साथ बैठक कर जेपी की गिरफ्तारी की गुप्त योजना बनाई जिसमें 4 नवंबर को प्रस्तावित रैली को विफल करने के उद्देश्य से अब्दुल गफूर सरकार ने जयप्रकाश नारायण को भी गिरफ्तार करने की गुप्त योजना बनाई, जिसका प्रस्ताव उपस्थित नेताओं की सर्वसम्मति से पारित कर दिया गया।

जेपी तथा उनके समर्थकों, गैर राजनीतिक एवं राजनीतिक लोगों की गिरफ्तारी के लिए बांकी पुर केंद्रीय जेल से बिना नाम के वारंट जारी किये गये तथा इससे संबंधित सभी पुलिस अधिकारियों को दिए गए।

इस गुप्त बैठक में जयप्रकाश नारायण की गिरफ्तारी की 'गुप्त योजना' में विशेष रूप से मुख्यमंत्री अब्दुल गफूर तथा उनके प्रमुख सहयोगियों के साथ-साथ कम्युनिस्ट पार्टी के नेताओं में जगन्नाथ सरकार, इन्द्रजीत सिंह तथा चन्द्र शेखर सिंह बैठक में उपस्थित थे।

जेल कांड

सरकार ने आंदोलन को कुचलने, बदनाम करने के लिए अपने गुप्तचरों से जो काम लिए, उनमें 'जेल कांड' उल्लेखनीय है। यह कांड आंदोलन के प्रथम चरण से चल रहा था परंतु इसकी सही जानकारी तीसरे चरण में मिली, जब सरकार ने अपने गुप्तचरों को आंदोलनकारी बनाकर जेपी के निवास स्थान, जेलों तथा संघर्ष समितियों में घुसा रखा था। उल्लेखनीय 'जेल कांड' पटना के स्थानीय फुलवारी शरीफ कैंप जेल का था। तीन दिवसीय बिहार बंद में धरना देते हुए कुछ सत्याग्रहियों को गिरफ्तार कर पटना के फुलवारी शरीफ कैंप जेल में रखा, जहां सरकारी गुप्तचर भी सत्याग्रही के रूप में थे। इस रहस्य का उद्घाटन तब हुआ, जब फुलवारी शरीफ कैंप जेल के तीन छात्र नेताओं ने अपने संयुक्त बयान 12 अक्टूबर, 1974 को जारी किया था। उस संयुक्त वक्तव्य की पंक्तियां इस प्रकार हैं- "इस जेल में सी.बी.आई. के कुछ सदस्य सत्याग्रहियों के रूप में घुसे हुए हैं, जो सत्याग्रहियों के बीच फूट एवं आंदोलन को बदनाम करने की जी-जान से चेष्टा कर रहे थे। अत: सरकार को चेतावनी दी जाती है कि सरकार उन्हें वापस बुलाये या फिर सत्याग्रही उनका भंडाफोड़ करेंगे।"

कांग्रेस-कम्युनिस्ट पार्टी, जेपी आंदोलन एवं जेपी के विशेष उद्देश्यों को समझना नहीं चाहती थी। फिर भी दूसरी तरफ ऐसे भी सदस्य उन दिनों मौजूद थे, जो जेपी आंदोलन के उद्देश्य को समझते थे। केन्द्रीय कांग्रेस कार्य समिति के सदस्य चन्द्रशेखर ने दिल्ली में मध्य अक्टूबर 1974 को कहा, "जयप्रकाश का उद्देश्य सत्ता हथियाने के लिए संघर्ष छेड़ना नहीं है। इसलिए सत्ता के बल पर इस संघर्ष को दबाया नहीं जा सकता। उनके साथ संघर्ष करना अपनी पराजय है।"

आंदोलन विरोध में कांग्रेस-कम्युनिस्ट द्वारा जेपी अपनी गिरफ्तारी की संभावना के बाद भी अपने प्रस्तावित आगामी चार नवंबर की विशाल रैली तथा आंदोलन की मांगों को लेकर दृढ़ बने रहे। 13 अक्टूबर को जेपी ने बिहार विधान सभा भंग करने की अन्तिम तिथि की घोषणा

3 नवंबर 1974 तक की तथा विधान सभा विघटन नहीं करने पर 4 नवंबर को विशाल रैली का आयोजन जिसमें मंत्री, विधायकों का घेराव किया जायेगा। विधान सभा विघटन की दो अंतिम तिथियों की घोषणा जेपी ने की। विधान सभा के विघटन की मांग को लेकर लोकनायक जयप्रकाश नारायण ने पटना में 20 अक्टूबर, 1974 को अपने निवास स्थान पर एक पत्रकार सम्मेलन में कहा - "कांग्रेस पार्टी बिहार की जनता में उत्पन्न विरोध की लहर को किसी भी तरीके से नहीं रोक सकेगी। कांग्रेस मौजूदा आंदोलन का राजनीतिक स्तर पर मुकाबला नहीं कर सकती। इसलिए कम्युनिस्टों की मदद से वह व्यापक हिंसा की तैयारी में लग गई। कांग्रेस के द्वारा राष्ट्रीय स्तर पर आंदोलन के खिलाफ चलाया जाने वाला जवाबी अभियान, सफल नहीं होगा। कांग्रेस कम्युनिस्ट पार्टी की साठ-गांठ से चलाये जाने वाले इस जवाबी अभियान में हिंसा को प्रश्रय दिया जायेगा। इसमें कई इंदिरा ब्रिगेड का जन्म होगा। वे लोग गुंडों का सहारा लेंगे और आंदोलन को चलाने का प्रयत्न करेंगे। सरकार उनकी सब प्रकार से सहायता करेगी। कांग्रेस अपनी गौरवशाली प्रतिष्ठा इन दिनों खो रही है और अब इस बात की संभावना नहीं है कि वह अपने आपको पुनः सुधार सके।

एक पत्रकार के पूछे जाने पर उन्होंने 'साम्प्रदायिकता-विरोधी सम्मेलन' को जेपी विरोधी संज्ञा दी मुख्यमंत्री अब्दुल गफूर के वक्तव्य पर- जयप्रकाश नारायण सौ साल तक भी यदि आंदोलन करेंगे तो भी विधान सभा का विघटन नहीं होगा। प्रतिक्रिया व्यक्त करते हुए जेपी ने कहा, "कुछ लोग घमंडी भी होते हैं, इसलिए इनके मुंह नहीं लगना चाहिए।".......भ्रष्टाचार, महंगाई और गलत शिक्षा प्रणाली के खिलाफ आवाज उठाना बगावत नहीं हो सकता। ऐसी परिस्थिति में अगर महात्मा गांधी भी होते तो उनका भी यही कदम उठता।

बिहार विधान सभा के विघटन के लिए अंतिम तिथि दिसम्बर होगी अगर उस समय तक विधान सभा का विघटन नहीं कर दिया जाता है तो 'जनता विधान सभा' तथा 'समान्तर सरकार' बनाने की दिशा में कार्य शुरू कर दिया जायेगा। भारत के प्रथम राष्ट्रपति डॉ. राजेन्द्र प्रसाद का जन्मदिन भी तीन दिसंबर को पड़ता है। जनता विधान सभा निर्माण में कम से कम दो-तीन महीने तो लग ही जाएंगे। अगले वर्ष जनवरी में चुनाव कराये जाने की सम्भावना है। उम्मीदवारों का चरित्र परख कर ही उन्हें टिकट दिया जायेगा.....यहां चार नवंबर के विशाल प्रदर्शन एवं रैली के बाद सरकार को एक महीने का नोटिस दे दिया जायेगा, कि वह विधान सभा भंग करें। यह अवधि तीन दिसंबर को समाप्त होगी।"

समानांतर सरकार के संगठन की बात पर सोशलिस्ट नेता एन.जी.गोरे ने भी 17 अक्टूबर, 1974 को दिल्ली में कहा, बिहार में समानांतर सरकार का गठन कार्य दो माह में पूरा हो

जायेगा। एक तरफ समानांतर सरकार बनाने पर देशव्यापी कार्य जोर-शोर से चल रहा था, तो दूसरी तरफ 4 नवंबर, 1974 को पटना में विशाल रैली की घोषणा को व्यापक देशव्यापी समर्थन मिल रहा था। और 15 अक्टूबर, 1974 को दिल्ली राज्य छात्र संघर्ष समिति ने घोषणा की- जमाखोरों, महंगाई के विरुद्ध तथा बिहार आंदोलन के समर्थन में आगामी 4 नवंबर, 1974 को दिल्ली बंद रहेगी।

बिहार विधान सभा भंग करने की अंतिम तिथि की घोषणा कर देने के बाद जेपी ने अपने प्रस्तावित चार नवंबर को पटना में रैली तथा वर्तमान आंदोलन को देशव्यापी आंदोलन का स्वरूप देने के लिए देशव्यापी दौरा शुरू कर दिया।

उन दिनों राज्यव्यापी शोक संवेदना का जो दर्पण देखने को मिला, वह वास्तव में जेपी के एक-एक शब्द को प्रभावशाली बता रहा था। बिहार आंदोलन के शुरू होने से अब तक पुलिसवालों की गोलियों से जितने लोग मरे, शायद अंग्रेजी शासक भी पीछे थे। आंदोलन में आंदोलनकारी जेल के शिकंजे में जकड़े हुए थे। हाल में हुए पटना सिटी गोलीकांड के उपरान्त पटना में 17 अक्टूबर, 1974 को लोकनायक जयप्रकाश नारायण ने लोगों से अपील की, "वे ईद तथा विजयदशमी' के अवसर पर त्योहारों को सादगी और सौम्य ढंग से मनाएं।" फिर क्या था - उस वर्ष सम्पूर्ण बिहार में लोगों ने त्योहारों को जिस सादगी से मनाया वह ऐतिहासिक थी। उन दिनों पटना से प्रकाशित दैनिक पत्रों में खबरें प्रकाशित होती रहीं - "पटना में दुर्गा पूजा, न साज और न रंगीनियों की बहार।" बहरहाल न तो साज थे ना आवाज, बल्कि प्रत्येक पूजा स्थान पर आंदोलन संबंधित तथा सरकार के दमनात्मक चित्रों, कार्टूनों की प्रदर्शनियां लगी हुई थीं। इन कार्टूनों को स्थानीय चित्रकार एवं पटना कला महाविद्यालय के नये, पुराने छात्रों ने बनाया था। एक जगह जो देखने को मिला, वह 'पटना सिटी गोलीकांड' को लेकर बनाए गए चित्र प्रदर्शनी में मुख्यमंत्री अब्दुल गफूर के वक्तव्यों के अनुसार मात्र सात मृत व्यक्तियों के करुणामय दृश्य को दर्शाया गया था तथा पूजा में इस सादगी एवं समर्थन का प्रमाण मिल रहा था।

पूजा के उपयुक्त विवरण के उपरान्त जेपी के देशव्यापी तूफानी दौरे की समीक्षा करते चलें। जयप्रकाश नारायण ने अपने आंदोलन के लिए देशव्यापी दौरे के पूर्व बिहार का भी दौरा किया। 16 अक्टूबर, 1974 को हजारीबाग, 22 अक्टूबर को फतुहा, बिहार शरीफ, छपरा तथा 23 अक्टूबर को सिवान की विशाल जनसभा को लोकनायक जयप्रकाश नारायण ने संबोधित किया। जेपी के इस देशव्यापी आंदोलन को सरकारी कर्मचारियों का नैतिक समर्थन प्राप्त था परन्तु सरकार मानने को तैयार नहीं थी। इसी बिहार आंदोलन के संदर्भ में एक खबर पटना के हिन्दी दैनिक 'प्रदीप' समाचार पत्र के कार्यालय संवाददाता के अनुसार 21 अक्टूबर, 1974

के मुख्य पृष्ठ पर छपी - "जयप्रकाश को सचिवालय के कई वरिष्ठ अधिकारियों का नैतिक समर्थन प्राप्त!"

नई दिल्ली : 24 अक्टूबर 1974

जयप्रकाश ने अपने देशव्यापी आंदोलन के तूफानी दौरे में बिहार विधान सभा भंग करने की मांग के लिए केन्द्रीय सरकार और प्रधानमंत्री इंदिरा गांधी से पुन: अपील की और कहा,"वे जन भावना का आदर करते हुए बिहार विधान सभा को विघटित कर दें। वे स्थिति की वास्तविकता से आंख मूंद लेते हैं तथा वर्तमान मंत्रिमंडल को उग्र दमन के द्वारा बनाये रखने का प्रयास करते हैं, तो इससे किसी को लाभ नहीं होगा, कम से कम कांग्रेस पार्टी को तो कोई लाभ नहीं ही होगा। इसमें कोई संदेह नहीं है कि केंद्र सरकार बिहार के लोगों की इच्छा को जानती है। हाल के तीन दिन के बंद में लोगों के अभूतपूर्व योगदान से बिहार के जन आंदोलन में गुणात्मक परिवर्तन हुआ है। इस परिवर्तन तथा केन्द्रीय एवं राज्य सरकारों के पूर्णत: नकारात्मक एवं जन विरोधी रुख के कारण आंदोलन इस जगह पहुंच गया, जहां अब 'जनता सरकार' के कार्यक्रम को लागू किया जा रहा है तथा 'जन विधानसभा' का चुनाव करवाना भी जरूरी हो सकता है। प्रस्तावित जन विधानसभा तभी तक काम करेगी, जब तक नये चुनाव के लिए आदेश नहीं दे दिये जाते। जनता सरकार की कार्य प्रणाली गांव-पंचायत अथवा प्रखंड स्तर पर और अगर संभव हुआ तो दोनों-तीनों स्तरों पर प्रजातन्त्र की छोटी इकाई होगी। यह नया विचार नहीं है। यह सर्वोदय कार्यक्रम के 'ग्राम स्वराज्य' आंदोलन को मूर्त रूप दिया जाना मात्र है। 'जनता सरकार' शक्ति का उपयोग नहीं करेगी। सिर्फ सामाजिक बहिष्कार के रूप में दबाव देगी।

महत्वपूर्ण निर्णयों में सभी व्यस्क नागरिक भाग लेंगे। इसका उद्देश्य ग्राम सभा बनाना होगा, जो पंचायत जनसभा में अपने प्रतिनिधि चुनकर भेजेगी। जन सभा के प्रतिनिधि प्रखंड जन सभा बनायेंगे। सभी चुनाव जहां तक संभव होगा आम मत से होंगे। सभी पदाधिकारी अवैतनिक रूप से काम करेंगे। जनता सरकार कोई कर नहीं लगाएगी तथा यह स्वेच्छा दान से किसी परियोजना विशेष को चलाएगी, परन्तु लोगों ने अगर आम मत से निर्णय किया तो वे वर्तमान सरकार को मिलने वाले करों को जनता सरकार को दे सकेंगे। यह 'कर नहीं दो' आंदोलन के चलने तक जारी रहेगा। यह जनता सरकार शुरू में जो कार्यक्रम अपनायेगी उसमें ग्रामीण शांति दल के सहयोग से अपराधों को रोकना, थानों का बहिष्कार, सस्ते मूल्य की दुकानों से आवश्यक सामग्री का वितरण, सरकारी राहत एवं विकास कार्यों पर नियंत्रण तथा भ्रष्टाचार को मिटाना आदि शामिल होगा।

लोकनायक जयप्रकाश नारायण ने अपने पत्रकार सम्मेलन में आगे कहा, "अगर प्रधानमंत्री का कोई प्रतिनिधि वार्ता करना चाहे तो यह वार्ता पटना में हो सकती है किन्तु प्रधानमंत्री यदि वार्ता करना चाहें तो मैं उनका आमंत्रण स्वीकार कर दिल्ली आ सकता हूं।"

जेपी अपनी देशव्यापी तूफानी यात्रा के दूसरे चरण में राजस्थान की तीन दिवसीय यात्रा, पंजाब तथा हरियाणा के दौरे के बाद 2 नवंबर को पटना वापस पहुंचे। 21 अक्टूबर, 1974 को जेपी ने जयपुर में राजस्थान के सर्वोदय कार्यकर्ताओं के अधिवेशन में कहा कि शराबबंदी कार्यक्रम को प्रदेश में संघर्ष की एक व्यूह रचना के कार्यक्रम के रूप में लिया जाना चाहिए। राजस्थान के कार्यकर्ता प्रदेश में शुद्ध सत्याग्रह द्वारा शराबबंदी के लिए प्रयास करें और इस कार्य के सहयोग में आचार्य विनोबा भावे को भी प्रदेश बुलाकर उनसे मार्गदर्शन लें। बाबा को शराबबंदी में विश्वास भी है। दिल्ली का शासन हिंसक उपाय कर रहा है, किन्तु हमें अहिंसक मार्ग अपनाना है।"

बीकानेर : 27 अक्टूबर 1974

लोकनायक जयप्रकाश नारायण ने छात्रों और युवकों की एक विशाल रैली को संबोधित करते हुए कहा, लोगों को यह सुनिश्चित करने के लिए कि विधान सभाओं में उनके प्रतिनिधि सही ढंग से काम करते हैं, 'सहज प्रहरी' के रूप में काम करना चाहिए। विगत 27 वर्षों के दौरान यह स्पष्ट हो गया कि अकेले राजनीतिक दल सुनिश्चित नहीं कर सकते कि उनके टिकट पर जीतने वाला प्रत्याशी लोगों के सर्वोत्तम हित में काम करेगा। यह उपयुक्त अवसर है कि जनता की एक स्वतंत्र शक्ति तैयार की जाए और उसे अपने लिए लड़ना चाहिए तथा कर्त्तव्य पालन नहीं करने वाले विधायकों को विधान सभा से हटा देना चाहिए।

चुनाव प्रत्याशियों के चयन में जनता की निर्णायक राय होनी चाहिए। प्रजातंत्र सही मायने में तब तक काम नहीं कर सकता जब तक कि राजनीतिज्ञों के भाग्य की एकमात्र निर्णायक जनता न हो। देश के इतिहास में पहली बार छात्रों एवं युवक गुजरात में राजनीतिक परिवर्तन लाए, परन्तु वे लोग तात्कालिक उद्देश्य की प्राप्ति के बाद अगले चुनाव में सही ढंग से लोग चुनें जाएं, यह सुनिश्चित करने के लिए अपनी शक्ति को एकजुट नहीं कर सके। परन्तु बिहार में हम लोगों का प्रयास है कि गुजरात की घटना की पुनरावृत्ति नहीं हो, इस उद्देश्य से छात्र तथा युवक गांवों में काम कर रहे हैं तथा विधान सभा के विघटन के बाद प्रत्याशियों के चयन के लिए गांव से पंचायत स्तर तक छात्र संघर्ष समितियों का गठन किया गया है।

किसी भी आंदोलन के जन आंदोलन होने के लिए उसका गैर दलीय होना जरूरी है, क्योंकि अधिकांश जनता तथा छात्र किसी भी राजनीतिक दल से संबंध नहीं रखते हैं।

लुधियाना : 29 अक्टूबर 1974

बंसीलाल का हरियाणा। जहां बंसीलाल ने कहा था -"जयप्रकाश नारायण यहां आए तो उन्हें देख लिया जायेगा।" और जेपी के नेतृत्व में 29 अक्टूबर, 1974 को एक विशाल रैली निकली, जो अब तक हरियाणा की रैलियों में सर्वोपरि बनी। इस विशाल रैली को सम्बोधित करते हुए जयप्रकाश नारायण ने कहा, प्रधानमंत्री इंदिरा गांधी लोकतंत्र का मुखौटा पहन कर जनता की आवाज दबाना चाहती हैं। इंदिरा गांधी पर तानाशाही प्रवृति का आरोप लगाते हुए जेपी ने कहा कि उनमें बदले की भावना इतनी तीव्र हो गई है कि वह अपने विरोधियों को बर्दाश्त नहीं कर सकतीं। लोकतंत्र में यह बुनियादी बात है कि हर व्यक्ति का विचार सुनना चाहिए, वह विरोध में हो या पक्ष में।

बंसीलाल ने अपने उद्देश्य को पूरा करने के लिए अपने आदमियों में से एक को जयप्रकाश जी के पास भेजा। जेपी के लुधियाना स्टेशन पर उतरते समय वहीं इकट्ठी भीड़ में से किसी ने पीछे से आकर जेपी को दबोचने की कोशिश की, जिसमें उनकी एक पसली चनक गयी और काफी दिनों उसमें दर्द रहा। बंसीलाल द्वारा भेजे गये कांग्रेसी गुंडों ने जेपी को इतनी सख्ती से दबाया कि उनकी पसली में जोरों का दर्द हो गया परन्तु उस वक्त जेपी उस दर्द से इतने पीड़ित हो गये कि बंसीलाल द्वारा भेजे गये हत्यारे को पहचान ने सके। स्वाभाविक ही था कि उस अपार भीड़ में एक बार में कोई किसी को क्या पहचान सकेगा। बंसीलाल का आदमी अपने उद्देश्यों को पूरा करके वहां से खिसक गया।

जयप्रकाश नारायण के इस दर्द की जांच दिल्ली के 'इण्डियन मेडिकल इंस्टीट्यूट के तीन डॉक्टरों ने 2 नवंबर, 1974 को की। जांच के उपरान्त पता चला कि उनके हृदय, पसली की हड्डियां पीड़ित हैं।

नई दिल्ली 'प्रेस क्लब'

लोकनायक जयप्रकाश नारायण ने 31 अक्टूबर,1974 को नई दिल्ली 'प्रेस क्लब' में प्रेस प्रतिनिधियों के बीच में कहा, "एक वर्ष के अन्दर बिहार जैसा आंदोलन सम्पूर्ण देश में फैल जायेगा।" और इसी दिन सरदार पटेल की जयंती पर जेपी ने कहा, जनता को चाहिए कि वह चुनाव कानूनों में अत्यावश्यक परिवर्तन करने के लिए सरकार को बाध्य करे। जनता को चाहिए इस उद्देश्य की प्राप्ति के लिए संसद का घेराव करे। अपने मनोनुकूल प्रतिनिधियों को निर्वाचित नहीं कर पाने के लिए जनता दोषी नहीं है, बल्कि यह दोष वर्तमान चुनाव पद्धति का है। बिहार की वास्तविक लड़ाई पटना में नहीं, बल्कि दिल्ली में है। मुझे दिल्ली की जनता पर बहुत विश्वास

है। पटना में 4 नवंबर को आयोजित विशाल प्रदर्शन को दबाने के प्रयास में सरकार ने निषेधादेश लागू किया है और पटना के ईद-गिर्द 48 किलो मीटर के घेरे में घेराबंदी की है।

आजादी के बाद से ही देश में गरीबी बढ़ी है। अगर सरदार पटेल होते, जीवित होते तो देश को वर्तमान संकटों का सामना नहीं करना पड़ता। मेरी पंजाब यात्रा के दौरान वहां के किसानों ने मुझसे कहा कि अगर उन्हें बिजली और सिंचाई की पर्याप्त व्यवस्था उपलब्ध हो तथा डीजल की पर्याप्त मात्रा में आपूर्ति हो जाये तो वे देश में अन्न की कमी दूर करने के लिए अधिक अन्न का उत्पादन कर सकते हैं। देश शीघ्र ही एक नया मोड़ लेगा और एक नये भारत का जन्म होगा।

सरदार पटेल के जयंती समारोह की अध्यक्षता करते हुए विजय लक्ष्मी पंडित ने कहा, जनता को अधिकार है कि वह अपने वोट द्वारा किसी को भी सत्ता से हटा सकती है। हम लोग बार-बार ऐसे व्यक्ति को सत्ता में नहीं भेज सकते, जो हमारा शोषण करते हैं। उन्होंने भारतीय नेताओं की लम्बे भाषण करने तथा जनता की उन भाषणों को सुनने की आदत की आलोचना करते हुए कहा, सरदार पटेल बोलते कम थे और उससे ज्यादा काम करते थे। हम लोगों को उनकी इस आदत का अनुसरण करना चाहिए।

समारोह में जनसंघ नेता अटल बिहारी वाजपेयी ने कहा, "जो जयप्रकाश नारायण की देश भक्ति में संदेह करता है, उसकी देश भक्ति ही संदेहास्पद है।"

इंदिरा-जेपी की वार्त्ता !

दिल्ली में 24 अक्टूबर, 1974 को जेपी ने कहा, "अगर प्रधानमंत्री का कोई प्रतिनिधि वार्ता करना चाहे तो पटना में हो सकती है किन्तु प्रधानमंत्री यदि वार्ता करना चाहें, तो मैं उनका आमंत्रण स्वीकार करके दिल्ली आ सकता हूं।" जेपी की इस मंशा के पूर्व ही जेपी से इंदिरा गांधी की वार्ता की योजना कुछ इस प्रकार बनी। राजस्थान, पंजाब और दिल्ली में जयप्रकाश की सभाओं में अपार भीड़ से घबरा कर इंदिरा गांधी ने जेपी से मिलने की इच्छा व्यक्त की परन्तु इंदिरा गांधी के समक्ष कठिनाई थी कि इस संदेश को कौन जेपी के पास ले जाये। फिर भी प्रधानमंत्री ने जेपी से बातचीत शुरू करने के लिए संगठन कांग्रेस के नेता श्याम नंदन मिश्र को कहा। अक्टूबर के दूसरे सप्ताह में श्याम नन्दन मिश्र नवादा जिले के सोनवोदबरा गए और वहां जेपी के साथ ही पटना आए और इस विश्वास के साथ दिल्ली लौट गए कि जेपी से प्रधानमंत्री की बातचीत हो सकती है और ऐसी भूमिका तैयार की जा सकती है, जिस पर दोनों में समझौता हो सके। प्रधानमंत्री इंदिरा गांधी लद्दाख यात्रा से लौट रही थीं और श्रीनगर से दिल्ली तक संगठन कांग्रेस के नेता श्याम नन्दन मिश्र उनके साथ हवाई जहाज में ही थे। पूरी यात्रा भर प्रधानमंत्री ने बिहार आंदोलन और उनके जैसे आंदोलनों के देश में फैलने पर श्याम नन्दन से चर्चा की। फिर भी श्याम नन्दन एक विरोधी नेता थे। आगे की बातचीत करने के लिए पूर्व विदेश मंत्री दिनेश सिंह को राजनीतिक मिशन के लिए तैयार किया गया। अक्टूबर के तीसरे सप्ताह में दिनेश सिंह पटना पहुंचे। दिनेश सिंह ने जेपी से लम्बी बातचीत की और बिहार के अलावा जन मुद्दों को भी उठाया गया जो आंदोलन की जड़ में थे। चुनाव पद्धति में सुधार और राजनीतिक भ्रष्टाचार को रोकने के उपायों को भी सूचीबद्ध किया गया।

दिनेश सिंह ने जेपी से हुई बातचीत और बनाए गए कार्यक्रम को लिखित में इंदिरा गांधी को दिया। इंदिरा गांधी ने उसे देखा और कहा कि उन्हें अध्ययन के लिए कुछ समय लगेगा। दो-तीन

दिन बाद जब दूत उनसे फिर मिले तो उन्होंने कहा कि प्रस्तावों का अभी ठीक से अध्ययन नहीं कर पाई हूं। फिर कुछ समय बाद इंदिरा गांधी ने कहा कि प्रस्ताव देश के लिए हैं, लेकिन उन्हें साथियों से सलाह करनी पड़ेगी। कुछ दिन बाद प्रधानमंत्री ने कहा कि प्रस्ताव बहुत कड़े हैं और उन्हें स्वीकार करना बहुत मुश्किल है और उनके साथी उन्हें मानने को तैयार नहीं हैं। मतलब यह स्पष्ट निकला कि आगे कोई बातचीत नहीं तथा जेपी से इंदिरा गांधी की मुलाकात नहीं होगी।

कांग्रेस अध्यक्ष के रूप में पहली बार देवकान्त बरुआ के पटना पहुंचने पर उन्होंने कहा, यह एक प्रजातांत्रिक देश है और जेपी से बातचीत हो सकती है। इसी बीच जेपी राजस्थान से पंजाब पंहुचे और लुधियाना में लाखों लोगों की रैली हुई। जेपी जहां पहुंचते, लाखों की भीड़ वहां पहुंचती। जिसे देखकर इंदिरा गांधी ने जेपी से बातचीत के मामले पर पुन: विचार किया तथा अपने दूतों, संगठन कांग्रेस के नेता श्याम नन्दन मिश्र, दिनेश सिंह तथा चंद्रशेखर आदि को 31 अक्टूबर, 1974 की शाम को यह बताया कि प्रधानमंत्री की ओर से जेपी को बुलावा आया है। इस खबर पर कुछ कहने के लिए इन दूतों के पास कोई शब्द नहीं थे। वे स्तब्ध थे।

इंदिरा-जेपी वार्ता के संदर्भ में उन दिनों दिल्ली से प्रकाशित होने वाले एक हिन्दी साप्ताहिक पत्र का कहना था कि- प्रधानमंत्री इंदिरा गांधी ने जेपी से मिलने की इच्छा व्यक्त की। सवाल यह था कि किसके द्वारा निमंत्रण भिजवाया जाए? योजना मंत्री दुर्गा प्रसाद धर ने यह जिम्मेदारी अपने ऊपर ली लेकिन उनकी हिम्मत जेपी के सामने जाने की नहीं हुई। धर के खिलाफ भ्रष्टाचार की कई शिकायतें हैं और उन्हें मंत्री पद से हटाने की भी बात है। इस सिलसिले में दुर्गा प्रसाद धर ने 'इंडियन एक्सप्रेस' के संपादक मूलगांवकर की मदद ली। आखिर मूलगांवकर ने प्रधानमंत्री का आमंत्रण जयप्रकाश को दिया और पहली नवंबर, 1974 को मिलना तय हुआ।

यह सच है कि धर जेपी के सामने नहीं जा सकते थे। इसके पहले इंदिरा गांधी के तीन दूतों की भूमिका महत्वपूर्ण थी और यह भी ठीक है कि अन्य लोगों ने इंदिरा-जेपी वार्ता के लिए भी प्रयास किये थे।

31 अक्टूबर, 1974 की रात को प्रधानमंत्री इंदिरा गांधी के दूत जेपी से मिले और कहा प्रधानमंत्री उनसे मिलना चाहती हैं। उस दिन जेपी बहुत थके हुए थे और रात को मुलाकात मुश्किल थी। जेपी ने अगली सुबह पटना आने का कार्यक्रम रद्द कर दिया तथा प्रधानमंत्री से मिलने का निश्चय किया। दूसरी सुबह, यानी 1 नवंबर, 1974 को लगभग 10 बजे दिन में इंदिरा-जेपी की वार्ता शुरू हुई। वार्ता 90 मिनट तक चलती रही। वार्ता के शुरू में 60 मिनट में इंदिरा-जेपी की वार्ता हुई तथा बाकी के तीस मिनटों में इंदिरा-जेपी के साथ जगजीवन राम भी साथ रहे।

प्रधानमंत्री इंदिरा गांधी तथा जेपी के बीच 90 मिनट की वार्ता विफल रही, क्योंकि दोनों नेता बिहार विधान सभा के विघटन के प्रश्न पर एकमत नहीं हो सके। इंदिरा गांधी ने जेपी को बताया कि विधानसभा का विघटन ना तो उनके लिए और न सरकार के लिए बल्कि 'प्रतिष्ठा का प्रश्न' है। वार्ता का विचारणीय प्रश्न यह था कि क्या ऐसा कदम उठाने से देश की प्रजातांत्रिक प्रतिक्रिया सुदृढ़ होगी? इंदिरा गांधी ने कहा - इससे ऐसा नहीं होगा। जेपी ने अपनी मांग को दोहराते हुए कहा कि वे उससे कम कुछ भी स्वीकार नहीं कर सकते। बातचीत के अन्तिम 30 मिनट में जगजीवन राम बार-बार एक ही वक्तव्य दोहराते रहे थे - "राज्य में अभूतपूर्व बाढ़ तथा सूखे को ध्यान में रख कर आंदोलन बन्द कर दें।" वार्ता के 90 मिनटों में जेपी ने इंदिरा गांधी के समक्ष - बिहार विधान सभा के विघटन तथा गफूर मंत्रिमंडल की बर्खास्तगी के अलावा मुद्रास्फीति, चुनाव सुधार, भ्रष्टाचार विशेष कर राजनीतिक, शिक्षा के ढांचे का पुन: निर्माण जैसे मुद्दों को स्पष्ट किया। जेपी ने इंदिरा गांधी का ध्यान आकृष्ट किया तथा इस बात पर बल दिया कि अगर लोगों का प्रजातांत्रिक ढांचे अथवा प्रक्रिया में विश्वास बनाये रखना है तो स्थिति में सुधार लाने के लिए तत्काल कदम उठाए जाने की आवश्यकता है। इस पर इंदिरा गांधी मौन रहीं।

प्रधानमंत्री इंदिरा गांधी ने स्पष्ट शब्दों में कहा, "आंदोलन चाहे कितना ही अधिक फैल जाए, मैं बिहार विधान सभा को भंग नहीं करूंगी। मैं इस्तीफा दे दूंगी किन्तु इस मांग के सामने कभी नहीं झुकूंगी। मैंने गुजरात एसेम्बली को विघटित करके सबसे बड़ी भूल की थी और यह भूल मैं कहीं नहीं दोहराऊंगी। जनता द्वारा चुने गये प्रतिनिधियों से गठित विधानसभा को विघटित करने की मांग करने का अधिकार किसी भी नागरिक को नहीं है।"

जयप्रकाश नारायण ने बातचीत के बाद यह घोषणा की कि बिहार में उनका आंदोलन और भी जोश-खरोश के साथ चलता रहेगा। जेपी ने पत्रकारों को बताया- इंदिरा गांधी से कोई समझौता नहीं हुआ, मैं कैसे खुश हो सकता हूं। अखबार को जारी अपने एक वक्तव्य में कहा- "बिहार आंदोलन का अगला चरण 4 नवंबर को प्रस्तावित दिल्ली बंद जैसी देश के विभिन्न भागों में चलाये जाने वाली समर्थक कार्रवाइयां और भी उत्साह से अवश्य चलाई जाएं। संघर्ष में ढील नहीं होगी। हम लोगों को यह भी स्मरण रखना चाहिए कि गंभीर तथा उत्तेजनात्मक कार्रवाई के बावजूद संघर्ष को शांतिपूर्ण बनाए रखना है।

पत्रकारों से घिरे हुए जेपी से 'हिन्दुस्तान समाचार' के एक संवाददाता ने पूछा, क्या आप इस भेंट से प्रसन्न हैं? जेपी ने कहा, "प्रसन्नता किस बात की कुछ भी तो प्राप्त नहीं हुआ।"

इंदिरा से वार्ता के बाद जेपी अधिक असंतुष्ट दिख रहे थे, मानों कुछ अस्वस्थ हो गये हों। वार्ता के बाद जेपी ने अखिल भारतीय चिकित्सा विज्ञान संस्थान में अपनी डॉक्टरी जांच करवाई। इसके बाद कई प्रतिपक्षी नेताओं से वार्ता हुई। जेपी ने उसी दिन एक महती जनसभा को संबोधित करते हुए कहा, यदि जनता की मांग पर दिसंबर तक बिहार विधान सभा का विघटन नहीं किया गया तो राज्य में 'जन विधान सभा' गठित की जाएगी।

नई दिल्ली : 2 नवंबर 1974

प्रधानमंत्री इंदिरा गांधी और जेपी की वार्ता विफल होने के दूसरे दिन एक रैली को संबोधित करते हुए इंदिरा गांधी ने कहा -"देश में जब कभी किसी तरह की उथल-पुथल होती है। बुरी ताकत सिर उठाती है। जो पहले ही से जमी रहती है। देश में अभी यही हो रहा है। रचनात्मक क्रांति के लिए आत्म नियंत्रण बहुत ही महत्वपूर्ण बात। लोगों को विध्वंसात्मक तत्वों को रोकना चाहिए और समाज के कल्याण का काम करना चाहिए। देश में ऐसी क्रांति के आह्वान के बहकाने में न आएं जिसका कोई ठोस या रचनात्मक उद्देश्य न हो। युवकों में विश्व क्रांति के प्रति आम तौर पर आकर्षण होता है लेकिन उन्हें समझना चाहिए कि किसी भी क्रांति से, जिसका हृदय विध्वंस हो निश्चित रूप से देश के विकास पर बाधा उत्पन्न होगी। क्रांति देश को बचाने के लिए होनी चाहिए, नष्ट करने के लिए नहीं।"

पटना : 2 नवंबर 1974

लोकनायक जयप्रकाश नारायण अपने दस दिनों की सफल उत्तर भारत के राज्यों के दौरे तथा इंदिरा गांधी से विफल वार्ता होने के उपरान्त दूसरे दिन 2 नवंबर, 1974 को पटना प्रात: वायुयान से पहुंचे। पटना हवाई अड्डे पर जेपी ने पत्रकारों से बातचीत करते हुए कहा, "विधान सभा और समानांतर सरकार के गठन का कार्य अविलम्ब शुरू हो जाएगा, क्योंकि प्रधानमंत्री का भी इरादा स्पष्ट हो गया है कि वे विधानसभा का विघटन नहीं करना चाहती हैं। शीघ्र ही एक निर्वाचन पदाधिकारी की नियुक्ति पटना में करूंगा, जो 'जन विधानसभा' के चुनाव का कार्य सम्पन्न करेंगे।"

विधान सभा विघटन के लिए 4 दिसंबर, 1974 तक की अन्तिम तिथि का अब कोई महत्व नहीं है, क्योंकि इंदिरा गांधी ने विधानसभा के विघटन के बारे में प्रबल विरोध प्रकट कर दिया है। जनता ने वर्तमान विधान सभा को पहले विघटित कर दिया है, इसलिए जनता अब इसका नया चुनाव प्रजातांत्रिक तरीके से करवाएगी। 1975-76 या 77 में जब भी चुनाव होगा। जनता मुकाबला करेगी।

जन आंदोलन : चौथा चरण

पटना : 4 नवंबर 1974

केंद्र एवं राज्य सरकार की कांग्रेस सरकार ने पटना और उसके आसपास सरकारी घेराबंदी, सरकारी सैनिक छावनी के रूप में कर दी थी। साथ ही सभी सरकारी शक्तियां जेपी की रैली और आंदोलन को कुचलने की पूरी तैयार कर ली गई थीं।18 मार्च से चल रहे आंदोलन ने 4 नवंबर को अपने 232 दिन पूरे किए। इस अवधि में अनेक तिथियां हैं, जो समय की शिलापट्ट पर अंकित हैं। जयप्रकाश नारायण के प्रस्तावित कार्यक्रम के अनुसार 24 घंटे का घेराव मंत्री, विधायकों को 4 नवंबर, 1974 के 12 बजे दोपहर से 5 नवंबर की सुबह 6 बजे तक चलेगा, जिसके लिए गांधी मैदान में दिन के 10 बजे लोगों के पहुंचने का पूर्व निर्धारित कार्यक्रम बना।

4 नवंबर को कांग्रेस सरकार ने सैनिक तैयारियां पहले से कर ली थीं। बिहार पुलिस के अलावा सीमा सुरक्षा बल, केंद्रीय सुरक्षा बल, बीएमपी, गृह रक्षा वाहिनी सहित सैनिकों की छावनी बन गया पटना। पुलिस के साथ-साथ जेपी निवास के आसपास सरकारी गुप्तचरों की तैनाती रही। पटना आने वालों के सभी रास्तों को बन्द कर दिया गया, यहां तक कि गंगा नदी में सभी प्राइवेट नावों पर पुलिस का कब्जा बना हुआ था। फिर भी लोग पटना पहुंच रहे थे। शव यात्रा का जुलूस बनाकर फतुहा से रातों-रात पटना शहर में लोग घुस आये- पता चलने पर पुलिस ने कुछ को खदेड़ कर पकड़ा, फिर भी हजारों-हजार संख्या में शव यात्राओं का बहाना बना कर पटना शहर में घुस गये।

4 नवंबर को पहली घेराबंदी कदमकुआं स्थित जयप्रकाश नारायण के निवास स्थान 'प्रभा स्मृति' के मार्ग जगत नारायण रोड के अन्तिम छोर पर थी। जेपी का जुलूस जगत नारायण रोड से बुद्धमूर्ति-नाला रोड होते हुए राजेन्द्र नगर से मछुआ टोली होता हुआ आगे बढ़ेगा, इसलिए दूसरी घेराबंदी भी मछुआ टोली के मोड़ पर बनी हुई थी। फिर जुलूस यहां से कुछ अधिक घूमते हुए राजेन्द्र पथ-गोविन्द मित्रा रोड होते हुए अशोक राज पथ पहुंचना था। इस तरह से पूरे पटना शहर में घेराबंदी सरकार ने कर दी थी।

4 नवंबर, 1974 को जेपी का कार्यक्रम घेराव का था, लेकिन कदमकुआं स्थित 'प्रभा स्मृति' से निकले तो सवाल उनके सामने घेराव तोड़ने का हुआ। जब जेपी ने अपने पूर्व निर्धारित कार्यक्रम को अंतिम समय में थोड़ा परिवर्तित किया।

4 नवंबर 1974

4 नवंबर, 1974 सोमवार का दिन, सुबह के नौ बजे थे। कदमकुआं स्थित लोकनायक जयप्रकाश नारायण के निवास स्थान 'प्रभा स्मृति' के हाते में खुली जीप खड़ी है। जानकी बहन के साथ कुछ महिलाएं-लड़कियां भी खड़ी हैं। कुछ सर्वोदय छात्र भी उपस्थित हैं। शायद लोगों को किसी का इन्तजार है, और हां जेपी का। जेपी पहली मंजिल से उतर कर खुली जीप में बैठते हैं। जीप पर जानकी बहन, महिलाएं-लड़कियां भी बैठ गईं।इनकी संख्या लगभग एक दर्जन थी। नारी कंठ से क्रांति गीत के स्वर निकलने लगे। जेपी की जीप के पीछे एक और गाड़ी, जिसमें जेपी के अंगरक्षकों का एक दल था। दल के नेता हवलदार सुरेश सिंह, जिनके साथ गणेश सिंह, सरयुग सिंह के साथ एक और उनके साथी तथा दो सीआईडी के अधिकारी थे। जेपी का नौकर गुलाब यादव एक थर्मस में पानी लिए साथ था। आगे जगत नारायण रोड पर पुलिस का भारी जमावड़ा होते हुए भी जेपी की जीप बढ़ती चली जा रही है। लोग दौड़-दौड़ कर जेपी के साथ हो रहे हैं। जगत नारायण रोड पर जनसंघ के नेता नाना जी देशमुख, संगठन कांग्रेस के श्यामनन्दन मिश्र, दिग्विजय नारायण सिंह और लम्बे-लम्बे बालों वाले कुर्त्ता पहने फणीश्वर नाथ 'रेणु' साथ हो गये। कुछ लोग गलियों को पार कर जुलूस की तरफ दौड़ रहे हैं-साथ में पुलिस उन्हें खदेड़ रही है, कुछ पकड़े भी गये, कुछ पुलिस के डंडे से रोक दिये गये। फिर भी लोग किसी न किसी मार्ग से जगत नारायण रोड पर पहुंच ही रहे थे। जगत नारायण रोड से जुलूस बढ़ ही रहा था, जेपी के पीछे सिक्यूरिटी की गाड़ी को सीआरपीएफ वालों ने रोक दिया। सिक्यूरिटी वालों के बहुत कहने पर उन्हें जेपी के पीछे जाने दिया। जुलूस पहली घेराबन्दी को पार कर जगत नारायण रोड से बुद्धमूर्ति से होते हुए राजेन्द्र नगर की तरफ बढ़ता जा रहा है, इन मार्गों में मौजूद भारी भीड़ को तितर-बितर करने में पुलिस की कोशिश नाकाम रही। लोहानीपुर, राजेन्द्र नगर, आर्य कुमार रोड, गोविन्द मित्रा रोड होते हुए दूसरी और तीसरी घेराबन्दी को पार कर जुलूस अशोक राजपथ पर लगभग 9.30 बजे पहुंचा। जुलूस में अब लोगों की संख्या कई हजार हो

गई। अशोक राजपथ से जुलूस बढ़ता जा रहा था - पीरबहोर थाने के सामने पुलिस वालों ने जुलूस रोकना चाहा, जनता को रोकने का प्रयास किया लेकिन जनता रुकी नहीं। 'हमला चाहे जैसा होगा, हाथ हमारा नहीं उठेगा', 'विधायकों इस्तीफा दो,' 'लोकनायक जयप्रकाश जिन्दाबाद-जिन्दाबाद' के नारे लगाये जा रहे थे।

आज पहली बार आकाश में हवाई जहाज जुलूस के ऊपर चक्कर लगा रहे थे। उस दिन हवाई जहाज पर मुख्य सचिव के. के. मेनन आकाशीय दल का नेतृत्व कर रहे थे तथा जमीन पर सम्पूर्ण पुलिस व्यवस्था का नियंत्रण आज हवाई जहाज के वायरलेस से किया जा रहा था। अशोक राज पथ से जुलूस गांधी मैदान की तरफ बढ़ रहा था कि बी. एन. कॉलेज के सामने सत्याग्रहियों पर सीआरपीएफ वालों ने लाठीचार्ज किया। यह आज के जुलूस पर किया गया पहला लाठीचार्ज था। लाठी चार्ज से भगदड़ मच गई। लोगों की चप्पलें पांवों से निकल गईं तो लोग नंगे पांव ही भाग रहे थे। कुछ लोगों को चोटें आईं। कुछ गिरफ्तार किये गये। इस पर जयप्रकाश जी जीप से नीचे उतर गये, वहां जितने पुलिस अफसर थे, उनको डांटने लगे, "किसके आदेश से तुमने लाठीचार्ज किया, पहले मुझे मारो। उनको क्यों मारा ? ये निहत्थे आदमी हैं, किसी तरह का कुछ नहीं कर रहे हैं, इन पर तुमने लाठी चलाई। वहां पर खड़े एस. पी. को भी डांट पड़ी। तब एस.पी. भी हाथ जोड़ कर-हम नहीं थे, कहते हुए चले गये।" इसी बीच चौथी घेराबन्दी के पार होने से पूर्व एक मजिस्ट्रेट ने माइक से घोषणा की- जयप्रकाश नारायण ने शहर में लागू धारा 144 और भारत रक्षा अधिनियम का उल्लंघन किया है, इसलिए उनको गिरफ्तार कर लिया गया है। तत्काल सरकार इस पर संशोधन कर मुख्यमंत्री अब्दुल गफूर तथा जिलाधिकारी विजय शंकर दूबे ने कहा, "जयप्रकाश नारायण गिरफ्तार नहीं किये गये हैं।" ऐसे ही कुछ कारणों से यहां थोड़ी देर हुई, फिर लोकनायक जयप्रकाश नारायण यहां से पैदल ही चले।

सफेद कुर्ता, सफेद पजामा, कंधे पर सफेद गमछा - सभी खादी के। हाथ में गांधी जी के समान डंडा लिये, पांव में चप्पल पहने जेपी गांधी मैदान के उत्तरी-पूर्वी कॉर्नर, जहां बस स्टैंड था। यहीं चौथी घेराबंदी को पार करते हुए, गांधी मैदान की चारदीवारी 2-3/3-4 फीट की घेराबन्दी 'रेलिंग' को हाथ में चप्पल लेकर कूद गये। किसी ने कहा, देखा फिर '42' (1942) हो गया है। और लोकनायक जयप्रकाश नारायण ने ज्यों ही गांधी मैदान में 10 बजे प्रवेश किया, तो देखते ही देखते गांधी मैदान के चारों तरफ से लोग यही कहते नजर आए- 'वहां देखो, वहां वे जेपी हैं।' और चारों ओर गांधी मैदान में अचानक पलक झपकते ही पचास हजार लोग पुलिस की लाठियों के प्रहार के बावजूद जेपी के समीप पहुंच गये। गांधी मैदान के चारों तरफ की सभी सड़कों पर लोगों की भीड़ उमड़ पड़ी थी। आखिर इतने लोग कहां से आये, कैसे छिपे हुए थे ? सच में जनता को कोई सरकार रोक नहीं सकती। जुलूस में लोगों की बढ़ती भीड़, उसके ऊपर से पूरे

गांधी मैदान में लोगों पर लाठीचार्ज होता रहा तथा आकाश में उड़ रहे सरकारी पंक्षी हेलिकॉप्टर से अशु गैस के गोलों का विस्फोट जमीन पर हर क्षण होता ही जा रहा था। ठीक उसी समय गांधी मैदान के दक्षिण में जिलाधिकारी विजय शंकर दूबे के सरकारी निवास स्थान के समक्ष 'गांधी संग्रहालय' में गत रात से छिपे सत्याग्रहियों की खबर किसी तरह जिलाधिकारी को दस बजे लगती है। ये सभी सत्याग्रही दस बजे जेपी के साथ होने वाले थे लेकिन जिलाधिकारी ने हैवी टीयर गैस के गोले फेंकने का आदेश दिया। अंधाधुंध 'टीयर गैस' के गोले फेंके गये जिसके फलस्वरूप अस्त-व्यस्त स्थिति में पांच सौ से अधिक सत्याग्रहियों को गिरफ्तार किया गया। इसमें से कुछ ही लोग जेपी के इस शान्तिमय कूच में शामिल हो सके, जो घटनास्थल से भागने में सफल हुए। दूसरी तरफ गांधी मैदान के एक छोर पर पहुंच कर जेपी उसी तरह गांधी मैदान की चारदीवारी को फांद गये जिस तरह से गांधी मैदान में प्रवेश किया था। और फिर सामने स्टेट बैंक का हाता 2-3/3-4 फीट को फांद गये। और स्टेट बैंक के सामने यहीं पर पांचवीं घेराबंदी थी। स्टेट बैंक के अहाते में आम के वृक्ष के नीचे एक कुर्सी पर लोकनायक जयप्रकाश नारायण बैठे। यहां भी हवाई जहाज से अशु गैस के गोले गिराए गए तथा लोहे के बंद गेट के अंदर दिख रहे थे- बहत्तर वर्षीय जयप्रकाश, जो आज भी 2-3/3-4 फीट की घेराबंदी को फांद गए। आज भी इनकी नसों में युवा का तप्त रुधिर दौड़ रहा है। जयप्रकाश जी स्टेट बैंक के अहाते में करीबन 20 मिनट रहे। उनके अंगरक्षक भी साये की तरह उनके साथ थे। और जेपी उसी तरह स्टेट बैंक से बाहर आये, जिस तरह से प्रवेश किया था।

लोकनायक जयप्रकाश नारायण अभी भी पैदल चल रहे थे कि बिस्कोमान भवन के पास टीयर गैस की फायरिंग हुई और लाठीचार्ज हुआ। उस समय उनके अंगरक्षक सुरेश सिंह ने जो लाठी जेपी के सिर पर आ रही थी, उसे अपने हाथों पर रोक लिया। उसके बाद तीन लाठियां और भी लगीं - सुरेश सिंह की पीठ पर। इसके बावजूद भी जेपी के बायें हाथ के बीच की अंगुली में लाठी से चोट लगी और खून निकल आया। इसी समय में 'लाठी चार्ज ऑन जेपी' लिखा गया। जेपी पर यह पहला लाठीचार्ज हुआ उस दिन। उसी समय जेपी की जीप आ गई तथा आग्रह करने पर भी वे जीप पर नहीं आ रहे थे। अब जेपी ने फ्रेजर रोड में प्रवेश किया तथा दाहिनी तरफ एक वृक्ष के नीचे बैठते हैं। बैठते समय अपने सफेद गमछे को नीचे बिछा लिया। कुछ लोग जो अपने कपड़े जमीन पर बिछाना चाह रहे थे, जेपी ने यह कह कर रोक दिया कि 'हमारे पास भी अभी कपड़े हैं।' उसी समय पटना से प्रकाशित एक पत्र के संवाददाता ने जेपी से पूछा, "आपके हाथ की अंगुली से जो खून निकल रहा है। सर हम लोगों के लिए आपका कुछ संदेह है।" जेपी ने हँसते हुए कहा, "आपने जो कुछ देखा, उसे ही लिखें।" फिर यहां से जेपी पैदल चलते हैं। गाड़ी भी साथ चल रही थीं और लोगों के आग्रह पर गाड़ी पर बैठ गये। जुलूस अब बहुत लम्बा हो गया।

जुलूस डाक बंगले के चौराहे पर जहां पर जबरदस्त छठी घेराबन्दी हुई है, जहां पुलिस वालों की भीड़ भी अब तक की पांचों घेराबन्दी से अधिक थी।

जुलूस के साथ-साथ प्रशासन के उच्च पदस्थ व्यक्ति भी चल रहे थे। जिनमें से फ्रेजर रोड के चौराहे के दाहिने मोड़ के बेली रोड पर चल रहे केन्द्रीय रेंज के डी.आई.जी. बदरी सिन्हा को जेपी इशारों से बुलाते हैं और धीरे से झुक कर कहते हैं -"क्यों भाई हमारी मंशा तो ऐसी नहीं है, सरकार हमारे साथ ऐसा बर्ताव क्यों कर रही है? हम तो शांत हैं। हम तो सिर्फ सर्पेंटाइन रोड तक जाना चाहते हैं। आप सरकार से कहिए, हमें वहां तक जाने की इजाजत दें, नहीं तो कंफ्रेटेशन होगा।" जेपी के इस संदेश को देने अभी बदरी सिन्हा सातवीं घेराबन्दी बेली रोड पर पहुंचे हैं, जहां जिलाधिकारी विजय शंकर दूबे, बीएसएफ के निर्देशक राजदेव सिंह जो 5 जून को पटना की सड़कों पर टैंक तक चलवाने के लिए तैयार थे और आज उच्च अधिकारीगण विशेष रूप से उपस्थित थे। अरे! बेली रोड स्थित कोतवाली थाने के पास 'रेणु जी' एक कार से उतर रहे हैं। ये तो जुलूस के साथ जगत नारायण रोड पर थे। पता चला अपने कुछ पत्रकार मित्रों के साथ 'रेणु जी' शहर का जायजा ले रहे थे लेकिन जब कार सड़क के किनारे एक स्थान पर सुरक्षित छोड़ कर 'रेणु जी' पैदल चलने लगे, तो जयप्रकाश नारायण ने 'रेणु जी' को बुलाया और जीप पर बैठा लिया। जीप पर जेपी, रेणुजी, नाना जी, जानकी बहन-महिलायें एवं एक प्रेस फोटोग्राफर भी थे। दूसरी तरफ हवाई जहाज अब जुलूस के ऊपर अधिक चक्कर लगा रहा था। बदरी नारायण सिन्हा जब सातवीं घेराबन्दी पर पहुंचे, जहां जेपी का संदेश सुनाते। उसी समय आई.जी. का भारी स्वर बिजली की तरंगों की तरह सुनाई देता है- "आखिर जेपी सर्पेंटाइन रोड जाकर क्या करना चाहते हैं? पूछ कर आइए।" सिन्हा ने जेपी का संदेश अपने अधिकारियों को दिया फिर उसके जवाब की प्रतिक्रिया में इतना समय हो गया कि जेपी तक पहुंच न सके क्योंकि जुलूस सातवें घेराबन्दी बेली रोड, केन्द्रीय राजस्व भवन (इनकम टैक्स बिल्डिंग) के समक्ष पुल पर पहुंच चुका था। पुल के पास सख्त घेराबन्दी तथा पुल के नीचे बारह महीनों तक रहने वाले कीचड़ और पानी से आज भी नाला भरा रहता है, उन दिनों इसके ऊपर की सड़क कम चौड़ी और नाला खुला रहता था। घेराबन्दी पर जवान अधिक नजर आ रहे हैं-ये सभी अशु गैस और 303 गोलियों से लैस! सामने घेराबन्दी पर लाल कपड़े में लिखा- "सुरक्षित स्थान, यहां से आगे बढ़ना सख्त मना है। आदेश का उल्लंघन करने वालों के विरुद्ध सख्त से सख्त कार्रवाई की जा सकती है- जिलाधिकारी!"

सातवीं घेराबन्दी के पास जुलूस आ कर रुकता है। घेराबन्दी से मात्र 6 फीट की दूरी पर जेपी की जीप रुकी हुई है। जीप के आगे सत्याग्रही खड़े हैं। सीआरपीएफ के कई जवान हैं। एक

बोला- बैठ जाऊ, अभी बातें होता हैं, तब तुम लोग आगे बढ़ना। मानो पुल के इस पार जनशक्ति, पुल के उस पार राज शक्ति बनी हुई है। सीआरपीएफ के कहने पर जब सत्याग्रही गण जीप के आगे सड़क पर बैठ जाते हैं कि अचानक यह क्या हुआ! "हवाई जहाज से अंधाधुंध अशु गैस के गोलों का विस्फोट शुरू हो गया तथा जीप के आगे बैठे सत्याग्रहियों पर सीआरपीएफ के जवानों ने लाठियां चलानी शुरू दीं। 'हैवी लाठीचार्ज', 'हैवी टियर गैस', हैवी टियर गैस चार्ज, जिलाधिकारी विजय शंकर दूबे चिल्ला रहे थे। उसी समय तत्काल डी.आई.जी. ने पूछा, किसने आदेश दिया? जवाब मिला- सरकार का आदेश है। पर यह आदेश किसको दिया गया? आयुक्त पी.एस.कोहली को जो अभी-अभी सचिवालय से आ रहे हैं।" और मानो सारा क्षेत्र, युद्ध का क्षेत्र बन जाता है। जीप के आगे भी कई अशु गैस के गोले गिरे। जीप के इंजन पर तथा जीप के बीच में एक गोला गिरता है और महिलाओं की करुणामयी पुकार होने लगी, कुछ लड़कियों के कपड़े जल जाते हैं, कुछ के बाल जल जाते हैं। यह सब जेपी कब तक देखते? लेकिन इसी बीच लगातार टियर गैस के गोलों के विस्फोट होने से कौन कहां भाग रहा है, किसी को पता नहीं। सभी इधर-उधर भाग रहे थे। टियर गैस के कारण जेपी की आंखें आंसुओं से तर हो गई। कुछ साफ नजर नहीं आ रहा था। फिर भी जयप्रकाश जी जीप से नीचे उतरते हुए कहते हैं, "क्या करते हैं, क्या करते हो....क्या करते हो...पहले मुझे मारो, पहले मुझे मारो।" लेकिन नीचे उतरते समय नानाजी देशमुख दाहिने हाथ का सहारा दे रहे हैं, तब तक जेपी नीचे गिर पड़ते हैं। जब तक नानाजी जेपी के पास पहुंचते हैं, कई लाठियां जेपी पर पड़ जाती हैं। फिर भी जेपी की रक्षा के लिए नानाजी के दोनों हाथ सीआरपीएफ की लाठी से टूट जाते हैं फिर भी रक्षा हेतु जेपी के ऊपर नानाजी। इन दोनों आदमियों के ऊपर जेपी के अंगरक्षक सुरेश सिंह खड़े होकर चिल्ला रहे हैं-"मत मारो, जयप्रकाश नारायण हैं...जयप्रकाश नारायण हैं...मत मारो जेपी हैं...जेपी हैं...हम उनके सिक्यूरिटी हैं....मत मारो...मत मारो जेपी हैं।" इसी बीच कई पत्रकार लोग भी जेपी की रक्षा के लिए पहुंचते हैं। कांग्रेस के पुलिस वालों ने लोकतांत्रिक देश में जेपी, पत्रकारों एवं जनता के साथ जो दुर्व्यवहार किया-वह शर्मनात्मक है। पुलिस के लाठी प्रहार से लोगों को बचाने तथा जेपी की रक्षा हेतु मुजफ्फरपुर से आए आर.डी.एस. कॉलेज के स्नातक अन्तिम वर्ष के छात्र अरुण कुमार केसरी का सिर फूट गया और वह घायल होकर वहीं सड़क पर गिर गया। बाद में कुछ लोग उठा कर ले गये। इस तरह से बिहार से आये लोगों के सिर फूटे, घायल हुए। इसी बीच-बचाव में जेपी को बचाने के लिए अंगरक्षक सुरेश सिंह आइडेंटिटी कार्ड-परिचय पत्र निकाल कर दिखा रहे हैं। एक तरफ बायें हाथ से लाठी के प्रहार को रोके हुए हैं तथा दाहिने हाथ में आइडेंटिटी कार्ड लिये हुए हैं लेकिन सीआरपीएफ के एक अफसर ने सुरेश सिंह के हाथ से कार्ड लेकर फेंक दिया। फिर भी लाठियां बरस रही थीं। अन्त में सुरेश सिंह उसी समय अपना

रिवाल्वर निकाल कर कहने लगे, तुमने वर्दी पहन ली है, तो सिपाही हो गये। हमने आई कार्ड दिखाया तो उसको भी फेंक दिया। तो तुमसे ज्यादा पावर लेकर हम बैठे हुए हैं। हट जाओ। फिर सीआरपीएफ वाले पीछे हट गये लेकिन उस समय तक सुरेश सिंह पर 25-30 लाठियों का सख्त प्रहार हो चुका था। ये सभी लाठियां जेपी पर गिरी होतीं तो क्या वे जिन्दा बचते, कभी नहीं। सरकार जेपी की हत्या लाठीचार्ज से करना चाहती थी? तब तक जिलाधिकारी एवं अन्य नेता जेपी के समक्ष पहुंच गये। जयप्रकाश जी पानी-पानी कर रहे हैं-लेकिन पानी कहां? हां, कुछ लोगों को याद आया जेपी के नौकर गुलाब यादव के पास थरमस में पानी था। गुलाब यादव की खोज हुई, लेकिन वह काफी पीछे छूट गया था। इतने में सुरेश सिंह के दो आदमी गुलाब की खोज में जाते हैं। पुलिस के बर्बर लाठी प्रहार से जीप के ऊपर के सभी लोहे की छड़ टूट चुकी थीं तथा एक भी छड़ अपनी पूर्व अवस्था में नहीं थी। जीप में बैठे 'रेणुजी' घायल हो गये, उनके सिर से खून निकल आया। जीप पर बैठी सभी महिलायें घायल अवस्था में थीं। जेपी गिरे हुए थे, उस समय उत्तेजित युवा चिल्ला रहा था- "बाबा हुकूम दीजिये। अब हमसे बर्दाश्त नहीं हो सकता। हम आज सबक सिखा देंगे।" लोकनायक के ऊपर हुआ लाठी प्रहार और आज बिहार उस दिन की तरह 18-24 मार्च, 1974 की अवधि के बीच जल रहा था, उसी तरह से आज जल जाता लेकिन जब 8 अप्रैल, 1974 के मौन जुलूस का नेतृत्व जेपी ने किया था, तो उनकी पहली शर्त यही थी - "हमला चाहे जैसा हो-हाथ हमारा नहीं उठेगा।" और आज भी जेपी ने यहीं शांतिपूर्ण भाव से कहा, "जब तक जिन्दा हूं, मेरा हाथ किसी पर नहीं उठेगा और अगर मैं मर भी जाऊं, तो तुम लोग इसी बात का ख्याल रखना।" "धन्य हैं, जेपी जिन्हें इस देश से इतना प्यार है।" सुरेश सिंह के रिवाल्वर तान देने पर लाठी प्रहार बंद हुआ तथा जेपी को उठाया गया, तब पत्रकारों से घिरे जेपी ने कहा, "विनाश काले, विपरीत बुद्धि।" कल पटना बंद, परसों बिहार बंद। इस घटना के उपरान्त पहली बार पत्रकारों के समक्ष उन्होंने कहा। लाठीचार्ज, अश्रु गैस के गोलों के भयंकर विस्फोट से घटना स्थल युद्ध का मैदान बना-अश्रु गैस की धुंध ने मानो वहां बादल का रूप ले लिया था जिसमें लोगों को आंखों में डालने के लिए पानी की खोज में दूर-दूर भागना पड़ा। इसी समय वायरलैस लगी जीप जिसमें माइक पर यह घोषणा बार-बार दोहराई गई, "आप लोगों को सूचित किया जाता है कि जयप्रकाश नारायण ने कहा है कि अब आप लोग वापस जायें, कोई जुलूस आगे नहीं जायेगा। जयप्रकाश नारायण को सुरक्षित उनके निवास स्थान पर पहुंचा दिया गया है।" जब कि जेपी की जीप घटना स्थल से कुछ दूरी पर आकर रुकी हुई थी-पुलिस के घेरे से बाहर। फिर कुछ देर बाद माइक पर वही आवाज उभरी, जिसमें कुछ परिवर्तन था, लेकिन आदेश के स्वर में, "आप लोग वापस लौट जाएं। जयप्रकाश नारायण अब कहीं आगे नहीं जा रहे हैं।" एक तरफ पुलिस की यह झूठी घोषणा तो दूसरी तरफ जेपी उठे और लोगों के

साथ वीर चन्द्र पटेल मार्ग स्थित ऑफिर्सस होस्टल के बाहर एक खटिया पर विश्राम के लिए बैठे। सुरेश सिंह के दोनों आदमी न जेपी के सेवक गुलाब को लाये, उसी समय जिलाधिकारी दूबे भी एक गिलास में पानी लेकर आये। लेकिन संगठन कांग्रेस के श्याम नन्दन मिश्र ने दूबे को बड़ी डांट-फटकार लगाई और बस... तुम्हारे हाथ का पानी जेपी नहीं पियेंगे तथा गिलास फेंक दिया। जेपी ने भी कहा- यह जहर है, जहर। दूबे तुम पर मैंने भरोसा किया, लेकिन तुमने विश्वासघात किया। मैं, तुम्हारे हाथ का पानी नहीं पी सकता। अपने थरमस का पानी जेपी ने पिया तथा आंख मुंह धोया। कुछ समय तक वहां खाट पर बैठने के बाद जेपी वहां से पैदल सर्पेंटाइन रोड की तरफ चल पड़े। भ्रष्टाचार के प्रतीक वित्त मंत्री दरोगा प्रसाद राय के यहां पहुंचे। जबकि लाठी प्रहार से उनकी दाहिनी कोहनी और पुट्ठे के ऊपर गहरी चोट आई थी। इसके बावजूद जेपी, वित्त मंत्री दारोगा राय प्रसाद के निवास पहुंचे, लेकिन दारोगा राय घर पर नहीं थे। जयप्रकाश जी वहीं एक कुर्सी पर बैठते हैं- पर यह जान न सके कि कुर्सी कहां से आई, कौन लाया। करीब दस हजार सत्याग्रहियों ने वित्त मंत्री के निवास स्थान पर, कुछ महिलाएं राजस्व मंत्री केदार पांडे के निवास स्थान पर तथा एक कांग्रेसी नेता राम लखन सिंह यादव के निवास स्थान पर धरना दिया। वित्त मंत्री के निवास स्थान के समक्ष लोगों की भीड़ धीरे-धीरे बढ़ती जा रही थी। जानकी बहन ने यहां क्रांति गीत गाया। लोगों ने तालियां बजाईं, मानों दिशाएं गूंज उठीं। अचानक एक घोषणा माइक पर एसडीओ एन. पी. तिवारी ने की, "यहां उपस्थित सभी लोग गिरफ्तार कर लिए गये हैं।" परन्तु अचानक सरकारी घोषणा में परिवर्तन हुआ - जयप्रकाश नारायण को छोड़ कर उपस्थित लोगों को गिरफ्तार किया जाता है। जयप्रकाश जी कुर्सी पर बैठे हुए हैं, तभी उनके सामने तत्काल सत्याग्रहियों को घसीट-घसीट कर पुलिस गिरफ्तार कर बसों में बैठाए जा रही थी। तब जयप्रकाश जी ने कहा, लोग स्वेच्छा से गिरफ्तारी दें। फिर अंततः स्वयं जेपी एक बस में बैठ गये। समय हो रहा होगा, 3-4 बजे। करीबन एक बजे से चल रही गिरफ्तारी जोरों से शुरू हो गई। 18 बसों में 3,000 सत्याग्रहियों को गिरफ्तार कर पटना के 'बोटैनिकल गार्डन' में बने अस्थाई बांस-बल्लों से निर्मित खुले जेल में रखा गया। वित्त मंत्री के निवास स्थान पर छह घंटे का सफल घेराव चलता रहा। इसी बीच पुलिस उच्चाधिकारी एवं जिलाधिकारी जेपी को बार-बार वहां से हटाने का प्रयास करते रहे, तब जयप्रकाश जी वहां से संध्या छह बजे उतरे। उतर कर सड़क पर बैठ गये पुनः पुलिस उन्हें वहां से हटा कर कुछ दूर ले गई। वहां पर भी जेपी आधे घंटे से अधिक समय तक धरने पर बैठे रहे। फिर जेपी एक बस में सवार होते हैं- जिसमें सत्याग्राही भी सवार हुए और पत्रकार भी। तत्काल पुलिस की यह गाड़ी चल पड़ी। बस में बैठे लोगों की उस समय यही मंशा हो रही थी कि देखें जेपी को कहां ले जाया जा रहा है। बस कदमकुआं के उसी जगत नारायण रोड पर शाम सात बजे पहुंची। सवेरे से दिन

भर की थकान के बाद भी आज जेपी देर रात बीते प्रसन्न मुद्रा में दिखाई दे रहे थे। जेपी पर जानलेवा लाठी प्रहार हुआ। शाम सात बजे से उसी बस में रात साढ़े दस बजे तक धरना चलता रहा। जेपी सहित सभी सत्याग्रही जो बस में धरना दे रहे थे। केन्द्र के आदेश पर वायरलेस पर गुप्त संकेतों के आने पर, जगत नारायण रोड पर जयप्रकाश जी सहित सभी गिरफ्तार सत्याग्रहियों को रिहा कर दिया जाता है। रात दस बजे धरना समाप्ति की घोषणा जेपी ने की।

EVERYMAN'S WEEKLY

Edit on PM JP Talks

Naked barbarism in Patna

Lathi charge on JP

For God's sake, go

INDIA is the strongest military power in South Asia. Witness Patna. Indians by and large believe in non-violence. Witness Patna. The capital of Bihar testified to both these facts this week.

The government displayed the nation's military might, bared its gnashing teeth on the streets of Patna. On the same streets Jayaprakash Narayan and thousands of his men at the same time stood unafraid, marched forward. Police and militiamen—thousands and thousands of them—flung lathis and hurled tear gas bombs at the unarmed people whose only crime was they were exercising their democratic right to call a corrupt system and a corrupt government to order. They gave no provocation to the forces of law and order to act. Not a stone was thrown at the police or the militiamen. Yet they were beaten up, thrashed. Many were wounded including Jayaprakash who headed the march.

Who won the day on Nov. 4 on the streets of Patna? Bihar's Chief Minister Abdul Ghafoor claimed at the end of the day the people did not support the march. The people of Patna next day proved the utter falsity of the claim by a total bandh in response to JP's call. What more conclusive proof Prime Minister Mrs Gandhi wants to show that the people have no confidence in the government of Bihar headed by her nominee, Abdul Ghafoor? What stronger evidence she needs that will impress her that the people are behind the demand for the dissolution of the Bihar State Assembly?

Mrs. Gandhi has said she "will not concede (the demands) from the streets." Good to know she is so much opposed to streets. She was enamoured of the streets only a few years ago, in 1969, when on the streets in front of her official residence, she was promising everything to rabbles hired from slums. In 1969 she needed the people. Now she does not. What she needs is the army, the militiamen, the police and the bureaucracy.

That was amply proved last Monday at Patna. Ghafoor on orders from New Delhi barricaded the entire city with barbed wires. Thousands and thousands of militiamen were drafted from other States and deployed inside and around the city. The army was put on alert. All roads to Patna were blo

Continued on page 6

I am ashamed an Indian govt. has resorted to repression

By Nayantara Sahgal

CRP men lathi charge those wanting to join JP's peaceful march in Patna on Nov. 4.

EVERYMAN'S
[illegible]

THE CHALLENGE

[illegible]

[illegible] and some modifications and appropriations here and there depending on the extent of pressure at any point of time on any particular issue. The speech of the Prime Minister in the Central Advisory Board of Education and her letter to Acharya Kripalani are indicative of her unwillingness to change the system.

Then, why was this dialogue held at all? Was it timed to weaken the movement by diverting attention from struggle? Was it a sop to those in the party who were urging for a dialogue with a leader who is identified with the nation's conscience? Was it an attempt to establish that Jagjivan Ram was opposed to the movement? Such and many other questions arise. There are still many gaps to be filled.

It is obvious that the successful Bandh of October 3-5 shook those in authority. It must then have occurred to those in authority that they must seek reconciliation. That a serious challenge to authority was growing was first recognised. The challenge was not looked upon as one against style and process of political functioning but as a challenge to individuals. The corollary of this logic is to do everything to retain power but not face the issues at stake.

The effectiveness of the movement which JP has spearheaded does not lie in its escalation into a Bihar Bandh or an all India Bandh; but it has provided the masses of people a peaceful opportunity to articulate their frustration in an organised way and constructive channels are opened for alternative functioning. The fact that all over the country a debate will now go on on vital issues of electoral reforms, political corruption, educational reconstruction is no small gain.

A healthy step would be to create a national debate on these issues cutting across party lines and consider steps which ordinary people can take to compel political forces and administrative apparatus to look into these problems in serious earnest. It will be a thousand pities if the Bihar movement is narrowed down to one of considerations of prestige or law and order. The issues at stake are more fundamental and encompassing.

JP's supporters helping him to get up after the lathi-charge incident in Patna on Nov. 4.

The significance of the Bihar movement

By A. B. Shah

[illegible]

Continued on page [illegible]

HAS ITS OWN APPEAL

THE SEARCHLIGHT

PATNA: TUESDAY, NOVEMBER 5, 1974

Lathi charge & tear gassing in Patna

Delhi bandh disrupts trade, commerce

About 3,000 arrested in Patna

JP INJURED BUT DHARNA PEACEFUL

By Our Staff Reporter

30-minute scare that was in Patna

HOW JP WAS INJURED

UNPRECEDENTED BARBARITY IN PATNA

Guilty will be brought to senses, says JP

Patna bandh today

धरना समाप्त होते ही जेपी ने पत्रकारों से बातें करते हुए रात्रि में कहा,"पटना में आज जैसी नग्न बर्बरता मैंने देखी, इसके पहले अपने पचास वर्षों के राजनीतिक एवं सामाजिक जीवन में कभी भी नहीं देखी थी। शर्मनाक कूरता मैंने ब्रिटिश राज की अवधि में भी देखी थी। यदि मैं जीवित बचा रहा तो इस बर्बरता पूर्ण कारनामों के दोषी व्यक्तियों के होश-हवास ठिकाने लगा दूंगा और सबक सिखा दूंगा। आज का संघर्ष बिहार की जनता और गफूर मंत्रिमंडल के बीच नहीं बल्कि यह तो प्रधानमंत्री इंदिरा गांधी के विरुद्ध भारतीय जनता का संघर्ष है और यह जारी रहेगा। मैं पटना में शीघ्र सार्वजनिक सभा आयोजित करके समानांतर सरकार की व्यवस्था करूंगा और अपना अगला कार्यक्रम बताऊंगा। मैं तो दस बजे रात्रि तक वित्त मंत्री दारोगा प्रसाद राय के आवास पर धरना जारी रखना चाहता था, परन्तु अब जिला मजिस्ट्रेट विजय शंकर दूबे ने मुझे बलपूर्वक वहां से उठा कर, बस से, निवास स्थान के पास भिजवा दिया तब मैंने यहीं इसी बस में निर्धारित कार्यक्रम के अनुसार अपना धरना दस बजे रात्रि तक जारी रखा।

जेपी ने आगे कहा, आज का प्रदर्शन और घेराव पूर्ण सफल रहा। आज बिहार राजधानी ने इतिहास में एक नया अध्याय जोड़ दिया। पूरा नगर समर भूमि बन गया, लेकिन यहां के नागरिकों ने पुलिस और प्रशासन की सारी उत्तेजनात्मक कार्रवाईयों के बावजूद अभूतपूर्व शान्ति और अहिंसा के प्रति अपनी अटूट आस्था व्यक्त की है। आज नागरिकों ने हमारे आहवान पर के प्रति जैसी आस्था दिखाई है, उससे मुझे पूर्ण विश्वास है कि बिहार की जनता हमारे साथ है और गरीबी,

महंगाई और भ्रष्टाचार के विरुद्ध राष्ट्रपिता महात्मा गांधी के कार्यक्रमों से प्रेरणा लेकर उनकी दांडी यात्रा के अनुभव के आधार पर हमने रैली तथा घेराव का जो ऐतिहासिक कूच आरम्भ किया, वह पूर्ण सफल रहा और हम अपने लक्ष्य को प्राप्त करके रहेंगे। चाहे इसके लिए हमारा आंदोलन कितना भी लंबा क्यों न हो।

उसी समय तत्काल यह खबर जेपी को मिली कि 3,000 गिरफ्तार सत्याग्रही जो बोटैनिकल गार्डन के खुले अस्थाई जेल में हैं, उन कैदियों को भोजन, पानी और दवा से वंचित रखा जा रहा है। जेपी तुरंत ही उनकी दुर्दशा देखने चले गये। जबकि दिन भर के परिश्रम और पुलिस के लाठी प्रहार के कारण थक के चूर-चूर हो चुके थे। जयप्रकाश जी ने न तो भोजन किया और न विश्राम ही किया, बल्कि उस बोटैनिकल गार्डन चले गये जहां सत्याग्रहियों पर सरकारी दमन हो रहा था। दूसरे दिन इन सत्याग्रहियों को बिहार के विभिन्न जेलों में भेजा गया।

जयप्रकाश नारायण एवं आंदोलनकारियों पर लाठीचार्ज एवं अशु गैस के गोले नहीं छोड़े होते तो निश्चित ही यह घेराव, धरना अगली सुबह 5 तारीख के छह बजे तक चलता।

स्वातंत्र्योत्तर भारत का काला दिन 4 नवंबर, 1974 को लोकनायक जयप्रकाश नारायण एवं उनके अहिंसक शांतिमय कूच पर लाठी प्रहार, अशु गैस के गोलों के विस्फोट से बना पटना युद्ध का मैदान, पटना-भारत के सभी पत्रों के साथ विदेशी पत्रों के मुख्य पृष्ठों पर यह खबर 5 नवंबर, 1974 को विभिन्न शीर्षकों में छपी। 4 नवंबर को हुए जेपी पर लाठीचार्ज की पहली तस्वीर दिल्ली के अंग्रेजी अखबार 'इंडियन एक्सप्रेस' में 5 नवंबर को छपी। इसके बाद सभी पत्रों में उक्त घटना की तस्वीरें छपती रहीं। 4 नवंबर को हुए लाठीचार्ज के बाद बिहार के विभिन्न हिस्सों से आये सत्याग्रहियों की भीड़ 5 नवंबर, 1974 की सुबह जयप्रकाश जी के निवास पर थी - यह जानने के लिए कि अगला कार्यक्रम क्या होगा? आपकी कोई आज्ञा हो। हम अपनी जान की बाजी लगा देंगे। उसी वक्त जेपी लोगों से मिलते हैं तथा वापस लौट जाने को कहते हैं। अपने स्वास्थ्य लाभ के विषय में उन्होंने ने प्रसन्नता व्यक्त की। उस समय भी जेपी के चेहरे पर वही तेज-प्रतिभा की आभा साफ झलक रही थी, प्रसन्न मुद्रा में लोगों से बातें कर रहे थे। करीबन 9 बजे सुबह से जेपी के निवास स्थान को सीआरपीएफ के जवानों ने घेर लिया। जबकि आज पांच नवंबर को 'पटना बंद' है - फिर जेपी कहां जायेंगे? किस वजह से जेपी को 'हाउस अरेस्ट' रखा जा रहा था? यह मंशा तो इंदिरा गांधी ही बता सकती हैं? फिर भी लोकनायक जयप्रकाश नारायण 5 नवंबर, 1974 की संध्या अस्पताल में कल के लाठीचार्ज से घायल हुए लोगों को देखने गये। जेपी ने घायलों के बीच एक घंटा रुक कर उनके स्वास्थ्य के संबंध में पूछताछ की।

4 नवंबर के प्रदर्शन एवं धरने में लगभग दो सौ लोग घायल हुए। जिसमें 9 व्यक्ति अस्पताल में बिस्तर बन्द रहे, घायलों में एक महिला की हालत गंभीर थी।

5 नवंबर को पटना और 6 नवंबर को बिहार बंद रहा। यह बंद 4 नवंबर को निहत्थे और शांतिपूर्ण प्रदर्शनकारियों पर की गई पुलिस बर्बरता के खिलाफ था। पटना बंद तो पूर्ण सफल रहा। बिहार बंद में मात्र छोटा नागपुर और बिहार की औद्योगिक नगरी जमशेदपुर में बंद का कोई विशेष असर नहीं दिखाई दिया।

4 नवंबर को हुए जेपी पर लाठीचार्ज के बाद देश-विदेश के अनेक पत्रकार साक्षात्कार के लिए जेपी से मिलते रहे। लाठीचार्ज की सर्वत्र निंदा होती रही। जेपी पर लाठी प्रहार के बाद सरकार ने अपनी बयानबाजी शुरू की और कहा,"जेपी पर लाठी प्रहार हुआ ही नहीं।"

इसी संदर्भ में केन्द्रीय गृह मंत्री के. ब्रह्मानन्द रेड्डी ने नई दिल्ली में 5 नवंबर, 1974 को जो कहा, वह कहकर उन्होंने पद की गरिमा, मानवता, नैतिकता एवं न्याय का गला घोंट दिया। रेड्डी ने कहा, वर्तमान आंदोलन का सामना करने के लिए राज्य सरकार की जो भी आवश्यकता होगी, केन्द्रीय सरकार सहयोग देगी। पटना में हुई कल (4 नवंबर) की घटना राज्य सरकार के अनुसार, भीड़ में जेपी की अंगुली में थोड़ी चोट लगी। उन्हें लाठी से चोट नहीं लगी।

5 नवंबर, 1974 को ही प्रधानमंत्री इंदिरा गांधी ने कहा कि सड़कों पर तथा गलियों में राजनीतिक नारा लगाने से बिहार विधान सभा विघटित नहीं की जा सकती, क्योंकि यह लाखों लोगों के मतदान के मौलिक अधिकारों के विरुद्ध होगा। निर्वाचित इकाइयों को अगर इस प्रकार भंग किया गया तो इसका कभी अंत नहीं होगा, क्योंकि ऐसा आंदोलन वहां भी शुरू किया जा सकता है, जहां कांग्रेसी शासन नहीं है। राजनीतिक दलों को आम चुनाव की प्रतीक्षा करनी चाहिए, जब लोग अपने प्रतिनिधि को चुनने के लिए स्वतंत्र होंगे।

प्रधानमंत्री ने इससे भी अधिक शर्मनाक बातें 9 नवंबर, 1974 को कहीं- बिहार जैसे आंदोलन से देश की स्थिरता पर खतरा उत्पन्न होगा तथा सरकार इस चुनौती का सामना करने को तैयार है। बिहार आंदोलन में राष्ट्रीय स्वयंसेवक संघ तथा आनन्द मार्ग जैसे परस्पर विरोधी तत्वों के एक गुट होने का स्पष्ट उद्देश्य मुझे सत्ता से हटाना है। जो महात्मा गांधी की हत्या के पीछे थे, अब बिहार आंदोलन में शामिल हो रहे हैं।

इंदिरा गांधी ने जेपी के चोट लगने की रिपोर्ट की भी चर्चा की और कहा कि भगदड़ में एक-दूसरे को धक्का दिया जाना तथा चोट पहुंचना स्वभाविक है। फोटो से स्पष्ट है कि पुलिस सिर्फ उन्हें सुरक्षा प्रदान करने की कोशिश कर रही थी। लोकनायक जयप्रकाश नारायण तथा शांति

कूच पर हुए लाठी प्रहार के समय प्रेस छायाकारों ने जो तस्वीरें अपनी जान की बाजी लगाकर कैमरे में उतारीं, वे सभी ऐतिहासिक चित्र, फोटो ही कहे जाएंगे। जिन छायाकारों ने अपनी जान को खतरे में डालकर युद्ध के मैदान में जेपी पर हुए लाठी प्रहार के चित्र अपने कैमरे में उतारे, उनमें दिल्ली से आए रघुराई, पटना के सत्यनारायण, विद्याभूषण, आर.कें शर्मा, आनन्द पटवर्धन आदि थे। पाना-इण्डिया, बनारस फोटो गैलरी सहित अनेक फोटोग्राफरों द्वारा खींची गई तस्वीरें सबूत हैं।

पटना के जिलाधिकारी विजय शंकर दूबे जो 4 नवंबर को हुए लाठीचार्ज पर 5 नवंबर को पत्रकारों से बातचीत करते हुए कहा था, 4 नवंबर को जयप्रकाश नारायण को राजस्व भवन (इनकम टैक्स बिल्डिंग) के पास जुलूस के नेतृत्व में तीन खरोंचें लगी थीं। डॉ. आर. पी. पी. सिन्हा और डॉ. ए. के. सिन्हा, दो डॉक्टरों ने जयप्रकाश जी की जांच-रिपोर्ट बनाई थी। जयप्रकाश जी को गले की हड्डी के पास, दाहिनी कोहनी और दाहिनी एड़ी पर खरोंच लगी। ये सभी चोटें किसी कड़ी चीज से लगी प्रतीत होती हैं।

जब एक संवाददाता ने पूछा, क्या कल जेपी पर लाठी प्रहार हुए थे? तब दूबे ने कहा, "मैं जयप्रकाश नारायण के इस आरोप का खंडन नहीं कर सकता कि उन्हें लाठी से चोट लगी थी। मैं, तो केवल मेडिकल रिपोर्ट की बात कर रहा हूं। पत्रकारों के अन्य प्रश्नों के उत्तर में दूबे ने कहा, कल तीन जगहों पर भीड़ को तितर-बितर करने के लिए कुल 64 अशु गैस के गोले छोड़े गये।

पटना के जिलाधिकारी विजय शंकर दूबे ने मात्र तीन खरोचों का जिक्र किया, कहीं भी जेपी पर हुए लाठी प्रहार की बात नहीं की। दूबे लाठी प्रहार की बात कैसे करते, जबकि गृह मंत्री, प्रधानमंत्री यह कह रहे थे कि जेपी पर लाठी प्रहार हुआ ही नहीं। तब तो दूबे ने अपने बॉस को खुश रखने के लिए बॉस की ही बात कही। जबकि जेपी पर हुए लाठी प्रहार को घटनास्थल पर मौजूद कई लोगों ने प्रत्यक्षदर्शी के रूप में देखा।

5 नवबंर को चार चिकित्सकों ने उनकी जांच की। जेपी के निकटवर्ती सूत्रों ने इस डॉक्टरी जांच रिपोर्ट के संदर्भ में बताते हुए कहा, जेपी के बाएं कंधे के नीचे दर्द हो रहा है। इस दर्द का कारण, कल पुलिस के लाठी प्रहार से उनके कंधे के नीचे लगी चोट थी। साथ ही दाहिनी कोहनी तथा पुट्ठे के ऊपर बाहरी चोट से दर्द का अनुभव हो रहा है। साथ ही यह भी बताया गया, जेपी के बायें कंधे के नीचे उसी स्थान पर चोट पहुंची है, जहां हाल के उत्तर भारत के दौरे के समय उनकी हड्डी छिटक गई थी। हड्डी छिटकने के स्थान पर अब पुन: दर्द उभर आया है।

विरोधी दल 4 नवंबर को जेपी पर हुए लाठीचार्ज की न्यायिक जांच की मांग करते रहे, परन्तु सरकार ने कोई न्यायिक जांच नहीं करवाई।

जब जयप्रकाश नारायण 12 नवंबर, 1974 को दिल्ली में थे। उसी सुबह जनसंघ के नेता लालकृष्ण आडवाणी ने जेपी से फोन पर बात की। आडवाणी ने जेपी का ध्यान गृह मंत्री के वक्तव्य की ओर किया। जेपी ने कहा, "इसमें मेरे वक्तव्य देने की क्या बात है। 4 नवंबर को हुए लाठी प्रहार के लिए, क्या मैं ढिंढोरा पीटूं।"

4 नवंबर : दिल्ली बंद

लोकनायक जयप्रकाश नारायण द्वारा चलाये जा रहे, बिहार आंदोलन के समर्थन में 4 नवंबर 1974 को दिल्ली 'बंद' की गई, जिसकी घोषणा दिल्ली राज्य छात्र संघर्ष समिति ने 19 अक्टूबर को की थी। 'दिल्ली बंद' की यह दूसरी तस्वीर बनी। पहली तस्वीर मात्र एक वर्ष पूर्व, जनसंघ के आह्वान पर 6 नवंबर, 1973 को राजधानी पहली बार बंद रही।

4 नवंबर, 1974 को राजधानी 'दिल्ली बंद' को लेकर पिछले तीन सप्ताह से चल रहे 'पोस्टर चिपकाने' का कार्यक्रम युद्ध स्तर पर चलता रहा। ये पोस्टर विभिन्न भाषाओं में चिपकाये गये। छात्र संघर्ष समिति, युवा मंच, भारतीय जनसंघ, समाजवादी युवा जन सभा और सोशलिस्ट पार्टी ने पोस्टर युद्ध में दिल्ली बंद का समर्थन किया तो दूसरी तरफ, दिल्ली प्रदेश केंद्रीय कांग्रेस कमेटी, कम्युनिस्ट पार्टी, युवा कांग्रेस, साम्प्रदायिकता विरोधी कमेटी जैसी अनेक संस्थाओं ने दिल्ली बंद का विरोध किया। एक से अधिक किस्मों के पोस्टरों में 'दिल्ली बंद' एवं बंद नहीं की छींटाकशी दिल्ली की दीवारों पर चिपकाई गई। कांग्रेस के इन पोस्टरों के खर्च के अनुमान में दिल्ली के एक साप्ताहिक पत्र ने कहा, 'इन पोस्टरों को निकालने में हुए खर्च का अनुमान डेढ़ लाख रुपये से कम नहीं हैं।'

सरकार ने 'दिल्ली बंद' के विरुद्ध अपने सभी हथकंडे अपनाये। 3 नवंबर को आधी रात में ही धारा 144 लगा दी गई और लोगों को दफा तोड़ने के खिलाफ कड़ी चेतावनी दी गई। पुलिस ने तीन तारीख की रात को अलग-अलग जगहों पर छापे मार कर 1,500 से अधिक लोगों की गिरफ्तारी की। पुलिस ने कहा कि उसने केवल 452 लोग ही पकड़े हैं लेकिन दिल्ली प्रदेश जनसंघ के अध्यक्ष विजय कुमार मल्होत्रा के अनुसार 4,000 जनसंघी कार्यकर्ताओं, छात्रों और नेताओं के घर पुलिस ने छापे मार कर गिरफ्तारी की।

6 अक्टूबर, 1974 को दिल्ली नागरिक संघर्ष समिति की ओर से प्रधानमंत्री को एक पत्र दिया गया था और इसके बाद 14 अक्टूबर, 1974 को दिल्ली नागरिक संघर्ष समिति के अध्यक्ष आचार्य जे. बी. कृपलानी ने एक पत्र प्रधानमंत्री को लिखा था। प्रधानमंत्री इंदिरा गांधी को दिये गये इस पत्र का जवाब 27 अक्टूबर, 1974 को अर्थात् जयप्रकाश नारायण से बातचीत के पूर्व भेजा। उस पत्र के कुछ अंश यहां प्रस्तुत हैं। पत्र में इंदिरा गांधी ने लिखा सामूहिक कार्रवाई का सिद्धांत प्रतिनिधि मूलक जनतंत्र की भावना से मेल नहीं खाता और न विधान सभा के तत्काल भंग कर देने की मांग के आगे झुका जा सकता है। मैं इस बात को सर्वाधिक महत्व देती हूं और जैसाकि मैंने बार-बार कहा भी है, हम चाहते हैं कि अन्य सभी दलों के साथ बैठकर इस बात पर विचार किया जाए, जिसके कारण हमारे संविधान में उल्लेखित स्वतंत्रता का दायरा ही घट जाय। संसद में जनता की शिकायतें नहीं सुनी जातीं या न ही समस्या दूर की जाती है, ऐसा कहना उस पवित्र स्थान का अपमान होगा। हमारे लिए यह गौरव की बात है कि दुनिया में हमारी विधायिकाएं सबसे अधिक स्वतंत्र और निर्भीक हैं। नागरिक स्वतंत्रता, समाचार पत्रों की स्वतंत्रता पर या न्यायपालिका पर खतरा पैदा करने के आरोप आचार्य कृपलानी ने अपने पत्र में लगाये हैं, उनकी चर्चा करते हुए इंदिरा गांधी ने कहा कि ये आरोप तथ्यहीन हैं। जहां तक हरियाणा के मुख्यमंत्री बंसीलाल और रेल मंत्री ललित नारायण मिश्र पर आचार्य कृपलानी के पत्र में लगे आरोपों का सम्बन्ध है, इस पर इंदिरा गांधी ने कहा, केन्द्रीय मंत्रिमंडल के चार सदस्यों ने बंसी लाल पर लगाए गए आरोपों की छानबीन की और उन लोगों ने कहा कि यह मामला जांच आयोग नियुक्त करने लायक नहीं है। इसी तरह एल. एन. मिश्रा संसद में अपने ऊपर लगाए गए आरोपों का तत्काल वहीं उत्तर दे चुके हैं। बिहार आंदोलन जयप्रकाश नारायण का आंदोलन 'सीधी कार्रवाई' जैसा ही हो सकता है, लेकिन उनके अहिंसक होने का दावा करना गलत है।

आचार्य कृपलानी ने 'दिल्ली बंद' की पूर्व संध्या तीन नवंबर को सरकार द्वारा ऐतिहासिक तौर पर की गई व्यापक गिरफ्तारियों के बारे में प्रधानमंत्री इंदिरा गांधी से पूछा। उसके बाद कृपलानी ने कहा, "जब भी इंदिरा गांधी बार-बार कहती हैं कि देश में न सिर्फ पूर्ण लोकतंत्र का पालन होता है बल्कि लोग आजादी से जहां चाहें घूम-फिर सकते हैं। तो आश्चर्य है कि सरकार उन लोगों को गिरफ्तार कर रही है, जो शांतिपूर्ण तरीके से 'दिल्ली बंद' करवाना चाहते हैं। आचार्य कृपलानी ने आगे कहा कि अगर सरकार चाहती है कि देश में शांति कायम रहे तो उसे उन कानूनों को तोड़ना चाहिए, जो उसने ही बनाए हैं। सरकार ने जिन लोगों को गिरफ्तार किया, उन्होंने कोई कानून नहीं तोड़ा था। अगर गिरफ्तार लोगों के इरादे रहे भी हों कि वे कानून तोड़ेंगे तो उन्हें तब तक गिरफ्तार नहीं किया जा सकता, जब तक कि वे अपने इरादों पर अमल नहीं करते।"

'दिल्ली बंद' के विरोध में 'भारतीय कम्युनिस्ट पार्टी और कांग्रेस' के लोकतांत्रिक मोर्चो (डेमोक्रेटिक फ्रंट) को तमाम सरकारी सहूलियतें दी गईं ताकि वे 'दिल्ली नागरिक संघर्ष समिति' के आह्वान पर 4 नवंबर के प्रस्तावित बंद का विरोध करने के लिए जुलूस निकालें। जुलूस निकालने के लिए बसों में भर-भर कर लोगों को दिल्ली के 'फिरोजशाह कोटला मैदान' में लाया गया। 4 नवंबर को दिल्ली खुली रखने के लिए कांग्रेसी-साम्यवादी संयुक्त जुलूस 3 नवंबर को निकला। जिस जुलूस में लोगों ने नारे लगाए - 'जेपी तेरे चमचों से दिल्ली बंद नहीं होगी,' 'जो चाल चलेगा हिटलर की-हिटलर की तरह मिट जायेगा', देश के गद्दारों को सी.आई.ए. के दलालों को गोली मारो- फांसी दे।' कांग्रेस सहित मोर्चे में शामिल सभी साम्यवादी संगठनों ने इसे अपने प्रथम कर्तव्य की तरह लिया।

कांग्रेस कम्युनिस्ट 'जनवादी प्रदर्शन' बंद के विरुद्ध सरकारी तंत्रों को रेडियो पर 72 घंटे के प्रचार, पुलिस प्रशासन की धमकी तथा बिहार में तीन दिनों का पूरी तरह सफल रहा हो, लेकिन दिल्ली में 4 नवंबर को कम से कम खाली बसें चलें और सरकारी दफ्तर खुले रहें - ऐसा निर्णय लिया गया। दिल्ली के राज्यपाल ने व्यापारी संगठनों को आश्वासन दिये कि सरकार उन्हें पूरा सहयोग देगी, वे अपना धंधा चालू रखें। पुलिस सहायता पाने के लिए लोगों को नई सुविधा दी गई, '22574' पर फोन की घंटी खनखनाते ही पुलिस सहायता के लिए उनकी सेवा में हाजिर हो जायेगी। सरकारी व्यवस्था के बावजूद भी 'दिल्ली बंद' सफल हुआ।

4 नवंबर को रेडियो का यह हाल था कि सुबह 6 बजे से ही बंद की खबरें देनी शुरू कर दीं। बंद का यह हाल था कि सड़कों पर स्कूटर, टैक्सी नहीं आ रहे थे। दिल्ली स्टेशन सूना रहा। विश्वविद्यालय और स्कूल 'छुट्टी' पर थे। परीक्षा तक स्थगित कर दी गयी। चांदनी चौक, सदर बाजार, दरियागंज, करोलबाग, पहाड़गंज, पंचकुइयां रोड, कनाट प्लेस, जनपथ, सरोजिनी नगर, नारायणा, आजाद पुर, राजेन्द्र नगर, मोती नगर, रामकृष्णपुरम सहित पुरानी दिल्ली की सभी दुकानें बंद रहीं - परिवहन बन्द रहा। फिर खाली सड़कों पर खाली बसें चलीं। सामान्य तौर पर दिल्ली की सड़कों पर 1,125 बसें चलाई जाती हैं पर बंद के दिन 1,243 बसें चलाई गईं - आखिर क्यों?

'दिल्ली बंद' में प्रधानमंत्री इंदिरा गांधी के निवास स्थान पर घेराव 'भारतीय लोकदल' ने किया। जिसका नेतृत्व पूर्व सांसद सरला भदौरिया कर रही थीं - जिनके 61 सत्याग्रही गिरफ्तार किये गये।

4 नवंबर को जब जेपी पर पटना में लाठियां बरसायी जा रही थीं, उस समय इंदिरा गांधी दिल्ली के क्नॉट प्लेस में खरीदारी कर रही थीं। एक तरफ 4 नवंबर को पटना की सरकारी घेराबंदी को तोड़ने में जेपी सफल रहे, वहीं दिल्ली बंद सफल रहा।

पटना : 11 नवंबर 1974

दस नवंबर की रात से ही गांधी मैदान में सशस्त्र कम्युनिस्ट प्रदर्शनकारी पहुंचने लगे। दूसरे दिन 11 नवंबर को जुलूस प्रात: 10 बजे गांधी मैदान से चला। जुलूस का नेतृत्व कर रहे भारतीय कम्युनिस्ट पार्टी के महासचिव राजेश्वर राव एक बंद कार में कम्युनिस्ट नेताओं के साथ कार में चल रहे थे। कम्युनिस्टों ने अपना 14 सूत्री मांग पत्र राज्यपाल आर. डी. भण्डारे को सौंपा, प्रतिनिधि मंडल में दस लोग शामिल थे। जुलूस में प्रदर्शनकारी लाठी, भाला, बरछी, तीर-कमान, फरसा, तलवार तथा दूसरे घातक हथियारों से लैस कम्युनिस्ट स्वयंसेवक लाल कुर्ता एवं खाकी पैंट पहने, हाथ में लाठी के साथ पंक्तिबद्ध चल रहे थे। गांधी मैदान में गत रात्रि से ठहरे कम्युनिस्टों के तंबुओं में दो शक्तिशाली बम मिले। सूत्रों के अनुसार अधिकांश लोगों के पास बम थे।

भयानक हथियारों से लैस भाड़े के आदमियों के कम्युनिस्ट प्रदर्शनकारियों में गरीब मजदूरों से जब पटना आने का कारण पूछा गया तो उन लोगों ने अपनी क्षेत्रीय बोली में कहा, "मालिक कहलहवन पटना चलेंलेल।" यह पूछे जाने पर कि पटना आप लोगों को कौन लाया है, तो स्पष्ट हुआ कि उनका मालिक आज के कम्युनिस्ट नेता और जो कल के जमींदार थे। प्रदर्शनकारियों ने अपनी क्षेत्रीय बोली में आगे कहा, "दिन भर भूखले रहि गेलियै। कोई खाय लेल नई पूछलकई।"

एक तरफ कम्युनिस्ट प्रजातंत्र की बात की करता है, दूसरी तरफ कम्युनिस्ट हिंसा करके अपने को प्रजातांत्रिक बताता है। इस जुलूस में पटना में आठ घटनाएं घटीं। पहली घटना राजेन्द्र नगर चौराहे साढ़े दस बजे घटी, जब करीब 200 कम्युनिस्ट कार्यकर्ता अचानक कुछ व्यक्तियों पर टूट पड़े तथा मारपीट शुरू कर दी। इस बीच एक व्यक्ति बुरी तरह घायल हो गया। जिसके कारण एक कार्यकर्ता पुलिस की हिरासत में चला गया, पर बताया गया कि जुलूस में शामिल इस कम्युनिस्ट कार्यकर्त्ता को ऊपरी दबाव के कारण पुलिस ने छोड़ दिया। दूसरी घटना बेली

रोड एवं सर्पेंटाइन रोड के मोड़ पर डेढ़ बजे दिन में हुई। यहां प्रदर्शनकारियों ने लोगों पर पथराव किया तथा लोगों को खदेड़ कर पीटा। कम्युनिस्ट प्रदर्शनकारियों ने विद्युत बोर्ड के अधीक्षक के कार्यालय में काम करने वाले चार कर्मचारियों को मारा-पीटा। उन चारों कर्मचारियों को गर्दनीबाग अस्पताल में दाखिल किया गया। तीसरी घटना, पौने दो बजे दिन में गांधी मैदान से सटे खादी भंडार के पास घटी, कम्युनिस्ट प्रदर्शनकारियों ने अपने शस्त्रों से तीन व्यक्तियों को जख्मी बना दिया। और चौथी घटना, राज्यभवन से वापसी में जुलूस ने ढाई बजे दिन में नये सचिवालय के पास, रेलवे गुमटी के निकट मारपीट में तीन गैर-कम्युनिस्टों को घायल किया। पांचवीं घटना, केन्द्रीय राजस्व भवन के पास कम्युनिस्टों द्वारा एक सरकारी कर्मचारी घायल हुआ। छठी घटना, रेडियो स्टेशन से पूर्व फ्रेजर रोड के मोड़ पर भी दो व्यक्ति घायल हुए- कम्युनिस्टों के हमले से। सातवीं घटना, करीब संध्या चार बजे गांधी मैदान में कम्युनिस्टों ने एक व्यक्ति के सिर पर घातक आघात किया- जिसके फलस्वरूप उस व्यक्ति को तत्काल अस्पताल में भर्त्ती किया गया। आठवीं घटना, दोपहर में पटना उच्च न्यायालय के पश्चिम से जब जुलूस गुजर रहा था तभी उसमें से एक सशस्त्र टुकड़ी ने जुलूस छोड़कर लोक निर्माण के एक क्षेत्रीय कार्यालय तथा बिजली विभागों के कार्यालयों तक लोगों को खदेड़ कर कार्यालयों में घुस कर काम कर रहे सरकारी कर्मचारियों पर हमला शुरू किया, जिसमें दर्जनों व्यक्ति घायल हो गये।

4 नवंबर, 1974 को जेपी के 'डंडी मार्च' में कांग्रेसी पुलिस की लाठियों से बुरी तरह घायल अखिल भारतीय जनसंघ के संगठन मंत्री नानाजी देशमुख ने पटना के स्थानीय राजेन्द्र सर्जिकल ब्लॉक में कम्युनिस्ट प्रदर्शनकारियों द्वारा घायल सरकारी कर्मचारियों को देखते हुए एक वक्तव्य प्रसारित किया, "आज पटना में भारतीय साम्यवादी दल द्वारा आयोजित प्रदर्शन में बाहर से आए गुंडों ने सरकारी प्रोत्साहन पर नगर में जो कुकृत्य किया, उसका समाचार सुन-सुन कर मैं मर्माहत हूं। वस्तुत: आज का जुलूस कांग्रेस और साम्यवादियों की हिंसात्मक शक्तियों का सम्मिलित प्रदर्शन था। यह आश्चर्यजनक है कि जिस सरकार ने 4 नवंबर को सर्वोदय नेता जयप्रकाश के नेतृत्व में निकले शांतिपूर्ण सत्याग्रहियों के निहत्थे जुलूस पर प्रतिबंध लगाया, उसी सरकार ने पटना में धारा 144 लागू होने के बावजूद कम्युनिस्टों को घातक हथियारों से लैस सशस्त्र प्रदर्शन की अनुमति प्रदान की। यह दुर्भाग्यपूर्ण है कि प्रशासन ने सशस्त्र प्रदर्शनकारियों द्वारा सरकारी कर्मचारियों और राहगीरों पर घातक हमले किये जाने के समय वहां तैनात पुलिस को मूक दर्शक बने रहने के लिए विवश किया। निम्नवर्गीय सरकारी कर्मचारी पिटते रहे और उच्च पदस्थ प्रशासक तमाशा देखते रहे। मैं उन घायल सरकारी कर्मचारियों और उनके परिवारों के प्रति अपनी हार्दिक संवेदना व्यक्त करता हूं।

मैं इस अवसर पर न केवल गफूर सरकार की बल्कि उस केन्द्रीय सरकार की भी भर्त्सना करता हूं, जो पीछे रह कर सब नाटक करवा रही है।

मैं जनता से फिर अपील करूंगा कि वे अन्तिम विजय के लिए प्रहारों को भी सह कर शान्ति बनाये रखें।"

पटना : 16 नवंबर 1974

लोकनायक जयप्रकाश नारायण से सीधा टकराव इंदिरा गांधी का शुरू हो गया। कांग्रेस अध्यक्ष देवकान्त बरुआ तो, जेपी आंदोलन के विरुद्ध 'जवाबी आंदोलन' का प्रारम्भ पिछले 15 दिनों की दौड़-धूप के उपरान्त लोगों की भीड़ बटोर कर पटना में कांग्रेस के इतिहास में सबसे बड़ा जुलूस गांधी मैदान से दिन के 10 बजकर 50 मिनट पर निकाला गया। जुलूस में बिहार के सभी नेताओं के साथ केन्द्रीय नेताओं में से कांग्रेस अध्यक्ष देवकान्त बरुआ जुलूस का नेतृत्व कर रहे थे और उनके साथ खुली जीप पर रेल मंत्री ललित नारायण मिश्र, मुख्यमंत्री अब्दुल गफूर, प्रदेश कांग्रेस अध्यक्ष सीता राम केसरी तथा इसके पीछे दूसरी जीप पर केन्द्रीय कृषि मंत्री जगजीवन राम, चन्द्रजीत यादव सवार थे। जुलूस के आगे वाली जीप पर, जिसे कांग्रेसी शेरे बिहार कहते थे, जिनके विषय में अब्दुल गफूर ने कहा था, हमारे शेरे बिहार अकेले ही कदमकुआं के गुंडों से निपट लेंगे। यहां शेरे बिहार राम लखन सिंह यादव जीप के बोनट पर बैठ कर जुलूस का मार्गदर्शन कर रहे थे। इस जुलूस में कांग्रेसी नेताओं का सामर्थ्य प्रदर्शन, कौन से नेता अपने-अपने क्षेत्रों से कितने अधिक लोगों को लाते हैं,के आधार पर किया गया और इसमें लहटन चौधरी, विद्याकर कवि आगे रहे। जुलूस में आदिवासी क्षेत्र से आने वाले लोग तीर-धनुष लिये चल रहे थे। आदिवासी क्षेत्रों से कांग्रेसी सरकार को प्रदर्शनकारी कम्युनिस्ट पार्टी की तरफ से उपहार स्वरूप मिले थे।

यह जुलूस गांधी मैदान से निकल कर गोलघर चौराहे तक पहुंचने के बाद बुद्धमार्ग से होकर कोतवाली चौराहे से राजस्व भवन की ओर मुड़ गया और वहां से गार्डनर रोड होकर आर. ब्लाक चौराहे से शहीद पार्क होता हुआ, फ्रेजर रोड, डाक बंगला रोड तथा एक्जिबिशन रोड होता हुआ तीन घंटे बाद गांधी मैदान में पहुंचा। जुलूस बिना कतार के 'भेड़चाल' में टूट गया था और प्रदर्शनकारी बीच-बीच में जुलूस से निकल कर दर्शकों के साथ हो जाते थे और स्टेशन के पास पहुंचने पर तो बहुत से प्रदर्शनकारी दर्शकों में मिल गये। प्रदर्शनकारियों को जुलूस में चलने पर तो मानों शर्म आ रही थी। जुलूस में एक नारा कम्युनिस्ट पार्टी से उधार ले लिया गया, 'अमेरिका के दो दलाल-अटल बिहारी-जयप्रकाश।'

संध्या समय गांधी मैदान में कांग्रेसियों की सभा को संबोधित करते हुए पहले केंद्रीय कृषि मंत्री जगजीवन राम ने साफ शब्दों में कहा कि बिहार गुजरात नहीं है और इसे गुजरात नहीं बनने दिया जायेगा। कांग्रेस में इतनी एकता और क्षमता है कि यदि सभी राजनीतिक पार्टियां एक साथ मिल जायें, तब भी उसका मुकाबला वह बखूबी कर सकती है। कांग्रेस को जनता का प्रेम एवं विश्वास दोनों प्राप्त है।

जगजीवन राम अपनी दोहरी नीति से अपने पद से चिपके रहना चाहते थे। एक तरफ जगजीवन राम इंदिरा गांधी के साथ थे, तो दूसरी तरफ जेपी के प्रति अपनी आस्था का नाटक करते रहे। जगजीवन राम लोकतंत्र की रक्षा की बात करते रहे, लेकिन आचार्य कृपलानी, चन्द्रशेखर, मोहन धारिया, दिनेश सिंह की तरह अपनी एक नीति की ठोस विचारधारा वाले लोकतंत्र की रक्षा हेतु अपने पद का त्याग नहीं किया।

गांधी मैदान में जगजीवन राम ने कहा कि जयप्रकाश बाबू द्वारा स्वतंत्रता की लड़ाई में दिये गये महत्वपूर्ण योगदान को भुलाया नहीं जा सकता। वे एक देशभक्त हैं। इसमें कोई शक नहीं किन्तु मैं उनसे पूछता हूं कि यह कैसी देशभक्ति है कि जब बिहार बाढ़ और सूखे से त्रस्त है तो वे इस प्रकार का आंदोलन चला रहे हैं? इसके बाद मंच पर कांग्रेस अध्यक्ष देवकान्त बरुआ ने कहा, जयप्रकाश के नेतृत्व में चलने वाले आंदोलन की जवाबी कार्रवाई का आज प्रारम्भ हुआ है। आंदोलन के विरुद्ध हमारी लड़ाई जारी रहेगी ओर गांव कस्बों में भी इस प्रकार के कार्यक्रम का आयोजन किया जायेगा। जयप्रकाश के काम करने के तरीके गलत हैं। वर्तमान आंदोलन से बिहार की जनता को भारी नुकसान उठाना पड़ा है। अगर आंदोलन चलता रहा तो यहां और भी तबाही मचेगी। प्रधानमंत्री इंदिरा गांधी शांति से बातचीत कर समस्या को सुलझाने में विश्वास रखती हैं, परन्तु किसी दबाव में आकर बातचीत करने को तैयार नहीं हैं।

नई दिल्ली : 11 नवंबर 1974

बिहार में हो रहे पुलिस जुल्म तथा सैनिकों की वापसी की मांग करते हुए संगठन कांग्रेस के श्याम नन्दन मिश्र ने कहा, "लगता है, बिहार पर विदेशी सैनिकों ने कब्जा कर लिया है। बिहार से सीआरपीएफ तथा सीमा सुरक्षा दल की तत्काल वापसी, केंद्र बुला ले तथा 4 नवंबर को पटना में हुई पुलिस ज्यादती की संसदीय जांच कराई जाए। कांग्रेस तथा केन्द्रीय एवं बिहार सरकारों में प्रजातंत्र का गला घोंटा व मौलिक अधिकारों का मजाक बनाया जा रहा है। और जयप्रकाश नारायण जो लोकनायक के रूप में सामने आये हैं, प्रजातंत्र को सुदृढ़ तथा शुद्ध करने का प्रयास कर रहे हैं। केंद्र ने 4 नवंबर को पटना में सरकारी कार्रवाई की योजना बनाई।

ऐसी योजना कोई तानाशाह ही बना सकता है परन्तु इसके परिणामस्वरूप बिहार आंदोलन का महत्व लाखों गुणा बढ़ गया है। आप लोग (कांग्रेस) अपने रुपयों तथा पिट्ठुओं (कम्युनिस्ट) के बल पर लाखों लोगों की भीड़ जुटा सकते हैं, परन्तु 4 नवंबर को घेराबंदी पटना में जो भीड़ जुटी, उसका यह टुकड़ा भी नहीं होगा।"

श्याम नन्दन मिश्र ने आगे कहा, बी. बी. सी. तक टिप्पणी की, "अगर अंग्रेजों ने यही तरीका अख्तियार किया होता तो वे भारत पर सौ साल और शासन करते।"

इसके बाद जब व्यालार रवि सहित कुछ युवा कांग्रेस श्याम नन्दन मिश्र के भाषण में बाधा डालने लगे तब श्याम नन्दन ने कहा, "आप कुछ युवा कांग्रेस के हैं, जो समाज विरोधी तत्वों से बना है। वे लोग शराब की बोतलों से जेपी का सामना करने जा रहे हैं।"

इस पर विभूति मिश्र ने पूछा, आप जनसंघ से समर्थन नहीं पा रहे हैं? तब श्याम नन्दन मिश्र ने कहा, किसी ने महात्मा गांधी की हत्या शारीरिक रूप से की होगी, परन्तु आप लोग उनकी आत्मा की हत्या कर रहे हैं। पिछले दिनों ही नये कांग्रेस अध्यक्ष ने कहा था, "सोवियत संघ तथा पूर्वी यूरोपीय देशों से हम लोगों की मित्रता ने, हम लोगों को कम्युनिस्टों का मित्र बनने को बाध्य कर दिया है।"

मार्क्सवादी कम्युनिस्ट सदस्य समर मुखर्जी ने कहा कि 4 नवंबर को पटना में सरकार ने जनता के घेराव के प्रयास का मुकाबला करने की जो तैयारी की थी, वह दुश्मनों की तोप के आक्रमण का मुकाबला करने की तैयारी थी फिर भी एक समाचार पत्र के विवरण के अनुसार 40 हजार व्यक्तियों ने जुलूस में भाग लिया। इससे स्पष्ट है कि यह प्रजातंत्र बचाने का प्रयास नहीं बल्कि उसे समाप्त करने का प्रयास था।

युवा कांग्रेस नेता प्रियरंजन दास मुंशी ने कहा, "जयप्रकाश नारायण 'एक ईमानदार व्यक्ति' हैं तथा बिहार की चुनौती का सामना सीआरपीएफ तथा बीएसएफ से नहीं हो सकता। इसके लिए आर्थिक कार्यक्रमों का सफल क्रियान्वयन जरूरी है। कांग्रेस को चुनाव सुधार की आवश्यकता से इनकार नहीं करना चाहिए।"

बरुआ से चार सवाल : न्याय की मांग!

प्रजातंत्र की हत्या करने वाले - न्याय की बात करेंगे? 16 नवंबर, 1974 को पटना में सोशलिस्ट पार्टी के नेता एवं पूर्व मंत्री कपिलदेव सिंह ने कांग्रेस अध्यक्ष देवकान्त बरुआ से चार सवाल पूछे-

पहला सवाल, राष्ट्रपति शासनकाल में जब बरुआ स्वयं बिहार के मुख्य प्रशासक थे, चिंचनी ब्रदर्स को 22 लाख रुपये क्यों दिए थे, जबकि टिप्पणी पर वह रुका हुआ था?

दूसरा सवाल, दरभंगा लोकसभा उप चुनाव के अवसर पर एकाएक आई. जी. पुलिस को क्यों हटाया गया था?

तीसरा सवाल, दरभंगा लोकसभा उप चुनाव के अवसर पर ही दरभंगा विश्वविद्यालय की स्थापना की घोषणा क्यों की गई थी?

चौथा सवाल, गिरिजा देवी गायिका को सरकारी हवाई जहाज से भिन्न शहरों में घुमा कर रांची के राजकीय भवन में क्यों ठहराया गया था?

लेकिन बरुआ ने किसी सवाल का जवाब नहीं दिया।

पटना : 18 नवंबर 1974

लोकनायक जयप्रकाश नारायण के आंदोलन के विरुद्ध केंद्र से चलाया जाने वाला जवाबी आंदोलन चल रहा था। 4 नवंबर, 1974 को अपने शांति कूच 'डंडी मार्च' के उपरान्त जेपी ने पहली जनसभा को पटना के गांधी मैदान में संबोधित किया। जयप्रकाश नारायण के मंच पर आने से पहले ही जेपी के दर्शन और उनका भाषण सुनने के लिए लोगों की भीड़, अब तक की गांधी मैदान में हुई सभी सभाओं से अधिक आंकी जाती है। गांधी मैदान का एक तहाई हिस्सा भर चुका था - फिर भी भीड़ उमड़ रही थी। जेपी की कार मंच के करीब पहुंची तो कौतूहल से लोग जेपी को देखने उनके समीप बढ़ने लगे। जेपी मंच पर पहुंचते हैं - लोगों की तालियां बजती रहीं। स्वयं जेपी अपार भीड़ को देखकर भाव विह्वल हो उठे। उनका गला भर आया और वे कुछ क्षणों तक बोल नहीं पाये। आंखों में मन-प्रेम के सुख के आंसू छलक आए। अपने थरमस के पानी से सुखे गले को राहत दी। मंच पर पद्मश्री फणीश्वरनाथ 'रेणु' साहित्य, पत्रकारिता का नेतृत्व कर रहे थे, 4 नवंबर को हुए पुलिस के लाठी प्रहार और प्रशासनिक बर्बरता में कांग्रेसी सरकार को अपना 'पद्मश्री' अलंकार तथा अढ़ाई सौ की सरकारी मासिक वृत्ति लौटायी। कवि नागार्जुन ने भी सरकारी मासिक वृत्ति को लौटाने की घोषणा की। इसके बाद जेपी ने आदर भाव से 'रेणु' जी को फूलों की माला पहनाकर सम्मानित किया।

जेपी ने अपने भाषण के आरम्भ में पहले कहा, "मैं स्वस्थ हूं-अच्छा हूं और आप कोई भी चिन्ता न करें।" तालियों को गड़गड़ाहट। उसके बाद जेपी ने फिर कहा, "आपकी शुभकामनाओं के लिए अनेक धन्यवाद!" आज जेपी की इस सभा के ऊपर एक विमान चक्कर लगा रहा था, जो भीड़ की संख्या का वैज्ञानिक अनुमान लगा रहा था। जेपी ने इंदिरा गांधी के साथ हुई 1 नवंबर की वार्त्ता का उल्लेख करते हुए कहा, जब मैंने इंदिरा जी से बिहार विधान सभा की विघटन की मांग तथा भ्रष्टाचार के विरुद्ध मामलों को लेकर बात की तो उन्होंने कहा, "इन सभी बातों का

फैसला अगले चुनाव में होगा।" अगले चुनाव तक ठहरने की चुनौती को मैं स्वीकार करता हूं और विधान सभा के विघटन के लिए अगले चुनाव तक ठहरने से मुझे कोई इंकार नहीं है। मेरी लड़ाई लम्बी चलेगी, किन्तु अगले चुनाव को संघर्ष में घसीटने का जो प्रयास किया जा रहा है, उससे कांग्रेस का ही अहित होगा। प्रधानमंत्री ने अगले चुनाव को संघर्ष के मैदान में लाकर खड़ा कर दिया है। यह संघर्ष भ्रष्टाचार मिटाने का संघर्ष है और जनता ने अगर हमें इसका नायक बनाया है तो मैं भी उस संघर्ष के मैदान से अपने को अलग न रखूंगा, उम्मीदवार की हैसियत से नहीं, बल्कि संघर्ष के नायक की हैसियत से। चुनाव में केवल दो दल होंगे - एक वह जो जनता एवं छात्र संघर्ष के विरोधी कांग्रेस एवं कम्युनिस्ट। छात्र एवं जन संघर्ष के उम्मीदवारों को आंख मूंद कर अपना मत देंगे। केवल चमचे और चाटुकार किस्म के लोग ही कम्युनिस्ट तथा कांग्रेस को अपना मत देंगे। आंदोलन समर्थक उम्मीदवारों के बारे में यह नहीं सोचा जाएगा कि कौन उम्मीदवार किस पार्टी का है। अगले चुनाव में लाठी एवं पैसे के बल पर मतदान केंद्र पर कब्जा नहीं किया जा सकेगा। एक भी बोगस वोट नहीं पड़ेगा, चाहे दोनों का मतदान ही क्यों न कराना पड़े। सिर्फ सभी मतदाता ही मत पेटियों में अपना मत गिरा सकेंगे। जनता जाग चुकी है और वह किसी लालच में नहीं पड़ने वाली है। डर केवल एक बात का है कि प्रशासन के जिन पहरेदारों को मतदान पदाधिकारी नियुक्त किया जायेगा, उन्हें भ्रष्ट किया जा सकता है।

अब संघर्ष समिति का प्रत्येक भावी कार्यक्रम पहले से घोषित नहीं रहेगा परन्तु इस दौरान दो मुख्य कार्य होंगे - ग्राम, प्रखंड एवं जिला स्तरों पर छात्र एवं जन संघर्ष समितियों का सुदृढ़ गठन करने का और दूसरा कार्यक्रम होगा, नये एवं पुराने सभी कार्यक्रमों को दिसंबर माह के पूर्व एक से दस दिनों का अलग-अलग प्रशिक्षण देने का। और अब से सारे कार्यक्रमों को खोल कर नहीं कहा जायेगा। यह संपूर्ण क्रांति का आंदोलन है और सभी क्षेत्रों में क्रांतिकारी परिवर्तन करना होगा- चाहे वह सामाजिक हो या आर्थिक। अपने राजनीतिक या नैतिक आंदोलन का लक्ष्य भारतीय समाज को बदलना है।

प्रधानमंत्री ने सभी बंदियों को अपनी छत्रछाया में इकट्ठा कर लिया है। समय पर यदि वे न संभलीं तो ये लोग उन्हें कहा गिरायेंगे, यह भविष्य बताएगा। देश धीरे-धीरे 'तानाशाही' की ओर खिसकता जा रहा है। हाल में 11 एवं 16 नवंबर के कम्युनिस्ट एवं कांग्रेस दल द्वारा निकाले गए जुलूस और अखबारों में उसकी रिपोर्टिंग से भी यह आभास होतृता है कि पत्रकार जगत कितना भयभीत है। 4 नवंबर का छात्रों एवं जनता का शांतिपूर्ण कूच अभूतपूर्व तरह से सफल रहा और सरकार जनता की बात सुनना नहीं चाहती है। इसी का फल था कि उस दिन लोगों को रोकने के लिए और पटना तक नहीं पहुंचने देने के लिए घेराबंदी की गई। अंग्रेजों के राज्य में

भी इतनी सख्त घेराबंदी नहीं की गई थी। लगता था कि मानो पाकिस्तानी या चीनी हमला करने वाले हों। इस घेराबंदी के बारे में एक पत्रकार को मुख्यमंत्री बताते हैं कि यह तो पटना की शोभा है। सरकार जनता से भय खाती है और अपने को जेल में बंद करके रखा है। वहां कम्युनिस्टों का राज है, वहां कौन-सा लोकतंत्र है। और वहां दूसरे कितने दल हैं? कम्युनिस्टों ने तो लोकतंत्र को रद्दी की टोकरी में फेंक दिया है।

मैं कांग्रेसियों के सवाल के जवाब देने नहीं आया हूं किंतु इतना तो चाहता हूं कि यदि 4 नवंबर को वहां से रोका नहीं जाता तो पटना में 10 से 15 लाख तक लोग पहुंच जाते। जो जवाबी आंदोलन दिल्ली से शुरू किया गया उससे लगता है कि कहीं आक्रमण किया गया हो और इस जवाबी आंदोलन का जनता पर क्या असर पड़ा, यह मैं समझ नहीं पाया किन्तु मुझ पर कोई असर नहीं पड़ा। 11 नवंबर को मुझे खुलेआम गालियां दी गईं जबकि कांग्रेस के जुलूस में वैसा नहीं हुआ। मैं पूछना चाहता हूं कि इन प्रदर्शनों के लिए जबकि जनता से पैसा इकट्ठा नहीं किया गया तो लाखों का खर्च कहां से हुआ? मैं तो कहूंगा कि जनता मालिक है और उसके सामने मैं भी और दूसरे भी जायें।

यह आंदोलन संविधान हो सकता है किन्तु जनतंत्रवाद विरोधी तो है ही नहीं। शांतिपूर्ण प्रदर्शन कानून के विरुद्ध नहीं है, ऐसा विधि विशेष की मान्यता है। बिहार में तीन दिनों का बंद अभूतपूर्व रहा। वह शांतिपूर्ण था और मांगों के संबंध में प्रस्ताव पारित होते रहे, तब इसे सड़कों पर संघर्ष कैसे बताया जाता है?

इंदिरा बचाव : बना नया चुनाव अध्यादेश !

सर्वोच्च न्यायालय ने अपने एक निर्णय में कहा, कंवर लाल गुप्त बनाम अमरनाथ चावला संसद सदस्य के चुनाव संबंधी मुकदमे में अमरनाथ चावला (कांग्रेस) का चुनाव इस आधार पर रद्द किया था कि उनके एवं कांग्रेस पार्टी द्वारा उक्त चुनाव में किये गये कुल खर्च की सीमा 35,000 रुपये से (जनप्रतिनिधित्व कानून द्वारा निर्धारित है) अधिक था। सर्वोच्च न्यायालय ने अपने फैसले में कहा कि चुनाव खर्च से उम्मीदवार और संबंधित पार्टी, दोनों के द्वारा किया गया खर्च चुनाव खर्च माना जाना चाहिए। सर्वोच्च न्यायालय के द्वारा इस फैसले से कांग्रेसी सरकार ने 'न्याय' की हत्या कर दी। न्यायालय के उक्त फैसले में दो बातें स्पष्ट सामने आईं, प्रथम कांग्रेसी उम्मीदवार चुनावों में पैसा पानी की तरह बहाते हैं और दूसरा वे भ्रष्ट तरीकों के प्रयोग में जाते हैं। इस निर्णय से उत्पन्न कांग्रेस अपने चुनाव जीतने की बाधा की स्थिति को समाप्त करने के लिए 19 अक्टूबर, 1974 को "जन प्रतिनिधित्व कानून 1095 की धारा 77 (1) में संशोधन कर, चुनाव अधिनियम लागू किया कि चुनाव में किसी राजनीतिक दल या उम्मीदवार को छोड़कर किसी अन्य व्यक्ति द्वारा किया गया खर्च, उम्मीदवार का खर्च नहीं माना जायेगा।"

इंदिरा गांधी द्वारा यह अध्यादेश लाया गया, जबकि तीन सप्ताह बाद संसद का सत्र शुरू होने वाला था और यह घटना पहली बार नहीं हुई, जब संसद का अधिवेशन चालू होने के पहले अध्यादेश लाये गये। कांग्रेस सरकार ने अध्यादेश जारी कर उन सभी 180 चुनाव मुकदमों की चिता जला दी। जनसंघ के नेता अटल बिहारी वाजपेयी ने 21 अक्टूबर, 1974 को ग्वालियर में कहा, "चुनाव व्यय संबंधित अध्यादेश मुख्यत: प्रधानमंत्री इंदिरा गांधी तथा मध्य प्रदेश के मुख्यमंत्री प्रकाश चन्द्र सेठी को बचाने के लिए जारी किया गया है।"

22 अक्टूबर, 1974 को चंडीगढ़ में पंजाब विधानसभा में अकाली दल के नेता प्रकाश सिंह बादल ने चुनाव खर्च के संबंध में राष्ट्रपति द्वारा जारी किये गये अध्यादेश की आलोचना की।

प्रतिपक्षी दलों के नये चुनाव अध्यादेश को देखते हुए चुनावों को स्वतंत्र और निष्पक्ष रखने के लिए जयप्रकाश नारायण एवं आचार्य कृपलानी ने कुछ नियमावली बनाने के विचार व्यक्त किये जिसमें प्रधानमंत्री और चुनाव आयुक्त को लागू करने का प्रस्ताव भी रखा।

इसी संदर्भ में जयप्रकाश नारायण द्वारा नियुक्त 'चुनाव सुधार समिति' के ई. पी. डी कोस्टा के संयोजकत्व में गठित समिति में तारकुंडे, मसानी, नूरानी, मावलंकर और देसाई ने चुनाव सुधार के लिए अंतरिम सिफारिशों की रिपोर्ट 25 नवंबर, 1974 को नई दिल्ली में जेपी को समर्पित की।

चुनाव सुधार समिति ने अपनी रिपोर्ट में सिफारिश की, जिसमें कहा गया है कि चुनाव आयोग की नियुक्ति प्रधानमंत्री, लोकसभा में विरोधी दल के नेता और भारत के मुख्य न्यायाधीश के परामर्श से की जानी चाहिए। समिति ने अपनी रिपोर्ट में यह सुझाव भी दिया कि चुनाव का झूठा हिसाब रखना, राजनीतिक दलों के पदाधिकारियों का दंडनीय अपराध माना-जाना चाहिए।

समिति ने चुनाव आयोग की निष्पक्षता के लिए सिफारिश की और इसे बहुसदस्यीय बनाया जाए, जैसा कि संविधान की धारा 324 में प्रावधान निहित है। आयोग के सदस्यों की नियुक्ति राष्ट्रपति द्वारा प्रधानमंत्री, लोकसभा में विरोधी दल के नेता अथवा विरोधी दल द्वारा चुना गया सदस्य तथा भारत के मुख्य न्यायाधीश की समिति की सिफारिश पर की जानी चाहिए। राज्यों में भी चुनाव आयुक्त नियुक्त किया जाना चाहिए और यह पद स्थायी रहना चाहिए।

समिति ने अपनी रिपोर्ट में आगे कहा कि सभी राजनीतिक दलों का चुनाव व्यय संबंधी आय के स्रोत और खर्च के मदों का पूरा व ठीक हिसाब रखने के लिए कानून द्वारा व्यवस्था की जानी चाहिए। गलत हिसाब रखना दल के पदाधिकारियों का दण्डनीय अपराध माना जाना चाहिए। प्रत्येक चुनाव क्षेत्र में प्रत्याशियों को विजयी बनाने जाने की दृष्टि से जो भी खर्च किये जायें वे प्रत्याशी के चुनाव एजेंट के मार्क्स के हों। उनका राजनीतिक दल भी उसी मार्फत खर्च करे। चुनाव कार्य संबंधी सभी करार स्वयं प्रत्याशी या उसके चुनाव एजेंट द्वारा हस्ताक्षरित किये जायें। इससे संबंधित नियमावली ब्रिटिश लोक प्रतिनिधित्व अधिनियम 1949 के अनुसार बनायी जायें।

नरौरा : 22 - 24 नवंबर 1974
जेपी विरोधी - 13 सूत्रीय कांग्रेसी कार्यक्रम

दिल्ली से डेढ़ सौ किलोमीटर दूर 'नरौरा' बुलन्दशहर जिले में गंगा के तट पर आयोजित कांग्रेस के इतिहास का पहला गोपनीय सुरक्षात्मक ढंग का शिविर 22 से 24 नवंबर 1974 तक चला। इस गोपनीय बैठक में पत्रकारों को अलग रखा गया। इंदिरा गांधी और जेपी से सीधा टकराव होने के कारण गुप्त योजना इस 'नरौरा शिविर' में बनाई गई। नरौरा में कांग्रेस के शीर्ष नेताओं की तीन दिनों की गोपनीय बैठक हुई, जिसमें देश की राजनीतिक, आर्थिक स्थिति और विशेषकर जयप्रकाश नारायण के आंदोलन का मुकाबला करने पर खुलकर विचार-विमर्श किया गया तथा एक 13 सूत्रीय कार्यक्रम तैयार किया गया।

नरौरा शिविर में भाग लेने वालों में, कांग्रेस कार्यसमिति के सदस्य, मुख्यमंत्री, प्रदेश कांग्रेस अध्यक्ष तथा सचिव, विभिन्न मामलों के मंत्री, कांग्रेस संसदीय दल के पदाधिकारी, शिविर के अधिकारियों के साथ विघटित सोशलिस्ट फोरम के लोग शिविर में उपस्थित थे। शिविर में प्रधानमंत्री इंदिरा गांधी, कांग्रेस के राष्ट्रीय अध्यक्ष देवकान्त बरुआ के अलावा सी. सुब्रह्मण्यम, जगजीवन राम, केशव देव मालवीय, दुर्गा प्रसाद धर, चन्द्रशेखर आदि मुख्य कांग्रेसी सांसद सदस्य गण उपस्थित थे। शिविर का उद्घाटन इंदिरा गांधी ने किया।

शिविर में बनाये गये कार्यक्रमों के अनुसार, सभी राज्यों में 31 दिसंबर, 1974 तक राज्य स्तर पर और 15 फरवरी, 1975 तक जिला स्तर पर कार्यकर्ताओं के प्रशिक्षण शिविरों की व्यवस्था पर बातें हुईं। शिविर में सभी कांग्रेसियों ने एक ही मत से गत 20 नवंबर, 1974 को दी गई चन्द्रशेखर की 'चाय पार्टी' का विरोध किया तथा चन्द्रशेखर को उस शिविर में व्यंग्यात्मक

आलोचनाएं सुननी पड़ीं। फिर चन्द्रशेखर ने अपने दृढ़ विचारों को व्यक्त करते हुए कहा, "राजनीतिक भ्रष्टाचार आर्थिक कठिनाइयों और चुनाव प्रणाली में सुधार जैसे प्रश्नों को जिन्हें जयप्रकाश नारायण ने उठाया है, अपने को जोखिम में डालकर ही कांग्रेस उपेक्षा कर सकती है।"

शिविर में जिन महत्वपूर्ण निबंधों पर विस्तार में चर्चा हुई, वे इस प्रकार हैं। इन विषयों पर सबसे अधिक महत्वपूर्ण जयप्रकाश नारायण का देशव्यापी राजनीतिक मामले का निबंध केशव देव मालवीय ने पेश किया। दूसरा निबंध आर्थिक दृष्टिकोण पर था, जिसे डीपी धर ने पेश किया। ग्रामीण निर्धन लोगों को संगठित करने की आवश्यकता पर 'अटैक' अध्यक्ष विजय भगवती ने और सार्वजनिक वितरण प्रणाली पर केन्द्रीय उद्योग मंत्री न टीएन पैन निबंध पेश किया। मुख्य रूप से इस शिविर का क्या उद्देश्य था- इस गोपनीय नरौरा शिविर में इंदिरा गांधी अपने प्रधानमंत्रित्व की रक्षा हेतु अपने समर्थकों से समर्थन पाना चाहती थीं।

जेपी आंदोलन : गुप्त कार्यक्रम

लोकनायक जयप्रकाश नारायण 8 अप्रैल, 1974 से 4 नवंबर, 1974 तक के कार्यक्रमों की पूर्व घोषणा करते रहे लेकिन 4 नवंबर को हुए लाठीचार्ज की घटना के उपरान्त आंदोलन को नेतृत्व देने वाले जयप्रकाश नारायण ने कार्यक्रमों की पूर्व घोषणा पर चिंतन किया। जेपी 4 नवंबर के उपरान्त 18 नवंबर को पटना की जनसभा को संबोधित करने के बाद 20 नवंबर, 1974 को नई दिल्ली में आंदोलन को देशव्यापी बनाने हेतु पहुंचे।

नई दिल्ली में 23-24 नवंबर को दो दिनों का अखिल भारतीय छात्र एवं युवा नेता सम्मेलन हुआ। इस सम्मेलन में जेपी बिहार आंदोलन के समर्थन, बिहार जैसा देशव्यापी आंदोलन, शिक्षा नीति में क्रांतिकारी परिवर्तन, भ्रष्टाचार उन्मूलन पर छात्र-युवाओं के साथ सर्वसम्मति से प्रस्ताव पारित किये गये।

जेपी से प्रतिपक्ष के नेताओं ने भेंट की - जिसमें समाजवादी पार्टी के अध्यक्ष जॉर्ज फर्नांडीस, संगठन कांग्रेस के अशोक मेहता, श्याम नंदन मिश्र, के. कामराज, कांग्रेस के चन्द्रशेखर तथा दिनेश सिंह मुख्य थे - जिनका मुद्दा आंदोलन के अगले कार्यक्रमों एवं आंदोलन को सफल बनाने संबंधी बातें करना था।

जेपी ने नई दिल्ली में 25-26 नवंबर 1974 को गैर- कम्युनिस्ट विरोधी दलों के दो दिवसीय सम्मेलन का आयोजन किया। इस सम्मेलन में अध्यक्षता भारतीय लोकदल के अध्यक्ष चौधरी चरण सिंह ने की तथा सम्मेलन का उद्घाटन जेपी ने किया। सम्मेलन के पहले दिन जेपी ने यह प्रस्ताव रखा कि सम्मेलन में भाग लेने वाले प्रतिनिधियों ने एक मत से समर्थन किया और उसे

कार्यान्वित करने का निर्णय किया। इस प्रस्तावित कार्यक्रम के पक्ष में समर्थन प्राप्त करने के लिए सम्मेलन में उपसमिति गठित की गयी। दो दिवसीय सम्मेलन में एक और समिति गठित सम्मेलन, दूसरे दिन किया गया। आंदोलन को राष्ट्रीय स्तर पर फैलाने के लिए एक 'राष्ट्रीय समन्वय समिति' का गठन किया गया।

'राष्ट्रीय समन्वय समिति' के मुख्य उद्देश्य थे, राज्यों में बिहार के ढंग के आंदोलन का प्रसार करना तथा राजनीतिक दलों, सर्वोदय कार्यकर्ताओं और निर्दलीय लोगों के प्रतिनिधि इस समिति के सदस्य बनें। समिति के मुख्य सदस्य ये सभी बने, पीलू मोदी, राजनारायण (भारतीय लोक दल), मोरारजी देसाई, श्याम नन्दन मिश्र (संगठन कांग्रेस), सिद्धराज ढड्ढा, नारायण भाई देसाई, राधाकृष्ण (सर्वोदय कार्यकर्ता), अटल बिहारी वाजपेयी, नानाजी देशमुख (जनसंघ), जॉर्ज फर्नांडीस, सुरेन्द्र मोहन (समता पार्टी), पी. एस. बादल, बलवंत सिंह (अकाली दल), त्रिदिव चौधरी, जतिन चक्रवर्ती (का. स. प.), आचार्य कृपलानी और बी. एस. मिन्हास (पूर्व योजना आयोग सदस्य)।

जेपी ने विपक्षी नेताओं के समक्ष केन्द्रीय सरकार के विरुद्ध और अपनी मांगों के समर्थन में 'संयुक्त प्रत्यक्ष कार्रवाई' के लिए एक तीन सूत्री कार्यक्रम रखा। तीन सूत्री कार्यक्रमों को स्पष्ट करते हुए जेपी ने कहा, कार्यक्रम है -"चालू स़त्र में संसद का घेराव करना, आकाशवाणी के सभी केंद्रों के समक्ष इसकी 'पक्षपात पूर्ण नीति के विरोध में प्रदर्शनों और राज्य के तथा राष्ट्रीय स्तर पर स्वयंसेवकों को प्रतिपक्षित करने के लिए प्रशिक्षण शिविरों का आयोजन करना।"

जयप्रकाश नारायण के समक्ष विपक्षी दलों ने एक प्रस्ताव रखा कि राजनीतिक दल का गठन कर उसका नेतृत्व कुछ काल तक करें, लेकिन इस प्रस्ताव को जेपी ने अस्वीकार करते हुए कहा, विपक्षी दलों में मेल- मिलाप स्थापित कर संयुक्त कार्रवाई के लिए जुट जाना ही अच्छा होगा। संयुक्त विपक्षी दल का नेतृत्व स्वीकार करके मैं अपने को सीमित कर दूंगा। इसके अतिरिक्त जो लोग अभी आंदोलन का समर्थन कर रहे हैं, वे भ्रमित हो जायेंगे। उन लोगों के मन पर यह छाप पड़ेगी कि सत्ता पर अधिकार जमाने के लिए अब मैं राजनीति में कूद पड़ा हूं। वर्तमान आंदोलन का, जो कुछ प्रभाव है उसका एक मात्र कारण है कि मैं किसी राजनीतिक दल से संबंधित नहीं हूं। लेकिन, मैं विपक्षी राजनीतिक दलों में एकता स्थापित करने के पक्ष में हूं। संसदीय जनतंत्र में राजनीतिक दलों का ध्रुवीकरण जनशक्ति की पृष्ठभूमि में ही अर्थपूर्ण होता है। जनआंदोलन और राजनीतिक पार्टियों, दल में अन्तर किया जाना चाहिए। जनआंदोलन का उद्देश्य ज्यादा व्यापक होता है।

जयप्रकाश नारायण ने कहा, कांग्रेस सरकार को सत्ताच्युत करने के लिए चालू सत्र में दस लाख व्यक्तियों को लेकर 6 मार्च, 1975 को संसद का घेराव किया जाए। कांग्रेस, कांग्रेसी मंत्री और कांग्रेस सांसद सदस्य आदि देशद्रोही हैं। आकाशवाणी की चर्चा करते हुए जेपी ने कहा, वह झूठे, मनगढ़ंत, एक पक्षिय और पक्षपातपूर्ण प्रसारण कर रही है। ऐसा कुछ किया जाये, जिससे आकाशवाणी को अपना कार्य नहीं करने दिया जाये, भले ही इसके लिए लाठी और गोली की वर्षा हो। यद्यपि आज भ्रष्टाचार सब जगह है और यह सम्भव नहीं कि इसे पूरी तरह समाप्त किया जा सके, पर भ्रष्टाचार की जड़ राजनीति तथा प्रशासन है। राजनीति और प्रशासन से भ्रष्टाचार समाप्त किया जा सकता है। ब्रिटेन का उदाहरण साक्षी है। बिहार आंदोलन इसी उद्देश्य के लिए शुरू किया गया है।

जेपी ने सम्मेलन में आगे कहा, अब तो जब भी चुनाव होंगे वे इस बात के निर्णायक होंगे कि राज्य शक्ति या युवा जनशक्ति में से कौन जीतता है। चुनाव में केवल दो ही प्रत्याशी होंगे - राज्य शक्ति के और लोक शक्ति के, जिन्हें लोक प्रतिनिधि कहा जायेगा।

4 नवंबर, 1974 को हुए लाठीचार्ज के उपरान्त पहली जनसभा 18 नवंबर को सम्बोधित करते हुए जेपी ने कहा था, अब हमारा कोई कार्यक्रम पूर्व घोषित नहीं रहेगा। इन्हीं बातों को पुनः गैर कम्युनिस्ट विरोधी दलों के दो दिवसीय राजनीतिक सम्मेलन के अंतिम दिन 26 नवम्बंर को कहा, अब हमारे सभी विस्तृत कार्यक्रम गुप्त रहेंगे - उसे घोषित नहीं किया जाएगा, क्यों कि सरकार उसे असफल करने में जुट जाएगी।

जेपी ने सम्मेलन में यह घोषणा की कि आगामी 4 दिसंबर से शुरू हो रहे विधानसभा का अधिवेशन चलने नहीं दिया जायेगा। जेपी ने आगे कहा, देश में सामाजिक और आर्थिक क्रांति, यह क्रांति गांधी जी के सिद्धांतों पर आधारित होगी, जो उद्योगों का विकास, ग्राम पंचायत, पंचायत समिति, जिला परिषद आदि के रूप में किये गये वर्तमान गलत विकेन्द्रीकरण की जगह वास्तविक राजनीतिक एवं प्रशासनिक विकेन्द्रीकरण, शिक्षा में आमूल परिवर्तन, हिन्दू समाज की जाति व्यवस्था की समाप्ति आदि। राष्ट्रीयकरण से समाजवाद के किसी लक्ष्य की पूर्ति नहीं हुई, सिवाय इसके कि निजी स्वामित्व को राजकीय स्वामित्व में बदल दिया। वास्तव में यह समाजवादी लक्ष्यों की क्रांति में बाधक हो रही है।

सम्मेलन में आंदोलन को देशव्यापी बनाने के मुद्दे, आंदोलन के कार्यक्रमों को गुप्त रखने की योजना तथा आंदोलन को गैर कम्युनिस्ट, विरोधी दलों के संयुक्त होकर सक्रिय करने की बात सामने आई। सम्मेलन में शमीम अहमद ने कहा, संघ और जनसंघ के कारण ही मुसलमान इस आंदोलन में भाग नहीं ले रहे हैं तथा बिहार विधान सभा के साथ ही जम्मू कश्मीर विधानसभा भंग होनी चाहिए।

शमीम अहमद के वक्तव्य के स्पष्टीकरण में जनसंघ के नेता अटल बिहारी वाजपेयी ने कहा, संघ और जनसंघ ने अपने को भंग कर जयप्रकाश नारायण के नेतृत्व में एक दल के निर्माण पर विचार करना स्वीकार किया। यदि देश के मुसलमान जयप्रकाश के आंदोलन का समर्थन संघ और जनसंघ के कारण नहीं कर रहे तो जनसंघ इस सम्मेलन से और इस आंदोलन से अलग रहने को भी तैयार है, आज देश को आवश्यकता है, सामाजिक-आर्थिक संघर्ष के मुद्दे तय करने की। पहले हम शोषित, पीड़ित और दलित समाज को यह विश्वास दिलाने में समर्थ हों कि हम केवल कुर्सी के लिए संघर्ष नहीं कर रहे, अपितु स्थायी सुख-सुविधा दिलाने के लिए कर रहे हैं। सवाल राज बदलने का नहीं, समाज बदलने का है। युवा शक्ति और आम आदमी राज बदलने में नहीं, अपितु अपनी गतिविधियों को बदलने में रुचि रखता है। मुसलमानों को देश की मुख्यधारा से जोड़ना आवश्यक है।

सम्मेलन में जयप्रकाश नारायण, अटल बिहारी वाजपेयी के वक्तव्यों से बहुत प्रभावित हुए एवं अपनी सहमति प्रकट की। चौधरी चरण सिंह, श्याम नन्दन सिंह, मधु लिमये आदि ने वाजपेयी का समर्थन किया। इसके उपरांत राजनारायण ने कहा, सभी दलों को अपना अस्तित्व भंग कर जयप्रकाश नारायण के नेतृत्व में एक दल गठित करने की आवश्यकता है।

सम्मेलन में, संगठन कांग्रेस के नेता मोरारजी देसाई ने कहा, जब तक दिल्ली सरकार को हटाया नहीं जाएगा, तब तक देश की समस्याओं का समाधान संभव नहीं है। देश में लोकतंत्र खत्म होने का खतरा बढ़ गया है। यह सम्मेलन इस खतरे को दूर करने और स्वच्छ लोकतंत्र की स्थापना के लिए अहिंसात्मक कार्यक्रम घोषित करे। सम्मेलन में मोरारजी देसाई ने चुनाव बहिष्कार के सुझाव का विरोध किया और कहा कि गुजरात के विधानसभा चुनाव में भी पूरी शक्ति केन्द्रित की जानी चाहिए। गुजरात के परिणाम इस देश का भविष्य निर्धारित करें।

सम्मेलन में सभी गैर कम्युनिस्ट विरोधी दलों ने जयप्रकाश नारायण के सभी सुझावों के कार्यक्रमों को सर्वसम्मति से मान लिया। इस सम्मेलन से आंदोलन और भी दृढ़ एवं आंदोलन के कार्यक्रम गुप्त रखने की बात मजबूत हो गई।

जेपी के जांच आयोग

दो कांग्रेसियों के विरुद्ध आरोप!

प्रधानमंत्री इंदिरा गांधी ने कहा, "हरियाणा के मुख्यमंत्री बंसीलाल और रेल मंत्री ललित नारायण मिश्र पर लगाए गए आरोपों का जो संबंध है। केंद्रीय मंत्रिमंडल के चार सदस्यों ने बंसीलाल पर लगाए गए आरोपों की छानबीन की और उन लोगों ने कहा कि इसके लिए 'जांच आयोग' नियुक्त

करने लायक मामला नहीं है। उसी प्रकार एल. एन. मिश्र संसद में अपने ऊपर लगाए गए आरोपों का वहीं उत्तर दे चुके हैं।”

यह सच है कि इंदिरा गांधी इस तरह के भ्रष्टाचार के मामलों, विशेषकर अपने मंत्रिमंडल व कांग्रेसी मंत्रियों के ऊपर विपक्षी दलों द्वारा लगाए गए विभिन्न भ्रष्टाचार के आरोपों की छानबीन करने हेतु ‘जांच आयोग’ गठित करना नहीं चाहती थीं क्योंकि प्रधानमंत्रित्व को बनाये रखने हेतु भयग्रस्त इंदिरा गांधी विपक्षी दलों द्वारा लगाए गए कांग्रेसियों व मंत्रिमंडल के अनेक मंत्रिमंडल सदस्यों के आरोपों के साथ में स्वयं इंदिरा गांधी को अपने फैसले का डर सदैव लगा रहता। सीधे शब्दों में कहा जाए तो इंदिरा गांधी अपने कांग्रेसियों के ऊपर लगाए गए आरोपों में किसी न किसी तरह फंसी हुई थीं।

हरियाणा के मुख्यमंत्री बंसीलाल और केन्द्रीय रेल मंत्री ललित नारायण मिश्र के ऊपर लगाए गए आरोपों की जांच के लिये 26 नवंबर, 1974 को नई दिल्ली में जयप्रकाश नारायण ने घोषणा की।

जेपी ने कहा, लोकतंत्र के नागरिकों ने दो सदस्यीय आयोग का गठन किया, जो केंद्रीय मंत्री ललित नारायण और हरियाणा मुख्यमंत्री बंसीलाल के विरुद्ध भ्रष्टाचार के आरोपों की जांच करेगा। आयोग के सदस्य होंगे - भारत के पूर्व मुख्य न्यायाधीश के. सुब्बाराव और उत्तर प्रदेश के पूर्व एडवोकेट जनरल जगदीश स्वरूप। इस आयोग की नियुक्ति इसलिए की गई क्योंकि विपक्षी दलों ने समय - समय पर इन मंत्रियों के विरुद्ध भ्रष्टाचार के आरोप लगाये, किन्तु सरकार ने जांच करवाने से इनकार किया। इसी परिस्थिति में उपयुक्त निर्णय लिया गया।

जिन आरोपों की जांच करने से सरकार इनकार करे तथा जांच के आयोग की नियुक्ति न करे, ऐसे में नागरिकों द्वारा नैतिकता, व्यावहारिकता तथा न्याय की मूर्ति को जीवित रखने हेतु गैर सरकारी जांच आयोग, समितियों का गठन करना अनिवार्य है।

तीसरी बार : जेपी की हत्या की साजिश !

इंदिरा गांधी के शासनकाल में जयप्रकाश नारायण को कई बार गिरफ्तार किया गया व हत्या करने के षड्यंत्र रचे गये। महात्मा गांधी के बाद देश में इतने प्रभावशाली व्यक्ति जेपी हुए।

लोकनायक जयप्रकाश नारायण को पहली बार में ही केंद्र के निर्देश पर बिहार के मुख्यमंत्री अब्दुल गफूर, जो जेपी को असली मुकाम पर पहुंचना चाहते थे। पटना 9 जुलाई. 1974 को क्या अब्दुल गफूर ने जेपी की हत्या का षड्यंत्र योजना बनाई थी ? यह जेपी की हत्या की पहली साजिश कही जायेगी। कांग्रेसी सरकार की दूसरी योजना जेपी की गिरफ्तारी की

बनी। जेपी की गिरफ्तारी की गुप्त योजना मुख्यमंत्री अब्दुल गफूर ने पटना की राजकीय अतिथिशाला में 16 अक्टूबर, 1974 को बनाई। उसके उपरांत बंसीलाल के हरियाणा में 29 अक्टूबर, 1974 को जयप्रकाश नारायण को लुधियाना में उनके भाषण के पूर्व किसी ने प्राण लेने हेतु पीछे से आकर सख्ती से दबोचा।

खुलेआम जेपी की हत्या की दूसरी साजिश 4 नवंबर, 1974 को पटना में लोकनायक पर लाठी प्रहार कर कांग्रेस 'हत्या' के षड्यंत्र की योजना को पूरा करना चाहती थी। लेकिन उस दिन कांग्रेस की यह मंशा पूरी नहीं हुई।

लोकनायक जयप्रकाश नारायण की तीसरी बार हत्या की साजिश की गई। हत्या की साजिश की पूर्व सूचना इंदिरा गांधी को विपक्षी दलों ने दी। फिर भी इंदिरा गांधी ने इस घटना को रोकने का कोई प्रयास नहीं किया। तीसरी बार जेपी की हत्या की साजिश को जानकर इंदिरा गांधी खामोश रहीं, आखिर क्यों?

जेपी के हत्या की साजिश की पूर्व सूचना देने वाले विपक्षी नेता लोकसभा सदस्य पीलू मोदी ने इंदिरा गांधी को 26 नवंबर, 1974 को पत्र में लिखा कि हरियाणा में जयप्रकाश नारायण की यात्रा के समय आप उनकी सुरक्षा का प्रबंध करें। प्रधानमंत्री की हैसियत से यह आपकी जिम्मेदारी है।

अपने पत्र में मोदी ने आगे लिखा है कि कांग्रेस अध्यक्ष देवकान्त बरुआ जेपी के विरुद्ध अपशब्दों का प्रयोग करते हैं और हरियाणा के मुख्यमंत्री ने पता चला है, बरुआ को बताया है कि जेपी हरियाणा आयेंगे तब उनके हाड़-मांस का कुछ पता नहीं चलेगा।

अगर जेपी के साथ कोई अप्रिय घटना घटी तो उसकी सारी जिम्मेवारी आप पर होगी।

पीलू मोदी जब भी प्रधानमंत्री इंदिरा गांधी को पत्र लिखते तो इंदिरा गांधी की जगह 'डीयर आई. जी. और पत्र के अंत में इयोर पी. एम. लिखते थे।

आम लोगों को जेपी की 27 नवंबर, 1974 को हरियाणा के 'कुरुक्षेत्र' की जानकारी थी। और यह भी जानकारी लोगों को थी कि जेपी दिल्ली से हरियाणा के कुरुक्षेत्र कार से यात्रा करने वाले हैं।

दिल्ली से कुरुक्षेत्र के लिए दो कारें चलीं। अगली कार में मधुलिमये, सत्यपाल मलिक, भारतीय लोकदल एवं सर्वोदय के कुछ कार्यकर्ता थे। पिछली कार की अगली सीट पर जेपी बैठे हुए थे। जेपी की कार जब 27 नवंबर, 1974 को दिल्ली से कुरुक्षेत्र जाने के मार्ग में, उसी दिन तीसरे पहर जब कार 'करनचेल' के पास पहुंची तो कुछ लोगों ने हमला किया। 'कार' को

हमलावरों ने घेर लिया तथा कार के ऊपर डंडों की बारिश करने लगे। इसी बीच जेपी की हत्या के प्रयास करने वालों ने एक बड़ा ढेला फेंका लेकिन जेपी बाल-बाल बच गए।

जेपी की सुरक्षा हेतु अगली कार में बैठे लोगों ने जेपी की कार को घेर लिया और अपने ऊपर डंडे खाते रहे। इसी बीच-बचाव तथा जेपी की सुरक्षा हेतु जेपी के साथ यात्रा कर रहे 'स्टेटसमैन' के फोटोग्राफर रघुराय के सिर पर लाठी प्रहार हुआ, सिर फूट गया, खून निकलने लगा। हमलावरों ने कार को बुरी तरह क्षतिग्रस्त कर दिया तथा जेपी को भी चोट लगी, अगर ये सभी लाठी, ढेला जेपी पर लगे होते तो उनकी मृत्यु हो जाती। सभी लोग जेपी को किसी तरह से बचा कर कुरुक्षेत्र लेकर पहुंचे।

हरियाणा में आंदोलन शुरू.....

कुरुक्षेत्र : 27 नवंबर 1974

लोकनायक जयप्रकाश नारायण ने हरियाणा में आंदोलन शुरू करते हुए कुरुक्षेत्र में कहा कि उसी कुरुक्षेत्र में यह आंदोलन शुरू किया गया है, जहां महाभारत की लड़ाई हुई थी। प्रधानमंत्री इंदिरा गांधी के नेतृत्व में नये भारत के निर्माण की अब कोई आशा नहीं रह गयी है। इसलिए यदि नये समाज, नये भारत का निर्माण करना है तो यह आवश्यक है कि दिल्ली की सरकार हटे।

गफूर सरकार या इंदिरा सरकार हटाना लक्ष्य नहीं है। यह केवल एक साधन है, उस स्वप्न को पूरा करने का जो महात्मा गांधी ने देखा था और आज जिस स्वप्न की आम जनता अनुभूति कर रही है। महात्मा गांधी का सपना था कि देश के प्रत्येक व्यक्ति को विकास का समान अवसर प्राप्त हो। ऐसे नये समाज का निर्माण हो जिसमें न छुआछूत हो और न अन्याय या भ्रष्टाचार।

इंदिरा गांधी पहले कहा करती थी कि अमुक-अमुक दल हमें जनहितैषी कार्य नहीं करने देते, लेकिन 1971 और 1972 के चुनावों के बाद उन्हें अवसर मिला। उनके मार्ग में किसी प्रकार की कोई बाधा नहीं थी। उसके बाद भी वे कोई रचनात्मक कार्य पूरा नहीं कर सकीं। यदि वे चाहतीं तो भ्रष्टाचार इस देश से मिटाया जा सकता था। ललित नारायण मिश्र और चौधरी बंसीलाल के विरुद्ध इतने स्पष्ट आरोप और शिकायत होने के बावजूद इंदिरा गांधी ने किसी प्रकार की जांच करना आवश्यक नहीं समझा। यह इस बात का सबूत है कि वे नहीं चाहतीं कि समाज से भ्रष्टाचार समाप्त हो।

4 नवंबर से 31 दिसंबर 1974

जेपी के आंदोलन के कार्यक्रमों में 4 नवंबर से 31 दिसंबर 1974 तक विधान सभा तथा विधायकों के निवास स्थानों पर धरना देने का कार्यक्रम चलता रहा- सत्याग्रहियों की गिरफ्तारियां होती रहीं।

जिन दिनों बिहार में विधानसभा और विधायकों के समक्ष सत्याग्रहियों द्वारा धरना दिया जा रहा था। उसी अंतराल में बिहार विधानसभा में कांग्रेस की जो नग्नता दिखाई दी- वह किसी तानाशाही देश के लिए उपयुक्त कही जायेगी। 6 दिसंबर, 1974 को बिहार विधानसभा की बैठक ज्यों ही शुरू हुई, त्यों ही संसपा सदस्य भोला प्रसाद सिंह ने छात्र सत्याग्रहियों द्वारा कल 5 दिसंबर को उनके निवास स्थान पर दिये गये धरने के संबंध में पटना के एक दैनिक पत्र में प्रकाशित इस समाचार को निराधार बताया। भोला सिंह ने कहा, छात्र संघर्ष के किसी भी सदस्य ने मेरे निवास पर धरना नहीं दिया।

इसी बीच मुख्यमंत्री अब्दुल गफूर ने तुरन्त हस्तक्षेप करते हुए कहा कि ऐसी झूठी खबरें प्राय: हर रोज अखबारों में छपती हैं। यह समाचार पत्रों के सम्पादकों के जवाबदेही है कि गलत और मनगढ़ंत खबर देने वाले रिपोर्टरों के विरुद्ध उचित कार्रवाई करें। मैं पत्र - प्रतिनिधियों को चेतावनी दे देना चाहता हूं कि सरकार की बाहें लंबी हैं और यदि वे गलत समाचार छापेंगे तो उनके विरुद्ध सख्त कार्रवाई की जायेगी। यदि इन लोगों ने अपना रवैया नहीं बदला तो सरकार वैसे लोगों के विरुद्ध कार्रवाई करने को बाध्य हो जायेगी, जो न उन लोगों के हित में होगी और न दूसरे के हित में।"

अब्दुल गफूर के इस कथन के बाद ही पटना के समाचार पत्रों तथा राज्य के बाहर के पत्र-प्रतिनिधियों ने पत्रकार दीर्घा से उठ कर बाहर निकल कर विधानमंडल का बहिष्कार किया।

पत्रकार उस समय तक विधानमंडल का बहिष्कार करते रहे, जब तक मुख्यमंत्री अब्दुल गफूर ने अपनी गलती की माफी नहीं मांगी।

महात्मा गांधी ने कहा था, "बोलने और लिखने की आजादी ही स्वराज की नींव है। अगर यह नींव की ईंट ही खतरे में पड़ जाय तो आपको उस ईंट की हिफाजत के लिए अपनी सारी ताकत लगानी पड़ेगी।"

कांग्रेस शासनकाल में 'प्रेस' में आग लगाई गई, पत्रकारों की हत्याएं हुईं, संपादकों, संवाददाताओं को गिरफ्तार किया गया, प्रेस फोटोग्राफरों-पत्रकारों को पुलिस के डंडे से पीटा जाता रहा। देश में अभिव्यक्ति की स्वतंत्रता पर सरकारी प्रहार होता रहा। फिर भी, कांग्रेस अपने को किस बुनियाद के आधार पर महात्मा गांधी के आदर्शों, उनके नैतिक मार्गों पर चलने वाली बता कर झूठा वादा करती है।

स्वयं कांग्रेस के अन्दर ही अन्दर विश्वासघात, विघटन, पद लोभ, भयग्रस्त में बदला लेने की भावना है। कांग्रेस अपने को बचाने की जगह, आपसी अंतर्कलह और गुटबाजी के कारण धीरे-धीरे अपने अस्तित्व को बचाने में असफल होती जा रही थी।

इसी संदर्भ में बिहार विधान मंडल की नग्नता देखते हुए, रुसी टेलिविजन के फोटोग्राफरों ने बिहार विधानसभा के चित्र लेने के लिए, केन्द्रीय सूचना एवं प्रसारण मंत्री इन्द्र कुमार गुजराल से नई दिल्ली में 2 दिसंबर, 1974 को अनुमति मांगी थी। और जो चलचित्र लिये गए थे, इस फिल्म को जब्त कर लेने का आदेश इन्द्र कुमार गुजराल ने नई दिल्ली में 5 दिसंबर, 1974 को दी तथा आदेश में यह भी कहा गया, इस फिल्म को तभी देश के बाहर ले जाने की अनुमति दी जायेगी, जब हम यह समझ लें कि इनमें कुछ आपत्तिजनक चित्र नहीं है और जो बिहार विधान सभा की परंपराओं के विरुद्ध नहीं है।

इस घटना के मात्र एक सप्ताह के उपरान्त जब कांग्रेसियों की नग्नता खुले आम बिहार विधानसभा से चलकर सड़कों पर आ गई तो इन्द्र कुमार गुजराल या इंदिरा गांधी, बरुआ कोई भी बिहार विधानसभा की परंपराओं को नहीं बचा सके, क्यों?

बिहार विधान सभा में कांग्रेसियों की नग्नता जब सड़कों पर इस तरह से आई। 12 दिसंबर, 1974 को सरकारी निर्णय के बाद उस निर्णय को सरकार ने पूरा करने से इंकार कर दिया तो दारोगा राय एवं विद्याकर कवि में तू-तू, मैं-मैं होने लगी और वे दोनों इतने उत्तेजित हो गये कि एक दूसरे की ओर हाथापाई करने की मुद्रा में आगे बढ़ने लगे, लेकिन वहां बैठे अन्य सदस्यों ने बीच-बचाव किया और दोनों नेताओं को अलग किया। फिर दोनों नेता एक दूसरे पर भड़कने

लगे, पुन: उत्तेजित होकर हाथापाई के लिए तैयार हो गये। और इस पर दारोगा राय ने कवि को चुनौती दी कि वे जब बाहर निकलेंगे तब उन्हें दिखा दिया जायेगा।

तब विद्याकर कवि ने भी चुनौती स्वीकार करते हुए कहा कि वे अकेले निकलेंगे और उन्हें देखना है कि दारोगा राय उनका क्या बिगाड़ लेते हैं। कवि ने विधानसभा में उत्तेजित स्वर में कहा, "वित्त मंत्री ने मुझे धमकी दी है कि बाहर निकलने पर मेरे साथ निपटेंगे,सो मैंने उनकी चुनौती स्वीकार कर ली है और आज ही तीन बजे उनके निवास पर अकेले ही जाऊंगा।"

इस तरह की कांग्रेसी नग्नता जो खुद सड़कों पर आ जाय, इसे टेलीविजन, प्रेस छायाकार या चलचित्र को दिखाने पर किसी भी सरकार को प्रतिबंध, लोकतान्त्रिक प्रणाली एवं स्वाधीनता के विरुद्ध छिपाने से सच्चाई कभी भी जनता के समझ नहीं आयेगी। इसलिए किसी भी सच्चाई की अभिव्यक्ति-प्रसारण एवं दृश्य प्रसारण पर प्रतिबंध लगाना, लोकतंत्र की हत्या कही जायेगी।

जेपी को हथकड़ी पहनाई जाए.....

इंदिरा गांधी की सरकार ने जेपी की गिरफ्तारी की गुप्त योजना बनाई। इस योजना के पूर्व और उपरान्त जेपी की हत्या की तीन बार साजिश की गई। जेपी को प्रतिक्रियावादी, फासिस्ट और न जाने इससे भी आगे क्या-क्या कांग्रेस-कम्युनिस्ट वालों ने कहा।

कांग्रेस सरकार ने गया जिले में 'मानपुर' में अखिल भारतीय साम्प्रदायिकता विरोधी समिति का दो दिवसीय सम्मेलन 2 एवं 3 दिसंबर 1974 को किया। दो दिवसीय सम्मेलन में सुभद्रा जोशी एम.पी ने कहा, एक ओर तो देश के बाहरी दुश्मन और अमेरिका जैसी साम्राज्यवादी शक्ति हमला कर रही है, दूसरी ओर जयप्रकाश नारायण जैसे 'आन्तरिक दुश्मन' देश को मटियामेट करने को तुले हुए हैं। जिस प्रकार देश की स्वतंत्रता के लिए लड़ाई लड़ी गयी थी, उससे भी बड़ी लड़ाई जयप्रकाश नारायण के आंदोलन से लड़नी होगी। जेपी राष्ट्र के लोकतांत्रिक एवं नैतिक मूल्यों पर हमला कर रहे हैं और इस हमला का सामना हर हालत में करना होगा।

इस सम्मेलन में कम्युनिस्ट पार्टी के नेता त्रिवेणी शंकर सुधाकर ने कहा - जयप्रकाश नारायण जिस शक्ति के साथ मिलकर काम करते रहे हैं, उसने महात्मा गांधी की हत्या की थी और 1962 में चीनी आक्रमण के समय जनरल के. एम. करियप्पा को सत्ता सौंपने की नाकाम साजिश की थी और इन्हीं लोगों ने 1969 में कांग्रेस को समाप्त करने हेतु एक गठबंधन करने का प्रयास किया था।

कांग्रेसियों - कम्युनिस्टों ने खुल कर जेपी को गालियां दीं तथा इंदिरा गांधी की असीम चाटुकारिता की। गया नगरपालिका के अध्यक्ष जय कुमार पालित ने सम्मेलन के अन्तिम दिन

3 दिसंबर 1974 को कहा, "अब समय आ गया है, जब जयप्रकाश नारायण को हथकड़ी पहना कर बन्द कर दिया जाय"। कांग्रेस - कम्युनिस्टों ने जेपी के साथ जितना भी जुल्म किया, वह लोकतंत्र में नहीं तानाशाही शासन में होता होगा।

पूर्णिया : 8 दिसंबर 1974

लोकनायक जयप्रकाश नारायण ने पूर्णिया के 'रंगभूमि मैदान' में विशाल सभा को सम्बोधित करते हुए कहा, यदि प्रधानमंत्री इंदिरा गांधी ने 1975 में 'आम चुनाव' नहीं कराया तो हम स्वयं चुनाव कराएंगे। हमारे देश की वर्तमान चुनाव प्रणाली में जब तक परिवर्तन लाने के लिए ठोस प्रणाली नहीं अपनाए जाएंगे, तब तक स्वच्छ और निष्पक्ष चुनाव संभव नहीं है। चुनाव प्रणाली में परिवर्तन लाने के लिए अविलम्ब कदम उठाया जाना चाहिए।

हमारे आंदोलन का कोई अंत नहीं है और इसके लिए प्रधानमंत्री इंदिरा गांधी जवाबदेह हैं। हमने प्रधानमंत्री इंदिरा गांधी को इस लड़ाई को सुलझाने के लिए कई बार मौका दिया, लेकिन उन्होंने इसे सुलझाना आवश्यक नहीं समझा। हमने दिल्ली में प्रधानमंत्री को कहा था कि वे बिहार राज्य एवं केन्द्र मंत्रिमंडल से भ्रष्ट मंत्रियों को अविलंब निकाल बाहर करें और बिहार विधान सभा को अविलंब भंग कर दें, तभी उनके साथ हमारी वार्त्ता हो सकती है, लेकिन प्रधानमंत्री ने ऐसा नहीं किया।

इंदिरा जी पूंजीपतियों के हाथ की कठपुतली बनी हुयी हैं और पूंजीपतियों से पैसे लेकर परमिट देती हैं। जेपी ने आगे कहा, "बिहार का मौजूदा प्रशासन, इस प्रशासन का दम तो इस हद तक निकल गया है कि इसे अपनी पुलिस पर भी विश्वास नहीं रह गया है और इसलिए सीआरपीएफ के सहारे चल रही है।

पूर्णिया के फारबिसगंज में अपना भाषण देते हुए जेपी ने कहा, महात्मा गांधी जो अधूरी क्रांति छोड़ गये हैं, उसी को पूरा करने के लिए क्रांति छेड़ी गयी। हमारी इस क्रांति का उद्देश्य सामाजिक, आर्थिक, राजनीतिक एवं शैक्षिणक स्तरों पर समाज में परिवर्तन लाना है। इसलिए हमने इसे सम्पूर्ण क्रांति की संज्ञा दी है।

जेपी आंदोलन : वर्ग संघर्ष !

इंदिरा गांधी के भ्रष्टाचार, महंगाई आदि के विरुद्ध मांगों को लेकर लोकनायक जयप्रकाश नारायण का देशव्यापी आंदोलन चल रहा था। इस आंदोलन को देखते हुए इंदिरा गांधी ने 28 नवंबर, 1974 को नई दिल्ली में बम्बई से प्रकाशित साप्ताहिक पत्र 'ब्लिट्ज' के संपादक आर. के. करंजिया को एक भेंटवार्ता दी, जो 5 दिसंबर, 1974 को प्रकाशित हुई।

भेंटवार्ता में इंदिरा गांधी ने कहा, जयप्रकाश नारायण के नेतृत्व में जो वर्तमान आंदोलन चल रहा है, वह वर्ग संघर्ष को उभारने की एक कोशिश है, जिसको अब तक कांग्रेस टालती रही है।

इंदिरा गांधी ने कहा, "जेपी के आंदोलन का समर्थन करने वाले मुख्यत: वे लोग हैं, जो मौलिक रूप से वैसा कोई समाजवाद नहीं चाहते जैसा हम समझते और चाहते हैं, वे लोग वस्तुत: समाज में कोई बड़ा परिवर्तन नहीं चाहते हैं। मेरा मतलब यह है, आंदोलन वस्तुत: वे लोग चला रहे हैं, जो पुराने विशाल गठबंधन में थे। इस आंदोलन के दो मुख्य लक्ष्य हैं- बिहार विधान सभा का विघटन और मेरा सत्ता से हटाया जाना। इंदिरा गांधी को हटाने का महत्व किस बात से है: यह कोई व्यक्तिगत प्रश्न नहीं है। साफ बात यह है कि इंदिरा गांधी कुछ ऐसे उद्देश्यों और सिद्धांतों को प्राप्त करना चाहती हैं, जिनको वे लोग बर्दाश्त नहीं कर सकते।"

इंदिरा गांधी ने एक प्रश्न के उत्तर में कहा, "देश के अन्दर बढ़ती हुई अशांति का उत्तर मध्यावधि चुनाव नहीं है। यह संभव भी है, मैं नहीं जानती।" इंदिरा गांधी ने जेपी की कड़ी आलोचना करते हुए कहा, उनका लक्ष्य मुझे सत्ता से हटाना है। स्वयं इंदिरा गांधी ने इन बातों को स्वीकार किया कि कुछ कांग्रेसजन भ्रष्ट हो सकते हैं, लेकिन केवल संदेह पर आप किसी के

खिलाफ कोई मामला नहीं बना सकते। आंदोलन का समर्थन करने वाले ऐसे भी बहुत से लोग राजनीति मे हैं, जो ज्ञान भ्रष्ट हैं। ऐसे लोगों के लिए तो यही कहा जा सकता है, "ऐ हकीम पहले खुद का इलाज कर।"

कुछ अन्य प्रश्नों के स्पष्ट उत्तर में इंदिरा गांधी ने कहा।

प्रश्न- हम लोगों को नसोर से रिपोर्ट मिली थी कि आपने जयप्रकाश नारायण के साथ वार्त्ता का दरवाजा तो बन्द कर दिया है, लेकिन खिड़की खुली रखी है।

जवाब- मैं यह नहीं समझ पाती कि आखिर समझौते की बातचीत किस बात को लेकर होगी। समझौता किस बात पर होगा? कि जनतंत्र को किस तरह नष्ट कर दिया जाय?

प्रश्न- बिहार को छोड़ देने की बात?

जवाब- लेकिन मुझे तो कहा गया कि यही मुख्य बिन्दु है, 'इंदिरा हटाओ।' क्या मैं इस पर समझौता करूँ? और इसके अलावा तो समझौते की वार्ता का कोई बिन्दु ही नहीं है। शिक्षा और निर्वाचन प्रणाली में सुधार, भ्रष्टाचार का उन्मूलन आदि बिंदुओं को तो पीछे कर दिया गया है। जैसे कि जयप्रकाश नारायण ने मुझसे कहा था, आंदोलन का मुख्य लक्ष्य है, बिहार विधान सभा का विघटन। हम लोग शुरू से जानते हैं कि इस आंदोलन का लक्ष्य है केन्द्रीय सरकार और मैं। आप गौर करके देखेंगे, तो पता चलेगा कि उनका हर दूसरा या तीसरा वक्तव्य इसी केन्द्र बिन्दु पर आ जाता है। कभी-कभी इसका खंडन भी किया जाता है। लेकिन तीन दिन बाद ही हम फिर वही बात सुनते हैं। आज के पत्रों में भी उनका ऐसा ही वक्तव्य प्रकाशित हुआ है। मैं यह नहीं मानती कि इस आंदोलन का मुख्य उद्देश्य भ्रष्टाचार को मिटाना है।

प्रश्न- मध्यावधि चुनाव नहीं कराया गया तो भयंकर आंदोलन शुरू हो जायेगा?

जवाब- भयंकर शब्द का प्रयोग करना ठीक नहीं होगा। आंदोलन चल सकता है।

प्रश्न- लोग समाचार पत्रों में गृह युद्ध छिड़ जाने की चर्चा करने लगे हैं।

जवाब- कितने लोग गृह युद्ध में शामिल होने जा रहे हैं? वस्तुत: वर्ग संघर्ष को उभारने की यह एक कोशिश है, जिसको कांग्रेस ने बराबर टाला और गांधी जी जिसको प्रारम्भ से टालते रहे।

इंदिरा गांधी ने दावा किया कि जेपी का आंदोलन 'वर्ग संघर्ष' बनता जा रहा है। लेकिन जेपी ने कभी भी आंदोलन के अंतराल में 'वर्ग संघर्ष' की बात नहीं कही और न ही 'वर्ग संघर्ष' की ओर संकेत किया। जेपी ने मात्र सत्ता परिवर्तन की बात नहीं की, बल्कि भ्रष्टाचार का उन्मूलन, शिक्षा में आमूल परिवर्तन, चुनाव सुधार तथा राजनीतिक, सामाजिक कुप्रथा के विरुद्ध आंदोलन

के बारे में भी कहा। स्वयं जेपी ने 5 जून को पटना में कहा था, "यह क्रांति है मित्रों और संपूर्ण क्रांति है। यह कोई विधान सभा विघटन का ही आंदोलन नहीं है। वह तो एक मंजिल है, जो रास्ते में है। दूर जाना है, दूर जाना है। जवाहरलाल नेहरू के शब्दों में -"अभी न जाने कितने मीलों इस देश की जनता को जाना है, उस स्वराज्य की प्राप्ति करने के लिए, जिसके लिए देश के हजारों-लाखों जवानों ने कुर्बानियां दी हैं।" यह संघर्ष केवल सीमित उद्देश्यों के लिए नहीं हो रहा है। इसके उद्देश्य तो बहुत दूरगामी हैं। भारतीय लोकतंत्र को वास्तविक तथा सुदृढ़ बनाना, जनता का सच्चा राज्य कायम करना, समाज से अन्याय, शोषण आदि का अन्त करना, एक नैतिक, सांस्कृतिक तथा शैक्षणिक क्रांति करना और अंततोगत्वा नया भारत बनाना है। मित्रों, जैसा कि प्रारम्भ में कह चुका हूं, यह 'सम्पूर्ण क्रांति' है।"

बलिया : 8 दिसंबर 1974

जेपी ने उत्तर प्रदेश में आंदोलन का नेतृत्व करते हुए देशव्यापी यात्रा की। यूँ तो संपूर्ण देश में आंदोलन का नेतृत्व जेपी ही कर रहे थे। पिछले दिनों ही उत्तर प्रदेश के गाजीपुर में 7 दिसंबर, 1974 को प्रदेश की जनता का आह्वान करते हुए कहा, आपके राज्य में 'सब कुछ ठीक नहीं चल रहा है।' तो बिहार जैसे आंदोलन के लिए कार्यक्रम तैयार करें।

8 दिसंबर, 1974 को बलिया जिले में पूर्व निश्चित कार्यक्रम के अनुसार जेपी को पुलिस लाइन के अहाते में सभा आयोजित करने की अनुमति नहीं दी गई, तत्कालीन कांग्रेसी मुख्यमंत्री हेमवती नन्दन बहुगुणा थे।

लेकिन 8 दिसंबर को जेपी ने बलिया में विशाल जन सभा को सम्बोधित करते हुए कहा, आज ईमानदार कांग्रेस जनों तथा गांधी एवं नेहरू के विचारों पर विश्वास करने वाले कम्युनिस्टों के भद्दे मंसूबों से सतर्क रहें। वे दल वर्तमान राजनीतिक और आर्थिक स्थिति से लाभ उठाकर केन्द्रीय तथा अन्य स्थानों पर सत्ता में भागीदार बनना चाहते हैं।

हम कांग्रेस को तोड़ना नहीं चाहते। हम सिर्फ राष्ट्र के पुन: ईमानदार लोगों को सतर्क होने की सलाह देना चाहते हैं। चन्द्रशेखर सहित कांग्रेस में अनेक लोगों का विश्वास है कि बिहार का जन आंदोलन भ्रष्टाचार, सामाजिक अन्याय, बढ़ती बेरोजगारी तथा शोषण के विरुद्ध है तथा उनका मत है कि जनता की शिकायतें दूर होनी चाहिए, परन्तु कम्युनिस्ट स्थिति से लाभ चाहते हैं।

कांग्रेस जन अपना संगठन नहीं छोड़ें, परन्तु दल के भीतर पूर्ण क्रांति के विरोधी तत्वों का सामना करें। मैं किसी व्यक्ति को हटाना नहीं चाहता। बात सिर्फ इतनी है कि हम लोग जिन

बुराइयों को हटाना चाहते हैं, उसके बचाव में वे सभी हैं। गत वर्ष राजनीतिक भ्रष्टाचार तथा चुनाव सुधारों पर दो बार इंदिरा जी से बातचीत की। सभी ओर से निराश होने के बाद मैंने 'संपूर्ण क्रांति' का आह्वान किया।

चुनाव के लिए भारी कोष एकत्र किया जाना, राजनीतिक भ्रष्टाचार का काम है। इसी के फलस्वरूप देश में राजनीतिक तथा सामाजिक ह्रास आया है। विभाजित दलों तथा रुपये के भ्रष्ट प्रभावों के कारण चुनाव जनता की इच्छाओं को प्रतिबंधित नहीं करता। इस आंदोलन का मूल उद्देश्य 'शांतिपूर्ण क्रांति' लाना है।

लखनऊ : 15 दिसंबर 1974

जयप्रकाश नारायण के आंदोलन के विरुद्ध इंदिरा गांधी ने 15 दिसंबर, 1974 को लखनऊ में अखिल भारतीय महिला कांग्रेस सम्मेलन में कहा, "बिहार आंदोलन का उद्देश्य केंद्र पर इंदिरा गांधी पर हमला करना है पर वास्तव में देखा जाये तो यह देश की सभी महिलाओं पर हमला है।"

सरकार और कांग्रेस पार्टी जनतंत्रीय समाजवाद कायम करने तथा अमीर व गरीब का फर्क मिटाने के लक्ष्य की ओर तेजी से कदम बढ़ाने के मार्ग में जरा भी विचलित नहीं होगी। चाहे इनके खिलाफ कितना भी अधिक आंदोलन क्यों न होता रहे।

विपक्षी दल अब कांग्रेस को मत पत्रों के युद्ध में लाकर नहीं, अपितु हिंसा और विध्वंस की गतिविधि चलाकर सत्ता से हटाने की कोशिश में हैं। जो नेता 1942 में महात्मा गांधी और कांग्रेस के 'लौह स्तंभ' सरदार पटेल के विरोधी थे, वे ही लोग आज भ्रष्टाचार और समाज सुधार करने का बहाना बना कर कांग्रेस के खिलाफ आंदोलन कर रहे हैं, ताकि कांग्रेस सरकार के बढ़ते हुए समाजवादी कदमों को रोका जा सके। आंदोलन में वे ही लोग अधिक हैं, जो चुनाव में पराजित होते रहे हैं। हम उनकी जीवनी और इतिहास जानते हैं। उनमें से कई ऐसे हैं, जिन पर भ्रष्टाचार के गंभीर आरोप थे। कुछ के खिलाफ अब भी अदालतों में मुकदमे चल रहे हैं। आंदोलन के संचालकों को दूसरों के घरों की ओर उंगली उठाने से पहले अपना घर साफ कर लेना चाहिए।

इस आंदोलन को आम जनता का समर्थन नहीं है, खासकर हरिजनों, पिछड़ी जातियों, अल्पसंख्यकों, आदिवासियों और प्रगतिशील तत्वों का। इन्हें डर है कि यदि आंदोलन सफल हुआ तो सबसे पहले ये ही लोग मारे जायेंगे। देश के बुनियादी हितों को पूरा करने की नीति और कार्यक्रम में बाधा डालने वाली गतिविधि सरकार कभी बर्दाश्त नहीं करेगी। इस प्रकार आंदोलन देश के हितों के विरुद्ध है और उसका एकमात्र उद्देश्य लोगों का ध्यान बुनियादी प्रश्नों

व कार्यक्रम से हटाना है। इस आंदोलन का आज विभिन्न प्रदेशों के वे लोग समर्थन कर रहे हैं, जो एक अरसे से बुरे कार्यों के लिए मशहूर रहे हैं। आंदोलन से कभी कोई समस्या हल नहीं हुई और न ही इससे ही कुछ होगा।

आंदोलन बहुत बड़ा नहीं, पर अखबारों में उसके बारे में मोटी सुर्खियों में समाचार छापे जा रहे हैं। आंदोलन बड़ा नहीं, पर वह काफी खतरनाक है। क्रांति की बात भी की जाती है तो उससे नौजवानों में जोश आता है। क्रांति का मतलब है भारी परिवर्तन और जैसा कि बहुत स्पष्ट है यह परिवर्तन एकाएक नहीं आ सकता। धीरे-धीरे ही यह काम संभव है और इसी तरह किया जा रहा है। रातों- रात नया समाज नहीं बनाया जा सकता। गांधीजी का नाम भी आंदोलनकारी लेते हैं, परन्तु गांधी जी को व समझते नहीं हैं। क्या वे बता सकते हैं कि उन्होंने इस तरह के रास्ते कभी पसन्द किये?

पटना : 18 दिसंबर 1974

जेपी आंदोलन को विपक्षी दलों का खुला समर्थन-सहयोग मिल रहा था, जिसे देखकर इंदिरा गांधी घबरा गईं। सोशलिस्ट पार्टी के अध्यक्ष जॉर्ज फर्नांडिस ने पटना के गांधी मैदान में एक सभा में कहा, वर्तमान शासन व्यवस्था को बदले बिना देश का विकास असंभव है, अतएव उसके लिए नागरिकों और खासकर युवाओं को हर संभव बलिदान के लिए तैयार रहना चाहिए।

एक ओर बिहार के मंत्री यह दावा करते हैं कि सर्वोदय नेता जयप्रकाश नारायण के नेतृत्व में चल रहा आंदोलन मर गया है, दूसरी ओर उसके विरुद्ध आंदोलन की तैयारी में प्रधानमंत्री इंदिरा गांधी तथा उनके सहयोगियों द्वारा करोड़ों रुपये खर्च किये जा रहे हैं। आंदोलन अब राष्ट्रव्यापी हो गया है, क्योंकि भ्रष्टाचार, बेकारी, चुनाव तथा शिक्षा प्रणाली आदि की समस्याओं से पूरा देश परेशान है। इन परिस्थितियों में आंदोलन को दबाने का दावा अपने आपको भ्रम में डालने के समान है। इस आंदोलन की ओर सारी दुनिया की नजरें लगी हुई हैं अतएव उनकी सफलता के लिए युवाओं को हर बलिदान के लिए तैयार रहना चाहिए, क्योंकि उसके बिना संघर्ष और जिंदगी बेकार है। वर्तमान शासन व्यवस्था के रहते हुए भ्रष्टाचार एवं बेकारी का उन्मूलन तथा शिक्षा और चुनाव में आमूल परिवर्तन की कल्पना भी बेकार है। क्योंकि प्रधानमंत्री इंदिरा गांधी में साहस हो तो तस्करों को खुली अदालत में पेश करें, ताकि उनके संरक्षकों की पोल खुल सके।

आर्थिक आपातकाल की घोषणा होगी

उन दिनों इंदिरा गांधी और जेपी में सीधी टक्कर चल रही थी। जयप्रकाश नारायण का आंदोलन देशव्यापी होता जा रहा था। जेपी के समान्तर सरकार बनाने की घोषणा पर विश्व के 47 देशों ने

समानांतर सरकार को मान्यता देने की घोषणा की। जेपी-इंदिरा दोनों नेताओं की आंतरिक इच्छा थी कि तत्काल चुनाव हों। जेपी के साथ तो 90 प्रतिशत देश की जनता का 'नैतिक समर्थन' था। दूसरी तरफ मात्र 10 प्रतिशत जनता, जिससे पुन: सत्ता में आने की बात असम्भव थी। इसलिए इंदिरा गांधी ने राष्ट्रपति फखरुद्दीन अली अहमद से 19 अक्टूबर, 1974 को नया चुनाव आदेश जारी कराया, जिससे कि चुनाव अभियान में पानी की तरह पैसा खर्च कर चुनाव जीत जाएं।

इंदिरा गांधी मंत्रिमंडल में उनके कई प्रभावशाली दूसरे नेता भी थे, जिनमें ललित नारायण मिश्र, यशवंत राव चौहान, के. ब्रह्मानन्द रेड्डी, जगजीवन राम। इन नेताओं की आंतरिक इच्छा थी कि इंदिरा गांधी के बाद वे प्रधानमंत्री बनें, लेकिन इंदिरा गांधी को भी अपने सहयोगियों की मंशा मालूम थी। इंदिरा गांधी सदैव यही कहती रहीं, "जेपी के आंदोलन का मुख्य उद्देश्य मुझे प्रधानमंत्री के पद से हटाना है।"

इंदिरा गांधी अपने प्रधानमंत्री पद को बनाए रखने के लिए किसी भी क्षण 'आन्तरिक आपातकाल' की घोषणा कर सकती थीं - ऐसी मंशा उन दिनों 'राजनीतिक कूटनीतिज्ञों' की थी, परन्तु जनसंघ के नेता व सांसद सदस्य अटल बिहारी वाजपेयी का भी यही आकलन था।

अटल बिहारी वाजपेयी ने आपात स्थिति की संभावना की पूर्व घोषणा नई दिल्ली में दिसंबर, 1974 के अंतिम सप्ताह में की। अटल बिहारी ने 23 दिसंबर, 1974 को घोषणा की, "इस बात की संभावना है सरकार समूचे देश में 'आर्थिक संकट काल' की घोषणा कर दे। यह घोषणा संविधान के खण्ड 360 के अंतर्गत की जा सकती है।"

ललित नारायण मिश्रा की हत्या के पीछे कौन?

इंदिरा गांधी अपने विश्वासपात्रों पर भी नजर रखती थीं, क्योंकि उनका विश्वास उठ चुका था। उन सभी पर नजर रखने के लिए गुप्तचर 'रॉ' से भी काम लेती थीं। उन दिनों के मंत्रिमंडल में प्रभावशाली मंत्रियों में मुख्य रूप से ललित नारायण मिश्र, यशवंत राव चौहान, के. ब्रह्मानन्द रेड्डी, ओम मेहता एवं जगजीवन राम शामिल थे।

उन दिनों ललित नारायण मिश्र मंत्रिमंडल में प्रभावशाली थे, यहां तक कि इंदिरा गांधी के परिवार में भी मिश्र का प्रभाव बढ़ता जा रहा था, जो इंदिरा गांधी को पसन्द नहीं था। ललित नारायण मिश्र तथा बंसीलाल के विरुद्ध आरोपों की जांच के लिए जेपी द्वारा गठित आयोग की रिपोर्ट से न सिर्फ एल. एन. मिश्र ही बल्कि उनके साथ इंदिरा गांधी तथा कई बड़े लोग अपराधों की परिधि में आते थे। अपने अपराधों को स्वीकार करने हेतु ललित नारायण मिश्र ने 25 दिसंबर, 1974 को एक पत्र जयप्रकाश नारायण को लिखा था।

एल. एन. मिश्र ने अपने पत्र में जेपी से मिलने का समय मांगा था परन्तु मिश्र का यह पत्र इंदिरा गांधी के एजेंटों ने बीच में ही उड़ा दिया था। मिश्र के स्टाफ में खास तौर से नियुक्त जासूस उनकी गतिविधियों पर खास नजर रखते थे। अत: मिश्र का यह पत्र जेपी को कभी नहीं मिला। इस पत्र में मिश्र ने जेपी से कहा था, "मैं अपने पिछले पापों के लिए क्षमा मांगना चाहता हूं, आप मुझे थोड़ा सा वक्त दे दें।" ललित नारायण मिश्र ने जेपी से 7 जनवरी. 1975 का समय मांगा था, पर 2 जनवरी, 1975 को ही उनकी हत्या समस्तीपुर में बम मार कर दी गयी।

ललित नारायण मिश्र की हत्या के पीछे कौन? बिहार के समस्तीपुर में 2 जनवरी, 1975 को बड़ी लाइन के उद्घाटन, समस्तीपुर रेलवे प्लेटफार्म नंबर 3 पर आयोजित सभा के मंच पर केन्द्रीय रेल मंत्री ललित नारायण मिश्र ज्यों ही उद्घाटन भाषण समाप्त करके, बड़ी लाइन का उद्घाटन करने के लिए मंच से उतर रहे थे कि एक भायनक बम विस्फोट संध्या 5 बजकर 50 मिनट पर हुआ। मिश्र जी की जांघ सख्त जख्मी हो गयी तथा मिश्र गिर गये। तत्काल मिश्र को गिरी अवस्था से उठाने का प्रयास किसी ने नहीं किया, क्यों? उसी दिन समस्तीपुर नगर के 'माधुरी चौक' पर आठ बजे रात्रि में दूसरा बम विस्फोट हुआ। जिस विशेष गाड़ी को बड़ी लाइन पर चलना था, वह ट्रेन नहीं चली तथा वही विशेष ट्रेन बरौनी होकर रात साढ़े ग्यारह बजे पटना जंक्शन पहुंची थी, जिसमें ललित नारायण मिश्र, उनके छोटे भाई तत्कालीन सिंचाई मंत्री डॉ. जगन्नाथ मिश्र तथा कांग्रेसी नेताओं, विधायकों तथा पत्रकारों का दल सवार था। एल. एन. मिश्र के साथ अन्य व्यक्तियों सहित पत्रकार भी घायल थे तथा घायल मिश्र जी की घटना के दूसरे दिन 3 जनवरी, 1975 की सुबह 9 बजकर 30 मिनट पर दानापुर अस्पताल में मौत हो गई। मृत्यु के छह घंटे पूर्व तक चलने वाली शल्यक्रिया में जिन डॉक्टरों ने भाग लिया था, उनमें डॉ. यू.एन.शाही, डॉ. आर. वी. पी. सिन्हा तथा रेल के अन्य डॉक्टर शामिल थे।

ललित नारायण मिश्र का दानापुर अस्पताल में ऑपरेशन करने वाले एक सर्जन डॉ. यू. एन. शाही ने कहा, "रेल मंत्री ललित नारायण मिश्र को चिकित्सा सेवा उपलब्ध करने में इतना विलंब किया गया, जिसे एक अपराध ही कहा जा सकता है।"

डॉ. यू. एन. शाही ने अपने बयान में आगे कहा, "समस्तीपुर में हुए बम विस्फोट के बाद तुरन्त सर्जनों की एक मण्डली दरभंगा से उसी रात समस्तीपुर पहुंची, परन्तु उसे मिश्र के जख्मी शरीर की जांच पड़ताल करने की स्वीकृति नहीं दी गयी। यदि इन डॉक्टरों को ललित बाबू को देखने और उनकी अवस्था समझने का अवसर दिया गया होता तो संभव था कि उन्हें बचा लिया जाता। जिन परिस्थितियों में डॉक्टरों को ललित बाबू की जांच पड़ताल करने से रोका गया और किन विशेषज्ञों ने उन्हें समस्तीपुर से पटना जाने की स्वीकृति दी.... भगवान ही जाने।"

डॉ. शाही ने बयान में आगे कहा कि पटना में जब यह समाचार मिला कि बम के टुकड़े से घायल ललित बाबू को ट्रेन से पटना लाया जा रहा था, तब पटना के सर्जनों का एक दल तुरंत पटना जंक्शन पहुंच गया और राहत पहुंचाने के उद्देश्य से वहां दो घंटे तक प्रतिक्षा करता रहा, परन्तु राज्य सरकार के और रेलवे के अधिकारियों ने डॉक्टरों को यह बताया कि 'जख्म मामूली' है और वैसी स्थिति में किसी सर्जन की जरूरत भी नहीं है।

रेल मंत्री ललित नारायण मिश्र की चिकित्सा करने वालों में बिहार ही नहीं, बल्कि देश के बड़े शल्य चिकित्सक प्रो. राम वीरेन्द्र प्रसाद सिन्हा ने अपने बयान में कहा, बिहार सरकार की अफसरशाही, झूठी शान के कारण स्वर्गीय मिश्र समय पर उचित चिकित्सा पाने से वंचित रहे। समस्तीपुर-दरभंगा या पटना में भी स्व. मिश्र की तत्काल उचित चिकित्सा होती तो उनका बहुमूल्य जीवन आसानी से बचाया जा सकता था।

डॉ. यू. एन. शाही तथा प्रो. राम वीरेंद्र सिन्हा ने रेल मंत्री ललित नारायण मिश्र की चिकित्सा में अधिक विलंब के लिए सरकार पर आरोप लगाया। इस आरोप का समर्थन पटना मेडिकल कॉलेज अस्पताल के अन्य डॉक्टरों प्रो. योगेन्द्र प्रसाद सिन्हा, डॉ. आर. पी. एन. सिंह, डॉ. चंद्रशेखर शर्मा, डॉ. एस. एन. आर्य, डॉ. एन. के. मिश्र तथा रामजन्म सिंह ने भी किया।

राज्य और केन्द्र सरकार द्वारा रेल मंत्री ललित नारायण मिश्र की चिकित्सा में हुए अत्यधिक विलंब से मुख्य तीन मुद्दे सामने आते हैं।

पहला मुद्दा यह कि दरभंगा मेडिकल कॉलेज अस्पताल के तीन सुविख्यात सर्जन प्रो. एस. एम. नवाब, डॉ. जीवन सिंह तथा डॉ. रामानन्द ठाकुर विस्फोट की सूचना मिलते ही जब समस्तीपुर पहुंच चुके थे, तब उन्हें मिश्र की जांच क्यों नहीं करने दी गयी?

दूसरा मुद्दा यह कि राज्य प्रशासन के सामने क्या बाधा थी कि घायल होने के बाद मिश्र को एम्बुलेंस गाड़ी में पटना नहीं लाया गया?

तीसरा मुद्दा यह कि स्वास्थ्य मंत्री तथा उनके विभागीय अधिकारियों ने बम विस्फोट की सूचना मिलने पर रेल मंत्री की समस्तीपुर में ही तत्काल उचित चिकित्सा की व्यवस्था क्यों नहीं की और उन्हें तत्काल दरभंगा मेडिकल कॉलेज अस्पताल में क्यों नहीं पहुंचाया?

घटना के दिन 2 जनवरी, 1975 की रात समस्तीपुर में बने सभा मंच को उसी रात किसके आदेश पर हटाया गया? ऐसे कई सवाल हैं?

डॉ. आर. वी. पी. सिन्हा ने अपने बयान में कहा, "मुझे ज्यों ही रेल मंत्री पर हुए बम विस्फोट की सूचना मिली, त्यों ही डॉ. शाही तथा अपने वरिष्ठ डॉक्टरों से सम्पर्क स्थापित किया और

सबको तैयार रहने को कहा। हम सब को यह सूचना मिली कि जिस ट्रेन से एल. एन. मिश्र आ रहे हैं, वह पटना जंक्शन पर नहीं रुकेगी, जबकि हम सभी प्राण रक्षक दवाओं और रक्त संचार के पर्याप्त यंत्रों के साथ वहां उपस्थित थे, हमारी दवाएं नहीं ली गईं। जबकि मिश्र को दवा देने और उनकी जांच के लिए बुलाया था।"

डॉ. सिन्हा ने आगे कहा, "मुझे बम विस्फोट की सूचना मिलते ही राज्य के मुख्य सचिव को तत्काल आगाह कर दिया था कि विस्फोट में घायल की चिकित्सा में विलंब बिल्कुल नहीं होना चाहिए, क्योंकि बम के कण और टुकड़े शरीर में प्रवेश करके बहुत तेजी से दूसरी गड़बड़ियां पैदा कर देते हैं।"

प्रत्यक्षदर्शियों का बयान

रेल मंत्री ललित नारायण मिश्र की चिकित्सा में हुए अत्यधिक विलंब तथा डॉक्टरों के बयान से मिश्र की हत्या के पीछे कई सवाल जिंदा हैं। प्रत्यक्षदर्शियों के बयान से स्थिति स्पष्ट होती है।

प्रत्यक्षदर्शी 'यूनाइटेड न्यूज ऑफ इण्डिया' के संवाददाता उस समारोह में संवाद संकलन के लिए मौजूद थे और सभा मंच के बराबर तीन-चार मीटर की दूरी पर रहे, संवाददाता ने अपने बयान में कहा कि सभा मंच के कुछ मीटर के फासले पर बनायी गयी महिला दीर्घा की, जिसमें पुलिस अफसरों या रेल अफसरों के परिवार की महिलाएं अधिक थीं, सुरक्षा का तो बड़ा कड़ा प्रबंध था। उनके नजदीक किसी को भी नहीं जाने दिया जाता था, जबकि मंच के पास, जिस पर रेल मंत्री बैठे थे, बड़ी आसानी से कोई भी आ-जा रहा था।

हालांकि समारोह में शामिल होने के लिए निमंत्रण-पत्रों को देखा जा रहा था, किन्तु बहुत से व्यक्ति बिना किसी कार्ड के ही प्रवेश कर रहे थे। समारोह स्थल पर एल. एन. मिश्र के पहुंचने पर सभा स्थल से उतरने की तरफ पुलिस घेराबंदी टूट गई थी और उस ओर से भी लोग प्रवेश करते जा रहे थे। जब रेल मंत्री की स्पेशल ट्रेन दरभंगा से आई तब वह प्लेटफार्म नम्बर 2 पर लगी। उस पर से उतर कर सभा स्थल पर आने वालों की कोई चैकिंग नहीं की गई। वे लोग आसानी से मंच के निकट पहुंच गये। उस ट्रेन से अनेक पुलिस अफसर, कांग्रेसी नेता, कार्यकर्ता तथा मान्य लोग उतरे थे।

मंच की सुरक्षा व्यवस्था अत्यंत शिथिल थी, यह इस बात से समझा जा सकता है कि जब बम विस्फोट हुआ, तब सबसे पहले पुलिस मैन भाग गये। विस्फोट होने के बाद मंच पर केवल 25-30 व्यक्ति घायल होकर चिल्ला रहे थे। यहां तक कि रेलमंत्री गिर पड़े थे, उठाने के लिए कोई पुलिस मैन या अंगरक्षक नहीं पहुंचा। उन्हें पटना जिले के कुछ कांग्रेस जनों ने उठाया और सहारा

देकर उनके सैलून तक ले गये। यहां तक कि डीआईजी बी. एन. प्रसाद जो बुरी तरह घायल हो गये थे, उन्हें उठाने वाले कई सुरक्षा अधिकारी पहुंचे।

अब रेल मंत्री की ट्रेन पटना के लिए खुल गयी, मंच की देखभाल के लिए एक सिपाही रह गया था।

प्रत्यक्षदर्शी के आँखों देखे बयान के बाद कई महत्वपूर्ण प्रश्न समक्ष आते हैं। जिसे उद्घाटन मंच कहें, जिस पर रेल मंत्री थे, बड़ी आसानी से किसी भी व्यक्ति को आने-जाने की छूट क्यों दी गई? दरभंगा से आयी ट्रेन प्लेटफार्म नम्बर 2 पर लगी। उस ट्रेन से उतर कर सभा स्थल पर आने वालों की कोई चैकिंग क्यों नहीं की गई? 5 बज कर 50 मिनट पर बम विस्फोट हुआ, तब सबसे पहले पुलिस मैन क्यों भागे? रेल मंत्री बम से घायल होकर गिर गये तब उनके अधिकारी और अंगरक्षक क्यों नहीं मिश्र को उठाने आये? और सबसे आश्चर्य की बात जिस सभा मंच पर एक हजार पुलिस के जवान थे, लेकिन घटना के बाद जब रेल मंत्री विशेष ट्रेन से पटना आ रहे थे, उस समय घटना स्थल सभा मंच पर बची चीजों की देखभाल के लिए एक मात्र सिपाही क्यों रखा गया?

प्रत्यक्षदर्शी 'हिन्दुस्तान समाचार' के एक कार्यालय संवाददाता, जो घटना के दिन शुरू से ही मंच के निकट मौजूद था, ने देखा कि सामान्य दर्शकों से लगभग 100 गज की दूरी पर मंच बना हुआ था और मंच तथा दर्शकों के बीच की जगह केन्द्रीय सुरक्षा पुलिस, रेलवे पुलिस तथा बिहार सशस्त्र पुलिस के एक हजार जवानों से भरी हुई थी।

फिर भी एक हजार जवान भीड़ पर नियंत्रण नहीं रख पाये क्यों? भीड़ अनियंत्रित तब हो गई, जब रेल मंत्री विशेष ट्रेन द्वारा दरभंगा से पहुंचे। बम विस्फोट के बाद कोई भी नेता, डीआईजी अथवा सुरक्षा प्रहरी उन्हें बचाने के लिए क्यों नहीं पहुंचा बल्कि सभी भाग खड़े हुए?

इंदिरा का आरोप : जेपी का जवाब!

समस्तीपुर में बम विस्फोट कांड में रेल मंत्री ललित नारायण मिश्र की मृत्यु पर इंदिरा गांधी ने नई दिल्ली में 3 जनवरी, 1975 को जेपी के आंदोलन पर आरोप लगाया तथा जेपी आंदोलन को विध्वंसकारी तत्वों की संज्ञा दी।

इंदिरा गांधी के आरोप का स्पष्ट जवाब देने हेतु उच्च स्तरीय जांच की मांग करते हुए जयप्रकाश नारायण ने नई दिल्ली में 3 जनवरी, 1975 को कहा, "रेल मंत्री ललित नारायण मिश्र की हत्या की उच्च स्तरीय जांच करायी जाये।" जेपी ने आगे कहा, "रेल मंत्री की मृत्यु किन परिस्थितियों में हुई, उसके बारे में स्थिति स्पष्ट नहीं है। समाचार पत्रों में जो कुछ छपा है, उससे

कई प्रकार के संदेश उत्पन्न होते हैं। बिहार में कुछ वर्ष पूर्व हत्या की राजनीति ने सिर उठाया था, जिसके पीछे नक्सलपंथी थे। भूतकाल में जब मैं हिंसक क्रांति का समर्थक था, तो भी मेरा यह विश्वास था कि हत्याओं से क्रांति नहीं लायी जा सकती। इसके लिए जनसाधारण को तैयार करना जरूरी है और अब तो इस प्रकार की घटनाओं की निंदा करने के लिए मेरे पास पर्याप्त शब्द नहीं हैं।

मैं नक्सलपंथियों के तरीकों का सदा विरोधी रहा हूं। कुछ वर्ष पूर्व मैंने नकसलवादियों के गढ़ मसौढ़ी ब्लाक में कार्यक्रम में यह सिद्ध करने का प्रयास किया था कि जनता की समस्याओं को अहिंसात्मक ढंग से सुलझाया जाना चाहिए। कम्युनिस्ट समाचार पत्रों द्वारा यह भ्रामक प्रचार किया जा रहा है कि जयप्रकाश नारायण का आंदोलन ऐसी हत्याओं के लिए जिम्मेदार है। इस प्रकार के आरोप बेबुनियाद हैं और इससे जनता कदपि प्रभावित नहीं होगी।

मुझे समझ में नहीं आता है कि जिस जगह बम फटा, वहां पर एक हजार से अधिक पुलिस वाले और उनके अधिकारी उपस्थित थे। फिर उन्होंने मंच की भली-भांति जांच क्यों नहीं की। यदि जांच की थी तो मंच के नीचे कथित टाइम बम कैसे पहुंचा। यह कैसे सम्भव है कि इतनी सुरक्षा होने पर भी बम वहां पहुंचा। इससे मेरे मन में कई प्रकार के संदेह उत्पन्न होते हैं।

समाचार पत्रों के अनुसार यद्यपि वह मामूली घायल हुए थे, फिर भी ऑपरेशन के समय कैसे मर गये। यह बात मेरी समझ में नहीं आती। इन शब्दों की उच्चस्तरीय जांच होनी जरूरी है।"

जयप्रकाश नारायण द्वारा इस घटना की उच्च स्तरीय जांच की मांग की गई। उसी दिन 3 जनवरी को नई दिल्ली में जनसंघ के अध्यक्ष लाल कृष्ण आडवाणी ने कहा, "मुझे संदेह है कि जयप्रकाश नारायण के विरोधी तत्वों ने आंदोलन को बदनाम करने के लिए यह कांड किया।"

चालीसग्राम (महाराष्ट्र) में 4 जनवरी, 1975 को संगठन कांग्रेस के नेता मोरार जी देसाई ने कहा, "सत्तारूढ़ दल समस्तीपुर बम कांड से, जिसके परिणामस्वरूप रेलमंत्री ललित नारायण मिश्र का आकस्मिक निधन हो गया, सबक लेना चाहिए और अपनी राजनीति का रंग-ढंग बदलना चाहिए। इस बम कांड की निष्पक्ष जांच कराने की तीव्र आवश्यकता है, ताकि 'सत्तारूढ़ नेता' अपने को इसमें निर्दोष साबित कर सकें।

सर्वोदय नेता जयप्रकाश नारायण के आंदोलन को दोष देने से पहले सत्ता पर बैठे नेताओं को अपने को निर्दोष साबित करना चाहिए। और अगर यह निष्पक्ष जांच नहीं कराई गई, तो लोगों का सत्तारूढ़ नेताओं पर से विश्वास कतई समाप्त हो जाएगा।"

जयप्रकाश नारायण ने इंदिरा गांधी के आरोप का खंडन करते हुए 6 जनवरी, 1975 को इंदौर में कहा, "रेल मंत्री ललित नारायण मिश्र की मृत्यु से बिहार आंदोलन को कोई सम्बन्ध नहीं है।" मिश्र की मृत्यु की उच्च स्तरीय जांच की मांग करते हुए कहा कि सी.बी.आई. के माध्यम से जांच नहीं होनी चाहिए। क्योंकि एक तो सी.बी.आई. की जांच पर विश्वास नहीं करता, दूसरे सरकार उसकी रिपोर्ट प्रकाशित नहीं करेगी।

इंदौर में दूसरे दिन 7 जनवरी, 1975 को जेपी ने कहा, "हम बिहार में अपना आंदोलन वापस नहीं लेंगे।"

दूसरी तरफ रेल मंत्री स्वर्गीय ललित नारायण मिश्र की धर्मपत्नी कामेश्वरी मिश्र जो स्वयं सी.बी.आई. की जांच से संतुष्ट नहीं थी। पहली बार पत्रकारों की भीड़ में 24 मई, 1977 को पटना में पत्रकार सम्मेलन में ललित नारायण मिश्र की पत्नी श्रीमती कामेश्वरी मिश्र ने समस्तीपुर बम कांड पर कहा, "मैथ्यू आयोग का संघटन और उसकी जांच प्रक्रिया ऐसी रही है कि उससे हत्यारों का पता लगाना मुश्किल है। सी.बी.आई. ने भी इस मामले में 'आनन्द मार्गी' को झूठमूठ घसीटा है। मेरी निश्चित धारणा है इस मामले में 'आनंद मार्गी' दोषी नहीं हैं। सी.बी.आई. की जांच से भी मैं संतुष्ट नहीं हूं। मैं, प्रधानमंत्री मोरारजी देसाई एवं गृह मंत्री चरण सिंह से शीघ्र मिलकर नई 'जांच आयोग' संघटित करने का अनुरोध करने वाली हूं।

पत्रकार सम्मेलन में जोर देती हुई श्रीमती कामेश्वरी मिश्र ने कहा कि डॉक्टर जगन्नाथ मिश्र के मुख्यमंत्री बनने के बाद एक दिन जब मैंने डॉ. मिश्र से पूछा था, 'मैथ्यू आयोग दोषी का पता लगाने की कोशिश कर रहा है कि नहीं, तो डॉ. मिश्र का उत्तर था कि जांच तो चल रही है मगर चूंकि इस मामले में बहुत विलंब हो गया है, इसलिए दोषी का पता चलना मुश्किल है। डॉ. जगन्नाथ मिश्र को मुख्यमंत्री की कुर्सी इसलिए दी गयी ताकि वे इस मामले में चुप रहें।" स्वयं श्रीमती कामेश्वरी मिश्र ने पत्रकारों से प्रश्न पूछा कि डॉ. मिश्र में ऐसी क्या योग्यता थी, जिसके बल पर उन्हें मुख्यमंत्री बनाया गया था? क्या बिहार में डॉ. जगन्नाथ मिश्र से अच्छे लोग नहीं थे, जिन्हें मुख्यमंत्री बनाया जाता? मेरे पति की हत्या के पीछे राजनीतिक लोग हैं, जिनमें से कुछ बिहार से संबंधित हैं। इस संबंध में तफसील से कुछ बताने से इनकार करते हुए, श्रीमती मिश्र ने कहा कि नया जांच आयोग जब मुझसे इस बारे में पूछेगा तो मैं सब कुछ कह दूंगी। फिर श्रीमती मिश्र ने पूछा, "यह क्या आश्चर्य का विषय नहीं है कि स्वर्गीय ललित बाबू की पत्नी के नाते भी 'मैथ्यू आयोग' ने छानबीन के क्रम में मुझसे एक शब्द भी पूछना उचित नहीं समझा?" एक अन्य प्रश्न के उत्तर में भी कहा कि मेरे पति की हत्या के पीछे उनकी पार्टी के तथा उनके निकट के लोगों का भी हाथ हो सकता है।

श्रीमती मिश्र ने इस पत्रकार सम्मेलन में अपने प्रसारित बयान में कहा, "मैं बहुत दुखी एवं क्षुब्ध होकर यह बताना चाहती हूं कि मेरे साथ पूर्ण न्याय नहीं हुआ है। मेरे पति स्वर्गीय ललित नारायण मिश्र की हत्या रहस्यमयी परिस्थितियों में हुई। मुझे बहुत अधिक उम्मीद थी कि सरकार इसकी पूरी छानबीन करेगी और खूनी का पता लगाएगी। मुझे यह भी उम्मीद थी कि मैथ्यू आयोग इस मामले की तह में जाएगा और असली खूनी का पता लगाएगा। अखबारों की रिपोर्टों से पता चलता है कि मैथ्यू आयोग ने अपनी रिपोर्ट दे दी है, परन्तु उससे खूनी का पता नहीं चल पाया है।

मुझे बहुत अधिक उम्मीद थी कि मैथ्यू आयोग मुझे बुलाएगा और मुझसे पूछताछ करेगा कि मेरा शक किन लोगों पर है या पता करेगा कि मेरे पति की हत्या के पूर्व की परिस्थिति कैसी थी परंतु दुर्भाग्यवश आयोग ने मुझे नहीं बुलाया और न कोई ऐसा मौका ही दिया।"

अचानक जेपी की सुरक्षा की व्यवस्था?

अब तक जेपी की हत्या की तीन बार साजिश की गई। कई बार उन्हें गिरफ्तार करने की योजना बनी। जेपी 3 जनवरी, 1975 को दिल्ली के गांधी शांति प्रतिष्ठान में ठहरे हुए थे, उनके लिए अचानक सुरक्षा व्यवस्था कर दी गयी। दिल्ली के वरिष्ठ पुलिस अधिकारी बी. पी. मारवाह तथा युसूफ ने जेपी के निकटतम व्यक्ति राधाकृष्ण से गांधी शांति प्रतिष्ठान में भेंट की एवं जेपी की अचानक सुरक्षा व्यवस्था की जानकारी दी, परन्तु राधाकृष्ण के समक्ष अचानक जेपी की सुरक्षा की व्यवस्था के कारणों को स्पष्ट नहीं किया, क्यों? क्या, उन दिनों विशेष सुरक्षा में तैनात जासूस एजेंट जेपी की गतिविधियों तथा उन पर सरकार द्वारा नजर रखने के उद्देश्य से किया? क्या जेपी के देशव्यापी आंदोलन को समाप्त करने के लिए यह कदम उठाया गया था?

जेपी : गांधीवाद - लेलिनवाद का समन्वय!

लोकनायक जयप्रकाश नारायण ने 4 जनवरी, 1975 को भोपाल की एक जनसभा में कहा, "मेरी विचारधारा में गांधीवाद और लेलिनवाद का समन्वय है। मैंने राजनीतिक जीवन की प्रारंभिक शिक्षा रूसी क्रांति के नेता लेलिन से ग्रहण की पर साथ ही राष्ट्रपिता महात्मा गांधी में मेरी श्रद्धा है।"

जेपी ने आगे कहा, "युवकों को स्वयं संघटित होना चाहिए और समाज में व्याप्त जमाखोरी, नफाखोरी, बोगस राशन आदि दुर्गुणों को खत्म करने का संकल्प करना चाहिए। वर्तमान संघर्ष लम्बा चलेगा और मकसद पूरा करने में कुछ तो समय जरूर लग जाएगा। जनता देश के सामने प्रस्तुत बड़ी समस्याओं के समाधान के लिए विभिन्न राज्यों में 'जन समिति' संगठित करने में शामिल हो जाए। क्योंकि इंदिरा गांधी के 'गरीबी हटाओ' नारा के बावजूद देश में गरीबी और

बेरोजगारी बढ़ती जा रही है। देश में औद्योगिक इकाइयों की स्थापना के बावजूद इन समस्याओं का समाधान असंभव प्रतीत होता है। देश के सामने बहुत बड़ी-बड़ी समस्याएं हैं। देश में चुनावों पर बहुत ही खर्च किया जाता है, बेकारी और गरीबी बढ़ती ही जा रही है। मैं इन प्रश्नों पर प्रधानमंत्री के साथ विचार-विमर्श करने के लिए बराबर तैयार रहता हूं। पिछले साल मैं प्रधानमंत्री के साथ दो बार मिल चुका हूं, लेकिन समस्या का कोई व्यवहारिक समाधान नहीं हो सका।

......क्रांति ज्वालामुखी की तरह होती है, जिसकी कोई योजना नहीं बनायी जाती है और इसमें अचानक विस्फोट हो जाता है। इस तरह की क्रांति के लिए जनता का संकल्प तथा अनुशासन आवश्यक है।"

चालीस ग्राम : 4 जनवरी 1975

महाराष्ट्र के चालीस ग्राम में संगठन कांग्रेस की अखिल भारतीय महासमिति के अधिवेशन का आरम्भ करते हुए पार्टी के अध्यक्ष अशोक मेहता ने कहा, इंदिरा गांधी सरकार को खत्म करने का उपाय शीघ्र सोचें जो संविधान और जनतंत्र का सत्यानाश करने पर तुल गयी हैं। कांग्रेस सरकार संसदीय चुनाव क्षेत्रों का नये सिरे से परिसीमन किए बिना ही अचानक चुनाव कराने की बात मत सोचे। क्योंकि अचानक चुनाव करना भी संसदीय जनतंत्र पर हमला है। यह एक दूषित चाल भी है, ताकि अचानक चुनाव कराने की घोषणा करके विपक्षी दलों को भौंचक्का कर दिया जाए, वे चुनाव ठीक से नहीं लड़ सकें, न ही उन्हें तैयारी करने का मौका मिल सके और न वे अपने संगठन की ताकत को चुनाव के लिए बटोर सकें और कांग्रेस पार्टी आसानी से सत्तारूढ़ हो जाए। आप लोग सतर्क रहें और चुनाव की तैयारी में अभी से लग जाएं।

सर्वोच्च न्यायालय में वरिष्ठ जजों की वरीयता का अतिक्रमण करके कनीय जज को सर्वोच्च न्यायाधीश नियुक्त करने, चुनाव संबंधित कानूनों को कांग्रेस पार्टी की सुविधा के अनुकूल संशोधित करने, प्रेस पर नियंत्रण बढ़ाये जाने, आपातकालीन स्थिति अभी तक कायम रखने, विपक्षी राजनीतिक दलों के खिलाफ 'मीसा' का प्रयोग करने की कार्रवाई की चर्चा करते हुए मेहता ने कहा, कांग्रेस सरकार स्वतंत्रता प्राप्ति के लाभ को खत्म करती जा रही है और मौलिक अधिकारों में कटौती करके संविधान तथा जनतंत्र की मूल भावना पर चोट पहुंचा रही है।

अशोक मेहता ने अपनी पार्टी के सदस्यों का आह्वान किया कि वे सभी जेपी आंदोलन का पूरी तरह साथ दें और राजनीतिक तथा आर्थिक व्याप्त संकट को दूर करने के प्रयास में योगदान करें।

उज्जैन : 5 जनवरी 1975

तरुण शांति सेना के 5 वें राष्ट्रीय सम्मेलन का उद्घाटन करते हुए लोकनायक जयप्रकाश नारायण ने कहा कि प्रधानमंत्री इंदिरा गांधी से मैं भी वार्ता तब तक करने के लिए तैयार नहीं, जब तक मेरी बुनियादी मांगें मानने के लिए प्रधानमंत्री तैयार नहीं हो जाती हैं। वे बुनियादी मांगें हैं - बिहार में गफूर मंत्रिमंडल की बर्खास्तगी और बिहार विधान सभा का विघटन।

प्रधानमंत्री अब आकर यह कहने लगी हैं कि भ्रष्टाचार मिटाने के लिए 'राष्ट्रीय चेतना' जगाने की जरूरत है, लेकिन मैंने इससे पूर्व दो साल राजनीतिक चेतना जगाने में बिताये और इस अवधि में प्रमुख राजनीतिक पार्टियों की शक्तियों को दो देशों में पुन: निर्माण के लिए जुटाया। इस सिलसिले में दिल्ली में राष्ट्रीय चेतना सम्मेलन भी हुआ। उस सम्मेलन ने भारत सरकार को सुझाव दिया कि राज्यों के बीच उत्पन्न विवादों को सुलझाने के लिए अन्तर्राज्यीय परिषद स्थापित की जाएं। हो सकता है कि इस विचार का प्रयोग दोबारा किया जाए किन्तु मैं अपने को चेतना राजनीति में शामिल नहीं करना चाहता, क्योंकि हो सकता है ये सारी बातें, आंदोलन से लोगों का ध्यान हटाने या खत्म करने के लिए की जा रही हों। आंदोलन के लिए गांधीवाद अपनाने को भी बातें कहा जा रहा है। लेकिन मैं पूछता हूं कि ऐसा करने से उन्हें रोकता ही कौन है। पिछले 27 सालों में किसी ने नहीं रोका, लेकिन मुझे खुशी होगी अगर अब लोग जो भी राजनीति में हैं, गांधीवादी मार्ग से राष्ट्र के निर्माण में लग जाएं। लेकिन सच्चाई यह है कि देश को गांधीवादी मार्ग पर न ले जाकर सोवियत संघ के मार्ग पर ले जाया जा रहा है। मुझे आश्चर्य है कि प्रधानमंत्री इंदिरा गांधी किस आधार पर यह दावा कर रही हैं कि वे अब भी गांधीवादी मार्ग पर चल रही हैं।

1971 के पहले जब कांग्रेस का विभाजन नहीं हुआ था, इंदिरा जी बराबर कहती रहीं कि 'सिंडीकेट' के कारण वे प्रगतिशील कार्यक्रम नहीं पूरा कर पा रही थीं, लेकिन 1971 के बाद उनके मार्ग में किसने उन्हें बाधा पहुंचाई? इंदिरा गांधी 9 वर्ष से प्रधानमंत्री हैं फिर भी सूखे के खिलाफ कोई गारंटी नहीं, अनाज का आयात जारी है, महंगाई रुक नहीं रही, बेरोजगारी भयंकर है।

इंदौर : 6 जनवरी 1975

लोकनायक जयप्रकाश नारायण के सम्मान में आयोजित 'प्रेस कल्ब' में एक पत्रकार सम्मेलन में प्रश्नों का उत्तर देते हुए कहा, बड़े व्यावसायिक घराने के साथ अपने संबंध के बारे में खास कर रामनाथ गोयनका के साथ संबंध के विषय में पूछे जाने पर जेपी ने बताया गोयनका के साथ तो मेरा संबंध केवल दो वर्ष से है। मैंने व्यवसायियों से भी जो धन प्राप्त किया है, उसका मैंने

पूरा हिसाब रखा है। और किसी के साथ ठहरना तो काई गलत काम नहीं है। प्रधानमंत्री इंदिरा गांधी, स्वर्गीय फिरोज गांधी और पंडितजी (जवाहर लाल नेहरु) उद्योगपतियों से सहायता प्राप्त करते थे।

एक अन्य प्रश्न के उत्तर में जेपी ने कहा, कम्युनिस्ट पार्टी देश में हिंसा फैला रही है। यह सुविदित तथ्य है कि भारतीय कम्युनिस्ट पार्टी द्वारा नवंबर में पटना में आयोजित प्रदर्शन में लोग भाले-गंडासे लेकर शामिल हुए थे। जिला मजिस्ट्रेट के अनुसार उस प्रदर्शन में बीस व्यक्ति घायल भी हुए थे।

जेपी ने कहा कि 9 महीने से हमारे बिहार आंदोलन के दरम्यान मात्र एक सिपाही मारा गया। हमारा आंदोलन महात्मा गांधी के उस समय के आंदोलन से कहीं अधिक शांतिपूर्ण और अहिंसक रहा है। मुझे जनसंघ से यह आश्वासन मिला है कि जब तक पूर्ण क्रांति नहीं हो जाती, तब तक वह आंदोलन में शामिल रहेगा।

मैं आकाशवाणी के पटना केंद्र का घेराव करने और उसके काम में रुकावट डालने के एक कार्यक्रम के बारे में सोच रहा हूं। ऐसा इसलिए किया जाएगा क्योंकि पटना केंद्र झूठी खबरें देता है। बिहार आंदोलन गंगा की तरह है, उस आंदोलन में जो कोई भी भाग लेगा वह पवित्र हो जाये।

त्रिवेन्द्र : 11 जनवरी 1975

प्रधानमंत्री इंदिरा गांधी ने एक जनसभा को संबोधित करते हुए कहा कि जयप्रकाश का वर्तमान आंदोलन जो भ्रष्टाचार विरोधी अभियान के नाम पर चल रहा है, केवल धुएं की छाया है। असली इरादे को छिपा देना ही इस आंदोलन का लक्ष्य है। असली इरादा कांग्रेस पार्टी तथा मुझे सत्ता से हटाना है। इतना जो प्रचार चल रहा है, वह केवल धुएं की छाया है, जिसका यह मतलब है कि लोगों का ध्यान उन कदमों की ओर से हटा दिया जाए, जिन्हें उठाया जाना जरूरी समझा जा रहा है। जयप्रकाश के आंदोलन को उसी वर्ग से समर्थन मिल रहा है, जिस तरह का जर्मनी में या और जिसने हिटलर के आंदोलन का समर्थन किया था। जो तत्व आंदोलन के साथ हैं वे प्रतिक्रियावादी हैं लेकिन यह अजीब बात है कि मार्क्सवादियों ने, जो आमूल परिवर्तन तथा प्रगतिशीलता की नीति में विश्वास करते हैं, ऐसे लोगों के साथ हाथ मिलाया है।

वर्तमान आंदोलन के नेता सरकार की विदेशी नीति को स्वीकार नहीं करते, किन्तु वे यह भी नहीं बताते कि वे किस तरह की विदेश नीति पसंद करते हैं। यह सही है कि रूस के साथ भारत की मित्रता है, इसका यह अर्थ भी नहीं है कि हमारी अन्य देशों के साथ मित्रता नहीं हो सकती।

हम लोग जो इस बात को छिपा नहीं सकते कि यह सोवियत रूस ही था, जिसने जरूरत के समय भारत की मदद की। चाहे यह बंगला देश का संकट हो या इस्पात कारखाना हो।

क्या मैं देश को कम्यूनिज्म की ओर ले जा रही हूं? मैंने किसी के समर्थन के कारण किसी की नीति के साथ किसी प्रकार का समझौता नहीं किया है।

समानांतर सरकार से ग्राम स्वराज्य!

लोकनायक जयप्रकाश नारायण ने जनता सरकार की रूपरेखा के प्रारूप को बताते हुए पटना में 14 जनवरी, 1975 को कहा, प्रस्तावित जनता सरकार की समानांतर सरकार अथवा 'वर्तमान सरकार' प्रणाली की प्रतिकृति नहीं होगी।

जनता सरकार के प्रारूप में जेपी ने कहा कि मेरी जनता सरकार में कोई जिला मजिस्ट्रेट, पुलिस अधीक्षक और बीडीओ नहीं होंगे। इस सरकार में मौजूदा सरकार की तरह कोई पुलिस या लाठी की व्यवस्था भी नहीं रहेगी। जनता सरकार जनता की, जनता के द्वारा और जनता के लिए सरकार होगी और यह 'सम्पूर्ण क्रांति' अथवा राज्य विहीन समाज के गठन की दिशा में एक कदम होगा। ऐसी सरकार क्रमशः गांधी जी के ग्रामराज्य और डॉ. लोहिया के चौखंभा राज की सरकार के रूप में होगी क्योंकि समाज की धारणाएं 'जनता के संगठन एवं जन सत्ता' पर आधारित हैं।

जेपी ने आगे कहा, इस समय पटना अथवा दिल्ली की सरकार जनता के रोजमर्रा के जीवन में दखल देती है और इसने जनता के अधिकार हथियारों को हड़प लिया है।

प्रकाशित प्रारूप में 'जनता सरकार' के गठन के विषय में बताया गया कि इसकी सबसे छोटी इकाई गांव में, नगर में और मोहल्ले में होगी। टोला स्तर 'जन संघर्ष समिति' का चुनाव करा कर जनता सरकार गठित हो जायेगी। टोले के पुरुषों-महिलाओं और बच्चों की एक जनसभा बुलाई जाएगी और इस बात का विशेष ध्यान रखा जाएगा कि हरिजन, मुस्लिम और अन्य दलित वर्गों के सदस्य भी शामिल हो सकें। इस जनसभा में एक दस सदस्यीय जन संघर्ष समिति का चुनाव किया जाएगा। समिति के केवल दो पदाधिकारी होंगे- एक संयोजन और दूसरा कोषाध्यक्ष। संयोजन संगठन का काम करेगा और कोषाध्यक्ष दान से प्राप्त आय एवं व्यय का लेखा जोखा रखेगा। टोली समिति की बैठक सप्ताह में एक बार अवश्य होगी। इसके दोहरे दायित्व होंगे एक तो उस क्षेत्र विशेष के आंतरिक जीवन की देखभाल करना और दूसरा मौजूदा सरकार के विरुद्ध संघर्ष के कार्यक्रम आयोजित करना। उदाहरण के तौर पर समिति किसी जमीन के विवाद को अदालतों में जाने से रोकेगी और पंचायत द्वारा उसे हल करवायेगी।

प्रारूप में यह भी कहा गया कि टोला जन संघर्ष समिति का अपना निगरानी संगठन होगा जो 'ग्राम शांति सेना' कहलायेगा। प्रारूप के अनुसार 'जनता सरकार' का दूसरा चरण पंचायत जनसंघर्ष का गठन होगा और उस पंचायत की टोला समिति के संयोजक और उसके अतिरिक्त तीन अन्य सदस्य होंगे।

मूलत: समानांतर सरकार या जनता सरकार का उद्देश्य यह है कि राज्य शक्ति से सर्वोच्च 'लोक शक्ति' होती है। अगर लोक शक्ति चाहे तो राज्य विहीन समाज का गठन कर सकती है, अपनी जनता या समानांतर सरकार में शक्ति का उपयोग कर सकती।

पटना : 17 जनवरी 1975

भारतीय लोकदल के अध्यक्ष चौधरी चरण सिंह ने पटना के गांधी मैदान में एक विशाल जनसभा को संबोधित करते हुए कहा कि जनतांत्रिक सरकार के गठन के लिए सभी विरोधी दल एक हों, क्योंकि प्रधानमंत्री इंदिरा गांधी देश को करीब - करीब बर्बाद कर चुकी हैं। यह बर्बादी स्वर्गीय पंडित नेहरू के समय से ही शुरू हो गई थी। नेहरू जी की मृत्यु के 6 महीने पूर्व अपनी गलती स्वीकार कर चुके थे, किन्तु इंदिरा गांधी गलतियों को दोहराती जा रही हैं।

महात्मा गांधी ने कृषि को प्राथमिकता दी थी। दूसरा स्थान उन्होंने घरेलू उद्योगों को तथा छोटे-छोटे उद्योगों को दिया था और तीसरा स्थान बड़े उद्योगों को, परन्तु नेहरू जी ने तीन पंचवर्षीय योजनाओं में प्राथमिकता बड़े उद्योगों को दी और नतीजा यह हुआ कि आजादी के बाद से देश को खिलाने के लिए 60 अरब रुपये का अन्न विदेशों से मंगाना पड़ा और 21 अरब का रूई भी मंगाना पड़ा।

चौधरी चरण सिंह ने शासक दल के साथ विरोधी दलों को भी देश में व्याप्त बेकारी, महंगाई, भ्रष्टाचार और दूसरी बुराइयों के लिए जिम्मेदार ठहराया। विरोधी दल रचनात्मक सुझाव देने के बजाय नारेबाजी और सरकार की अंधाधुंध आलोचना करने में ही अपनी शक्ति का प्रदर्शन करते रहे। बिहार का आंदोलन राष्ट्रीय समस्याओं से जुड़ा हुआ है। अत: वह देश की समस्याओं को हल करने में मार्गदर्शन करेगा।

चरण सिंह ने आगे कहा कि आज भी कृषि और किसानों की उपेक्षा हो रही है। सिंचाई, बीज और खाद का समुचित प्रबंध हो रहा है। वर्तमान शासक दल की गलत नीतियों के कारण ही देश पर 'सवा खरब' रुपये का कर्ज हो गया है।

बड़ौदा : 18 जनवरी 1975

लोकनायक जयप्रकाश नारायण ने यहां की एक विशाल जन सभा को सम्बोधित करते हुए कहा कि देश 'अराजकता' की स्थिति से गुजर रहा है और हम सब के संयुक्त प्रयास से इस स्थिति को और भी अधिक बिगड़ने से रोका जा सकता है। इस देश के लोगों में काफी सहन शक्ति है, लेकिन पिछले कुछ वर्षों से बढ़ते भ्रष्टाचार के विरुद्ध, सरकार के प्रति जनता का रोष किसी न किसी रूप में उमड़ रहा है।

केन्द्रीय सरकार बिहार में जनमत करा कर यह देख ले कि गफूर मंत्रिमंडल की बर्खास्तगी और विधानसभा विघटन के लिए छात्रों द्वारा किये जा रहे आंदोलन को आम जनता का समर्थन प्राप्त है या नहीं।

मुझे इस बात का खेद है कि गुजरात विधान सभा के विघटन के बावजूद भ्रष्टाचार, बदले मूल्य और अन्य सामाजिक बुराइयों के विरुद्ध यहां का संघर्ष सफल नहीं हो सका। सत्ता कांग्रेस ने जनता को झूठी आशा देकर गत आम चुनाव में भारी बहुमत प्राप्त कर लिया। आवश्यकता है कि आगामी चुनाव 'जन प्रतिनिधियों' के चुनाव के लिए गांवों और शहरों में सभाएं करें। भ्रष्ट तत्वों के विरुद्ध प्रभावशाली ढंग से लड़ाई लड़ने और शैक्षणिक प्रणाली एवं चुनाव पद्धति में परिवर्तन के लिए पंचायत में जन संघर्ष समितियों और हर हाई स्कूल में छात्र संघर्ष का गठन किया जाना चाहिए।

बिहार आंदोलन की चर्चा करते हुए जेपी ने कहा कि वहां की जनता राज्य में कांग्रेस शासन को समाप्त करने के लिए कृतसंकल्प है, चाहे प्रधानमंत्री अपनी सुविधानुसार कभी भी आम चुनाव कराएं।

पूना : 23-24 जनवरी 1975

लोकनायक जयप्रकाश नारायण ने अपनी दो दिन की पूना यात्रा के पहले दिन यह आशा प्रकट की कि वे महाराष्ट्र की जनता तथा प्रशासन की पारस्परिक सूझबूझ तथा सहयोग से राज्य की समस्याओं को हल करने में एक साथ हाथ बटायेंगे। भारत में पंचायत राज इसलिए सफल नहीं हो सका क्योंकि इंदिरा राज के समय पंचायतों के अधिकार छीन लिये गये।

यात्रा के दूसरे व अन्तिम दिन जेपी ने कहा, समस्याओं के समाधान के लिए केवल संघर्ष ही रास्ता नहीं है, यदि सहयोग से काम हो तो लोगों तथा प्रशासन के बीच संघर्ष की आवश्यकता नहीं हो सकती, लेकिन बर्बर सरकार यदि लोगों की आवाज अनसुनी करती रहे तो संघर्ष अवश्यम्भावी है।

जेपी ने कहा कि प्रधानमंत्री इंदिरा गांधी और अन्य कांग्रेसी नेता जिनमें कांग्रेस अध्यक्ष भी हैं, निवार्चन प्रणाली में सुधार की बार-बार चर्चा करते हैं, लेकिन अब तक इन विषयों पर उन लोगों ने शायद ही कुछ विचार किया है। यहां तक कि 1972 में जिस समिति ने इन संबंध में जो सिफारिशें की भी उन पर भी कुछ विचार नहीं किया गया और अब जनता के पास सरकार पर इसके लिए दबाव डालने के अलावा कोई रास्ता नहीं है।

जेपी ने आगे कहा कि शहरी संपत्ति पर हदबन्दी रखने पर सरकार का किसी भी तरह का प्रतिबंध विफल साबित होगा। कांग्रेसी सरकार इस संबंध में जो भी कानून बनाएगी, उसमें कांग्रेस छिद्र रह जाएंगे और छिद्रयुक्त कानून का अर्थ उसको समाप्त कर देना है।

बैंगलोर : 23 जनवरी 1975

संगठन कांग्रेस के नेता के. कामराज ने 23 जनवरी, 1975 को कहा कि अंग्रेज सरकार ने 'फूट डालो और शासन करो' की जो नीति इस देश में चलायी थी, वही नीति आज यहां के शासक सत्ता कायम रखने के लिए चला रहे हैं।

के. कामराज ने आगे कहा, देश में 90 प्रतिशत लोग पिछड़े हैं और केवल मत प्राप्त करने के लिए ही हरिजनों, अल्पसंख्यकों और पिछड़े लोगों की भावनाओं को उमेड़ा जाता है। देश में व्याप्त सभी बुराइयों के लिए केवल राज्य या केंद्रीय सरकार को ही दोषी नहीं ठहराया जा सकता। गांधीवादी नीतियों को अपनाने से ही देश की सभी समस्याओं का समाधान हो सकता है।

बम्बई : 25-26 जनवरी 1975

जेपी ने देशव्यापी दौरे के क्रम में दो दिवसीय यात्रा के दौरान पहले दिन 25 जनवरी, 1975 को अपनी बम्बई यात्रा में कहा, देश में तब तक समाजवाद नहीं आ सकता है, जब तक समाज अपने जन-जीवन में समाजवादी मूल्यों को स्वीकार नहीं करता। बिहार आंदोलन, इसी लक्ष्य को प्राप्त करना चाहता है। बगैर जनता के सहयोग के केवल राजनीतिक शक्ति और कानून के कार्यान्वित होने से ही समाजवादी समाज की स्थापना नहीं हो सकती है।

जेपी ने कहा, अपनी विचारधारा तो गांधीवाद और लेनिनवाद का समन्वय है क्योंकि दोनों व्यक्तियों ने लक्ष्य प्राप्ति के लिए पहले जनता को अपने विचारों के बारे में शिक्षित किया ताकि जब समय आये तो जनता उन्हें अपना समर्थन दे।

जयप्रकाश ने आगे कहा, बिहार में भूदान आंदोलन की विफलता के बाद मैं इस निष्कर्ष पर पहुंचा हूं कि जब तक एक दलमुक्त राजनीतिक शक्ति कायम नहीं की जायेगी, तब तक मौलिक

सामाजिक परिवर्तन का लक्ष्य प्राप्त नहीं किया जा सकेगा। आचार्य विनोबा भावे ने मुझे बिहार में भूदान आंदोलन को चलाते रहने को कहा है और यह भी कहा है कि यदि मैं इसमें विफल हो जाऊंगा तब समूचा इतिहास भुला देगा।

जेपी ने अपनी बम्बई यात्रा के दूसरे दिन यानी 26 जनवरी को शिवाजी पार्क मैदान में आयोजित विशाल जन समुदाय, जिसे बम्बई-पूना की अब तक की हुई आम सभाओं में ऐतिहासिक भीड़ कहा जाएगा, असीमित जन समुदाय को संबोधित करते हुए कहा, "बार टोली आंदोलन, जब तक सत्याग्रह चलता रहा सरदार वल्लभ भाई पटेल ने बार टोली नहीं छोड़ने का निश्चय किया था। इसी प्रकार जब तक आंदोलन चलता रहेगा मैं बिहार नहीं छोड़ूंगा। जेपी ने देश की आर्थिक नीति की चर्चा करते हुए कहा, पंचवर्षीय योजना के लक्ष्य का प्रारूप इस प्रकार व्यावहारिक बनाया जाए ताकि अगले पांच वर्षों के भीतर हर परिवार की आमदनी कम से कम 3 हजार रुपये हो। प्रधानमंत्री इंदिरा गांधी के 'गरीबी हटाओ' नारे ने देश में गरीबी को और भी बढ़ा दिया है। आज देश में पांच वर्ष पूर्व की अपेक्षा अधिक लोग गरीबी रेखा से और भी नीचे आ गये हैं। सरकार द्वारा गरीबी हटाओ और समाजवाद के नाम पर राष्ट्रीयकरण का कार्यक्रम चलाया जा रहा है। इससे केवल सरकारी कर्मचारियों में विशेष भत्ता व्यय बढ़ाने के अलावा क्या मिला। यह समाजवाद नहीं बल्कि सच्चे अर्थ में बुर्जुआवादी समाजवाद है।

नई दिल्ली : 5 मार्च 1975

लोकनायक जयप्रकाश नारायण को कांग्रेस के कुछ मुख्य व्यक्तियों जैसे जगजीवन राम, चन्द्रशेखर, दिनेश सिंह, मोहन धारिया आदि पर विश्वास था कि वे उनका साथ देंगे - लोकतंत्र, न्याय को जीवित रखने के लिए, लेकिन इनमें से जगजीवन राम पर जेपी की कुछ अधिक आस्था थी। जेपी को यह विश्वास था कि लोकतंत्र की रक्षा हेतु जगजीवन राम अपने पद से इस्तीफा देकर मेरे साथ हो जायेंगे परन्तु जगजीवन राम ने विश्वास का कभी कोई परिचय अंत समय तक जेपी को नहीं दिया। वहीं वास्तव में चन्द्रशेखर, दिनेश सिंह तथा मोहन धारिया ने जेपी का सदैव साथ दिया। यहां तक कि संकट के समय भी वे सभी जेपी के सहयोगी बने रहे, परन्तु जगजीवन राम दूर से जेपी एवं उनके संकट को देखते रहे। जगजीवन राम आंतरिक रूप से अपने पद को नहीं छोड़ना चाहते थे। इंदिरा गांधी पर अपना अटूट विश्वास व समर्थन बनाए हुए थे। साथ ही अपनी दोहरी नीति के कारण जेपी से भी अलग नहीं हुए।

जगजीवन राम ने मात्र आदर भाव से शब्दों का प्रयोग करके जेपी का विरोध करते हुए 5 मार्च, 1975 को एक वक्तव्य प्रस्तुत करते हुए कहा- जय प्रकाश नारायण प्रजातांत्रिक मूल्यों

को ही सर्वोपरि मानें। जेपी के उस वक्तव्य का उदाहरण देते हुए, जिसमें उन्होंने कांग्रेस वालों से कांग्रेस को टूटने से बचाने का आह्वान किया है, कहा है कि मैं इस बात से प्रसन्न हूं कि कांग्रेस की कमजोरियों और कमियों का, चाहे वे सही हों या काल्पनिक जयप्रकाश बाबू ने अपने सब प्रयासों के बावजूद पर्दाफाश करने का प्रयास किया है और यह सब उन्होंने स्पष्ट कर दिया है कि वे कांग्रेस का न नुकसान चाहते हैं और न उसे बर्बाद होने देना चाहते हैं। मैं जयप्रकाश बाबू की इस भावना की प्रशंसा करता हूं कि उन्होंने इस तथ्य को माना है कि कांग्रेस ही अकेले सम्पूर्ण राष्ट्र को समेट कर रख सकती है। क्या मैं पूछ सकता हूं कि वे पिछले कुछ महीनों से क्या कर रहे हैं। आज देश अनेक समस्याओं से गुजर रहा है। इस समय जनता के मन में सत्ताधारी दल के विरुद्ध आशंका उत्पन्न करना उचित नहीं है।

प्रधानमंत्री इंदिरा गांधी ने चेतावनी देते हुए कहा, कांग्रेस के कई लोग जेपी आंदोलन के साथ हैं। उन्होंने उन कांग्रेसियों का नाम नहीं लिया परन्तु स्पष्ट रूप से उन्होंने चन्द्रशेखर, मोहन धारिया, दिनेश सिंह की तरफ संकेत किया, क्योंकि वे सभी जेपी आंदोलन से जुड़े हुए थे। जगजीवन राम इस सूची में नहीं आना चाहते थे, क्योंकि वे अपने पद पर बने रहना चाहते थे।

चन्द्रशेखर एवं मोहन धारिया ने यह सोच लिया था कि जेपी आंदोलन के साथ काम करने का अर्थ अपने पद से हटना ही नहीं, बल्कि कांग्रेस पार्टी से निकाल दिए जाएंगे और इस सबसे ज्यादा इंदिरा गांधी हम लोगों को गिरफ्तार कर सकती हैं। जेपी आंदोलन से जुड़े रहने का फल भविष्य में यही हो सकता है। इसके लिए चन्द्रशेखर और मोहन धारिया तैयार थे परन्तु जगजीवन राम इन सब के लिए तैयार नहीं थे।

जेपी आंदोलन के साथ रहने का परिणाम, इंदिरा मंत्रिमंडल से मोहन धारिया को निकाल दिया गया। मंत्रिमंडल से हटाने के बाद लोकसभा में अपने वक्तव्य में धारिया ने कहा कि जो लोग प्रगतिशील नीतियों के क्रियान्वयन में सहायता की बात करते हैं, वे उसका राजनीतिक लाभ उठाना चाहते हैं। जब उन्हें मेरे विचार असुविधाजनक प्रतीत होते हैं, तो वे व्यक्तिगत आरोप करने से भी पीछे नहीं हटते। यह दुख की बात है कि कम्युनिस्ट पार्टी छोटी-छोटी बातों को बहुत ज्यादा उछालने की कोशिश करती है, जबकि घोषित नीतियों की क्रियान्विति की उपेक्षा करती है। अवास्तविक और काल्पनिक प्रश्नों पर कथित मतभेदों को उछालने और नेताओं का चरित्र हनन करने की प्रवृति खतरनाक है। छद्म आचरण के कारण ही कम्युनिस्ट पार्टी जनता से अपना असली चेहरा नहीं छिपा सकती। उनका बेनकाब होना निश्चित है। सिद्धांत विहीन आचरण से यदि वे समझाते हैं कि उन्होंने कुछ अर्जित किया है तो वह भी खोते देर नहीं लगेगी।

कांग्रेस समर्थक मोहन धारिया ने एक हिंसक पार्टी का पर्दाफाश किया जिससे कांग्रेस का भी असली चेहरा जनमत के समक्ष आ गया एवं कांग्रेस के वरिष्ठ नेता जो कांग्रेस-कम्युनिस्ट की सांठगांठ पर मौन थे, उन सभी का मौन चेहरा पर्दे पर आ गया।

मोहन धारिया के वक्तव्य पर उसी रात एक प्रसारण में लंदन से बी.बी.सी. ने टिप्पणी करते हुए कहा, "मोहन धारिया के इस वक्तव्य के बाद अब कांग्रेस में दरार पड़ने की सम्भावना है। पहले से कांग्रेस में मत भिन्नता रही है पर अब यह खाई चौड़ी होती हुई लगती है।"

धारिया के वक्तव्य के बाद 6 मार्च, 1975 को कांग्रेस संसदीय पार्टी की कार्यकारिणी की आपातकालीन बैठक बुलाई गई, जिसकी अध्यक्षता प्रधानमंत्री इंदिरा गांधी ने की। बैठक में मोहन धारिया के विरुद्ध गंभीरता से विचार हुआ।

नई दिल्ली : 6 मार्च 1975 'जनता मार्च'!

दिल्ली के इतिहास में आज तक जितने प्रदर्शन हुए उनमें सबसे बड़ा सरकार विरोधी प्रदर्शन लोकनायक जयप्रकाश नारायण के नेतृत्व में 6 मार्च, 1975 को निकला। पूर्व घोषित कार्यक्रम के अनुसार इंदिरा सरकार के दमन के बावजूद भी, दस लाख के अपार जन समुदाय की जुलूस यात्रा दिन के साढ़े दस बजे ऐतिहासिक लाल किले से शुरू हुई। जुलूस का नेतृत्व करने के लिए जेपी जब लाल किला पहुंचे तो प्रदर्शनकारियों ने 'लोकनायक जयप्रकाश नारायण जिन्दाबाद' का जयघोष किया। आठ किलोमीटर लम्बे इस जुलूस के आगे एक मोटर साइकिल सवार हाथ में बड़ा सफेद झण्डा लिये चल रहा था, जिसमें 'जनमार्च' अंकित था। इसके पीछे ही बिहार के 'छात्र संघर्ष समिति' की एक टुकड़ी थी, जो 'सिंहासन खाली करो कि जनता आती है।' नारा अंकित बैनर लिए चल रही थी। जुलूस में प्रदर्शनकारी चार-चार पंक्तियों में अनुशासनबद्ध होकर चल रहे थे। जुलूस के बीच में एक खुली जीप पर लोकनायक जयप्रकाश नारायण खादी के सफेद कपड़ों में, जैसे 4 नवंबर, 74 को पटना के 'डंडी मार्च' में पहने थे, मौजूद थे। जीप पर चारों ओर सफेद खादी के कपड़े बिछे हुए थे। जेपी की इस जीप को कर्नल पी. एस. गिल चला रहे थे। जेपी के पीछे पांच अलग-अलग जीपों में विरोधी दलों के नेता थे, जिनमें जनसंघ के अटल बिहारी वाजपेयी, लाल कृष्ण आडवाणी, विजयाराजे सिंधिया, भारतीय लोकदल के चौधरी चरण सिंह, राज नारायण, पीलू मोदी, सोशलिस्ट पार्टी के जॉर्ज फर्नांडिस, त्रिदेव चौधरी, मधु लिमये तथा अकाली दल के प्रकाश सिंह बादल आदि शामिल थे।

दिल्ली के बाहर से आने वाले हजारों लोग अपने-अपने हाथों में कम्बल और भोजन लिए चल रहे थे। जुलूस के रास्ते में भी लोग भारी संख्या में शामिल हो रहे थे। आठ किलोमीटर लंबे

जुलूस में दस लाख प्रदर्शनकारी चल रहे थे। इस लंबे जुलूस में प्राथमिक चिकित्सा के साथ-साथ दो एम्बुलेंस वाहन चल रहे थे तथा इस लंबे मार्ग में 25 स्थानों पर प्राथमिक चिकित्सा केंद्रों की व्यवस्था की गई थी।

दिल्ली बंद और जन प्रदर्शन के कारण आज राजधानी के सरकारी, गैर सरकारी और छोटे-बड़े सभी शिक्षण संस्थान बन्द रहे। जन प्रदर्शन के कारण आधी रात से ही संसद भवन की ओर जाने वाले छोटे-बड़े सभी मार्गों पर 'कोलो का पाइप' लगा कर रोक दिया गया। साइकिल सवार भी नहीं जा सकते थे। फुटपाथों से मुख्य मार्गों पर जाने के लिए बने रास्तों को भी बन्द कर दिया गया। जुलूस में चल रहे प्रदर्शनकारी 'गद्दी खाली करो,' 'रोटी कपड़ा जो न दे वह सरकार निकम्मी है', 'सच कहना अगर बगावत है तो समझो हम भी बागी हैं' के नारे लगा रहे थे। पांच घंटे की लम्बी यात्रा के बाद लोकनायक जयप्रकाश नारायण ने प्रतिपक्षी नेताओं के साथ संसद भवन आकर लोक सभाध्यक्ष सरदार गुरु दयाल सिंह ढिल्लो को 'जनता का मांग पत्र' देते हुए कहा, "हम जनता के प्रतिनिधि देश की सबसे बड़ी जनसंख्या के अध्यक्ष को यह मांग पत्र प्रस्तुत करते हैं।" जय प्रकाश नारायण द्वारा 'जनता का मांग पत्र' देने के पूर्व ही सरदार गुरुदयाल सिंह ढिल्लो ने जेपी का स्वागत करके उनके स्वास्थ्य की पूछताछ की। उसके उपरान्त सरदार ढिल्लो ने धन्यवाद पूर्वक मांग पत्र स्वीकार किया। इसके बाद सभा अध्यक्ष ने जेपी और अन्य नेताओं को जलपान करवाया।

इसके बाद लोकनायक जयप्रकाश नारायण के साथ सभी प्रतिपक्षी नेताओं ने राज्य सभा पहुंच कर सभापति बी. डी. जत्ती को 'जनता का मांग पत्र' दिया। जत्ती ने भी जेपी एवं प्रतिपक्षी नेताओं का स्वागत किया। राज्य सभा के अध्यक्ष को मांग पत्र देने के बाद उनके कक्ष से बाहर आते समय जेपी मार्क्सवादी कम्युनिस्ट पार्टी के नेता ज्योतिमय बसु की ओर मुड़े और कहा -"ज्योतिमय आप अपने नेताओं से कह दो कि वे लोग गलती कर रहे हैं।" तब बसु ने कहा, "हां महाशय, मैं इस संदेश को अपने नेताओं तक पहुंचा दूंगा।" जेपी ने बसु से ये बातें इसलिए नहीं की कि मार्क्सवादी कम्युनिस्ट पार्टी आज के प्रदर्शन में भाग नहीं लेकर अपने आप को जनता से अलग कर रही है। फिर भी मार्क्सवादी पार्टी ने आज के 'जनता मार्च' में भाग नहीं लिया, परन्तु बसु 'जनता मार्च' शुरू होने के पूर्व 'लाल किला' क्षेत्र में पहुंच चुके थे। इसके अलावा राज्य सभा तथा लोकसभा के अध्यक्षों के साथ गैर कम्युनिस्ट विरोधी नेताओं की बैठक के समय बसु तथा उनके दल के सहयोगी समर मुखर्जी भी वहां उपस्थित रहे। इसके बाद लोकनायक जयप्रकाश नारायण ने दस लाख प्रदर्शनकारियों के जुलूस को 'वोट क्लब' में विशाल रैली को सम्बोधित करते हुए कहा, "आज का दिवस स्वतंत्र भारत में स्वर्णाक्षरों में लिखा जायेगा। संभव

है मेरी अति कुछ लोगों को अतिशयोक्ति सी लगे, परंतु आगे आने वाले दिन, महीने बसूरत इस बात को सिद्ध करेंगे कि जैसे दांडी मार्च ने भारत का इतिहास पलटा था, वैसे ही भावी भारत का इतिहास पलटेगा।"

जेपी ने कहा, "आज यहां भारत के कोने-कोने से इकट्ठा हुए लोग ऐसा करेंगे। इतने बड़े समूह की संख्या का मैं अनुमान तो नहीं लगा सकता, लेकिन इतना बड़ा जन समूह पहले कभी नहीं देखा होगा। अनेक प्रकार की बाधा उपस्थित हुई है। प्रधानमंत्री को हमारी बात पर विश्वास नहीं है कि बिहार की जनता बिहार विधान सभा भंग करना नहीं चाहती तो वे बिहार में जनमत करा लें। वे देखेंगी कि 90 प्रतिशत जनता का मत विधान सभा भंग करने के पक्ष में होगा।"

इंदिरा सरकार ने 6 मार्च के 'जनता मार्च' के विरोध में सभी सरकारी कार्यालय खोल रखे थे। बड़े मजे की बात तो यह थी कि 'वोट कल्ब' के विशाल मैदान के किनारे स्थित केन्द्रीय कर्मचारी कार्यालय के कार्य समय में, अपने कार्यालय की छत पर से लोकनायक जयप्रकाश नारायण का भाषण सुन रहे थे। क्या इस वक्त इंदिरा गांधी की सरकार सोई हुई थी।

जेपी ने अपने भाषण में आगे कहा, "सत्ताधारियों को आंख खोलकर देख लेना चाहिए कि इतने सारे कारणों के बावजूद भी इसी दिल्ली शहर में इतने लोग इकट्ठे हुए हैं। लेफ्टिनेंट गवर्नर साहब से नीचे ऊपर के सभी अफसर इसमें लगे हुए थे, दुकानें बंद न हों। दुकान खुलवाने के लिए डराया-धमकाया गया और जबरदस्ती की गयी, दक्षिणपंथी सी.पी.आई. के लोग भी इसमें लगे हुए थे। पता नहीं कौन सा उनका इसमें लाभ होने वाला था। बावजूद इन सबके यह अपार भीड़ है। सत्ताधारी देख लें, ये लोग यहां आये हैं, क्योंकि यहां इतिहास का नया अध्याय शुरू होने वाला है, इसलिए कि जनता ने तय किया है कि सत्ता वाले अगर हमारी बातों पर ध्यान नहीं देंगे तो उनको मजबूर करेंगे अपनी बात सुनने के लिए और यह काम हम शान्तिमय तरीकों से करेंगे और महात्मा गांधी ने जो मार्ग देश के सामने रखा था, उस पर ही हम चलेंगे।"

उन्होंने आगे कहा कि मैंने कुछ दिन पहले एक प्रसिद्ध अर्थशास्त्री मिन्हास से यह दरियाफ्त किया था कि आज जो देश की परिस्थिति है, उसमें गरीबी की जो सीमा रेखा है, उसके नीचे कितने प्रतिशत भारत की गरीब जनता आती है, तो उन्होंने बताया था कि 60 से 66 प्रतिशत तक लोग इसमें आते हैं, 27 वर्षों में कांग्रेस ने देश को ऐसी स्थिति में पहुंचा दिया है। अगर इस प्रकार की परिस्थितियाँ दुनिया के किसी देश में पैदा हुई होती, इतने पढ़े-लिखे लोगों की बेकारी होती, इतनी भुखमरी होती, शासन में इतना भ्रष्टाचार होता तो वहां विद्रोह की ज्वाला फूट पड़ती।

6 अप्रैल जो इस देश के इतिहास में एक बड़ा ही महत्व का दिन है, 'रॉलेट एक्ट' के विरोध में 'काला दिवस' के रूप में मनाया गया था। हमारे देश में अब भी इमरजेंसी की घोषणा है, भारत

में आपातकालीन परिस्थिति है। ऐसी घोषणा तब होती है, जब युद्ध की परिस्थिति हो, जब बाहर से आक्रमण होता हो या अधिक आंतरिक विद्रोह हो। हिंसा पूरी तरह से समाज में फैली हो तभी, इसका औचित्य होता है। देश में लड़ाई के समय आपातकालीन स्थिति की घोषणा की गयी थी, लेकिन यह अभी भी जारी है, तो 6 अप्रैल को हमारे देश में, भारत के कस्बे-कस्बे, नगर-नगर, शहर-शहर में सभाएं की जायेंगी। 'इमरजेंसी वापस लो', इसकी मांग की जायेगी। क्योंकि जब तक यह परिस्थिति है, यह जो लोकसभा आपके सामने है। भारत का विधान कहता है कि जब-तक यह परिस्थिति है कि पांच वर्षों के बाद भी लोकसभा का चुनाव नहीं किया जा सकता, इस परिस्थिति में जब तक चाहें, प्रधानमंत्री लोकसभा का चुनाव टाल सकती हैं। भारत की जनता का जन्मसिद्ध अधिकार - सरकार चुनने का अधिकार, वे इस परिस्थिति में रख सकती थीं। इसलिये इसको वापस लेने की मांग की जाये।

बिहार आंदोलन : वर्षगांठ - 1975

18 मार्च, 1974 से 18 मार्च, 1975 तक एक वर्ष पूरा हुआ। इस अवधि में अनेक तिथियां एवं घटनाएं हैं, जो समय की शिलापट्ट पर अंकित हैं। वर्षगांठ पर बिहार के विभिन्न हिस्सों से आए आंदोलनकारियों का एक विशाल जुलूस पटना के गांधी मैदान से निकला, जिसका नेतृत्व लोकनायक जयप्रकाश नारायण कर रहे थे। शहर के प्रमुख मार्गों से होता हुआ, जुलूस उसी शहीद स्मारक पर पहुंचा, जहां गत 18 मार्च, 1974 को युद्ध का मैदान बना हुआ था। और आज जुलूस अहिंसक, शांतिपूर्ण लोकनायक के नेतृत्व में चल रहा था। जुलूस शहीद स्मारक पहुंच कर अपनी मांगों के लिए जनता का आरोप पत्र एक छात्र ने पढ़ा। फिर इस आरोप पत्र को विधान सभा के मुख्य द्वार पर लटका दिया गया। इसके बाद फिर संध्या 5 बजे गांधी मैदान में जेपी ने आम सभा को संबोधित किया। यह पहला मौका था कि जेपी के भाषण के पूर्व बिहार आंदोलन वर्षगांठ के अवसर पर तीन छात्रों के भी भाषण हुए। इसके पूर्व चरखा समिति की महिलाओं ने क्रांति गीत गाये। इन सब के उपरान्त त्रिपुरारी शरण ने 'जनता के आरोप पत्र' को पढ़ कर सुनाया।

वर्षगांठ के अवसर पर जेपी ने गांधी मैदान की सभा में कहा कि कई बार मैंने आपको समझाया है कि सेना लड़ाई लड़ती है, भीड़ तो नहीं लड़ती है। दस लाख की भीड़ तो ठहर नहीं सकती है, किस का हुक्म मानेंगे। मैं देखता हूं, जब निकलता हूं, नेता लोग मंडराते रहते हैं, मेरे निवास पर। बाबा, यहां सभा स्थल पर आना चाहिए, यहां का कुछ प्रबन्ध करना चाहिए। यह सबक सीखिए, आप कुछ न कीजिएगा, अनुशासन आपके अंदर नहीं होगा, संगठित आप नहीं पार्टियां हैं, उनके नेताओं को निमंत्रित किया है। इंदिरा जी को भी, कांग्रेस के लीडर की हैसियत से आमंत्रित किया है, राज्य सभा में उमाशंकर जी दीक्षित उनके नेता हैं, उनको भी निमंत्रित किया है और कहा है

कि अपने साथ आप दो-तीन और होइयेगा, तो नहीं लड़ सकिएगा, जितनी जल्दी यह आप समझ लें उतना ही जल्दी आपका फायदा होगा।

बिहार आंदोलन से एक बहुत बड़ा फल जो मुझे लगता है निकला है, वह यह है कि पच्चीस वर्षों से जिस प्रकार से शासन हुआ, जैसा स्वराज्य यहां कायम हुआ, उससे सारे देश में निराशा और मायूसी छायी थी। इस आंदोलन ने इस वातावरण को छिन्न-भिन्न किया और फिर एक उत्साह लोगों में आया। केवल बिहार की ही जनता में नहीं, सारे देश की जनता में आया है। जहां मैं जाता हूं, देखता हूं, जन जागृति अपूर्व हुई है। पिछले 27 वर्षों में ऐसी कभी दिखी नहीं थी। अपूर्व जन-जागृति हुई है। जनता की अपेक्षाएं बढ़ी हैं, जनता सामने आकर कटिबद्ध होकर कुछ करना चाहती है। उसका सबूत मिलता है, जहां नेतृत्व कुछ जनता को मिलता है, वहां जनता कुछ कर लेती है। काले बादल छंट गये हैं और आशा की किरण, आशा का सूरज भारत के क्षितिज पर उगा है, इस बिहार के आंदोलन द्वारा स्वराज की लड़ाई में, गांधी जी के नेतृत्व में जिस तरह से भारत के नारी समाज में एक जागृति हुई थी, उसी प्रकार से इस आंदोलन के द्वारा महिलाओं में, नारियों में एक अपूर्व जागृति हुई है, जिसका सबूत हर जगह मिलता है। देहातों में भी सभाएं होती हैं, बहनें सभाओं में भाग लेने जाती हैं। केवल बिहार में नहीं, सारे भारत में देखता हूं, ऐसा एक परिवर्तन हुआ है। बहुत सी कार्यकृतियां निकल कर आयी हैं, इनके अन्दर से एक यह भी मुझे लगता है कि फल हुआ है, जो कि बहुत हो महत्व का है कि जो इस आंदोलन में लगे हुए लोग हैं, उनके चरित्र में एक सुधार देखता हूं, उनके चरित्र में एक उत्थान देखता हूं। उनके चरित्र का निर्माण हो रहा है, ऐसा देखता हूं।

संघर्ष के गर्भ से एक संभावना प्रकट हुई है कि विरोधी दल जो अनेक हैं आपस में मिल जायें। अगर यह संभव नहीं होता है तो इतना तो ये विरोधी दलों के लोग करें कि आपस में बैठ कर हर चुनाव क्षेत्र में एक ही उम्मीदवार तय करेंगे। आपस में तालमेल बैठेगा उनमें 'एडजस्टमेंट' होगा, कम से कम इतना, अधिक से अधिक यह कि ये सब मिलकर एक हो जायें। वामपंथी दलों का तो दुर्भाग्य है, इस देश में उसका तमाशा तो, उसका नजारा तो बंगाल में देखते हैं हम। अनगिनत हैं, पता नहीं कितने हैं ये दल, शायद 27 हैं कि कितने हैं। टुकड़े-टुकड़े होते जाते हैं, टूटते ही जाते हैं। पता नहीं वामपंथ को भगवान ने यह क्या अभिशाप दिया है कि आपस में मिल नहीं पाते। बाल की खाल उखाड़ते रहते हैं, 'आइडियालाजी' का झगड़ा करते रहे हैं। शायद वे भी इकट्ठा हों। जैसे लोहे से लोहा जोड़ने के लिए बहुत गर्म आग चाहिए, बहुत तापमान चाहिए, तब वह लोहा जोड़ा जा सकता है लोहे से। उसी तरह से पार्टियों को मिलाने के लिए पार्टी नेता आपस में बैठेंगे तो नहीं होगा, इस संघर्ष की आग में जो शक्ति है उससे एक हो सकते हैं, तो हो

सकता है। आंदोलन के चलते, इस आंदोलन के जो प्रश्न उठाये गए उनके चलते भारतीय स्तर पर जनतंत्र के बारे में एक राष्ट्रीय चर्चा हुई। हमारे संविधान में क्या दोष हैं, चुनाव की पद्धति में क्या दोष हैं, जो मैंने कमेटी स्थापित की थी, जनतंत्र समाज की तरह से तारकुबे समिति, उसकी रिपोर्ट आ गयी है और उस रिपोर्ट पर विचार करने के लिए 12-13 अप्रैल (1975) को मैंने संसद में जितनी सदस्यों को ला सकते हैं । बिहार आंदोलन का असर सारे भारत पर पड़ा है, जिसका प्रमाण 6 मार्च का दिल्ली का प्रदर्शन था और मैं समझता हूं कि निकट भविष्य में और भी प्रदेशों में संघर्ष इसी प्रकार का शुरू होगा। पहला प्रदेश शायद उत्तर प्रदेश हो। फिर मुझे आशा है कि मध्य प्रदेश का नम्बंर होगा। उत्कल प्रदेश में काफी तैयारी है। यह भी मैं देखता हूं कि अपने प्रदेशों में जातिवाद का गहरा असर है, राजनीति पर। वह असर कुछ ढीला हुआ है अपने इस आंदोलन के कारण से। और भी उसमें बहुत कुछ करना बाकी है। एक कमी भी रही है, जिसकी तरफ आपका ध्यान खींचना चाहता हूं- जिन -जिन उपायों से हमने काम किया है, वे शांतिमय उपाय रहे हैं, लेकिन नहीं कह सकते कि हमारे उपाय शुद्ध रहे हैं। अशुद्ध उपाय भी हमने अख्तियार किये हैं। उसके उदाहरण मैं नहीं दूंगा। लेकिन आज एक वर्ष हुआ। अगले वर्ष के लिए शांतिमय उपायों के साथ-साथ शुद्ध उपायों का भी हम प्रयोग करेंगे। यह आप सबको, छात्र बंधुओं को, भगिनियों को, नागरिकों को, बिहार की जनता को जो इस संघर्ष में आयी हैं, यह प्रण भी करना होगा कि हमारे उपाय शांतिपूर्ण होंगे। यह मानते हैं आप? शांतिपूर्ण और शुद्ध उपाय। हाथ उठाइए.....(तालियों की गड़गड़ाहट)। अच्छी बात है। प्रतिज्ञा का ध्यान रखियेगा। फिर कभी कहीं कोई संघर्ष समिति का चुनाव हो, फिर कभी कोई कूपन का बंटवारा हो, कूपन का पैसा इकट्ठा किया गया हो तो और कोई कार्यक्रम हो तो उसमें अशुद्धता नहीं आनी चाहिए। हम कैसा समाज बनाना चाहते हैं? वह अशुद्ध समाज होगा? भ्रष्टाचार को मिटाना चाहते हो मित्रों, तो अपने अन्दर का भ्रष्टाचार मिटाना पड़ेगा।

12 जून 1975 : न्याय की रक्षा

इलाहाबाद हाईकोर्ट का ऐतिहासिक फैसला!

भारतीय राजनीति एवं न्याय के इतिहास में राजनारायण बनाम इंदिरा गांधी के अविस्मरणीय मुकदमे का निर्णय 12 जून, 1975 के दिन 10 बज कर 20 मिनट पर इलाहाबाद उच्च न्यायालय के न्यायमूर्ति जगमोहन लाल सिन्हा ने अपने 258 पृष्ठों के दस्तावेजों में ऐतिहासिक फैसला सुनाया। फैसले में इंदिरा नेहरू गांधी के चुनाव को लोक प्रतिनिधित्व 1951 की धारा 123 (7) के अंतर्गत भ्रष्ट आचरण की दोषी ठहराते हुए रायबरेली संसदीय क्षेत्र से इंदिरा गांधी का निवार्चन अवैध घोषित किया। फैसले के दिन से छह वर्ष तक कोई भी चुनाव लड़ पाने में अयोग्य करार दिया गया तथा अपने फैसले सुनाने के तत्काल उपरान्त इंदिरा गांधी के वकील की अर्जी पर न्यायमूर्ति जगमोहन लाल सिन्हा ने स्वयं यह स्थगन आदेश भी दिया कि उनके निर्णय का कार्यान्वयन बीस दिनों तक नहीं होगा।

भ्रष्टाचार के आरोपों की जांच न्यायालय में करना बहुत ही कठिन एवं दुरुस्त होता है, क्योंकि कानून की अपेक्षा है कि ऐसे मामलों में पुष्ट एवं संदेह रहित प्रमाण न्यायालय के समक्ष रहने चाहिए। और प्रधानमंत्री इंदिरा नेहरु गांधी को चुनाव में भ्रष्ट मामलों की जांच के लिए भी न्यायालय के समक्ष कठिनाइयों का सामना करना पड़ा। इंदिरा गांधी 1967 से उत्तर प्रदेश के संसदीय चुनाव क्षेत्र रायबरेली से चुनाव जीत रहीं थीं किन्तु 10 मार्च, 1971 में संसदीय चुनाव रायबरेली से निर्वाचित घोषित हुईं। इस बार इंदिरा गांधी के प्रतिद्वंद्वी चार थे, परन्तु संघर्ष मुख्य प्रतिद्वंद्वी समाजवादी पार्टी के नेता तथा राज्यसभा के सदस्य राजनारायण से हुआ। 1971 के

मार्च में चुनाव घोषणा के मात्र 45 वें दिन ही यानी 24 अप्रैल, 1971 के दिन राजनारायण ने इलाहाबाद उच्च न्यायालय में अपनी चुनाव याचिका इंदिरा गांधी के विरुद्ध दायर की।

इलाहाबाद उच्च न्यायालय में राजनारायण की ओर से शांति भूषण थे, तो दूसरी तरफ इंदिरा गांधी की ओर से अलग-अलग समय पर दफ्तरी एन. ए. पालकीवाला, अशोक सेन, जगन्नाथ कौशल एवं सतीश चन्द्र खरे ने वकालत की।

राजनारायण द्वारा इंदिरा गांधी के विरुद्ध दायर की गयी चुनाव याचिका में कुल 14 आरोप लगाये गये थे - जिनमें से 9 आरोपों का संबंध चुनाव अभिकर्ता यशपाल कपूर से और मात्र 5 आरोप भिन्न थे। कुल आरोपों में न्यायमूर्ति जगमोहन लाल सिन्हा द्वारा मूल रूप से छह आरोप ही निर्णयाधीन सिद्ध हुए। राजनारायण द्वारा दायर मुकदमे में इंदिरा गांधी के विरुद्ध कुछ मुख्य आरोप इस प्रकार थे।

आरोपों में सरकारी सेवा में रहते हुए यशपाल कपूर द्वारा इंदिरा गांधी के पक्ष में चुनाव प्रचार, सरकारी मशीनरी का इंदिरा गांधी द्वारा दुरुपयोग, इंदिरा गांधी के कार्यकर्ताओं ने श्रीमती गांधी के निर्वाचन अभिकर्ता यशपाल कपूर की सहमति से कई स्थानों पर रजाइयों, कंबलों, धोतियों तथा शराब आदि का वितरण किया गया था। मतदान के लिए यशपाल कपूर या उनकी सम्मति से अन्य व्यक्तियों द्वारा भाड़े पर लिए गये या अन्यथा प्राप्त किये गये वाहनों द्वारा मतदाताओं का मतदान केंद्रों तक मुफ्त प्रवहन किया गया था। इंदिरा गांधी तथा उसके निर्वाचन अभिकर्ता यशपाल कपूर ने विधि विहित 35,000 रुपये से कहीं अधिक लगभग 9,27,030 रुपये व्यय उपगत या प्राधिकृत किया था। आरोपित खर्चों में लगभग 1,28,700 रुपये से अधिक खर्चा वाहनों के भाड़े पर व्यय किया गया था। 43,230 रुपये से अधिक पेट्रोल और डीजल पर खर्च किया गया था। 9900 रुपये से अधिक वाहन चालकों को दिया गया था। 5,000 रुपये से अधिक वाहनों की मरम्मत इत्यादि पर खर्च हुआ था। 6,600 रुपये से अधिक चुनाव प्रचार के लिए नियुक्त कार्यकर्ताओं को दिया गया था।

दस हजार रुपये से अधिक मतदान कैंप लगाने के लिए खर्च हुआ। चुनाव क्षेत्र में 1 फरवरी और 25 फरवरी के दिन की गयी सार्वजनिक सभाओं के लिए बनाये गये मंच पर 1,32,000 रुपये खर्च हुआ, लाउडस्पीकर के लिए 7,000 रुपया खर्च किया गया। वायु सेना के यान और हैलिकाप्टर के लिए 1,68,000 रुपये से अधिक खर्च किया गया। चुनाव सभाओं के लिए रास्ते इत्यादि बनाने के लिए 2,00,000 रुपये से अधिक खर्च किया गया। पुलिस बल के सदस्यों को चुनाव सभाओं की व्यवस्था के लिए यात्रा और दैनिक भत्ता देने में सरकार ने 1,40,000 रुपये का खर्च किया, जिसे इंदिरा गांधी का ही खर्चा मानना चाहिए और 2,000 रुपये से अधिक

यातायात और परिवहन के लिए खर्च किया गया। गाय-बछड़े के चुनाव चिह्न के इस्तेमाल को भ्रष्ट तरीका से आरोपित करना आदि।

उपर्युक्त इन आरोपों के साथ उन चौहद मुद्दों में इंदिरा गांधी के विरुद्ध राजनारायण के मुख्य ये आरोप जो न्यायाधीश न्यायमूर्ति जगमोहन लाल सिन्हा ने सिद्ध किया तथा इंदिरा गांधी के चुनाव को अवैध घोषित करार दिया।

इतने ऐतिहासिक फैसले के बारे में न्यायमूर्ति जगमोहन लाल सिन्हा ने कहा, "मैंने राज नारायण विरुद्ध इंदिरा गांधी के मुकदमे के संबंध में जो फैसला दिया है, वह कोई असामान्य कार्य न था। जिस प्रकार मैं अन्य फैसला देता हूं, उसी प्रकार यह भी था।"

आपातकाल : 25 जून 1975

12 जून, 1975 के दिन इलाहाबाद हाईकोर्ट के न्यायमूर्ति जगमोहन लाल सिन्हा ने इंदिरा गांधी के चुनाव को अवैध घोषित कर, न्याय की रक्षा कर ऐतिहासिक फैसला दिया। इलाहाबाद हाईकोर्ट के फैसले के बाद यह मांग देशव्यापी हो गयी कि इंदिरा गांधी तत्काल प्रधानमंत्री पद से त्यागपत्र दें।

इस ऐतिहासिक फैसले के दूसरे दिन 13 जून, 1975 को राष्ट्रपति भवन के समक्ष विरोधी दलों के नेता इंदिरा गांधी के इस्तीफे की मांग कर रहे थे। राष्ट्रपति भवन के द्वार पर एक बड़े बैनर पर लिखा था, 'भ्रष्ट्र इंदिरा गांधी को बरखास्त करो' तथा धरने में राजनारायण, नानाजी देशमुख, पीलू मोदी, श्यामनन्दन मिश्र, रवि राय तथा अन्य विरोधी दल मांग दोहरा रहे थे। देशव्यापी प्रतिक्रिया हुई, कि इंदिरा गांधी तुरन्त इस्तीफा दें। सी.पी.आई. को छोड़ कर सभी विरोधी दल इस्तीफे की मांग को दोहरा रहे थे।

तीन महीने का कार्यक्रम

इलाहाबाद हाईकोर्ट के इस ऐतिहासिक फैसले के साथ जेपी आंदोलन अपनी तेज गति से चल रहा था। 18 मार्च,1974 बिहार आंदोलन वर्षगांठ 1975 के उपरान्त आंदोलन की गतिविधियां रुकी नहीं, चलती रहीं। 18 मार्च, 1975 के बाद पूरे अप्रैल महीने तक जेपी ने अपने आंदोलन को अगले तीन महीनों के भावी कार्यक्रम की रूपरेखा दी, जिस पर आंदोलनकारियों ने काम करना था। जून तक यानी तीन महीने तक विशेष रूप से 'जन जागरण' का कार्य होता रहा। 1 मई, 1975 से 31 जुलाई, 1975 तक तीन महीने का कार्यक्रम इस प्रकार होता रहा।

गांव-गांव सम्पूर्ण क्रांति का संदेश पहुंचाना, जनता सरकार का गठन और संघर्ष वाहिनी में भर्ती किया जाना। 5 मई से 31 जुलाई तक साइकिल और पैदल यात्राएं, गांव-गांव में सम्पूर्ण क्रांति का संदेश, जनता सरकार का गठन, छात्र-युवा संघर्ष वाहिनी की भर्ती।

5 जून, 1975 को गांव में जनता सरकार की घोषणा, घोषणा के तुरन्त बाद संघर्ष समिति की बैठक और कार्यक्रम पर विचार।

7 जून, 1975 को पंचायत में जनता सरकार की घोषणा, संघर्ष समितियों की बैठक।

5 से 20 जून, 1975 के बीच संघर्ष वाहिनी से जिला स्तरीय और प्रखंड स्तरीय शिविर - विशेष रूप से जनता सरकार के संघ क्षेत्रों कार्यक्रम करना। हर प्रखंड में जन संघर्ष समितियों के संयोजकों और कोषाध्यक्षों के मिलेजुले विषयों और काम पर विचार शामिल था। 20 से 30 जून, 1975 तक सीलिंग से अधिक भूमि रखने वालों की बेनामी बंदोबस्ती के बारे में जानकारी एकत्रित की जाए। बेदखल भूदान-किसानों को जमीन वापस दिलाने के लिए आवश्यक कार्रवाई की जाए। जो लोग आंदोलन में अब-तक जेल जा चुके हैं, उनकी.गोष्ठी हो। जो छात्र अपने विद्यालय वापस चले गये हैं, वे पढ़ाई के साथ लड़ाई की चर्चा करें और कार्यक्रम बनायें।

1 से 7 जुलाई, 1975 तक हरिजनों, भूमिहीनों की स्थिति की जानकारी ली जाए, विशेष रूप से बासगीत मजदूरी और पीने के पानी के बारे में कार्यक्रम किया जाये।

10 जुलाई, 1975 को प्रखंड कार्यालय पर प्रखंड भर के शिक्षित, अशिक्षित बेरोजगारों का प्रदर्शन किया जाये।

10 जुलाई से 20 जुलाई, 1975 तक संघर्ष साहित्य की व्यापक बिक्री की जाए। 'तरुण क्रांति,' एवरीमैन्स (अंग्रेजी), 'प्रजानीति', वार्ता के ग्राहक बनाना शामिल है।

21 जुलाई से 31 जुलाई, 1975 तक कूपन पर संघर्ष के लिए धन संग्रह औसत प्रति परिवार एक रुपया लिया जाये। छात्र-छात्राएं अपने विद्यालयों में प्रति छात्र एक रुपये मासिक का आश्वासन लें और संघर्ष में पूरा समय देकर काम करने वाले अपने साथी को एक सौ रुपये की पहली मासिक किस्त 1 अगस्त को अदा करें।

जेपी के तीन महीने के व्यापक कार्यक्रमों से आंदोलन में गति आ गई और आंदोलनकारियों के द्वारा कार्यक्रम चलने लगे।

12 जून से 25 जून 1975

12 जून से 25 जून, 1975 की अवधि। इंदिरा गांधी के सब दरबारी, सफदरजंग रोड, प्रधानमंत्री के निवास स्थान पर जमा हो रहे थे, कांग्रेस अध्यक्ष देवकान्त बरुआ, बंसीलाल,

ओम मेहता, सिद्धार्थ शंकर रे तो दो दिन पहले ही कलकत्ता छोड़ कर दिल्ली में विराजमान थे। हेमवती बहुगुणा, देवराज अर्स, सुभद्रा जोशी और सबसे बाद में उड़ीसा के मुख्य मंत्री श्रीमती नन्दनी सत्यपति सफदरजंग पहुंचीं। चारों तरफ सन्नाटा। सरदार स्वर्ण सिंह, यशवंत राव चौहान, जगजीवन राम से जब इंदिरा गांधी ने पूछा, क्या इलाहाबाद हाईकोर्ट के फैसले के खिलाफ सुप्रीम कोर्ट में उनकी अपील का निपटारा होने तक उनका पद पर बने रहना उचित है? तब जगजीवन राम ने कहा, "जी हां, सुप्रीम कोर्ट के फैसले तक आपका अपने पद पर रहना ही उचित होगा।"

इंदिरा गांधी के समर्थन में पोस्टर छपवाए जा रहे थे। लोगों द्वारा एक राज्य से लेकर दूसरे राज्य तक, सफदरजंग रोड पर जन प्रदर्शन तथा गगनभेदी 'इंदिरा गांधी जिन्दाबाद' के नारे लग रहे थे। पोस्टर छपवा और चिपकाए अभियान में नई दिल्ली में एक दिन में 18 जून, 1975 की दोपहर तक 20 लाख इंदिरा समर्थक पोस्टर छापे जा चुके थे तथा इसी प्रेस से 17 जून को आठ पेज के 10-12 लाख दो रंगों में पोस्टर छापे गये। पोस्टर चिपकाए गए, जिसमें इलाहाबाद हाईकोर्ट के न्यायाधीश न्यायमूर्ति जगमोहन लाल सिन्हा के संदर्भ में लिखा था कि न्यायाधीश जगमोहन लाल सिन्हा और सी. आई. ए. के बीच जरूर कोई न कोई संबंध है। सिर्फ यहां तक ही नहीं, इंदिरा गांधी के समर्थकों द्वारा न्यायमूर्ति जगमोहन लाल सिन्हा के पुतले भी जलाए गए।

12 जून, 1975 को आये फैसले के बाद देश में गतिविधियां तेज हो गईं। जेपी देशव्यापी दौरे पर थे, साथ ही आम सभा तथा विरोधी पार्टियों के कार्यकर्ताओं एवं नेताओं से विचार-विमर्श कर रहे थे। विरोधी दलों वालों ने जेपी से अपील की, कि वे दिल्ली में आम सभा को संबोधित करें। जेपी अंततः इसके लिए तैयार हो गये। क्या पता था, 25 जून 1975 को जेपी का रामलीला मैदान में दिया गया भाषण अंतिम बना क्योंकि इसी दिन की रात को आपातकाल की घोषणा हो गई।

25 जून, 1975 को नई दिल्ली के रामलीला मैदान में विशाल जनसभा में दिया गया भाषण दूसरे दिन 26 जून, 1975 को किसी अखबार में प्रकाशित नहीं हुआ।

दिल्ली के दीनदयाल उपाध्याय मार्ग पर स्थित 'गांधी शांति प्रतिष्ठान' से जब लोकनायक जयप्रकाश नारायण 25 जून, 1975 की शाम 'रामलीला मैदान' में पहुंचे, जहां अपार भीड़ को देखकर वे भाव मुग्ध हो गये। इस ऐतिहासिक सभा को संबोधित करते हुए लोकनायक जयप्रकाश नारायण ने कहा, "आदरणीय सभापति जी, सभी उपस्थित सज्जनों, देवियों और युवकों। अभी परसों ही इसी मैदान में एक बहुत बड़ी सभा हुई थी। मैं उस सभा में आनेवाला था, परन्तु दुर्भाग्यवश जिस विमान से मैं आने वाला था, वह कलकत्ता से उड़ा ही नहीं और मैं पटना में ही पड़ा रह गया, उस दिन चूंकि मैं नहीं आया और आपके सामने उपस्थित नहीं हुआ, इसलिए

कई मित्रों की राय थी कि मुझे भी आपके सामने आना चाहिए। लेकिन मुख्य कारण यह है कि उस दिन की परिस्थिति में और आज की परिस्थिति में बहुत बड़ा परिवर्तन हुआ और इस संबंध में जनता को बताने की आवश्यकता है।

दुख की बात है कि कल का प्रस्ताव जो महत्वपूर्ण प्रस्ताव था, जिसे विरोधी दलों की कार्यकारिणी समितियों के लोगों ने मिलकर पास किया था, बहुत बड़ा प्रस्ताव नहीं था, परन्तु जो अंग्रेजी के अखबार यहां से निकलते हैं, उनमें वह नहीं आया। हिन्दुस्तान टाइम्स में और मदरलैण्ड में पूरा प्रस्ताव छपा। क्या कारण हुआ, मैं नहीं कह सकता हूं, लेकिन मैं यह शिकायत करना चाहता हूं। यह लोकतंत्र है, इतना महत्वपूर्ण प्रश्न देश के सामने उपस्थित है, ऑल इण्डिया रेडियो की तरफ से, टेलीविजन की तरफ से, शासक दल स्वयं प्रधानमंत्री भी ऐसी बातें कह रही हैं, जिनसे जनता का ध्यान मुख्य प्रश्न से हटकर दूसरी तरफ चला जाए। ऐसी परिस्थिति में कम से कम इतना तो होना चाहिए था कि उस छोटे से प्रस्ताव का फुल टेपस्ट, पूरा मनमून हर समाचार पत्र में छपता। यह एक महत्वपूर्ण प्रस्ताव है, उसमें सारी बातें कही गयी हैं। पहली बार इतिहास में यह हुआ है कि पांच विरोधी दलों की कार्यकारिणियां एक साथ बैठीं। कई दिन बैठे ये लोग और बैठकर सुप्रीम कोर्ट के फैसले पर विचार किया और यह प्रस्ताव तैयार हुआ।

मित्रों! यह मजाक करने की बात नहीं है, किसी की खिल्ली उड़ाने की बात नहीं है और न किसी को बहुत जोश दिलाने की बात है। इस वक्त होश का काम है। शंका की परिस्थिति पैदा हुई भारत में। जब से लोकतंत्र की स्थापना हुई उसके बाद पहली बार ऐसी शंका का मौका आया है और खतरा इस बात का है कि शायद हमारा लोकतंत्र बिलकुल ही मिट जाए। देखिए, प्रचार के सब साधन, प्रसार के सब साधन शासन के हाथ में है। देहातों में जहां पढ़े-लिखे लोग कम हैं, निरक्षर लोग हैं, वहां आज भी रेडियो सुनने वाले लोग हैं। अधिकांश गांवों में ये सब क्या सुनते हैं? वही जो रेडियो सुनाता है - एकांगी झूठ। रेडियो इतना झूठ बोल रहा है, एक पक्षीय समाचार दे रहा है, टिप्पणियां कर रहा है, भाषण दिलवा रहा है, यह ठीक नहीं है। यह सारा काम जनता के रुपयों से होता है। कोई इंदिरा जी के पैसों से यह काम नहीं हो रहा है, यह रेडियो बंद करवाना चाहिए या इन नीतियों में परिवर्तन कराना चाहिए। क्या यह सभंव नहीं है कि चुनौती दे दी जाए कि यह पॉलिसी आप बंद कीजिए रेडियो और टेलीविजन की, नहीं तो हम आपको चलने नहीं देगे। इसका चलना बंद करा दिया जाये या तो इनकी नीतियों में परिवर्तन हो या घेराव कीजिए इसका। गुजराल साहब का घेराव करना चाहिये कि नीति बदलनी चाहिए अब। एक छोटा सा प्रस्ताव भी प्रेस वाले न छापें, जगह भी नहीं उसके लिए, अपनी टिप्पणियां देकर इधर-उधर का एक टुकड़ा छाप दें। जब हाईकोर्ट का फैसला हुआ, अगर उसके तुरन्त बाद ही प्रधानमंत्री अपना इस्तीफा दे

देतीं तो उनकी इज्जत बढ़ती और राष्ट्रपति कहते कि आप चलाइये, जब तक कोई व्यवस्था नहीं हो। फिर उनकी पार्लियामेंटरी पार्टी की बैठक होती, फिर नये लीडर चुने जाते, फिर जब उनका सुप्रीम कोर्ट में फैसला हो जाता, जो भी फैसला होता, उनके मुताबिक अगर फैसला यह होता है कि हाईकोर्ट का फैसला गलत था, तो ठीक है। प्रधानमंत्री अपना मंत्रिमंडल बनाना चाहतीं, तो बना सकती थीं। लेकिन डर तो यह है कि मैं जानता हूं। गद्दी से एक बार वे हट जाएंगी तो वह गद्दी फिर उनको मिलेगी नहीं। हालांकि रोज प्रस्ताव पास हो रहे हैं कि इन पर हमारा अटूट विश्वास है वगैरह-वगैरह। दूसरे नंबर पर वह यह कह सकती थीं कि ठीक है 'स्टे आर्डर' मिल गया है और वह जिसको कहते हैं पूर्ण स्थगन का आदेश, मिला है। एब्सोल्यूट स्टे आर्डर मिला है तो ठीक है इस्तीफा नहीं देतीं। मगर यह नहीं हुआ तो इस्तीफा जरूरी था। यह बहुत गलत काम हुआ, लोकतंत्र के लिए और भारत के भविष्य लिए। यह बहुत खतरे की बात है और ऐसी बात है कि प्रदर्शन कराये जाएं, मीटिंग करायी जाए, रैली कराई जाने चाहिए और उसमें प्रस्ताव पास किया जाये, तरह-तरह से बसें जुटाई जायें। यह आप सब जानते हैं कि किस प्रकार से लोगों को हजारों की तादाद में बुलाया गया, प्रस्ताव पास किया गया कि आप इस्तीफा मत दीजिए-इस्तीफा मत दीजिए। आपके बगैर देश का कोई काम नहीं होगा। इससे कानून का कोई मतलब नहीं था।

आप जानते हैं कि लोकतंत्र में राज्य के तीन अंग हैं। एक तो कार्यकारिणी है, एक्जिक्यूटिव है, मिनिस्ट्री है। दूसरा ज्यूडिशियरी है और तीसरा लेजिस्लेचर है - न्याय बनाने वाले, न्याय की रक्षा करने वाले हैं, न्याय का इंटरप्रिटेशन देने वाले हैं। अब अगर डेमोक्रेसी है और लॉ कोर्ट में फैसला हुआ तो उस फैसले को बदलने का अधिकार जनता को नहीं है, भले ही जैसे-तैसे लाये हुए लाखों लोग आकर कहें कि हमें आप पर विश्वास है। राजनारायण के मुकदमे में यही न फैसला हुआ कि कम से कम दो मामलों में उन्होंने भ्रष्टाचार किया है। अब से ये गोखले साहब लॉ मिनिस्टर हैं। खुद भी एक वकील हैं। अब वे कह रहे हैं कि ऐसा नहीं लिखा गया है जजमेंट में। जो ज्यादा संगीन भ्रष्टाचार होते हैं वे अपेक्षाकृत इनके ऊपर नहीं हैं। कानून के लोगों ने मुझे बताया कि सुप्रीम कोर्ट ने कह दिया है कि करप्ट प्रैक्टिस क्या है, इसका लॉ बना हुआ है। इसमें कौन ज्यादा करप्ट है, कौन कम करप्ट है यह पहले रहा होगा, आज इनमें कोई फर्क नहीं है और वे कहते हैं कि बहुत बड़े बहुमत से भी एक उम्मीदवार जीत जाए, लेकिन इलेक्शन पिटीशन के मुकदमे में यह फैसला हो जाये कि एक वोटर को भी गैर-कानूनी तरीके से वोट दिलाने के लिए लाये थे तो सारा इलेक्शन रद्द हो जायेगा। तो इसमें कोई सवाल नहीं होता है कि कसूर कितना बड़ा था या कितना छोटा था। छोटा-बड़ा कसूर सब एक ही है। अगर कोई भी काम करप्ट साबित हो गया तो इलेक्शन रद्द हो जायेगा, छह वर्ष के लिए डिसक्वालीफाईड हो जायेगा वह आदमी, जैसे प्राइम मिनिस्टरी हो गई हैं। अब यह सब देश में भ्रम फैलाते हैं। गोखले साहब की स्पीच,

उनकी बातें रेडियो और टेलीविजन में जाएगी। हमारी बात तो आने नहीं देंगे ये लोग। इस तरह से भ्रम में डालने से लोकतंत्र चलता नहीं है। इलाहाबाद हाईकोर्ट के फैसले के बाद पिछले दिनों प्रधानमंत्री की तरफ से कांग्रेस पार्टी की तरफ से जो कुछ कार्रवाईयां हुई हैं, उनसे स्पष्ट हुआ है कि तरीके फासिस्टवाद के हैं। ये लोग फासिस्टवाद के तरीके अख्तियार कर रहे हैं। ये लोकतंत्र के तरीके नहीं हैं। न्यायालय के सामने भीड़ इकट्ठा कर लेना कि जजमेंट तुम्हारा गलत है। इनको वापस लो, यही न मतलब हुआ?

मैं अपने भाषणों में कहता रहता हूं कि अपने प्रतिनिधि से, अपने मंत्री से, मुख्यमंत्री से, प्रधानमंत्री से, जनता कम से कम इतनी उम्मीद रखती है और रखनी चाहिए, यह मांगने का उसको अधिकार है कि हमारी सेवा आप ईमान्दारी से करो। न जाने कितनी बार हजारों सभाओं में मैने यह कहा है। एक बड़े कांस्टीट्यूशन लाइयर, दुनिया के माने हुए वकील सर आयवर जेनिंग का एक वाक्य अंग्रेजी में पढ़ देता हूं। उन्होंने कहा, "दी मोस्ट एलीमेन्ट्री क्वालीफिकेशन डिमांडेड ऑफ ए मिनिस्टरी इन आनेस्टी एण्ड इनकरप्टिविलिटी," सबसे पहला जो गुण होना चाहिए, वह यह होना चाहिए कि ऑनेस्ट हो, ईमानदार हो और ईमानदार बना रहे।

यह कम से कम विशेषता है, उसके बाद यह भी कहा, "इट इज नॉट ओनली नो सॉरी फॉर हिम टू दिस पचेस दिस क्वालिफिकेशन, बट ही मस्ट आलसो एपियर टू इट" वह ईमानदार हो और इनकरटिटबल हो, वह भ्रष्ट नहीं बनाया जा सकता हो, इतना ही जरूरी नहीं है, बल्कि लोग देखें भी, समझें भी कि यह आदमी ईमानदार है। उन्हें विश्वास भी हो उनकी ईमानदारी में। केवल इस क्वालिफिकेशन को ही सामने रखें आप। उसके अनुसार तथा इंदिरा गांधी किसी पद पर रह सकती हैं? पालकीवाला साहब 'एब्सोल्यूट' मांग रहे थे, जिससे वह पार्लियामेंट में 'फंक्शन' कर सकें जब तक उनका फैसला न हो। अब सुप्रीम कोर्ट ने फैसला दिया कि इस तरह से हम पूरा स्थगन तो नहीं दे सकते। जहां तक मेंबर ऑफ पार्लियामेंट है, उसमें उन्होंने बता दिया है कि मेंबरी उनकी रहेगी, वह खत्म नहीं होती है। अगर मेंबरी के कोई अधिकार उनके पास नहीं हैं। वे या पार्लियामेंट की मेंबर की हैसियत से तनख्वाह नहीं ले सकती हैं। वहां की बहस में वे हिस्सा नहीं ले सकती हैं, वोट तो मंत्री के पद से भी नहीं दे सकती हैं, भाग भी नहीं ले सकती हैं। सिर्फ आकर रजिस्टर में दस्तखत कर सकती हैं, जिससे उनकी मेंबरी खत्म न हो। जब जज ने अपने जजमेंट में लिखा है कि हमारे सामने जो सवाल था, वह केवल यही था, पार्लियामेंट की मेंबरी का सवाल।

मि. जस्टिस कृष्णा अशर ने लिखा है कि 'दिस अपील, इट इन क्लेम्ड, रिलेटस ओनली टू दी लोकसभा मेंबरशिप ऑफ दी अपीलेंट एण्ड दी सब्जेक्ट मैटर ऑफ हर ऑफिस एंड प्राइम

मिनिस्टर इज नॉट डारेक्टली टू डिस्पोज ऑफ इन दिस लिटिगेशन।' इस मुकदमे में हाईकोर्ट से लेकर सुप्रीम कोर्ट के अंतिम फैसले तक सिर्फ एक ही सवाल है कि उनकी मेंबरी। वे मेंबर ऑफ पार्लियामेंट रह सकती हैं या नहीं - दो जो चार्जेज उनके ऊपर अपहोल्ड किये हैं हाईकोर्ट ने, उसके हिसाब से वे मेंबर नहीं रह सकतीं। लेकिन जो 'कंडिशनल स्टे' दिया है, उसके मुताबिक उनकी मेंबरी जारी है। तो खुद कह रहे हैं कि हमारे सामने एक ही सवाल है, इस मुकदमे भर में प्राइम मिनिस्टर की मेंबरी। उन्होंने कहा कि मेंबरी एब्सोल्युट नहीं रह सकती। वे इतनी हद तक ही मेंबर रह सकती हैं कि उनका नाम कट न जाए। यह बिल्कुल साफ है। रेडियो ने, टेलीविजन ने, कांग्रेसी नेताओं ने, पार्लियामेंटरी बोर्ड ने सब लोगों ने इसे इस तरह सामने रखा कि जैसे उनको प्राइम मिनिस्टर बनाए रखना सुप्रीम कोर्ट ने उचित माना है, कानून ने आवश्यक माना है और उसके ऊपर उसने फैसला दिया है। मेरा ऐसा ख्याल है कि वे प्राइम मिनिस्टर रह सकती हैं, उसके बारे में जो कुछ कहा है, उन्होंने अपने ऑर्डर के चौथे पैराग्राफ में, वह नहीं कहते तो अच्छा होता। क्योंकि उसका लाभ उठाकर यह प्रचार हो रहा है। उन्होंने इतना ही कहा कि कानून जैसा आज है उसमें वे प्राइम मिनिस्टर अभी रह सकती हैं अगर वे चाहें तो। उन्होंने अपनी राय नहीं दी, कहा कि वह लॉ कोर्ट के बाहर का सवाल है। इसके बारे में हम कुछ नहीं कह सकते हैं।' अब देश का जो प्राइम मिनिस्टर है, वह इतना बंधा हुआ है एक हाईकोर्ट के फैसले से, उसके ऊपर भ्रष्टाचार के काले बादल छाए हुए हैं, वे अभी छंटे नहीं हैं और जब तक सुप्रीम कोर्ट का आखिरी फैसला नहीं हो जायेगा, तब तक वे बादल रहेंगे। इसलिए अंग्रेजी में कहते हैं कि 'शी इज ऑडर क्लाइड' यह जो उनकी अनेस्टटी है, इनकरटिबिलिटी है, क्वेश्चंड है। हाई कोर्ट ने आप जानते हैं दो प्रश्नों के ऊपर तो कहा है कि करप्ट प्रैक्टिसेस उन्होंने इलेक्शन में अख्तियार किये। लेकिन साथ-साथ यह भी कहा है, सुप्रीम कोर्ट के एक एडवोकेट ने मुझे बताया कि कोर्ट के जजमेंट में सत्ताईस जगहों पर मि. जस्टिस सिन्हा ने यह कहा है कि इंदिरा जी ने जो लिखित बयान दिया और अभी जो बयान दे रही हैं, कई जगहों में ऐसे प्रश्न आये हैं, जिन पर उन्होंने यह शक जाहिर किया है कि जो बात यह कह रही हैं, वह नेचुरल है, स्वाभाविक है या नहीं है। यानी हाईकोर्ट ने उनके शब्दों के ऊपर अविश्वास किया है कि सच बोल रही हैं या झूठ बोल रही हैं। वहां सभ्य भाषा का प्रयोग किया गया है। साधारण जनता की भाषा में कहा जा सकता है कि हाईकोर्ट ने यह कहा है कि कई जगहों पर उन्होंने झूठ कहे हैं, संदिग्ध बात कही है। पहले कुछ कहा, बाद में कुछ कहा। अब प्राइम मिनिस्टर के ऊपर में जो आरोप लगाए गये हैं, सब क्राइम हैं। प्राइम मिनिस्टर वोट नहीं कर सकती हैं। अब ऐसी हालत में क्या देश के लिए अच्छा होगा, ऐसा एक प्राइम मिनिस्टर रहे? पुलिस भर के सामने देश का एक ऐसा प्रतिनिधि रहे? कोई इंटरनेशनल कॉन्फ्रेंस हुई तो जब प्राइम मिनिस्टर जायेंगी..... कर्टसी, सदाचार और

औपचारिकता के ख्याल से अच्छी-अच्छी बातें कहेंगी, उनके सामने जैसा आज भी कह रहे हैं, लेकिन भारत दुनिया के सामने क्या तस्वीर लेगा? इसलिए यह कोई नैतिकता का ही प्रश्न नहीं है। यह केवल औपचारिकता का ही प्रश्न नहीं है। यह हमारे देश के लिए हमारे लोकतंत्र के लिए अच्छा है कि बुरा है, सोचना चाहिए।

यह कांग्रेस पार्टी के बड़े-बड़े लोग प्राइवेटली कुछ बात कहते हैं और सामने कुछ बात कहते हैं। क्या ये बड़े-बड़े नेता नहीं कह सकते इंदिरा जी को? कल पार्लियामेंटरी बोर्ड में जगजीवन बाबू नहीं कह सकते थे? चौहान साहब नहीं कह सकते थे कि हमारा पूर्ण विश्वास है आप में, हम आपका नेतृत्व चाहते हैं, लेकिन इंदिरा जी इस जजमेंट के बाद, इन कारणों से आपका बने रहना देश के हित में नहीं होगा, कांग्रेस के हित में नहीं होगा, कांग्रेस चुनाव नहीं जीत सकेगी, देश कमजोर बनेगा। देश का प्रधानमंत्री इतनी कमजोर स्थिति में देश का नेतृत्व कैसे कर सकेगा? वोट नहीं दे सकती हैं पार्लियामेंट में, लोकसभा में जिसकी वह मेंबर हैं। वोटर्स, में इसके राइट्स की वे गार्जियन हैं और वोट देने का अधिकार उन्हीं को नहीं है। ऐसी हालत में इन लोगों को कहना चाहिए था कि हमारी सलाह, आपके ऊपर कोई अविश्वास की बात नहीं है, लेकिन हमारी सलाह है कि देश के हित में, कांग्रेस के हित में, लोकतंत्र के जो नैतिक अधिकार हैं, उसके हित में आपको हटना चाहिए। मि. जस्टिस कृष्णा अरुवार ने भी यह कहा है कि लोकतंत्र के अंदर जो मूल्य होते हैं उनका एक महत्व है, लेकिन उस पर विचार करना कोर्ट रूम के अन्दर का अधिकार नहीं है। यह उसके बाहर का अधिकार है। लेकिन उनके कहने का यह मतलब है कि उसका एक महत्व है। नहीं तो उसका जिक्र ही क्यों करते? एक तरफ से उन्होंने कांग्रेस के सामने यह कहा कि आप लोग विचार कीजिए उस पर यह सवाल मात्र नैतिकता का नहीं है। किसी भी पार्टी के लिए, किसी भी देश के लिए ऐसा प्रधानमंत्री नहीं होना चाहिए, जिसके हाथ-पैर बंधे हों, जिसके वचन पर हाईकोर्ट तक ने कहा हो, भ्रष्टाचार के दाग लगे हुए हों। अब सुप्रीम कोर्ट क्या करेगा? सुप्रीम कोर्ट के बारे में मेरे जैसे व्यक्ति कुछ कहे, यह ठीक नहीं है। लेकिन एक बात मैं जरूर कहना चाहता हूं कि आज से कुछ बरस पहले तक जो क्वेश्चन रहा, एक परंपरा बनी रही कि जो सीनियर मोस्ट जज होगा, वरीयता के अनुसार, सीनियरटी के अनुसार, वही चीफ जस्टिस हुआ करेगा। एक नियम था। अब प्रधानमंत्री इंदिरा गांधी ने कहा कि इसमें कोई सेन्क्विरटी नहीं है। इस सीनियरटी और वरीयता की बात में ऐसी कोई धर्म और पवित्रता की बात नहीं है कि इसके अलावा कोई बात नहीं हो सकती। तो ठीक है यह बात मान ली जाए, लेकिन कोई तरीका होना चाहिए। किस प्रकार देश के चीफ जस्टिस, भारत नियुक्ति हो? आज जो कानून की स्थिति है, उसमें भारत का प्रधानमंत्री ही जिसको चाहे, उसको भारत का चीफ जस्टिस बना सकती हैं? तो हमने एक छोटी सी बात कही। दंडवते ने यहां पेश भी किया है पार्लियामेंट में। वह तो अभी

माननने वाली नहीं हैं, कि भाई पार्लियामेंट्री कमेटी एक बना दो आपकी ही की पार्टी का दो-तिहाई बहुमत वहां है, लेकिन उसमें विचार करो कि क्या नियम होने चाहिए, क्या रेग्युलेशन्स होना चाहिए, किनसे राय लेनी चाहिए और क्या-क्या चाहिए, इससे पहले कि राष्ट्रपति चीफ जस्टिस को नियुक्त करें। आज भी राष्ट्रपति ही नियुक्त करते हैं लेकिन अधिकार केवल प्रधानमंत्री को है। कोई अंकुश उसके ऊपर नहीं। अब देखिए, उनकी सच्चाई में इनकी योग्यता में मि. चीफ जस्टिस ए. एन. रे पर अविश्वास नहीं प्रकट कर रहा हूं। केवल एक बात कह रहा हूं कि चूंकि प्रधानमंत्री के ये अभारी हैं, ऑब्लाइज्ड हैं - काफी नीचे थे। इनके ऊपर तीन जज थे। शैलाट साहब होने वाले थे। 14 दिनों के लिए, हेगड़े साहब होने वाले थे और ग्रोवर साहब इनसे भी जूनियर थे, यानी इनसे भी सर्विस ज्यादा उनकी चीफ जस्टिस होने के ख्याल से रही थी। इन तीनों को छोड़ कर - इंदिरा जी ने इनको रखवा लिया। एक ऑबिग्लेशन है, प्राइम मिनिस्टर का इनके ऊपर। जहां लोकतंत्र जिन्दा है, वहां जो कान्स्टीयूशन में लिखा है, अंग्रेजों का तो कोई लिखित कान्स्टीयूशन नहीं है, सब उनका कन्वेन्शन्स ही है, जो लिखित भी है, अमेरिका में यह और जगह में वहां भी कन्वेन्शन का बहुत बड़ा महत्व होता है। मि. जस्टिस अरुयर ने भी कहा है कि भाई, यह तो बीस बरस का प्रेसिडेंट है और इसलिए उन्होंने कहा है कि प्रेसीडेंशियल एटीट्यूड में अख्तियार करता हूं कि प्रेसिडेंट है कि आज तक एब्सोल्यूट स्टे इस कोर्ट ने कभी दिया नहीं तो प्रेसिडेंट को उन्होंने भी माना है। राजेन्द्र बाबू राष्ट्रपति थे। हिन्दू कोड बिल के ऊपर चाहते थे कि वे अपनी राय लिखकर सीधे पार्लियामेंट के मेंबरों के पास भेजें। उनको सलाह दी गयी कि राष्ट्रपति को यह करना हो तो कैबिनेट के मार्फत करना चाहिए और कैबिनेट अगर मंजूर करेगा कि राष्ट्रपति के विचारों को भेजा जाए। पार्लियामेंट के मेंबरों में प्रसारित किया जाए, तभी यह होगा। यह कन्वेंशन है तो मुझे मान्य है। कन्वेंशन जो होता है वह कोई छोटी बात नहीं होती, वह लॉ होता है, कानून होता है।

जब इंदिरा जी ने कानून तोड़ा, इस मामले में चीफ जस्टिस के अप्वाइंटमेंट में और इस प्रकार ए. एन. रे साहब उनके ओबलाइज्ड हैं। इस हालत में उनको स्वयं यह केस अपने हाथ में नहीं लेना चाहिए। एक नागरिक की हैसियत से, भारत के हर नागरिक की तरफ से मेरी दरख्वास्त है भारत के चीफ जस्टिस से कि इन कारणों से कोई अविश्वास नहीं है, उनकी योग्यता, उनकी निष्पक्षता में, लेकिन इस प्रकार चूंकि इंदिरा जी ने कई जजों को पार करके उनको चीफ जस्टिस बनाया तो लोगों के मन में होगा कि यह तो इंदिरा जी से ओब्लाइज हो गये हैं, इसलिए अगर वे सही भी कहेंगे तो उस पर अविश्वास होगा। इसलिए यह उनके हित में नहीं है और न्याय के हित में नहीं है - यह मुकदमा उनको दूसरों जजों को देना चाहिए।

कांग्रेस पार्टी में लोग हैं जो पब्लिकली नहीं कहते, मगर पार्टी के इन लोगों ने, तीस आदमियों ने पब्लिकली कहा, अखबार में निकला है, नाम तो कम लोगों के निकले हैं। आपने यह सब पढ़ा ही है। चन्द्रशेखर जी, कृष्ण कांत जी, मोहन धारिया, शेर सिंह, लक्ष्मी कांतम्मा बहन - ये सब नाम छपे हैं और उनका कहना है कि और लोग हमारे साथ थे और हैं। ये लोग भी सामने आये। जो सामने आ गये हैं कि हम इससे सहमत नहीं हैं, यह गलत काम हो रहा है, इसका यह मतलब नहीं है कि इनका अविश्वास है इंदिरा जी पर लेकिन यह काम गलत हो रहा है तो इस पर गौर और जांच परख करनी चाहिए। इनकी मैं प्रशंसा करता हूं, आशा करता हूं कि कांग्रेस से अधिक लोग इनके साथ होंगे। देश की नैतिकता का आधार है लोकतंत्र में, लोकतांत्रिक जो मूल्य हैं की रक्षा हो। जो लॉ है, लैटर ऑफ दी लॉ है, उसमें कहीं ज्यादा महत्व है, इन मूल्यों का, क्योंकि कोई भी लोकतंत्र नहीं चल सकता, कोई समाज नहीं चल सकता बिना सामाजिक मूल्यों के, डेमोक्रेटिक वैल्यूज के। इसके लिए इन कांग्रेस के लोगों से मेरी अपील है कि इस क्राइसिस के मौके पर टिकट मिलेगा कि नहीं, हम रहेंगे कि नहीं कैबिनेट में, यही बात आप सोचेंगे तो आप देश के प्रतिनिधि नहीं हैं, आपको इस्तीफा देना चाहिए और जनता को इसकी मांग करनी चाहिए। इसलिए आपसे आपके हित के प्रति, एक मित्र के नाते मेरा निवेदन है कि अपनी रक्षा कीजिए, देश की रक्षा कीजिए। अगर ये लोग समझते हैं कि हमको इंदिरा टिकट नहीं देंगी तो कोई हमारे लिए रास्ता नहीं होगा, इंदिरा जी टिकट देंगी तो हम जरूर जीत जायेंगे, तो अब यह हालत नहीं है। इंदिरा जी टिकट देंगी तो शायद हार जायेंगे ये लोग। इसलिए उनको जो राजनीतिक हैं, फिर से विचार करना चाहिए।

एक कमेटी बनी थी - जनरल प्रपेज पार्लियामेंट्री कमेटी बनी, उस कमेटी ने यह सिफारिश की कि लोकसभा दो बार न बैठे, तीन बार बैठे। बरसात में भी एक बार बैठे - कैबिनेट ने प्रस्ताव किया। शायद 55 (1955) या 56 (1956) की बात है। पंडित जवाहरलाल नेहरू प्रधानमंत्री थे, उस जमाने में। अभी 75 (1975) है, 15 बरसों तक यह परंपरा रही है। अब चूंकि इंदिरा जी हाउस में लोकसभा जाने से घबरायेगी, डरेगी क्योंकि किस प्रकार की प्रधानमंत्री हैं। ये सब दाग, धब्बे लगे हैं, हाथ-पैर बंधे हैं, यह अधिकार नहीं है, वह अधिकार नहीं हैं, वोट देने का अधिकार नहीं है, पार्लियामेंट के मेंबर की हैसियत से करीब-करीब सब अधिकार खत्म हैं। इस प्रकार का प्रधानमंत्री सबसे डरे, यह स्वाभाविक है। इसलिए बरसात का सेशन नहीं हो रहा, अब भी एक कन्वेंशन जो बना बनाया है जिससे लॉ का फोर्स आ गया है, कानून की शक्ति हो गई है, इसको भी इंदिरा जी ताड़ेंगी तो कदम-ब-कदम, फासिज्म की तरफ जा रही हैं। इसका जवाब क्या है ? फासिज्म का एक ही जवाब है। देश का जागृत जनमत, देश की जनता, देश के जवान, किसान, मजदूर, मध्यम वर्ग के लोग सब कहें कि हम कभी फासिज्म आने नहीं देंगे। अपने देश

में, फासिस्टवाद, डिक्टेटर शिप, तानाशाही हम कबूल नहीं करेंगे। हम चलाएंगे अपनी हुकूमत। यह कोई बंगला देश नहीं है, यह कोई पाकिस्तान नहीं है, यह भारत है। यह भारत की पुरानी परम्परा है। हजारों साल पहले इस देश में जनपद थे। वह पुरानी परम्परा है हमारी। हाल तक तो गांव-गांव में गांव की पंचायतें थीं। ग्राम राज करते थे। पठानों के जमाने में, पेरूवाओं के जमाने में, मराठों के जमाने में। अंग्रेजों ने उनको जो तोड़ा, जान-बूझकर तोड़ा क्योंकि ये जड़ की चीजें हैं, सामरूटस हैं, अगर ये जड़ें मजबूत नहीं रहेंगी तो हमारी जड़ें मजबूत नहीं हो सकती हैं। हमारी ऐसी नेता हो सकती हैं। हमें ऐसे मिलें जिसने इन विचारों को जागृत किया। गांधी जी बराबर कहते थे, स्वराज का मतलब ग्राम स्वराज, ग्राम स्वराज का मतलब ग्राम राज। स्वराज होगा तो गांव में गांव वालों का राज होगा, गांव-गांव में ऐसा राज्य होगा, मोहल्ले-मोहल्ले में ऐसा राज्य होगा। जनता स्वयं अपना राज्य चलाएगी। जो काम वह स्वयं नहीं कर सकती हैं, उसे अपने प्रतिनिधियों को करने के लिए सौंपेंगी। यह जो हमारी डेमोक्रेसी की परम्परा है, लोकतंत्र की परम्परा है, उसके लिए खतरा है। अगर मानसून का, बरसात का लोकसभा का सत्र नहीं बुलाएंगे तो यह भी लोकतंत्र के ऊपर कुठाराघात होगा। यह भी उसके कफन के ऊपर एक हथौड़ा होगा। यह आपको मंजूर नहीं करना होगा। उसके बाद के क्या-क्या करेंगी, देखा जाएगा। मैं नहीं समझता हूं कि इस देश में यह संभव है कि इंदिरा जी या कोई इस देश में अपनी तानाशाही कायम करें। यह संभव नहीं है, न यहां मुजीबुर्रहमान हो सकता है, न अयूब खां या माहिया खां हो सकता है। यह वह देश नहीं है। अगर मित्रों यह संघर्ष की बात है। कुल मिलाकर 29 जून से लेकर 5 जुलाई तक एक सप्ताह का कार्यक्रम रखा है। 6 जुलाई से विरोधी दलों के लोकसभा के सदस्यों की मीटिंग होगी। 29 जून से 5 जुलाई तक के दो कार्यक्रम हैं। एक तो देश भर में प्रचार करना, लोगों को समझाना मुंह से ही प्रचार करना पड़ेगा। सभाएं करनी पड़ेंगी, हजारों या लाखों सभाएं करनी पड़ेंगी देश भर में। यहां से इसका ऐलान होना चाहिए और सभाओं में बचा बोला जाय।

हाईकोर्ट के जजमेंट के बाद अगर इस्तीफा देना जरूरी था तो उससे आज चार गुना जरूरी है कि सुप्रीम कोर्ट के जजमेंट के बाद वे इस्तीफा दें। ये कांग्रेस के लोग उल्टा कह रहे हैं। उल्टा बता रहे हैं। हमने बार-बार समझाया है कि उस वक्त वह केवल प्रोप्राइटरी की बात थी, औचित्य की बात थी, नैतिकता की बात थी, लेकिन हाथ-पैर इस प्रकार से बंधे हुए हैं, उसको रहना चाहिए कि नहीं, यह खुद जजमेंट में लिखा हुआ है। यह सोचने की बात है, उसमें से यह नतीजा निकलता है मित्रों प्रचार से देश भर में। लड़के लोग हैं, युवा लोग हैं। जाओ, देहात में घूमो, प्रचार करो, लोगों को समझाओ। जनता की बुद्धि पर आप विश्वास करो। ऐसा मत समझो कि यह बात जनता नहीं समझेगी। इसलिए फंसाना और इंदिरा जी के बारे में यह कहना, वह कहना, इससे काम नहीं चलेगा। उससे शिक्षण नहीं होगा, हमारा लोकतंत्र नहीं होगा।

और दूसरा अभी तो केवल दिल्ली में इंदिरा जी के निवास के पास जितना भी नजदीक पहुंचें जिससे सब मिलने भी लोग जा सकें, दिल्ली के लोग और आस-पास के पांच प्रदेशों के लोग हरियाणा, पंजाब, राजस्थान, उत्तर प्रदेश और मध्यप्रदेश इन पांच प्रदेशों के लोग आएं और बड़ी तादाद में रोज जाकर गिरफ्तार हों। गिरफ्तारी की बात पर आप खुश होते हैं, तालियां बजाते हैं, हँसते हैं। कुर्बानी के लिए तैयार होना होगा। अगर अपने देश को बढ़ाना है, अपने देश के नैतिक बल को मजबूत रखना है तो फिर आपको इसके लिए बलिदान देना होगा, कुर्बानी देनी होगी। बस भाषण हो गया, तालियां बजाई और चले गए, ऐसा नहीं होगा। इसलिए आपस में से जितने भी लोग तैयार हैं, नानाजी ने बुलावा दिया पांच पार्टियों की तरफ से, उसमें मेरा आह्वान भी है, मैं भी उसमें शरीक हूं। अब यह आह्वान है बड़े से बड़े पैमाने पर। मैं तो संघर्ष की खोज में सारा देश घूम आया। अब यह संघर्ष पैदा हुआ है, तो मैं क्यों नहीं रहूंगा उसमें? अब यह जो संघर्ष आ गया है इसको देशव्यापी बनाना ही है। प्रधानमंत्री हमारे देश का है। लोकसभा सारे देश की है, राज्यसभा सारे देश की है। इसलिए देशव्यापी संघर्ष का आह्वान है। इसका पहला दौर है, पहली स्टेज कि प्रधानमंत्री के सामने जाकर मांग करना कि आपको यहां बैठने का कोई अधिकार नहीं है, आप इस्तीफा दे दीजिए, जनता की तरफ से हम मांग करने आए हैं। मतलब है, गिरफ्तार हो सकते, कितना नजदीक पहुंच पाइएगा, मालूम नहीं।

पुलिस के लोगों को दमन का हुक्म मिलेगा। पुलिस की हड़ताल यहां हुई। खोसला कमीशन बैठा उनकी सब मांगों के बारे में, शिकायतों के और फरियादों के बारे में जांच करने के लिए। 1968 में खोसला कमीशन की रिपोर्ट हो गई। आज तक उसके ऊपर प्रधानमंत्री ने, सरकार ने कोई भी कार्रवाई नहीं की। मित्रों, वह समय आ रहा है जिसकी तरफ बार-बार मैंने इशारा किया। और जो मेरे ऊपर देशद्रोह का मुकदमा चलाया जायेगा तो मैंने कहा, ठीक है, चलाइए मुकदमा हमारे ऊपर देशद्रोह का। जयप्रकाश नारायण जिस दिन देशद्रोही बनेगा, इस देश में कोई देशभक्त नहीं रह जायेगा। मित्रों, यह कोई गर्वोक्ति नहीं है। मैंने इस देश से आज तक कुछ भी नहीं मांगा है। देश की सेवा ही करता रहा हूं। वह समय आ गया है, जब हमें कुर्बानी के लिए उठ खड़ा होना होगा। जिनके हाथों में बागडोर है, जो लोग लोकतंत्र के आज प्रहारी बनाए गए हैं, प्रधानमंत्री - जिनकी पार्टी का बहुमत है, जिसने शपथ ली है, वे ही लोग लोकतंत्र को धीरे-धीरे खत्म करने की दिशा में बढ़ रहे हैं।

भारत सरकार के ये कर्मचारी हैं, उनकी मांगे थीं, उनके बारे में सरकार ने क्या किया? सेंट्रल और स्टेट जो एम्पलाइज हैं, उनके बारे में कह रहा हूं। कौन सी मांगें उनकी सरकार ने पूरी की? जब ये लोग देश भक्ति के नाम पर लोकतंत्र के नाम पर, कानून के नाम पर जो भी हुक्म दें

उसका आप पालन कर रहे हैं या उसका अपमान कर रहे हैं? आप को अभी भी यह सोचना है। यह सोचने के लिए मैं बराबर चेतावनी देता रहा हूं। सेना को यह सोचना है कि जो हमको आदेश मिलते हैं, उन आदेशों का हमें पालन करना चाहिए कि नहीं? देश की सेना के लिए आर्मी एक्ट में लिखा हुआ है कि भारत में लोकतंत्र की रक्षा करना उसका कर्तव्य है। कान्स्टीयूशन की रक्षा लिखा हुआ है उसमें। उसकी रक्षा करना, देश के झंडे की रक्षा करना, उसकी इज्जत रखना। अगर कानूनी ढंग से उसे कान्स्टीयूशन को बदला जाए तो एक बात हो सकती है।

इसलिए मित्रों, आप सबको सोचना चाहिए कि क्या कर्तव्य है? देश के प्रति आपकी क्या वफादारी है? किसके आप नौकर हैं, क्या कर्तव्य है? इंदिरा जी ने कहा था मेरे जवाब में एक बार में जयप्रकाश नारायण कहते हैं कि गैर कानूनी, इल्लीगल ऑर्डर को नहीं मानना चाहिए। मजिस्ट्रेट ऑर्डर देता है तो पुलिस किताब खोलकर देखेगी कि यह ऑर्डर्स लीगल है या इल्लीगल है? पुलिस एक्ट में यह लिखा हुआ है कि पुलिस का जो आदमी या अफसर गैर कानूनी हुक्म का पालन करेगा, वह दोषी होगा, उसके ऊपर मुकदमा चल सकता है। उसको सजा दी जा सकती है। उसको फैसला करना होगा। उसको ट्रेनिंग दी जाती है, सिपाही जो है, गरीब बेचारा आज का पुलिस का सिपाही उसको भी इतनी शिक्षा तो दी जाती है कि कौन-सा आदेश लीगल है और कौन-सा लॉ के खिलाफ है। गिरफ्तार किया और चंद लोगों को हिरासत में तो ले गये और पीटना शुरू कर दिया। यह किस कानून में लिखा है? किसने हुक्म दिया है तुमको? कहां लिखा है? तुम्हारा भाई है, अपराध किया है, अदालत में ले जाओ, वहां फैसला हो। फैसला हो उसके खिलाफ तो सजा दो। 5 बरस की, 10 बरस की, फांसी पर लटकाना है, फांसी पर लटका दो। मीसा में रख देना हो तो गैर कानूनी मीसा, उसमें रख देना हो, रखो, लेकिन मारने-पीटने का अधिकार है तुमको? रोज पिटाई होती है और मशहूर है, पंजाब, हरियाणा, दिल्ली की पुलिस इसके लिए। बिहार की पुलिस इतनी मशहूर नहीं है, आपकी तरह। ऐसा मशहूर होना नेकनामी नहीं है। यह कोई शोहरत की बात नहीं है। यह लज्जा की बात है। इस प्रकार से रोटी के टुकड़ों पर आप बिके नहीं हैं। आपने ईमान नहीं बेच दिया है। ब्रह्मानन्दन रेड्डी जी से मैं, निवेदन करता हूं कि मैंने जानबूझकर ये बातें कहीं हैं। मेरे ऊपर मुकदमा चलाएंगे देशद्रोह का।

एक सप्ताह का कार्यक्रम केवल सत्याग्रह का है। लेकिन आप समझते हैं कि केवल एक सप्ताह के सत्याग्रह से प्रधानमंत्री इस्तीफा दे देने वाली हैं। तब आगे जाना पड़ेगा। देश भर में सत्याग्रह करना पड़ेगा। डरेंगे तो याद रखियेगा और इसके लिए यह दिल्ली विश्वविद्यालय खुलने वाला है और नेहरु विश्वविद्यालय खुलने वाला है तो विश्वविद्यालयों के लड़कों, याद रखो, तुमको सोचना पड़ेगा कि जाओगे अपनी क्लासों में या जाओगे जेलखाने में? जेलखाने

में जाओगे? इसी पर श्रोताओं ने कहा- हां-हां जेल जायेंगे। तब जेपी ने कहा,"अच्छी बात है। देखूंगा मैं।"

तो मित्रों, यह तरह-तरह का सिविल ओबिडिएन्स होगा, यह भी वक्त आ सकता है, ये लोग अगर मानेंगे नहीं, इनका एक पैसा टैक्स नहीं देंगे। यहां तक कहना पड़ेगा आपको और फिर उसमें कुर्की होगी, नीलामी होगी। उन सबके लिए तैयार रहना पड़ेगा। मैं यह समझता हूं कि ये शासक कांग्रेस दल उनके नेता इस तरह से अपनी आंखों को बन्द करके, कानों में तेल डालकर बेखबर हुए हैं कि सोचते नहीं कि दुनिया किधर जा रही है। जिस रास्ते पर वे चल रहे हैं, उसी रास्ते पर चलते रहेंगे। जिस प्रकार इंदिरा जी का रुख मैं देख रहा हूं उसे देखकर लगता है, सब हो सकता है। वे कहती हैं कि ये लोग प्रगति को, प्रोग्रेस को, चेंज को- परिवर्तन को, क्रांति को, इंकलाब को रोक रहे हैं। नया समाज नहीं बनाने देना चाहते हैं, यथास्थिति को कायम रखना चाहते हैं। और मैं बहुत आगे जाना चाहती हूं और ये लोग हमारा रास्ता रोके हुए हैं कौन सा परिवर्तन किया है उन्होंने? सिक्किम की बात करती हैं वह। सिक्किम में आज जो फैसला हुआ वह पच्चीस वर्ष पहले होना चाहिए था। अगर जवाहरलाल जी चाहते तो यह आज जो चोग्याल साहब हैं उनके पिताजी और उस समय जो सिक्किम की कांग्रेस थी वे भी उस समय तैयार थे कि हम भारत में मिल जाना चाहते हैं। क्यों जवाहरलाल जी ने उसको स्वीकार नहीं किया? इस सवाल को इतना लंबा क्यों लटकाया गया? और कई सवाल, वे कहती हैं कि हल किए। लेकिन जिस समाज को आप बदलने चली थीं, उसमें क्या परिवर्तन हुआ?

आज भी आप प्रधानमंत्री बनी रहें, इसके लिए जो चारों तरफ से आवाजें उठ रही हैं, आवाज उठाने वाले कौन लोग हैं? आप कहती हैं ये लोग प्रतिक्रियावादी हैं। जयप्रकाश नारायण हैं उनके पीछे धनवाले, पैसे वाले, करोड़पति लोग हैं। लेकिन इस फेडरेशन ऑफ इंडियन चेंबर्स ऑफ कॉमर्स एण्ड इण्डस्ट्रीज़ में कौन लोग हैं? आप जानते होंगे कि जो फेडरेशन है, सारे भारत के बड़े से बड़े व्यापारियों का, सबसे बड़ा फेडरेशन है, इंडियन चेम्बर्स ऑफ कॉमर्स एण्ड इण्डस्ट्रीज़ उसकी तरफ से प्रस्ताव पास हुआ है कि इंदिरा जी को इस्तीफा नहीं देना चाहिए। इंदिरा जी को इस्तीफा नहीं देना चाहिए। इंदिरा जी पर हमें विश्वास है। तो भारत का पूंजीवाद, भारत का कैपिटेलिज्म आज इंदिरा जी के पीछे खड़ा है। दूसरों को कहती हैं। गोयबल्स ने ठीक यही काम किया था। हिटलर का वह आदमी था। यह फासिस्ट है, वह फासिस्ट है, कहता था और फासिस्ट खुद बना हुआ था। ये स्वयं जा रही हैं, उस तरफ और धीरे-धीरे पर्दाफाश होता जा रहा है। फासिज्म का रूप इंदिरा गांधी के रूप में साफ होता जा रहा है। स्पष्ट होता जा रहा है। मुझे बहुत अफसोस होता है, यह कहते हुये। एक अखबार वाले ने लिखा है, बहुत अच्छा सम्पादकीय

लिखा है। लिखा है कि आज भी मौका है इंदिरा जी को कि ग्रेस और डिगनिटी के साथ, मर्यादा के साथ, स्वाभिमान के साथ इस्तीफा देना चाहिए। बड़ा सुन्दर सम्पादकीय लिखा है, हिन्दुस्तान टाइम्स ने। और लोगों ने भी लिखा है और आज 'टाइम्स ऑफ इण्डिया' का सम्पादकीय पढ़कर तो मुझे प्लेजेंट सरप्राइज जिसे कहते हैं, वह हुआ है। वे भी इस चीज को हजम नहीं कर सकते। 'हिन्दुस्तान टाइम्स' ने लिखा है -अब भी समय है कि वह ग्रेस एण्ड डिगनिटी से इस्तीफा दें। इसी से जार्ज वर्गीय से मैं डिसएग्री करता हूं। अब कोई ग्रेस नहीं, कोई डिगनिटी नहीं है। अब वे इस्तीफा दें तो न उसमें कोई इज्जत है, न मर्यादा है और न शान है।

अब मित्रों, यह लड़ाई कब तक चलेगी? क्या उनकी पैंतरेबाजी होगी, लोकसभा वे भंग कर सकती हैं, चुनाव भी जल्द हो सकता है, या अगले साल भी चुनाव हो। केवल यही नारा नहीं लगाते जाना है कि इंदिरा जी इस्तीफा दो। साथ-साथ यह भी देखना है कि इंदिरा जी और उनके वे समर्थक कांग्रेस के जो आज कह रहे हैं कि आपके बिना देश चलेगा ही नहीं, देश जहन्नुम में, रसातल में चला जायेगा, आप पर हमारा विश्वास है चाहे जो भी कहें, चाहे हाईकोर्ट कहे, सुप्रीम कोर्ट कहे, आपको प्रधानमंत्री बने रहना होगा, तो मूल प्रश्न यही है कि फिर इंदिरा जी और उसकी पार्टी को वापस नहीं आना है, दिल्ली में शासक की हैसियत से। पिछले 9 वर्षो से इनका शासन देख लिया। उसमें कोई परिवर्तन हुआ? कौन सा समाज बदला इन्होंने? बेकारी बढ़ रही है। उन्होंने उस दिन आंकड़े नहीं दिये, ऐसा ही कहा परसों किसी ने अपने बयान में कि बेकारी घट रही है। यह अजीब बात है। प्रधानमंत्री को गैर-जिम्मेदारी की बात नहीं करनी चाहिए, बेकारी बढ़ती चली जा रही है। ये हमारे आंकड़े हैं - यानी 33 या कितने लाख में उसमें बढ़कर अब 93 लाख हो गए हैं, यानी जो रजिस्टर्ड हैं। कहां से उनके पास आंकड़े आये हैं? पढ़े लिखे की बेकारी, अनपढ़ों की बेकारी, पिछले चार बरसों में बढ़ी है। गरीबी बढ़ी है। एक अच्छे अर्थशास्त्री के हिसाब के मुताबिक शायद 1971 में 58 फीसदी भारत के लोग गरीबी की रेखा के नीचे थे, हालांकि प्लानिंग कमीशन का कहना था कि 40 प्रतिशत होंगे। उन्होंने एस्टिमेट किया था। आज 66 प्रतिशत लोग हैं। गरीबी हटाओ, के नारे का रात-दिन नाम लेती हैं और हरिजनों को संबोधित करती हैं, आदिवासियों को संबोधित करती हैं। लज्जा नहीं आती है, इनका राज है उत्तर प्रदेश में, इनका राज है बिहार में और हरिजनों को जिन्दा जलाया गया है। हरिजनों के गांव जला दिये गये हैं। क्या हरिजनों को इंदिरा जी को कुछ कहने का अधिकार है? वे तो बेचारे कहां बैठे हैं। उनको ये बातें समझ में नहीं आती हैं, लेकिन उनको कौन सा अधिकार है? क्या उनके राज्य में हरिजनों का जीवन आश्वस्त हुआ? वह अपनी भाषा ऊंची करके आज जिन्दा रह सकता है? अभी हम गए थे भोजपुर के इलाके में जहां नक्सल पंथियों के नाम पर हरिजनों की कितनी हत्याएं हुईं।

तो मित्रों, बेकारी बढ़ी गरीबी बढ़ी, हर तरफ भ्रष्टाचार बढ़ा, शिक्षा की बर्बादी होती गई। जीवन का कौन सा पहलू है, जिसमें बिगाड़ नहीं हुआ ? सुधार कहां हुआ ? सुधार हुआ होगा, इन लोगों के जीवन में कुछ रुपया कमाया होगा, कुछ मकान बनाए होंगे, कुछ महल बनाए होंगे, लेकिन जनता के जीवन में कौन सा सुधार हुआ ? हम लोग जितने हैं वे प्रतिक्रियावादी हैं। डिक्टेटरी है यह। अब डिक्टेटरी आप किसको कहते हैं। हम बराबर डेमोक्रेसी की बात कहते हैं। डिक्टेटर चाहेगा कि एक पार्टी रहे। मुजीबुर्रहमान ने एक पार्टी बनाई, सब पार्टियों को खत्म किया, सब प्रेसों को खत्म किया। जिसके लिए हमने इतना काम किया, जिस पर हमारी इतनी आशा लगी हुई थी। जब वे पाकिस्तान के जेल से छूटकर आये थे, तो खुशी के आंसू निकले थे, पटना में, जब मैं बीमार था। मैं उनसे मिल नहीं पाया।

उन्होंने हमारे मित्रों से कहा कि देखिएगा, मैं बुलाऊंगा जयप्रकाश नारायण को। भव्य स्वागत करेंगे। आज तक उनका निमंत्रण हमारे पास आता ही रहा और मैं जानता हूं कि क्यों निमंत्रण नहीं आया। उसमें भी दिल्ली का हाथ है।

देश बर्बादी की तरफ जा रहा है। देश के गरीबों की हालत बिगड़ती चली जा रही है, पीने का पानी नहीं है आज। भारत के गांवों में एक मील, दो मील के रेडियस में पीने का पानी गर्मी के दिनों में नहीं है। और खाने की कौन बात करे। रहने की कौन बात करे ? इनको कोई अधिकार है समाजवाद की बात कहने के लिए ?

और मित्रों, याद रखो, यह लड़ाई लम्बी है। और यह केवल यहां ही नहीं, गुजरात में उन्होंने कर दिया विधान सभा भंग। जब पहली नवंबर को उनसे बातचीत हुई तो उन्होंने कहा कि मुझसे गलती हो गई। और यहीं लाल किले पर उन्होंने भाषण दिया कि चाहे मुझे इस्तीफा दे देना पड़े, लेकिन बिहार विधान सभा भंग नहीं होगी, नहीं होगी, नहीं होगी। अब जवाहरलाल जी कहते थे अपनी बेटी के बारे में कि यह बहुत जिद्दी लड़की है। तो लाड़ली बेटी की जिद्द बाप के सामने टिक सकती है, लेकिन देश बर्बाद हो जायेगा, उस दिन जब वे प्रधानमंत्री होकर यह कहें कि मैं इस्तीफा नहीं दूंगी, इस्तीफा नहीं दूंगी। सारे देश की जनता आकर कहे, लाखों लोग आकर जेलों में भर जायें, फिर भी इस्तीफा नहीं दूंगी। मत दीजिए इस्तीफा। कभी तो चुनाव होगा। फिर फैसला होगा आपकी किस्मत का।

इसलिए मित्रों, इस्तीफे के आगे की बात सोचो। असली महत्व की बात तो यही है। जो लोग इस तरह से जी हजूर बने हुए हैं, अपना ईमान पिए जा रहे हैं और हिम्मत नहीं होती, पता नहीं कौन सी शेरनी बैठी है कि इतना भय हो रहा है इन लोगों को। इतने लोभी बन गए हैं अपने पद के लिए और लोकसभा की सदस्यता के लिए कि देश के हित में और पार्टी के हित में सोचते

नहीं। कांग्रेस के अच्छे-अच्छे लोगों ने कहा है कि इंदिरा जी ने जो आचरण बरता है, इलाहाबाद हाईकोर्ट के फैसले के बाद उसके बाद कांग्रेस इस देश में जीतने वाली नहीं है। लोकसभा का चुनाव कांग्रेस नहीं जीतेगी। यह कांग्रेस के लोगों ने कहा है। लेकिन इसका फैसला आपके हाथों में है, चुनाव के पहले बहुत से हथकण्डे होते हैं, बहुत प्रचार होता है। करोड़ों रुपया खर्च होता है। ये 75 या 74 सीटें हरगिज नहीं मिलतीं उसको गुजरात में अगर करोड़ों रुपया खर्च नहीं किया होता। तो करोड़ों रुपया खर्च होगा। गरीबों के पास वोट हैं। खाने को नहीं है उनके पास। उनको दस बीस रुपया मिलता है, ईमान बेच देते हैं। और क्या-क्या तिकड़म करते हैं। याद रखिएगा यह कोई आसान काम नहीं है, परन्तु आप लोग समझदार हैं। आप वोट नहीं दीजिएगा, लेकिन दूसरों को भी समझाइएगा। जो भी, जिसका भी सम्पर्क हो, यह विचार फैलाना चाहिए। यह जो लोकसभा है, यह आखिरी लोकसभा है, जिसमें रूलिंग कांग्रेस का बहुमत है। दिस इज दी डेथ ऑफ रूलिंग कांग्रेस इंदिरा जी हैज नाड रैंग दी बेल फार दी रूलिंग कांग्रेस। सत्तारूढ़ दल की मौत का नगाड़ा बज गया है और इसे बजाया है खुद इंदिरा जी ने।

25 जून 1975 : आपातकाल की घोषणा

25 जून, 1975 को प्रधानमंत्री इंदिरा गांधी ने स्वराष्ट्र मंत्री के. ब्रह्मानन्द रेड्डी को साढ़े दस बजे रात को बुलाकर बताया कि कानून एवं व्यवस्था कायम रखने के लिए आन्तरिक आपात स्थिति की घोषणा का विचार किया जा रहा है।

इसके पूर्व ही इंदिरा गांधी, सिद्धार्थ शंकर राय को लेकर पांच बजे शाम को राष्ट्रपति फखरुद्दीन अली अहमद से भेंट कर चुकी थीं और मौखिक परामर्श हो चुका था। राष्ट्रपति अहमद उस समय तक असहमत थे। स्वराष्ट्र मंत्री के. ब्रह्मानन्द रेड्डी ने पहले इंदिरा गांधी से असहमति व्यक्त करते हुए सुझाव दिया कि देश में आपात स्थिति अभी तक लागू है। उसके प्रावधानों का उपयोग कर स्थिति पर काबू पाया जा सकता है। परन्तु आधे घंटे बाद यानी रात के 11 बजे इंदिरा गांधी ने उन्हें फिर गाड़ी भेजकर बुलवाया और कहा कि उनके सुझाव पर विचार किया गया और आंतरिक आपात स्थिति लागू किया जाना बेहतर समझा गया है।

उसके कुछ मिनट बाद ब्रह्मानन्द रेड्डी ने गृह मंत्री की हैसियत से राष्ट्रपति को एक वाक्य का अति गोपनीय पत्र लिखा। सादे कागज पर लिखा गया यह पत्र इस प्रकार था।

गृहमंत्री भारत सरकार

जून। 1975

प्रिय राष्ट्रपति जी

प्रधानमंत्री से, फोन पर हुई बातचीत के संदर्भ में मैं समुचित घोषणा पत्र आपकी स्वीकृति के लिए भेज रहा हूं।

राष्ट्रपति फखरूद्दीन अली अहमद को प्रधानमंत्री इंदिरा गांधी का पहला एक पत्र साढ़े दस बजे रात को मिला। उस पर राष्ट्रपति ने अपने सचिव के. बालचन्द्र और उप सचिव श्रीमती नीलकंठ से विचार विनिमय किया और संविधान की प्रति भी मंगवा कर आपात स्थिति संबंधी धाराओं को देखा। बालचंद्र के अनुसार उस पत्र में इंदिरा गांधी ने सायंकाल राष्ट्रपति से हुई मौखिक चर्चा का उल्लेख करते हुए लिखा कि आंतरिक अशांति के फलस्वरूप देश की सुरक्षा खतरे में है। अत: राष्ट्रपति जी को तसल्ली हो तो आंतरिक आपात स्थिति की घोषणा कर दी जाएगी। प्रधानमंत्री इंदिरा गांधी ने लिखा था कि पत्र के साथ अधिशोषण का प्रारूप संलग्न है, परन्तु वास्तव में पारूप और अन्य कई कागजात 11 बजकर 20 मिनट पर इंदिरा गांधी के निजी सचिव आर. के. धवन लेकर आये और आपात कालीन घोषणा वाले पत्र पर राष्ट्रपति फखरुद्दीन अली अहमद ने उस पर अपने हस्ताक्षर कर दिये।

गृह मंत्रालय से या राज्य सरकारों से ऐसी रिपोर्ट नहीं मिली जिनके आधार पर आंतरिक आपात कालीन स्थिति की घोषणा आवश्यक थी, फिर भी 25 जून, 1975 की आधी रात को आंतरिक आपात स्थिति की घोषणा कर दी गयी और उसके लिए प्रधानमंत्री इंदिरा गांधी ने स्वयं निर्णय लिया। यहां तक कि अपने मंत्रिमंडल से इस पर कोई विचार-विमर्श नहीं किया। सिर्फ मंत्रिमंडल के दो से अधिक सदस्यों को उसके बारे में कोई जानकारी नहीं थी। यहां तक कि सौराष्ट्र और मंत्रिमंडल सचिवालय को भी इसकी पूरी जानकारी नहीं थी। केवल हरियाणा के मुख्यमंत्री बंसीलाल, पंजाब के मुख्यमंत्री ज्ञानी जेल सिंह, आंध्र के मुख्यमंत्री, कर्नाटक के मुख्यमंत्री देवराज अर्स और मध्य प्रदेश के मुख्यमंत्री प्रकाश चन्द्र सेठी के द्वारा राजस्थान के मुख्यमंत्री हरदेव जोशी को कुछ संकेत कर दिया गया।

देवराज अर्स को बताने के लिए बेंगलराव को दिल्ली से बंगलौर और हरिदेव जोशी को सूचित करने के लिए प्रकाश चन्द्र सेठी को दिल्ली से बांसवाड़ा (राजस्थन) भेजा गया। दोनों वायुसेना के विशेष विमान से भेजे गये। उन विमानों का उपयोग भी अनियमित ढंग से किया गया और रजिस्टर में लिख दिया गया कि विमान प्रशिक्षण उड़ान पर गये थे।

25 जून, 1975 भारतीय राजनीति का ऐतिहासिक दिन था। इस दिन कई घटनाएं हुईं। आधी रात को आपातकाल की घोषणा के पहले की स्थिति कुछ इस प्रकार थी, जिसे देखना भी जरूरी है। लोकनायक जयप्रकाश नारायण दिल्ली के रामलीला मैदान में ऐतिहासिक विशाल सभा संबोधित कर उसी दिन 'दीन दयाल उपाध्याय मार्ग' पर गांधी शांति प्रतिष्ठान में वापस लौटते हैं। आज पहले से अधिक प्रसन्न मुद्रा में जेपी अवलोकित हो रहे हैं। आज के विशाल जनसमर्थन को देखकर जेपी हार्दिक रूप से अत्याधिक प्रसन्न एवं संतुष्ट हैं कि अब

इंदिरा जी की तानाशाही नहीं चल सकेगी। क्योंकि जेपी को कुछ प्रभावशाली कांग्रेसी नेताओं पर आस्था थी कि समय आने पर वे हमारा साथ देंगे। चन्द्रशेखर, मोहन धारिया तो खुलकर जेपी के साथ थे। फिर भी जेपी को पता नहीं, क्यों केन्द्रीय कृषि मंत्री जगजीवन राम पर इतनी आस्था थी कि वे साथ देंगे। खैर 24 और 25 जून 1975 के अंतराल में चन्द्रशेखर एवं जेपी के बीच कई बार वार्ता हुई। और 25 जून को रामलीला मैदान से सभा समाप्त कर 'गांधी शांति प्रतिष्ठान' आने के उपरान्त रात के दस बजे जेपी ने चन्द्रशेखर को अपना संदेश देकर, जगजीवन राम के पास भेजा। चन्द्रशेखर ने जेपी का संदेश दिया, "बेमिसाल जन-जागरण का सबूत मिला है। कदम उठाने का अब भी वक्त है।" जेपी के इस संदेश पर जगजीवन राम खामोश रहे, कोई फैसला नहीं दिया। राम ने जेपी का अंतिम क्षण तक साथ नहीं दिया क्योंकि राम ने इंदिरा गांधी के बाद प्रधानमंत्री के पद पर बैठने की अपनी गुप्त योजना बना रखी थी। जगजीवन राम ने प्रधानमंत्री पद पाने के लिए न लोकतंत्र की रक्षा की और न जेपी की ही आस्था को जिंदा रखा।

इंदिरा गांधी को किसी पर विश्वास नहीं था। वह अपने पद पर बने रहने के लिए गुप्तचर एजेंसी 'रॉ' से काम लेती थीं। 'रॉ' सिर्फ इंदिरा गांधी के हितों की रक्षा के लिए कार्य करता। इंदिरा गांधी की रक्षा में 'रॉ' दो बार असफल रहा। पहली असफलता 12 जून, 1975 के इलाहाबाद हाईकोर्ट के फैसले के संदर्भ में, 'रॉ' के एजेंटों ने इंदिरा गांधी को कहा था- इलाहाबाद हाईकोर्ट का फैसला आपके पक्ष में आ रहा है। दूसरी असफलता 1977 की छठी लोकसभा चुनाव की घोषणा के पूर्व 'रॉ' एजेंटों ने इंदिरा गांधी को खबर दी - सम्पूर्ण भारत का जनमत आपके पक्ष में है। 'रॉ' अपनी पहली असफलता अर्थात 12 जून, 1975 के उपरान्त अपने कार्यों में सघन एवं ठोस हो गया। 'रॉ' विशेषकर हर राजनीतिज्ञ की गतिविधियों पर नजर सख्त रखने लगा। इस बात का रहस्योद्घाटन 'शाह जांच आयोग' के समक्ष हुआ। न्यायमूर्ति जे. सी. शाह जो अब तक भारत ही नहीं, विश्व का सबसे बड़ा जांच आयोग था जिसके पास लगभग पचास हजार आपात स्थिति के दौरान हुए ज्यातियों के मामले थे। 'शाह जांच आयोग के समक्ष तत्कालीन प्रधानमंत्री इंदिरा गांधी के सचिवालय से प्राप्त एक अत्यंत महत्वपूर्ण दस्तावेज से पता चला कि 12 जून के इलाहाबाद हाई कोर्ट के निर्णय, जिसमें इंदिरा गांधी को लोकसभा की सदस्यता से अपदस्थ करने के पश्चात सभी प्रमुख केंद्रीय मंत्रियों एवं कांग्रेसी सांसदों की गतिविधियों पर गुप्तचर द्वारा नजर रखी जाती थी।

शिव कुमार गोयल
सुबोध
शाह आयोग
के आमने सामने

गोपनीय दस्तावेज के अनुसार चन्द्रशेखर, मोहन धारिया और कृष्णकांत चाहते थे कि इंदिरा गांधी इस्तीफा दे दें और उनके स्थान पर नये नेता का चुनाव हो। चन्द्रशेखर ने कृष्णकांत को जगजीवन राम के निकटवर्ती सूत्रों के हवाले से सूचित किया कि जगजीवन राम नेता पद का चुनाव लड़ने को इच्छुक हैं तथा भारतीय कम्युनिस्ट पार्टी के अध्यक्ष पी. ए. डांगे, केन्द्रीय मंत्री केशव देव मालवीय मिलकर जगजीवन राम को प्रधानमंत्री बनाये जाने के लिये प्रत्यनशील थे। गोपनीय दस्तावेज के अनुसार 18 जून, 1975 को कांग्रेस संसदीय दल की बैठक में के. हनुमन्तैया, रामधन और श्रीमति लक्ष्मीकांत झा, इंदिरा गांधी के इस्तीफे की घोषणा करने वाले थे। लक्ष्मीकांत झा ने कहा था कि अगर किसी ने सवाल नहीं उठाया तो मैं स्वयं ही जरूर उठाऊंगी। कृषि मंत्री जगजीवन राम ने 15 जून, 1975 को कृष्णकांत को अपने यहां बुलाया था। उनसे मिलने के बाद कृष्णकांत ने चन्द्रशेखर से भेंट की थी। विदेश मंत्री यशवंत राव चौहान ने मोहन धारिया को 17 जून, 1975 को बुलाकर सलाह दी थी कि कांग्रेस संसदीय दल की बैठक में वे शामिल न हों। चौहान ने चन्द्रशेखर और कृष्णकांत को भी वैसी ही सलाह दी। चौहान के समर्थक शिवाजी राव देशमुख इस बात पर अड़े थे कि इंदिरा गांधी को अपना उत्तराधिकारी मनोनीत करने का भी मौका नहीं दिया जाना चाहिये। वैसे सर्वोच्च न्यायालय के फैसले तक इंदिरा गांधी प्रधानमंत्री के पद पर बनी रह सकती हैं। केन्द्रीय शिक्षा उपमंत्री देवनन्दन प्रसाद यादव ने 15 जून को अपने निवास स्थान पर करीब दो ऐसे संसद सदस्यों की बैठक बुलाई थी, जो कृष्णकांत, चन्द्रशेखर और मोहन धारिया के साथ यह प्रश्न उठाने वाले थे कि इंदिरा गांधी को इस्तीफा दे देना चाहिए। गोपनीय दस्तावेज के अनुसार केशव देव मालवीय एवं बलराम भगत ने जगजीवन राम से क्रमशः 16 और 17 जून, 1975 को भेंट की। उत्तर प्रदेश के तत्कालीन मुख्यमंत्री हेमवती नंदन बहुगुणा ने 15 जून, 1975 को जगजीवन राम से भेंट की और राम से करीब एक घंटे तक गुप्त मंत्रणा की थी। 12 जून से 16 जून, 1975 तक जगजीवन राम से भेंट करने वाले कांग्रेस जनों की लंबी सूची गुप्तचर निदेशालय के पास थी। कर्नाटक के वरिष्ठ नेता व संसद सदस्य के. हनुमन्तैया भी इस बात के पक्ष में थे कि इंदिरा गांधी को इस्तीफा दे देना चाहिए। केन्द्रीय मंत्री शेर सिंह, दिल्ली के तत्कालीन मुख्य कार्यकारी पार्षद राधा रमन, संगठन सदस्य और पत्रकार चंदूलाल के बारे में लिखा गया था कि उन लोगों ने जगजीवन राम से मिलने का समय मांगा था।

इंदिरा गांधी ने गुप्तचर संस्थाओं, न केवल कांग्रेसी बल्कि सभी राजनीतिज्ञों की गतिविधियों पर सख्त नजर रखी थी। यहां तक कि किस राजनीतिज्ञ, मंत्री के पास लोकसभा व राज्यसभा के कितने सदस्यों का समर्थन है। गोपनीय दस्तावेज के अनुसार, वाई. वी. चौहान के समर्थन में 15 लोकसभा, 5 राज्यसभा, डी. पी. मिश्रा को 4 लोकसभा, एस. सी. शुक्ल को 3 लोकसभा

2 राज्यसभा, कमलापति त्रिपाठी को 8 लोकसभा 3 राज्यसभा, कांग्रेस सोशलिस्ट फोरम के सदस्य 17 लोकसभा 7 राज्यसभा सदस्य इनके पास थे।

इसके अलावा पी. एस. पी., एस. एस. के., एस. पी. के सदस्य 24 लोकसभा 16 राज्यसभा, विविध जमींदार, उद्योगपति, अवसरवादी, 21 लोकसभा 16 राज्यसभा। प्रधानमंत्री की व्यक्तिगत नीति एवं अन्य कारणों से विरोध 15 लोकसभा 2 राज्यसभा और ऐसे व्यक्ति जिनकी निष्ठा की जानकारी नहीं है। 28 लोकसभा 7 राज्यसभा बाकी सदस्यों के संदर्भ में गोपनीय दस्तावेज में उल्लेख है कि 101 लोकसभा 81 राज्यसभा प्रधानमंत्री के समर्थक माने जा सकते हैं - 'निश्चित नहीं!'

भारत पर चीन ने 20 अक्टूबर, 1962 को आक्रमण किया। इसके बाद राष्ट्रपति ने 26 अक्टूबर, 1962 को बाह्य आक्रमण के कारण आपातकाल की घोषणा करते हुए कहा, "बाह्य आक्रमण के फलस्वरूप संकटकाल की स्थिति विद्यमान है।" भारतीय संविधान के भाग 18 में राष्ट्रपति की आपातकालीन शक्तियों का उल्लेख किया गया है। राष्ट्रपति तीन प्रकार के संकट में आपातकाल की घोषणा कर सकता है। अनुच्छेद 352 के अनुसार भारत में पहले आपातकाल की घोषणा 26 अक्टूबर, 1962 को हुई तथा पांच वर्ष उपरांत 10 जनवरी, 1968 को राष्ट्रीय आपातकाल की स्थिति को समाप्त कर दिया गया। इस अवधि में पुन: लोगों को उनके अधिकारों से वंचित किया गया क्योंकि 8 नवंबर, 1962 को व्यक्तिगत स्वतंत्रता से सम्बन्धित अनुच्छेद 21 एवं 22 को स्थगित कर दिया गया। 8 नवंबर को ही व्यक्तिगत स्वतंत्रता की सुरक्षा के लिए न्यायालय की शरण लेने के अधिकार को भी स्थगित कर दिया गया। अनुच्छेद 14 को, 14 नवंबर 1962 को स्थगित कर दिया गया। 26 अक्टूबर, 1962 को ही भारत प्रतिरक्षा नियम, नागरिक प्रतिरक्षा सेवा नियम, भारत प्रतिरक्षा (संपत्ति अर्जन एवं अधिकरण) नियम इत्यादि इसी अधिनियम के आधार पर बनाये गये।

भारतीय संविधान के भाग 18 में राष्ट्रपति की आपातकालीन तीन शक्तियाँ इस प्रकार हैं-

1. युद्ध या बाह्य आक्रमण अथवा आंतरिक अशांति या उसका खतरा होने पर,
2. राज्यों में संवैधानिक तंत्र के विफल होने पर,
3. आर्थिक या वित्तीय संकट आने पर।

उपर्युक्त इन तीन स्थितियों में भारत पहली दो आपात स्थितियों की घोषणा कर चुका है। तीसरा 'आर्थिक या वित्तीय संकट' आने पर आपातकाल की घोषणा है, जो अभी तक नहीं हुई है।

भारत में आपातकाल इंदिरा गांधी ने 25 जून, 1975 की मध्यरात्रि में लगाया और नई जनता पार्टी की सरकार के प्रधानमंत्री मोरारजी देसाई ने 27 मार्च, 1977 को आपातकाल की समाप्ति की घोषणा कर दी।

आपातकाल की घोषणा के सम्बन्ध में कई लोगों का अपना-अपना तर्क था, इसके पीछे सिद्धार्थ शंकर राय, संजय गांधी, बंसीलाल, ओम मेहता, देवकान्त बरुआ आदि -आदि नाम सामने आये। लेकिन मूल कारण था 12 जून, 1975 को इलाहाबाद हाईकोर्ट का इंदिरा गांधी के खिलाफ फैसला आना, जिस कारण अपनी प्रधानमंत्री की कुर्सी को बचाने के लिए उन्होंने आपातकाल की घोषणा की। इसकी पुष्टि शाह जांच आयोग ने की थी।

'शाह जांच आयोग द्वारा किये गये रहस्योद्घाटन में कहा कि आंतरिक आपातकाल स्थिति का निर्णय स्वयं प्रधानमंत्री इंदिरा गांधी ने किया था।

25 जून, 1975 को जेपी रामलीला मैदान के ऐतिहासिक विशाल सभा को सम्बोधित करने के बाद दीनदयाल उपाध्याय मार्ग पर स्थित 'गांधी शांति प्रतिष्ठान' से सुबह 26 जून को पटना आने वाले थे और कदमकुआं स्थित 'हिन्दी साहित्य सम्मेलन भवन' में आंदोलन के कार्यकर्ताओं को संबोधित करने वाले थे, लेकिन 25 जून, 1975 की रात ही देश में आपातकाल की घोषणा कर दी गई थी। 25 जून की काली रात को 11 बजे एक विशेष पत्रवाहक दिल्ली के जिलाधीश सुनील कुमार के यहां के लिए चला। रात 12 बजे जेपी की गिरफ्तारी के कागज तैयार हुए तथा सभी विपक्षी नेताओं के गिरफ्तारी के कुल 400 वारंट बिना नाम के तैयार किये गये। रात के 12 बजे दिल्ली से वायरलेस द्वारा उत्तर प्रदेश, बिहार, हरियाणा, पंजाब और मध्यप्रदेश आदि सभी प्रदेशों को स्पष्ट निर्देश दिये गये कि 'विरोध' होने पर पूरी तरह कुचल दिये जायें।

और रात 25 जून लगभग डेढ़ बजे 'गांधी शांति प्रतिष्ठान' के बाहर खुली हवा में जेपी के निकटतम व्यक्ति राधाकृष्ण के पुत्र चन्द्रहर जो अपने को पुलिस के असंख्य जवानों के बीच पाकर घबरा जाते हैं। एक पुलिस अफसर चन्द्रहर को बताते हैं कि जेपी की गिरफ्तारी का वारंट है और वे अपने पिता राधाकृष्ण को कहते हैं कि पुलिस जेपी की गिरफ्तारी का वारंट लेकर आ गयी है। यह वाक्य सुनकर राधाकृष्ण घबरा गये। ऐसे आधी रात को जेपी को उठाना और ऐसा अशुभ समाचार देना... कैसे कहें। उन्हें कुछ समझ में नहीं आ रहा था। अत: राधाकृष्ण को एक बात सूझी कि अगर पुलिस अफसर तीन-चार घंटे रुक जाते हैं, तो वे स्वयं उठ जायेंगे। राधाकृष्ण उस पुलिस अफसर से कहते हैं, "जेपी बहुत थके हुए हैं उन्हें आराम की जरूरत है।" इस पर पुलिस अफसर तैयार हो गये। क्योंकि जेपी को गिरफ्तार करने में स्वयं वह पुलिस अफसर और उपस्थित पुलिस अधिकारी सभी अपने को ही अपराधी समझ रहे थे। उन लोगों के चेहरे

पर कुछ ऐसे ही भाव उभरे हुए थे। लगभग तीन घंटे बीत चुके, सुबह के तीन बजे होंगे, पुलिस अफसर अब इन्तजार नहीं चाह रहे थे। राधाकृष्ण से कहा, कृपया जेपी को जगा दें। इसके उपरांत राधाकृष्ण अपने आप से सिमटे जेपी को धीरे से जगाते हैं और उन्हें वारंट पढ़ कर सुनाया। यह सुनते ही जेपी आश्चर्यचकित होकर स्तब्ध रह गये। इस पर राधाकृष्ण ने कुछ पूछा तो जेपी ने कहा, "सरकार से ऐसी कार्रवाई की मुझे कोई उम्मीद नहीं थी।" इसी अंतराल में वह पुलिस अफसर जेपी के कमरे में घुस कर कहता है, "सॉरी सर, हमें आपको ले जाने का हुक्म है।" इस पर जेपी ने बड़े ही इत्मिनान से कहा, "ठीक है मुझे तैयार होने के लिए आधे घंटे वक्त दो!"

इसी बीच में राधाकृष्ण ने जेपी के निकटवर्ती मित्रों को यह संदेश दिल्ली सहित बम्बई, मद्रास, बंगलौर और पटना में दिया।

जेपी तैयार होकर पुलिस कार में ज्यों ही सवार होते हैं, एक टैक्सी से चन्द्रशेखर पहुंचते हैं। और जेपी की कार चल देती है। चन्द्रशेखर और राधाकृष्ण दोनों व्यक्ति एक दूसरी गाड़ी से जेपी के पीछे चल देते हैं। जेपी की कार पार्लियामेंट स्ट्रीट के थाने में पहुंची-पीछे से चन्द्रशेखर और राधाकृष्ण पहुंचते हैं। पुलिस के उच्च अधिकारी एस. पी., डी. एस. पी सभी अपने आप में शर्म से घिरे हुए नजर आ रहे थे। चन्द्रशेखर से एक दूसरे कमरे में पुलिस अफसर ने कहा, "सर, पुलिस आपको भी गिरफ्तार करने के लिए आपके घर पहुंच चुकी है।" इस पर चन्द्रशेखर ने विनम्र भाव से कहा, "मैं खुद यहां आ गया हूं आप मुझे गिरफ्तार कर लीजिए।" क्या चन्द्रशेखर भी गिरफ्तार कर लिये गये! यह सब देखकर जेपी स्तब्ध रह गये। राधाकृष्ण यह सब देखकर अवाक रह जाते हैं। इसी बीच पुलिस ने जेपी एवं चन्द्रशेखर को चाय पिलाई। राधाकृष्ण जेपी से कुछ कहना चाह रहे थे, कण्ठ से उत्तर नहीं आ पा रहा था। खैर, राधाकृष्ण जेपी से पूछते हैं, "क्या आप देश की जनता के नाम संदेश देना चाहते है। अखबार वाले तो हमारे पास आयेंगे ही। हमारे कार्यकर्ता भी जानना चाहेंगे। क्या आप उनके लिए कुछ कहेंगे।" और बाहर जब कि अभी सुबह भी नहीं हो पायी थी, पत्रकारों और अन्य लोगों की भी पार्लियामेंट स्ट्रीट थाने के समक्ष भीड़ उमड़ रही थी।

कुछ क्षणों के उपरान्त जेपी ने बड़े ही शान्त भाव से कहा, "विनाश काले विपरीत बुद्धि! बस यही मेरा संदेश है।" यही बात जेपी ने आज से पूर्व 4 नवंबर, 1974 को पटना में उनके ऊपर हुए लाठी प्रहार के उपरान्त भी कही थी - "विनाश काले विपरीत बुद्धि!"

जेपी की कार पार्लियामेंट स्ट्रीट से निकल कर बंसीलाल के हरियाणा की सीमा पार कर 'सोजा' पहुंची, ठीक उसी समय एक दूसरी कार भी पहुंची, जिसमें से मोरारजी देसाई उतरते हुए हाथ हिला कर जेपी का अभिनन्दन करते हैं। जेपी आश्चर्य से पूछते हैं, आप यहां ? तब मोरारजी

देसाई ने कहा, "जो भगवान की मर्जी !" और तानाशाही की कोई सीमा नहीं रही। जेपी, मोरारजी देसाई दोनों के एक जगह रहने पर इंदिरा गांधी ने उन्हें एक-दूसरे से मिलने तक नहीं दिया। यहां तक कि खाना खाने के समय दोनों एक साथ खाना खायें, जेपी की इस हार्दिक इच्छा को भी इंदिरा ने ठुकरा दिया।

और हरियाणा के बंसीलाल ने नई दिल्ली में पन्द्रह दिन पहले यानी 14 जून, 1975 को संजय गांधी से कहा था, "आप चिंता मत कीजिए। अपने सिपाहियों पर यकीन रखें। इनको गिरफ्तार करके हरियाणा भेज दो। मैं सब देख लूंगा।"

सुबह का अखबार नहीं निकलने दिया गया। दिल्ली के अखबारों की बिजली काट दी गई और अखबार नहीं निकला। यहां तक कि 'स्पॉट न्यूज' पर भी इन समाचारों को आने से बन्दूक की नोक पर रोक दिया गया।

भारत के अन्य दूसरे नेता भी 26 जून की सुबह 4 बजे तक जो गिरफ्तारी पहले दौर में, जनसंघ के नेता अटल बिहारी वाजपेयी, जनसंघ के अध्यक्ष लालकृष्ण आडवाणी, भारतीय लोकदल के नेता चौधरी चरण सिंह, राज नारायण, पीलू मोदी, समर गुहा, संगठन कांग्रेस के अध्यक्ष अशोक मेहता, मार्क्सवादी नेता ज्योतिर्मय बसु, कांग्रेस संसदीय दल के मंत्री रामधन आदि 83 नेता गिरफ्तार किये गये। आपातकाल की घोषणा के दो दिनों के अंतराल में 767 व्यक्तियों को गिरफ्तार किया गया। सबसे पहले 25 जून की मध्य रात्रि 2 बजकर 30 मिनट पर 'मदर लैण्ड' के सम्पादक के. आर. मलकानी गिरफ्तार किये गये। 26 जून की सुबह सम्पूर्ण भारत में जगह-जगह छापे मार-मार कर समाचार पत्रों के संस्करण सरकार ने अपने अधीन कर लिए। मात्र जालंधर से ग्यारह दैनिक समाचार पत्रों, जिनमें हिन्दी के तीन, उर्दू के तीन, पंजाबी के पांच पत्रों की प्रतियां छीन ली गईं। इसी तरह से सम्पूर्ण अखबार इंदिरा सरकार के अधीन सांस लेने लगे।

देश के अन्दर आपातकाल में लोगों की गिरफ्तारियों का दौर चलता रहा। पहले आपातकाल की घोषणा, फिर 26 जून की सुबह पांच बजे कैबिनेट की मीटिंग मात्र पन्द्रह मिनट चली। प्रधानमंत्री इंदिरा गांधी ने बताया कि परिस्थिति काबू से बाहर होती जा रही है और आपात स्थिति की घोषणा आवश्यक है। यह सुन कर सभी मंत्री स्तब्ध हो गये। इसके उपरांत इंदिरा गांधी ने गृह सचिव एस. एल. खुराना को आदेश दिया कि वे घोषणा पत्र पढ़ कर सुना दें। खुराना ने तत्काल आदेश का पालन किया तथा राज्य गृहमंत्री ओम मेहता ने आपात स्थिति घोषणा की पृष्ठभूमि सदस्यों को बताई। इन सभी बातों के उपरांत केन्द्रीय कांग्रेस मंत्रिमंडल के प्रतिभाशाली नेता स्वर्ण सिंह ने पूछा, "बाहरी आपात स्थिति तो पहले से ही मौजूद है। क्या सरकार उसके तहत मनचाहे

कदम नहीं उठा सकती थी? क्या दूसरी आपात स्थिति जरूरी थी? प्रधानमंत्री कितने दिनों तक इन पाबंदियों को कायम रखना चाहती हैं?”

स्वर्ण सिंह के प्रश्नों पर नाराज होकर इंदिरा गांधी ने गत शाम 25 जून रामलीला मैदान में दिये गये लोकनायक जयप्रकाश नारायण के भाषण की ओर ध्यान केंद्रित किया और कहा, “जेपी ने प्रधानमंत्री के घर का घेराव करने का ऐलान किया था।” स्वर्ण सिंह के अलावा उपस्थित कांग्रेस के किसी नेता ने कोई सवाल नहीं उठाया?

20 अगस्त 1974 को राष्ट्रपति फखरुद्दीन अली अहमद ने कहा था,”संविधान की रक्षा करना मेरा कर्त्तव्य है।” लेकिन 25 जून, 1975 को जब राष्ट्रपति फखरुद्दीन अली अहमद आंतरिक आपात काल की घोषणा से असहमत होते हुए भी आखिर क्या मजबूरियां थीं कि संविधान की धारा के खिलाफ कैबिनेट की स्वीकृति के पहले ही आंतरिक आपातकाल की घोषणा अनुच्छेद 352 के अंतर्गत कर दी गयी, जो असंवैधानिक और गैर कानूनी है। फिर भी इस घोषणा के अंतर्गत अनुच्छेद 15 की स्वतंत्रता स्वत: निलंबित हो गयी। पुन: अनुच्छेद 14, 21, 22 को दूसरे अध्यादेश द्वारा निलंबित कर दिया गया।

आपातकाल : प्रेस की आजादी समाप्त

15 सितंबर, 1940 को महात्मा गांधी ने कहा था, "बोलने और लिखने की आजादी ही स्वराज्य की नींव है। अगर यह नींव की ईंट ही खतरे में पड़ जाए तो आपको उस ईंट की हिफाजत के लिए अपनी सारी ताकत लगानी पड़ेगी।"

देश में 25 जून, 1975 की मध्यरात्रि में आंतरिक आपातकाल की घोषणा की तथा 26 जून की सुबह कैबिनेट मिटिंग में कहा, "प्रेस पर कड़ी सेंसरशीप लागू होगी।" और इंदिरा गांधी ने अपनी इच्छा अनुसार देश में प्रेस और अभिव्यक्ति की हत्या कर डाली। सम्पादकों, पत्रकारों को 'मीसा' में बंद कर दिया गया। समाचार पत्रों, रेडियो, टेलीविजन, न्यूज एजेंसियों पर प्रतिबंध लगाकर लिखने, बोलने की आजादी को बंद कर दिया।

आपातकाल में उनके समर्थकों की अभिव्यक्ति इंदिरा गांधी के समर्थन में थी। इंदिरा गांधी के विरोध में एक शब्द पूरे आपातकाल में नहीं छपा। प्रेस की आजादी पर 1949 में हमला हुआ। चीन में उन दिनों कम्युनिस्ट शासन की स्थापना करने के बाद माओत्से तुंग ने व्यक्तिगत स्वतंत्रता और विचारों की अभिव्यक्ति पर पूर्ण प्रतिबंध लगा दिया। फिर क्या था, 1956 तक गलत आर्थिक नीतियों के कारण चीन के अनेक प्रान्तों में लाखों लोगों को भुखमरी का सामना करना पड़ा। चीन के नागरिकों का जीवन स्तर 1949 के स्तर से भी कम हो गया। फिर भी किसी भी व्यक्ति की हिम्मत नहीं होती थी कि वह रोटी की मांग कर सके। उन्हीं दिनों माओ ने 'सौ फूल खिलने दो' नारा दिया और इसी के अंतर्गत चीन के समाचार पत्रों को विचार स्वतंत्रता की छूट प्रदान की गई। अभिव्यक्ति की यह स्वतंत्रता मात्र चीन में छह सप्ताह ही रही - जिसमें समाचार पत्रों में संपादक के नाम पत्र स्तंभ में 'रोटी' की मांग के सम्बन्ध में हजारों-हजार पत्र लिखे गए और चीन

के समाचार पत्रों में विभिन्न प्रान्तों में भुखमरी की घटनाओं पर टिप्पणियां लिखी गईं तथा चीन सरकार का ध्यान इस ओर आकर्षित किया गया। तब माओत्से तुंग ने अभिव्यक्ति की स्वतंत्रता पर पूर्ण प्रतिबंध लगा दिया। जिसके उपरांत चीन की आर्थिक स्थिति दिनों-दिन कमजोर होती गई।

फिर भारत में भी आपात काल की घोषणा के समर्थन में ही लोगों के वक्तव्य प्रकाशित होने लगे। आपातकाल के समर्थन में पश्चिम बंगाल के मुख्यमंत्री सिद्धार्थ शंकर राय ने कहा, कोई भी योग्य सरकार उन परिस्थितियों के सामने मौन दर्शक के रूप में खड़ी नहीं रह सकती थी। उत्तर प्रदेश के मुख्यमंत्री हेमवती नन्दन बहुगुणा ने तो संवाददाताओं से बातचीत करते हुए कहा कि कोई भी राष्ट्र सशस्त्र सैनिकों द्वारा देश की कानूनी सरकार को अपदस्थ करने का आह्वान बर्दाश्त नहीं कर सकता। उड़ीसा के मुख्यमंत्री नन्दनी सतपति ने कहा कि जब प्रजातांत्रिक संस्थाओं को गिराने के लिए हिंसा चालू की जाये तो सख्त कदम उठाने की आवश्यकता होती है। त्रिपुरा में मुख्यमंत्री सुखमय सेन गुप्ता ने त्रिपुरा की जनता की ओर से प्रधानमंत्री इंदिरा गांधी द्वारा प्रजातंत्र और देश की एकता को बनाये रखने के लिए उठाये गये कदमों के पूर्ण समर्थन का आश्वासन दिया। राजस्थान के मुख्यमंत्री हरिदेव जोशी ने आपातकालीन स्थिति का स्वागत करते हुए राजनीतिक नेताओं से सहयोग करने का अनुरोध किया। पटना में बिहार मंत्रिमंडल की एक आपातकालीन बैठक में यह प्रस्ताव पारित किया गया कि बिहार सरकार इंदिरा गांधी द्वारा प्रजातंत्र धर्मनिरपेक्षता और समाज को सुदृढ़ करने के लिए उठाए गए कदमों का स्वागत करती है। हरियाणा के मुख्यमंत्री बंसीलाल ने चंडीगढ़ में अपने नेतृत्व में आयोजित एक बैठक में प्रस्ताव पारित कर कहा कि अनुत्तरदायी अव्यवस्था पैदा करने पर तुले हुए थे।

ये तत्व प्रजातंत्र को बचाने के बहाने प्रजातांत्रिक संगठनों का गला घोंट रहे थे। हिमाचल प्रदेश के मुख्यमंत्री यशवंत सिंह परमार ने कहा, "आपात स्थिति की घोषणा का उद्देश्य जनता के जीवन और हितों की रक्षा करना और देश की प्रमुखता को बचाना है। पंजाब के मुख्यमंत्री ज्ञानी जेल सिंह, महाराष्ट्र, मध्य प्रदेश सभी प्रदेशों के मुख्यमंत्री ने आपातकाल का समर्थन किया।

25 जून, 1975 की मध्यरात्रि में इंदिरा गांधी के निवास स्थान 1, सफदरजंग में दिल्ली के उपराज्यपाल कृष्णचन्द्र को बुलाया जाता है। इंदिरा गांधी कृष्णचन्द्र को आदेश देती हैं, "दिल्ली के सभी समाचार पत्रों की बिजली लाइन काट दी जाए।" ये सभी मौखिक आदेश दिये जाते थे, जिन्हें लिखित आदेश माना जाता था। फिर कृष्ण चन्द्र ने तत्काल रात्रि दो बजे, दिल्ली आपूर्ति उपक्रम (डेसू) के जनरल मैनेजर वी. एन. मेहरोत्रा को अपने पास बुलाकर कहा, "राजधानी के सभी समाचार पत्रों की बिजली लाइन तत्काल काट दी जाये।" जिससे 25 जून की काली रात की काली करतूतों को 26 जून को देश का कोई भी समाचार पत्र प्रकाशित न कर सके।

25 जून, 1975 की मध्यरात्रि में आपातकाल की घोषणा और 26 जून, 1975 की सुबह कोई भी दिल्ली का पत्र नहीं निकला। इसके बावजूद दिल्ली का एक अंग्रेजी तथा पटना के एक हिन्दी दैनिक पत्र ने 26 जून, 1975 को अपना सम्पादकीय नहीं लिखा, यह आजाद भारत की पहली घटना हुई। इन दैनिक पत्रों ने अपने सम्पादकीय को सफेद छोड़ दिया। 26 जून को सफदरजंग 1 में सूचना एवं प्रसारण मंत्री इन्द्र कुमार गुजराल को बुलाया गया और इंदिरा गांधी के सामने उनके पुत्र संजय गांधी ने आकाशवाणी द्वारा समाचारों की प्रतिलिपि सुलभ कराने की मांग की। संजय गांधी की इस मांग को गुजराल ने स्पष्ट शब्दों में इनकार कर दिया। उस समय गुजराल की बात से इंदिरा गांधी भी सहमत हुईं। उसके दूसरे दिन गुजराल को प्रधानमंत्री निवास पर बुलाया गया, उस समय इंदिरा गांधी निवास पर नहीं थीं। संजय गांधी गुजराल के सामने आये और कहा "सूचना एवं प्रसारण मंत्रालय का काम ठीक ढंग से नहीं चल रहा है। राष्ट्र के नाम प्रधानमंत्री का संदेश आकाशवाणी के सभी तरंगों पर प्रसारित नहीं किया गया।" संजय की यह बात सुनकर गुजराल को अत्याधिक गुस्सा आया और संजय गांधी को फटकार लगाते हुए कहा, "आप तमीज से बात करें। इंदिरा गांधी और कांग्रेस से मेरा नाता आपके जन्म से पहले से है। मेरे मंत्रालय में आपको हस्तक्षेप करने का कोई अधिकार नहीं है। मैं जानता हूं कि मुझे क्या करना है।" फिर क्या था, बेटे की कोई बात गुजराल ने नहीं मानी। इससे संजय गांधी की मां इंदिरा गांधी को काफी दुख हुआ। स्वयं इंदिरा गांधी ने अपने सचिवालय के एक अधिकारी पी. एन. बहल को आकाशवाणी से प्रसारित समाचारों पर कड़ी नजर रखने के लिए तैनात कर दिया।

आपातकाल के दूसरे दिन इंदिरा गांधी के विशेष दूत मुहम्मद युनुस के निर्देश पर गुजराल को प्रधानमंत्री आवास पर बुलाया और पीएम ने कहा, "बी.बी.सी. के कार्यालय में ताला लगा दिया जाए और उसके संवाददाता को देश से निकाल दिया जाए।" गुजराल ने इस प्रस्ताव को अस्वीकार करते हुए कहा कि 'यह काम मेरे मंत्रालय का नहीं है तथा उसी शाम को गुजराल को पुनः बुलाया गया। इंदिरा गांधी ने कहा, "मैं आपका मंत्रालय बदल रही हूं, क्योंकि बदली परिस्थिति में सूचना मंत्रालय के संचालन के लिए कई आदमियों की जरूरत है।" और दूसरे दिन 28 जून, 1975 को गुजराल का मंत्रालय बदल दिया गया। गुजराल की जगह पर अब विद्याचरण शुक्ल को सूचना प्रसारण मंत्री बनाया गया और गुजराल को योजना राज्य मंत्री पद दिया गया।

कड़े प्रेस सेंसरशिप के अधीन कई पत्रों के प्रकाशन बंद रहे। आपातकाल के दौरान टाइम्स ऑफ इण्डिया प्रकाशन के मुम्बई से प्रकाशित 'धर्मयुग' का अगला अंक 6 जुलाई, 1975 का नहीं निकला। इलाहाबाद के 'मित्र प्रकाशन प्राइवेट लिमिटेड' अपनी पत्रिकाओं में से कई लेखों

को प्रकाशित नहीं कर सका, जिसे आने वाले अंकों में प्रकाशित करना था। आपातकाल के साथ 'मदर लैण्ड' अंग्रेजी, एवरीवन अंग्रेजी, प्रजा नीति, प्रतिपक्ष और न जाने कितने पत्रों का प्रकाशन बंद रहा। इंदिरा गांधी ने खुलेआम प्रेस की अभिव्यक्ति और स्वतंत्रता की हत्या कर दी। और कई बार खुले शब्दों में कहा, "प्रेस को ठीक करने की जरूरत है।" इंदिरा गांधी की इन्हीं बातों को सूचना एवं प्रसारण सचिव एस. एम. एच. बर्नी ने कहा, " प्रेस, आकाशवाणी, दूरदर्शन का प्रबंध ठीक ढंग से काम नहीं कर रहा है। प्रेस को ठीक करने की जरूरत है।"

देश में आपातकाल की घोषणा के दौरान 25 जून, 1975 से पन्द्रह महीनों के दौरान 203 दैनिक समाचार पत्रों तथा 1434 साप्ताहिक पत्रों की अभिव्यक्ति बंद कर दी गई। इंदिरा सरकार ने प्रतिबंध लगाकर कुल 1642 पत्रों की अभिव्यक्ति बंद कर दी। आपात काल की अवधि में देश के सबसे बड़े राज्य उत्तर प्रदेश में सबसे अधिक 95 दैनिक एवं 473 साप्ताहिक समाचार पत्र बंद कर दिये गये। भारतीय समाचार पत्रों के साथ-साथ विदेशी समाचारों का भारत में प्रवेश अनाधिकार कर दिया गया। कई विदेशी संवाददाता देश से बाहर निकाले गये। कई विदेशी समाचार न्यूज एजेंसियों के कार्यालय भारत में थे, उनमें ताले लगाए गए।

ब्रिटिश ब्रॉडकास्टिंग कॉरपोरेशन (बी.बी.सी.) ने आपातकाल के दौरान तानाशाही के विरुद्ध जो खबरों का प्रसारण किया, उसके लिए सभी देशवासी आभारी रहेंगे। आपातकाल के शुरू होते ही सात कांग्रेसियों, जिनमें सतपाल कपूर, उन्नी कृष्णन, हर्षदेव मालवीय, अमरनाथ विद्यालंकार, आर. के. मिश्र, आर. के. सिन्हा एवं वी. पी. साठे ने एक संयुक्त बयान में बी.बी.सी. के प्रसारण के विरुद्ध मांग की कि इस समाचार सेवा के भारत स्थित संवाददाता को निष्कासित कर दिया जाए। हरियाणा के भिवानी से 21 वर्षों से प्रकाशित होने वाला प्रमुख हिन्दी साप्ताहिक पत्र 'चेतना' आपातकाल में तानाशाही की बलि चढ़ गया।

भारतीय पत्रकारों के साथ आये दिन ज्यादतियां होती रहीं, उसी दौरान पत्रकार के. विक्रम राव के साथ हुई ज्यादतियों की कहानी कभी नहीं भूली जायेगी। इंडियन फेडरेशन ऑफ वर्किंग जर्नलिस्ट के वाइस प्रसिडेंट और बड़ौदा में 'टाइम्स ऑफ इण्डिया' के सीनियर स्टाफ रिपोर्टर के. विक्रम राव ने पहला समाचार मई, 1975 में बड़ौदा के निकट भड़ौच में इंदिरा गांधी और मोरारजी देसाई की एक ही समय पर होने वाली समान्तर चुनाव सभाओं की रिपोर्टिंग में दोनों विरोधी सभाओं का विश्लेषण कर के संवाद भेजा। कांग्रेस की सभा के लिए गांववालों को ढेरों पुलिसवालों की निगरानी में ट्रकों में भर-भर लाया गया, जबकि उन दिनों कई विपक्षी दल मिलकर गुजरात में 'जनता मोर्चा' से लड़ रहे थे। जनता मोर्चा की सभा में लोग पैदल चल कर मोरारजी की सभा में आ रहे थे। इस सभा की निगरानी के लिए मात्र दो पुलिस मैन ही थे। कांग्रेस

एवं जनता मोर्चा की सभाओं में उपस्थित लोगों का अनुपात जनता मोर्चा में चार-पांच गुना ज्यादा था। जबकि कांग्रेस में 25 हजार के आसपास था। के. विक्रम राव को इस रिपोर्टिंग की सजा यातनाओं से मिली।

दूसरा संवाद, जनसंघ नेता अटल बिहारी वाजपेयी का बयान था जिसमें उन्होंने कहा था कि किस तरह पंजाब नेशनल बैंक के चेयरमैन को मारुति लिमिटेड को कर्ज न देने के कारण पद से हटा दिया गया था। इन संवादों को के. विक्रम राव ने समाचार पत्रों में जारी किया जिसे विद्याचरण शुक्ल ने दबा दिया। फिर भी के. विक्रमराव ने इन संवादों को 'यूनाइटेड न्यूज ऑफ इण्डिया' के टेलीप्रिन्टरों से सभी समाचार पत्रों को भेजा, कई पत्रों में ये खबरें छपीं। विशेषकर 'टाइम्स ऑफ इण्डिया' में छपीं, जिसकी सजा विद्याचरण शुक्ल ने के. विक्रम राव को दी। के. विक्रम राव का तबादला बड़ौदा से नागपुर कर दिया जाता है। और यहां नागपुर पहुंचे मात्र एक सप्ताह के अन्दर के. विक्रम राव को 'बड़ौदा डायनामाइट काण्ड' के सिलसिले में पुलिस ने गिरफ्तार कर लिया। और यातनाओं का बोझ के. विक्रम राव को ही नहीं उठाना पड़ा, बल्कि पूरे परिवार को यातनाएं उठानी पड़ीं। उनकी पत्नी डॉ. सुधा, तीन वर्षीय पुत्र सुदेन, चार वर्षीय पुत्री विनिता, सभी सरकारी जुल्म की बलि चढ़ गए। बोलने व लिखने के प्रतिबंधों की ज्यादतियों की कहानी असीम है। घटना 21 मार्च, 1976 बम्बई की है। लोकनायक जयप्रकाश नारायण एवं विरोधी दलों की बैठक हुई। जिसमें सभी समाचार पत्रों में प्रकाशित नहीं करने के लिए टेलीप्रिंटर से 'किल द न्यूज' संदेश भेजा गया परन्तु महाराष्ट्र के मुख्यमंत्री ने टेलीफोन से इस संवाद को नहीं छापने का आदेश दिया लेकिन तानाशाही के विरोध में लड़ने वाले बम्बई एवं गुजराती दैनिक पत्र 'जन्मभूमि' ने 22 मार्च, 1976 को यह खबर छापी। परिणामस्वरूप 'जन्मभूमि' को प्री-सेंसरशिप लगा दी गई। 21 दिसंबर, 1976 को एक और घटना नई दिल्ली में हुई, जिसमें दिल्ली के सभी समाचार पत्रों को आदेश दिया गया कि कांग्रेस की आंतरिक फूट से सम्बन्धित किसी कांग्रेसी नेता का वक्तव्य नहीं प्रकाशित हो, कोई समाचार नहीं छपे, क्योंकि इस समाचार से कांग्रेस की आंतरिक फूट की कहानी जनता के समक्ष आ जाती। उस समय यह आदेश संजय गांधी ने अपनी सार्वजनिक आलोचना से बचने के लिए यह आदेश जारी किया था।

प्रेस सेंसरशिप के बाद भी उन दिनों गुजरात से प्रकाशित होने वाली पत्रिका 'भूमिपुत्र' पर तानाशाही होती रही, फिर भी 'भूमिपुत्र' ने पूर्व शिक्षा मंत्री एम. सी. चावला का भाषण प्रकाशित किया, परिणामस्वरूप 'भूमिपुत्र' की प्रतियां जब्त कर ली गईं एवं प्रेस में तालाबंदी लगा दी गयी। फिर मामला गुजरात हाईकोर्ट पहुंचा। फिर गुजरात हाईकोर्ट ने 164 पृष्ठों का अपना ऐतिहासिक फैसला 23 मार्च, 1976 को दिया। गुजरात हाईकोर्ट ने अपने ऐतिहासिक फैसले में 'भूमिपुत्र'

की जब्त प्रतियां वापस करने, प्रेस की तालाबंदी समाप्त करने और दोनों में हुए घाटे की पूर्ति करने का आदेश दिया। फिर गुजरात से सेंसरशिप अधिकारी ने हाईकोर्ट से 15 दिनों का स्थगन मांगा, लेकिन इस बीच वह सर्वोच्च न्यायालय में जा सके। हाईकोर्ट ने मामला सर्वोच्च न्यायालय में ले जाने की अनुमति तो दी, किंतु अपने निर्णय के कार्यान्वियन में एक दिन भी की छूट नहीं दी। दूसरी तरफ 'भूमिपुत्र' ने हाईकोर्ट से इस निर्णय को प्रकाशित करने की अनुमति मांगी, लेकिन इसका विरोध करते हुए तानाशाही सेंसरशिप अधिकारी ने एक सप्ताह तक निर्णय के प्रकाशन पर रोक लगाने की प्रार्थना की। इस पर गुजरात हाईकोर्ट ने बड़े कड़े शब्दों में कहा, "यदि सेंसर, जनता की (अभिव्यक्ति की) स्वतंत्रता की राह में रोड़े अंटकायेगी तो हाईकोर्ट इसे बर्दाशत नहीं कर सकता। यह कहना कि हाईकोर्ट के निर्णय के प्रकाशन से जनता के मनोभावों पर विपरीत प्रभाव पड़ेगा, न सिर्फ आधारहीन है, बल्कि मूर्खता भी है। इसलिए निर्णय के प्रकाशन पर रोक लगाने का आदेश नहीं दिया जा सकता है।"

गुजरात हाईकोर्ट ने अपने ऐतिहासिक फैसले में, भारत रक्षा कानून की 48वीं धारा की व्याख्या करते हुए कहा, "इसके अंतर्गत उस प्रकार की सामग्री के प्रकाशन पर किसी प्रकार की रोक नहीं लगायी जा सकती जो सामाजिक शांति भंग न करते हों और रचनात्मक आलोचना करते हों।" स्पष्टता से घोषित किया- "लोकतंत्र में हर व्यक्ति को सरकार और कानूनों की आलोचना करने का अधिकार है। इस प्रकार की आलोचना के बिना कोई भी लोकतंत्र सफलतापूर्वक नहीं चल सकता। कोई भी व्यक्ति यह दावा नहीं कर सकता कि वह गलतियों से ऊपर है। कोई तानाशाह ही यह दावा कर सकता है। लोकतंत्र में शासन की सर्वोच्च कुर्सी पर बैठे व्यक्ति की आलोचना का अधिकार हिंसा को उभारे बगैर कड़ी से कड़ी भाषा में सरकार की आलोचना लोकतंत्र की नींव है। सच्चे लोकतंत्र के तीन खंभे हैं - प्रेस की स्वतंत्रता, असहमति व्यक्त करने की स्वतंत्रता और नागरिकता की रक्षा के लिए सतत जागरूक न्यायपालिका। ....कानून की खामियों को उजागर करने के लिए सरकार की आलोचना अपराध नहीं है। सरकार का आदेश भारत रक्षा कानून की चौथी धारा का उल्लंघन है। अत: वह आदेश रद्द किया जाता है।"

न्यायालय ने अपने फैसले में 'भूमिपुत्र' में प्रकाशित चावला के भाषण को उपयुक्त बताया और सेंसर अधिकारी को जो निर्देश श्रीमति गांधी ने दिये वे गैर-कानूनी और अनोचित्य पूर्ण है। जैसे कोर्ट के पूरे निर्णय नहीं छापने का आदेश, गिरफ्तार लोगों ने नाम और गिरफ्तार स्थल नहीं छापने का आदेश, प्रधानमंत्री पद की समालोचना करने वाले लेखों को न छापने का आदेश आदि। ये सारे आदेश बिल्कुल असम्मत हैं। यह कोई शायद ही समझ सकेगा कि कोर्ट के पूरे निर्णय के प्रकाशन से हिंसा कैसे भड़केगी? यदि गिरफ्तारी की जगह और व्यक्ति का नाम प्रकाशित न

किया जाए तो लोग अपनी बात कैसे बता सकेंगे? ये उदाहरण काफी हैं, यह प्रभावित करने के लिए कि सेंसर द्वारा जारी निर्देश सेंसरशिप के मूल आदेश का उल्लंघन करते है इसलिए उसे खारिज किया जाता है और हम 'भूमिपुत्र' के रिट आवेदन को स्वीकृत करते हैं।

इंदिरा गांधी की तानाशाही के विरुद्ध गुजरात हाईकोर्ट ने 23 मार्च, 1978 को ऐतिहासिक फैसला दिया।

आपातकाल के दौरान संजय गांधी परिवार नियोजन चाहते थे, लेकिन राष्ट्रपति असहमत थे, जिससे इंदिरा गांधी और संजय गांधी नाराज थे तथा तीन केन्द्रीय मंत्रिमंडल से निकालने का प्रस्ताव भी अस्वीकार कर दिया। दिसंबर, 1975 के अन्तिम सप्ताह में राष्ट्रपति फखरुद्दीन अली अहमद ने एक गोष्ठी में आवश्यक वस्तुओं की बढ़ती कीमत पर चिन्ता व्यक्त की, जिससे इंदिरा और संजय नाराज थे। फिर भी इंदिरा गांधी ने बढ़ती कीमतों के खिलाफ सख्त कदम उठाने का निर्देश दिया। राष्ट्रपति से इंदिरा गांधी और संजय गांधी नाराज चल रहे थे। संजय गांधी ने संविधान संशोधन बिल पास होने के बाद फखरुद्दीन अली अहमद की जगह 'नये राष्ट्रपति' बनाने पर गंभीरता से विचार किया। 2 दिसंबर, 1976 को राष्ट्रपति फखरुद्दीन अली अहमद ने दिल्ली के वक्फ बोर्ड द्वारा आयोजित 'ईद मिलन' में भाग लिया परन्तु उक्त अवसर पर राष्ट्रपति के इस संदेश के प्रकाशन पर प्रतिबंध लगा रहा। राष्ट्रपति अहमद ने अपने संदेश में कहा था, "दिल्ली भारत की राजधानी है। अगर यहां कोई अच्छा काम नहीं होता तो पूरे देश में इसका बुरा प्रभाव पड़ेगा। यह दुर्भाग्य की बात है कि प्रधानमंत्री के बार-बार के आश्वासनों के बावजूद दिल्ली प्रशासन ने उर्दू भाषा के विकास के लिए कोई काम नहीं किया है। ऐसा नहीं करके दरअसल राष्ट्रीय एकता की भावना को चोट पहुंचाई गयी है।"

25 जून, 1975 की रात जेपी को गिरफ्तार किया गया और 11 नवंबर, 1975 तक यानी 4 महीने 19 दिनों तक इंदिरा गांधी द्वारा जेल की तन्हाई में रखे गये। इतने दिनों तक जेपी ने न तो ताजी हवा में सांस ली, न ही खुले आसमान को देखा। सुबह- शाम टहलने के लिए हथियार बंद सिपाहियों से घिरे हुए रहते थे। बाद में एक मकान में ले जाये गये, लेकिन रातों-रात उसकी दीवारें ऊंची कर दी गयीं, ताकि जेपी बाहर की दुनिया में किसी जिंदा आदमी को न देख लें। 27 सितंबर 1975 को जेपी के पेट में भीषण दर्द हुआ, गुर्दे खत्म हो गये। इंदिरा गांधी ने सोचा कि कहीं जेपी हमारे जेल में ही न मर जाएं, इसलिए 12 नवंबर, 1975 को जेपी को छोड़ दिया गया। जेपी की गिरफ्तारी के बाद पहली बार 26 मई, 1976 को बम्बई में पहला पत्रकार सम्मेलन हुआ - जिसमें 60 पत्रकारों ने भाग लिया। संवाददाता सम्मेलन में राजनीतिक नेताओं में, नाना साहब गोरे, एस.एम. जोशी, शांति भूषण, मोहम्मद करीम छागला, दिग्विजय नारायण सिंह, एस. के.

पाटिल, उत्तम राव पाटिल, बसंत कुमार पंडित एवं बम्बई पत्रकार संघ के अध्यक्ष सुन्दर राजन भी उपस्थित हुए परन्तु इस पत्रकार सम्मेलन पर इंदिरा सरकार की कड़ी सेंसरशिप लागू कर दी गई और बात वहीं दबी की दबी रह गई।

लोकनायक जयप्रकाश नारायण ने पत्रकार सम्मेलन में कहा, "अपनी गिरफ्तारी के बाद इस पत्रकार सम्मेलन में इतनी बड़ी संख्या में पत्रकार उपस्थित होंगे, इसकी मुझे आशा नहीं थी। फिर भी आप सब यहां आये, इससे मेरा राजनीतिक दृष्टिकोण अब परिवर्तित है। भारतीय राजनीति में दलों की बड़ी संख्या एक बड़ा सवाल बन गयी है। यह सवाल किसी ढंग से सुलझाना ही चाहिए। आज तक का हमारा अनुभव यह है कि दो बराबर शक्ति वाले दलों पर आधारित संसदीय लोकतंत्र का विकास हमारे देश में नहीं हो सका। निकट भविष्य में या सुदूर ऐसी स्थिति बन पाएगी, ऐसा नहीं लगता। फिर भी समान विचार वाले दलों को एक साथ आना चाहिए। इसकी शुरुआत की जा रही है। दलों के इस एकीकरण में आज संगठन कांग्रेस, भालोद, भारतीय जनसंघ, समाजवादी दल शामिल हो रहे हैं। इनके अलावा कुछ ऐसे प्रमुख लोग भी हैं जो आज से पहले इनमें से किसी दल में नहीं थे। ये लोग इस नये दल में शामिल होंगे। इस प्रकार इस नये दल की जो स्थापना हो रही है, उसकी मैं बड़े हर्ष के साथ घोषणा करता हूं। इसके बाद दल का नाम तय करने, पदाधिकारी चुनने, दल का संविधान तैयार करने आदि का काम यथासमय पर पूरे होंगे। कुछ दलों को इकट्ठा करके नया दल बनाने की दृष्टि से नाना साहब गोरे के संयोजकत्व में एक सुझाव समिति बनायी गयी थी। ऐसा ही एक छोटी समिति द्वारा पूर्व तैयारियां की जायेंगी। फिर, जून के तीसरे या अंतिम सप्ताह में बम्बई में कार्यकर्ताओं का एक सम्मेलन बुलाया जायेगा। इस सम्मेलन में सभी औपचारिक बातें पूरी होंगी और तब से ही दल प्रत्यक्षत: अस्तित्व में आएगा। आज मैं इसे लॉन्च मात्र कर रहा हूं। अभी एक सबल विरोधी पक्ष नहीं है - यह अपने लोकतंत्र की एक कमी है। इसका अनुभव सभी को होता था। इस कमी को दूर करने का प्रयत्न किया जा रहा है। इस संदर्भ में युवकों का आह्वान करता हूं। पिछले कुछ वर्षो से युवकों से मेरे अत्यंत घनिष्ठ सम्बन्ध बने हैं। इसलिए जिन्हें शासक दल के विरोध में काम करने की रुचि है, ऐसे सभी युवकों को इस नये दल में शामिल होने का मैं आह्वान करता हूं। जिनको शासक दल के साथ संघर्ष की इच्छा है, वे अवश्य इस नये दल में शरीक हों।

किसी भी दल की ओर से चुनाव लड़ने और चुनाव की राजनीति में पड़ने का मेरा ध्येय नहीं। आज तक मैं किसी ग्राम पंचायत के चुनाव में नहीं उतरा हूं, यह आपको मालूम है। इस नये दल को मेरा यही सुझाव है कि केवल चुनाव की राजनीति में नहीं उलझना चाहिए। समाज परिवर्तन अपना उद्देश्य होना चाहिए और नये दल को इसी दिशा में काम करना चाहिए। संसद के कामों

की अपेक्षा शहर समाज में लोगों के साथ काम करना, उन्हें संगठित करना, राष्ट्रीय प्रश्नों पर उन्हें साथ लेकर चलना आदि बातों पर ज्यादा जोर रहना चाहिए। जनता को भी वास्तव में ऐसा विरोधी दल चाहिए।

इसके बाद एक पत्रकार ने जेपी से पूछा, बाहर यह विलय (विलयन) हो रहा है, क्या संसद और विधानसभाओं में भी इसी प्रकार दल की स्थापना की जाएगी?

इस पर जेपी ने कहा, "अभी जनता मोर्चा के दल में अनेक स्थानों पर और संसद में काम हो रहा है। यह काम एकता पूर्वक हो रहा है। नये दल की स्थापना औपचारिक रूप से होते ही तेज गति से वहां भी विलयन होगा। दलों की पुरानी पहचान खत्म होने पर यह नया दल बना है, इसमें पुराने दल की पहचान नहीं रहेगी, ऐसा सभापति को सूचित किया जाएगा और विभिन्न दल नहीं रहेंगे।"

एक दूसरे पत्रकार ने पूछा, "क्या ये दल आपात स्थिति के कारण एक हो रहे हैं?" इस पर जेपी ने कहा, "दलों के विलयन का सवाल आपात स्थिति से सम्बन्धित नहीं है। बराबर दल वाले दलों के आधार पर लोकतंत्र को विकसित करना ही महत्व की बात है और इसे प्राप्त करने की दिशा में यह पहला कदम है। आपातकाल रहे या नहीं, यह प्रक्रिया तो चलती रहेगी। मेरी गिरफ्तारी के पहले एक बैठक में इस विषय पर विस्तार से चर्चा की जा चुकी थी। समान विचार वाले दलों को एक मंच पर आना चाहिए, यह बात पहले से ही चली आ रही है।"

फिर एक पत्रकार ने पूछा, "क्या आप इस दल नये दल के प्रधान होंगे?" "मैंने सलाह देना ही मान्य किया है और मेरा विचार विनिमय करना, इस नये दल की सीमा में मर्यादित नहीं है। किसी दल के संबंध में श्रीमति इंदिरा गांधी ने भी कुछ अगर पूछा तो इस दल की तरह उनसे भी खुले दिल से विचार-विनिमय सलाह बड़े गौरव का स्थान है। भगवान कृष्ण से लेकर जयप्रकाश नारायण तक जेल यात्रियों की लम्बी और शानदार परम्परा है। हां, इंदिराजी उस परंपरा से अलग हैं। तो, इन जेल जाने वालों को आप जरा दूसरी नजर से देखिये। अपनी तपस्या से ये देशप्रेम की ऐसी आग पैदा करना चाहते हैं, जो बुराइयों को जला दे, जिससे भारत भी ऐसा देश बन जाये जिसमें कोई मोहताज न रहे और हर एक इज्जत की जिंदगी जी सके, ईमान की रोटी खा सके।

आप सरकार के अधिकारी हैं, लेकिन आप इस देश के नागरिक भी हैं। शायद नागरिक पहले हैं, अधिकारी बाद में। आपके बाल-बच्चे इसी धरती पर पलेंगे और इसी देश के किसी गांव या शहर में रहेंगे। क्या आप नहीं चाहते, एक सुन्दर भारत बने जिसमें अपना भी सम्मानपूर्ण स्थान हो?

25 मई, 1976 को बम्बई में जेपी द्वारा संबोधित प्रथम महत्वपूर्ण पत्रकार सम्मेलन के समाचार पत्रों में प्रकाशन पर प्रतिबंध लगाने में इंदिरा गांधी, संजय गांधी एवं विद्याचरण शुक्ल ने तानाशाही का खुला खेल खेला। आपातकाल के दौरान सेंसर का उपयोग करती रहीं। यहां तक कि श्री मद्भगवद गीता के उदाहरण को छापने पर सेंसर अधिकारियों ने प्रतिबंध लगा दिये। रहस्योद्घाटन बम्बई की पत्रिका, 'ओपिनियन' के संपादक ए. डी. गोरेवाला ने किया। संपादक राज मोहन गांधी को अंग्रेजी पत्रिका 'हिम्मत' के सम्पदक 'तुगलक' के संपादक चौ. रामास्वामी ने कहा, हास्य रस की रचनाओं और व्यंग्य चित्रों के प्रकाशन पर रोक लगाये गये। यहां तक कि महात्मा गांधी, जवाहरलाल नेहरू, कवीन्द्र रवीन्द्र की कौन कहे स्वयं इंदिरा गांधी के उदाहरणों के प्रकाशन पर रोक लगायी गई।

वरिष्ठ पत्रकार रमेश थापर ने कहा, "आपातकाल के दौरान पत्रकारों को इतना आतंकित कर रखा गया था कि किसी राष्ट्रीय पत्र ने 'संपादक के नाम मेरी चिट्ठी तक छापने की हिम्मत नहीं की। स्टेट्समैन जैसे प्रेस चुनाव के समय भी मेरी पत्रिका 'सेमिनार' का अंक मुद्रित करने से इंकार कर दिया। प्रधानमंत्री इंदिरा गांधी के विशेष प्रतिनिधि मुहम्मद युनुस ने मुझे मेजर हबीबुल्ला के मार्फत संदेश भेजा, हरामजादे को कह दो कि हरकतों को हम लोग जानते हैं। अपनी हरकत से बाज नहीं आये तो 'मीसा' के तहत जेल में ठूंस दिये जायेंगे। प्रधानमंत्री के विशेष प्रतिनिधि ने मुझे धमकी तक भिजवाई, जब मैं मुख्य सेंसर के अवैध आदेशों के विरुद्ध बुद्धिजीवियों के हस्ताक्षर प्राप्त कर रहा था। मेरी पत्रिका 'सेमिनार' के सरकारी और सरकारी क्षेत्र के उपक्रमों के विज्ञापन बंद कर दिये गये। यद्यपि किसी आंदोलन से मेरा कोई वास्ता नहीं था।"

तानाशाही के दिनों, तानाशाही के विरुद्ध पत्रकारों की भूमिका अद्भुत रही! महाराष्ट्र सरकार द्वारा प्रतिबंधित 'ओपिनियन' अंग्रेजी के सम्पादक ए. डी. गोरेवाला का महत्वपूर्ण पत्र 'तानाशाही' के विरुद्ध लिखा गया, जो एक अत्यन्त महत्वपूर्ण दस्तावेज बन गया। अपने इस पत्र में गोरेवाला ने लिखा, जिन लोगों ने कल्पना की थी, मार्च 1977 के पहले भारत में आम चुनाव होंगे। जिन्हें इसकी आशा थी और जो दिल्ली की मल्लिका की जुबान से निकले हुए हर शब्द की व्याख्या अपनी इच्छा के अनुसार करने से बाज नहीं आते थे, वे लोग शायद उस महान उक्त को भूल गये थे कि तानाशाह उस समय तक किसी सार्वजनिक कदम की परवाह नहीं करता, जब तक कि उसके अपने स्वार्थ भी नहीं सधते हों।

बम्बई से प्रकाशित 'द टाइम्स ऑफ इंडिया' ने आपातकाल की घोषणा के मात्र दो दिन बाद 28 जून, 1975 को वर्गीकृत विज्ञापन के अंतर्गत तानाशाही के विरुद्ध विज्ञापन प्रकाशित

किया। विज्ञापन में लिखा था, 'लोकतंत्र-लोकतंत्र, सच्चाई के प्यारे पति, स्वतंत्रता के स्नेही पिता, आस्था, आशा एवं न्याय के भाई की 26 जून को मृत्यु हो गयी।"

आपातकाल के दौरान भारतीय पत्रकारों ने 'हिन्दी पत्रकारिता' के 150 वर्ष मनाये थे। हिन्दी पत्रकारिता के संदर्भ में कहा गया कि हिन्दी पत्रकारिता 30 मई, 1826 में शुरू हुई, जिसके आधार पर भारतीय हिन्दी पत्रकारिता के 150 वर्ष पूरे हुए। 'धर्मयुग' के संपादक डॉ. धर्मवीर भारती ने आपात काल के बाद इसे भारतीय हिन्दी पत्रकारिता के डेढ़ वर्ष की संज्ञा दी।

टाइम्स ऑफ इण्डिया द्वारा दिल्ली से प्रकाशित 'दिनमान' के संपादक रघुवीर सहाय ने 'जेपी आंदोलन' का जितना खुलकर समर्थन किया, वह अद्भुत था। वहीं दूसरी ओर आपातकाल का उतना ही कड़ा जमकर विरोध किया। जिस कारण कड़े सेंसरशीप ने 'दिनमान' पर ताला लगा दिया। 'दिनमान' के संपादक रघुवीर सहाय ने मेरे एक पत्र के जवाब में मुझे लिखा था, जिसमें उन्होंने स्पष्ट रूप से कहा कि वे स्वयं जेपी आंदोलन के निकट रहे हैं।

ए. डी. गोरवाला के संपादन में निकलने वाली अंग्रेजी की साप्ताहिक 'ओपिनियन' आपातकाल का विरोध करता रहा। घटना फरवरी, 1976 की है, जब ओपिनियन की आपत्तिजनक (आपातकाल के खिलाफ) सामग्रियों के प्रकाशन को नोटिस मिला। फिर अगले माह मार्च, 1976 को सरकारी आदेश आया- आपके पत्र की पिछली दस प्रतियां क्यों नहीं जब्त कर ली जायें। जिस प्रेस से ओपिनियन छपता था, उसे भी 'कारण बताओ' नोटिस मिला - प्रेस को क्यों नहीं जब्त कर लिया जाये। 16 वर्षों से लगातार निकल रहे 'ओपिनियन' ने कई छापखाने के दरवाजों पर दस्तक दी, सभी ने अपने-अपने दरवाजे बंद कर दिये अंत में ओपिनियन ने 'साइक्लोस्टाइल' करके छापा। फिर इंदिरा सरकार कब तक इसे सहन करती, तब एक नया सरकारी आदेश दिया कि 'पूर्वाग्रही' टिप्पणियों के कारण 15 दिनों के भीतर 25 हजार रुपये की जमानत जमा करें। संपादक गोरवाला ने उच्च न्यायालय में इस आदेश को चुनौती दी और 'स्टे' प्राप्त किया। कुछ ही सप्ताह बाद फिर नया आदेश ओपिनियन को मिला कि ओपिनियन प्रकाशित नहीं किया जा सकता है।

समाजवादी दल के अध्यक्ष एन. जी. गोरे के संपादन में निकलने वाली अंग्रेजी की साप्ताहिक 'जनता' के प्रकाशक जी. बी. चौधरी को गिरफ्तार कर लिया गया तथा 'जनता' के कई अंकों को जब्त कर लिया गया। सरकार ने 'जनता' के प्रकाशन पर रोक लगा दी।

सेंसरशिप के नाम पर 'दिल्ली प्रेस समाचार पत्र' की सरिता और मुक्ता पत्रिका ने पूरे आपातकाल के दौरान इंदिरा सरकार की तमाम धमकियों तथा प्रलोभनों के बावजूद इंदिरा गांधी और उनके पुत्र संजय गांधी का नाम तक इन पत्रिकाओं में प्रकाशित नहीं किया।

सरिता और मुक्ता पर प्रतिबंध लगाते हुए मुख्य सेंसर कार्यालय द्वारा 25 अगस्त, 1976 को जारी किये पत्र को इस तरह से लिखा गया था कि किसी भी न्यायालय में इस सेंसर के विरुद्ध जाना कठिन था।

27 सितंबर, 1975 को जेपी के पेट में भीषण दर्द हुआ, उनके गुर्दे खत्म हो गये थे। जेपी को पेरौल पर 12 नवंबर, 1975 को छोड़ दिया गया। उसके बाद जेपी सीधे बम्बई के 'जसलोक अस्पताल' में अपनी चिकित्सा हेतु आये। बम्बई में 30 दिसंबर, 1975 को ब्रिटिश पत्रकार ज्योफ्रे ऑस्टरगार्ड से पन्द्रह मिनट की बातचीत करते हुए लोकनायक जयप्रकाश नारायण ने कहा, "यह ठीक है कि मैं रिहा कर दिया गया हूं। परन्तु शेष बातें तो पूर्ववत ही हैं। प्रधानमंत्री कभी भी यह इमरजेंसी उठाना नहीं चाहतीं। वह मानती हैं कि इसका समय नहीं आया है, खतरा नहीं टला है। मुझे तो कुछ नहीं दिखाई पड़ता है कि इस आपातकाल स्थिति को उचित कहा जा सके। पिछले 26 जून के पूर्व, महीनों से मैं देश अधिनायकवाद के पनपने के खतरे से सावधान करता आ रहा था।" इतना कह जेपी ने शांत भाव से कहा, "मुझे लगता है इतिहास ने मेरे कथनों को उचित साबित कर दिया है।" मुझे नहीं मालूम कि इस देश के लोग खासकर युवा वर्ग आज की स्थिति को ज्यों का त्यों स्वीकार कर लेगा परंतु मुझे विश्वास है कि जो कुछ भी होगा, शांतिमय ढंग से होगा तथा नागरिक स्वाधीनता एवं स्वतंत्रता की पुनर्स्थापना शांतिमय तरीके से ही की जाएगी।

इसके बाद हम लोगों की बातचीत सर्वोदय आंदोलन के आध्यात्मिक नेता विनोबाजी के 25 दिसंबर के वर्ष भर के मौन भंगोपरांत प्रवचन पर आयी। विनोबा जी के वक्तव्य पर टिप्पणी करते हुए जेपी ने कहा, "कुछ भी आलोचना की मेरी भावना नहीं है, पर मैंने आशा बांध रखी थी कि मौन भंगोपरांत विनोबा जी सर्वोदय कार्यकर्ताओं तथा सर्वोदय जगत का मार्गदर्शन करेंगे। परन्तु उन्होंने वैसा कुछ किया नहीं। इससे मुझको एवं अनेक अन्य लोगों को बड़ी निराशा हुई।"

इस पर ज्योफ्रे ऑस्टरगार्ड ने कहा, "निराशा महसूस करने वालों में मैं भी एक हूं। उनका वक्तव्य मुझे तो कूटनीति से भरा हुआ लगा।" जेपी ने टिप्पणी की, "मेरे लिए ऐसा कहना उनके प्रति अन्याय होगा, परन्तु मुझे लगता है है कि शान्तिपूर्ण तरीके से क्रान्ति करने के इस कठिन काम को स्वयं विनोबा जी ने छोड़ दिया है। मुझे यह नहीं मालूम कि इस समय वह क्या करना चाहते हैं, उनका मुख्य लक्ष्य क्या है। पिछले सम्मेलन में जो कार्यक्रम उन्होंने बनाये उसमें - मौन समाप्ति के बाद दिये गये भाषण में - ग्राम स्वराज्य की चर्चा लगभग नहीं के बराबर ही है। एक वैकल्पिक राजनीति, अर्थनीति और समाज नीति निर्माण करने का आधार वह पहले ग्राम स्वराज्य को ही बताया करते थे। सच पूछिये तो मुझे मालूम नहीं कि अपना

लक्ष्य उन्होंने घोषित किया है अथवा नहीं। व्यक्तिगत तौर पर मेरी धारणा है कि अब वह बहुत कुछ नहीं कर सकेंगे।"

तब ज्योफ्रे ऑस्टर गार्ड ने जेपी से पूछा कि क्या वह इस बात से सहमत हैं कि अहिंसक क्रांति की संकल्पना (कान्सेप्ट) के विकास में उनका महत्वपूर्ण योगदान यह है कि इसमें उन्होंने संघर्ष को एक मूलभूत तत्व की तरह दाखिल किया है।

जेपी ने कहा, "मेरा ख्याल ऐसा ही है। इसके पूर्व जब-जब इस पर विनोबा जी से पूछा जाता था। तब संघर्ष का इसमें एक स्थान है, इस तथ्य से उन्होंने कभी इनकार नहीं किया, परन्तु इसके लिए रास्ता उन्होंने कभी नहीं बताया। और मैं यह महसूस करता था कि जब-जब वैसी (संघर्ष घोषित करने की) परिस्थिति आती थी, तब-तब वह किसी न किसी तरह इसे टाल जाने की चेष्टा करते थे। इसलिए इसमें मेरा यदि कुछ योगदान है तो, सम्भवत: यही है कि न सिर्फ विचार-सर्वोदय विचार के क्षेत्र में वरना कार्य के क्षेत्र में भी, मैंने छोटे रूप में सचमुच कुछ किया है।"

अन्त में ज्योफ्रे ओस्टरगार्ड ने जेपी से पूछा कि ब्रिटेन स्थित मित्रों एवं समर्थकों से उन्हें कुछ संदेश कहना है? भारत में उनके और उनके आंदोलन के समर्थन में वे कहां, क्या कर सकते हैं?

जेपी ने कहा, "हजारों मील दूर स्थित लोगों को, जिनके काम के परिवेश की उन्हें स्वयं कोई जानकारी नहीं थी। भारत में जो कुछ हो रहा है, उसकी जानकारी ब्रिटेन की जनता को भली-भांति दी जाये। तथ्यों की वस्तुगत पृष्ठभूमि उन्हें बतायी जाये, वे चाहे निराशाजनक ही क्यों न हों!"

भारत सरकार ने अपने प्रचार यंत्र के द्वारा परिस्थिति को अंशत: अपने अनुकूल बना लिया है। संभव है, पश्चिम के बहुत लोगों ने मान लिया हो कि गत जून में भारत सरकार सचमुच में कठिन परिस्थिति में पड़ गयी थी। मेरी कुछ ऐसी धारणा है कि यह हो चुका है, भारतीय पत्रों के साथ। भारतीय अखबारों को पूर्णत: नपुंसक बना दिया गया है। पश्चिमी देशों के पत्रकारों के लिए घूम-घूमकर समाचार संग्रह करना और तथ्य निकालना कठिन काम है।

बातचीत समाप्त करते हुए ज्योफ्रे ओस्टर गार्ड के टेप रिकॉर्डर की ओर देखते हुए जेपी ने कहा - इस यंत्र के द्वारा ब्रिटेन स्थित अपने सभी मित्रों को ब्रिटिश और भारतीय सभी को, अपनी सर्वोत्तम सद्भावना भेजता हूं। वहां के मित्रों को मेरा संदेश है- "झंडा झुकने न दीजिए।"

भारत में आपातकाल की घोषणा के साथ सभी प्रकार की अभिव्यक्ति व प्रसारण के सरकारी एवं गैर-सरकारी साधनों पर प्रधानमंत्री इंदिरा गांधी एवं उनके पुत्र संजय गांधी का एकाधिकार हो गया। 1 जुलाई, 1975 को इंदिरा गांधी ने राष्ट्र के नाम संदेश में बीस सूत्री कार्यक्रमों की घोषणा की। इंदिरा गांधी के बीस सूत्री एवं संजय गांधी के पांच सूत्री कार्यक्रमों की मात्र सफलता

के प्रचार द्वारा आपातकाल को अपने अनुकूल बनाने का काम किया। कांग्रेस पार्टी और भारतीय कम्युनिस्ट पार्टी सहित पूरा सरकारी तंत्र एवं पुलिस डिपार्टमेंट आपातकाल में तानाशाही का खुला नग्न नृत्य करता रहा।

आपातकाल के दौरान जिसने 20 सूत्री कार्यक्रम का विरोध किया, उसे देशद्रोही घोषित कर विरोधी पक्ष के लोगों को यातनाएं दी गईं। समाचार पत्रों ने 20 सूत्री कार्यक्रम का विरोध किया, उन्हें तटस्थ और आक्रामक पत्रों, विरोधी पत्रों की संज्ञा देकर विज्ञापन रोक दिया गया। विज्ञापन रोकने की प्रक्रिया में इंदिरा गांधी और विद्याचरण शुक्ल मुख्य थे। भारतीय सूचना और प्रसारण मंत्रालय के विज्ञापन एवं दृश्य प्रचार निदेशालय के प्रचार प्रबंधक हरनाम सिंह ने कहा, "आपात स्थिति के दौरान निदेशालय को निर्देश दिये गये थे कि तटस्थ और आक्रामक रवैये वाले समाचार पत्रों का विज्ञापन रोक लिया जाए या कम कर दिए जाएं। आपात स्थिति के दौरान सूचना एवं प्रसारण मंत्रालय ने समाचार पत्रों को विज्ञापन देने के बारे में 25 जून, 1976 को अतिरिक्त मार्गदर्शन सिद्धांत जारी किये थे। इन सिद्धांतों के जारी करने के पूर्व विभिन्न समाचार पत्रों के विज्ञापन रोक देने के निर्देश जारी किये गये। पत्र सूचना कार्यालय ने आक्रमण, तटस्थ और मैत्रीपूर्ण रवैया अपनाने का समाचार पत्रों की एक सूची तैयार की थी। वह समय बहुत सख्त था और मौखिक निर्देश दिये जाते थे। यह भी कहा जाता था कि इन मौखिक निर्देशों का रिकॉर्ड नहीं रखा जाए।"

तानाशाही के समर्थक पत्रों को 'विज्ञापन एवं दृश्य प्रचार निदेशालय' से खुले दिल से विज्ञापन दिए जाते। यहां तक कि केंद्रीय सूचना प्रसारण मंत्री विद्याचरण शुक्ल ने स्वीकार करते हुए कहा, "एक बार तो हालत यह हो गयी थी कि मेरे कहने पर हमारे सचिव ने डी.ए.वी.पी. के निर्देशक को एक व्यक्ति को विज्ञापन दिये जाने के लिए था और उन सज्जन के विजिटिंग कार्ड पर ही सम्बन्धित अधिकारी को आदेश दिया गया कि विज्ञापन जारी किये जायें, क्योंकि ऊपर का आदेश है।"

विज्ञापन एवं दृश्य प्रचार निदेशालय (डी.ए.वी.पी.) द्वारा विज्ञापनों पर प्रतिबंध लगाने की सीमा 750 रुपये से उठा दी गयी और कांग्रेस की स्मारिका के लिए 5 हजार रुपये प्रति पृष्ठ की दर से 50 हजार रुपये दिये गये। इंदिरा गांधी की पुत्रवधू संजय गांधी की पत्नी मेनका गांधी की पत्रिका 'सूर्य इण्डिया' को भी चार हजार रुपये प्रति पृष्ठ का विज्ञापन दिया गया। जबकि 'सूर्य इण्डिया' की दर नियमानुसार बहुत कम बैठती थी, क्योंकि विद्याचरण शुक्ल का निर्देश था कि विरोधी पक्षों को कोई विज्ञापन नहीं दिये जायें, मैत्रीपूर्ण को खुले दिल से विज्ञापन दिये जायें। 'सूर्य इण्डिया' के संदर्भ में विद्याचरण शुक्ल ने कहा, इसका प्रकाशक कौन था, जबकि स्वयं 'सूर्य

इण्डिया' का विमोचन किया था। आपातकाल में एक ओर सेक्स और हिंसा पर रोक थी, तो दूसरी तरफ विद्याचरण शुक्ल ने 'सूर्य' जैसी पत्रिकाओं को ऐसी छूट दे रखी थी, क्यों?

सरकार के दुश्मन अखबारों में 'इंडियन एक्सप्रेस' और 'स्टेट्समैन' प्रमुख थे, जिनके विज्ञापन बन्द कर दिये गये।

विज्ञापनों के संदर्भ में हरनाम सिंह ने निदेशालय के विज्ञापन बजट का ब्यौरा देते हुए बताया कि समाचार पत्रों और पत्रिकाओं को 1972-73 में एक करोड़ 92 लाख 52 हजार 831 रुपये, 1973-74 में एक करोड़ 52 लाख 73 हजार 942 रुपये, 1974-75 में एक करोड़ 42 लाख 30 हजार 238 रुपये, 1975-76 में दो करोड़ 20 लाख 68 हजार 897 रुपये और 1976-77 में दो करोड़ 78 लाख 45 हजार 942 रुपये के विज्ञापन जारी किये गये।

सवाल है, 1975-76 और 1976-77 में इंदिरा समर्थन वाले पत्रों को गत वर्षों से अधिक धन राशि के विज्ञापन क्यों जारी किये गये थे?

किशोर कुमार के गानों पर रोक

आपातकाल में तानाशाही आदेश मौखिक होते थे, उस दौरान संजय गांधी के आदेश नहीं मानने का परिणाम भी भुगतना पड़ता था। संजय गांधी की देखरेख में 1976 के अप्रैल माह में गीतों भरी शाम का आयोजन हुआ। यह आयोजन इंदिरा गांधी और संजय गांधी की लोकप्रियता को बनाये रखने के लिए था। संजय गांधी की देखरेख में 'गीतों भरी शाम में देश के सुप्रसिद्ध पार्श्व गायक किशोर कुमार को बुलाया गया, लेकिन किशोर कुमार ने इस आयोजन में आने से इनकार कर दिया। मामला इंदिरा गांधी, विद्याचरण शुक्ल तक पहुंच गया। पूरी सरकारी मशीनरी किशोर कुमार के पीछे लग गयी। सूचना प्रसारण मंत्रलाय के अतिरिक्त सचिव एस. एम. एच. बर्नी ने 30 अप्रैल, 1976 को पार्श्वगायक किशोर कुमार के गानों के प्रसारण पर प्रतिबंध लगाते हुए सरकारी टिप्पणी दी, "किशोर कुमार के गानों के प्रसारण को दूरदर्शन और आकाशवाणी पर रोक दिया जाए, उन फिल्मों के नामों की सूची बने, जिनमें किशोर कुमार के गाने हों, जिससे इन फिल्मों के प्रति उचित 'एक्शन' लिया जा सके। रिकॉर्ड बनाने वाली कम्पनी 'एच.एम.वी'. के प्रतिनिधियों से बातचीत हो, शिक्षा मंत्रालय से सम्पर्क किया जाये और किशोर कुमार के गानों के रिकॉर्ड पूरी तरह निष्क्रिय कर दिये जायें।"

सिर्फ भारत में ही नहीं, विदेशों में भी किशोर कुमार के गाने बजाने पर रोक लगाते हुए मंत्रालय के संयुक्त सचिव सी. बी. जैन ने लिखित आदेश दिया कि सरकार किशोर कुमार के गानों पर और उसके रिकॉर्डों की बिक्री पर तीन महीने के लिए रोक लगवा दें और पता लगाया जाये

कि ब्रिटिश ब्रॉडकास्टिंग कॉरपोरेशन (बी.बी.सी.) किस प्रकार से किशोर कुमार के गानों का प्रसारण कर रहा है और इसे रोकने के लिए क्या किया जा सकता है?

पहले तो पार्श्वगायक किशोर कुमार के गाने पर रोक लगाई गई, फिर उनके गीतों के रिकॉर्डो की बिक्री पर रोक लगाई गई। उसके बाद किसी फिल्म निर्माता, निर्देशक, संगीत निर्देशक सभी आतंकित कर दिये गये कि कोई भी व्यक्ति अपनी फिल्मों में किशोर कुमार से नये गाने नहीं गवाये। लेकिन जब, पार्श्वगायक किशोर कुमार मंत्रालय के अधिकारियों से मिलने गए तो तीन अधिकारियों ने किशोर कुमार का तिरस्कार कर, मिलने से इनकार कर दिया तथा कोई भी अधिकारी ने बात तक नहीं की - अधिकारियों की तानाशाही चरम पर थी। इस पर न्यायमूर्ति न्यायाधीश जे. सी. शाह ने कहा, "एक सामान्य नागरिक न तो संवैधानिक और न ही कानूनी तौर पर वचनबद्ध है कि वह सरकारी अफसर से मिले।"

अप्रैल, 1976 से लेकर मध्य जून, 1976 तक किशोर कुमार तानाशाही के शिकार रहे। 16 जून, 1976 को मंत्रालय के संयुक्त सचिव सी.बी.जैन ने एक लिखित आदेश दिया, "क्योंकि किशोर कुमार सरकार के साथ सहयोग करने पर राजी हो गये हैं, अत: हम उन पर लगाये गये गये प्रतिबंध को तत्काल हटा सकते हैं। और किशोर कुमार के गीतों को भारतीय पुन: सुन सकें।"

आपातकाल यातनाओं का काल

आपातकाल यातनाओं का काल बना रहा। आपातकाल में प्रचार माध्यमों के दुरुपयोग के क्रम में मार्च, 1977 को हुई छठी लोकसभा चुनाव के समय सत्तारूढ़ कांग्रेस पार्टी अपने समाचारों के प्रसारण करने में आगे रहती, वहीं विरोधियों के समाचारों को कम दिखाने की नीति पर काम करती रही। मार्च, 1977 में मुख्य समाचार बुलेटिनों में सरकारी पक्ष की तीन और विरोधी पक्ष के दो खबरें औसत थीं। 11 मार्च से 17-18 मार्च तक यह औसत 8-5 की हो गयी। आकाशवाणी को निर्देश दिया गया था कि समाचारों को पढ़ कर सुनाया जाये। सूचना मंत्रालय के सचिव एस. एम. एन. बर्नी, अतिरिक्त सचिव के.एन.प्रसाद इन बुलेटिनों को टेलीफोन पर सुनते थे, लेकिन उन्हें पता नहीं चलता था विरोधी पक्ष की खबरों को इस तरह से दबाया जा रहा है। मार्च, 1977 में चुनाव सभाओं में इंदिरा गांधी की चुनाव सभा को आकाशवाणी ने विशाल नहीं बताया, तो नाराजगी व्यक्त की गई। इसके उपरांत के बुलेटिनों में ये शब्द उपयोग किये जाते रहे। चुनावों के अन्तिम दौर में आकाशवाणी को सूचना एवं प्रसारण मंत्रालय से लोकनायक जयप्रकाश नारायण, मोरारजी देसाई, जगजीवन राम, चौधरी चरण सिंह, अटल बिहारी वाजपेयी, आचार्य कृपलानी

जैसे नेताओं के नाम प्रसारित करने के आदेश मिले। पहली बार कांग्रेस के विरोध में विजय लक्ष्मी पंडित खुले तौर पर जनमत के समक्ष आयीं और कांग्रेस के विरुद्ध भाषण दिए। उनके भाषण का मंत्रालय के सचिव एस.एम.एच. बर्नी निरीक्षण करते, तब प्रसारित होता। बाद में विजय लक्ष्मी पंडित के भाषण को प्रसारण में कम से कम स्थान मिलने लगा। जामा मस्जिद के शाही इमाम शेख अब्दुल्ला बुखारी के वक्तव्य नहीं आते, लेकिन मुसलमान नेताओं द्वारा उनकी आलोचना अवश्य प्रसारित होती।

13 मार्च, 1977 को दिल्ली में जनता पार्टी तथा कांग्रेस पार्टी के कार्यकर्ताओं में कुछ मुठभेड़ हुई और इसके बारे में कांग्रेस पार्टी के वक्तव्य ही विस्तार से प्रसारित किये गये, कि जनता पार्टी के लोगों ने कांग्रेस पार्टी पर प्रहार किया है। दिल्ली की पुलिस ने इसके लिए किसी पार्टी को जिम्मेदार नहीं ठहराया था। चुनाव के दौरान अमेठी में संजय गांधी पर घातक हमले किये गये, जिसका प्रचार जोरों से आकाशवाणी करता रहा, जबकि संजय गांधी पर हुए हमले उनके ही अपने षड्यंत्र थे। जबकि दूसरी तरफ चुनाव के दौरान रायपुर में केंद्रीय सूचना एवं प्रसारण मंत्री विद्याचरण शुक्ल के प्रतिद्वंद्वी जनता पार्टी के पुरुषोत्तम लाल कौशिक पर हुए घातक हमले के बारे में आकाशवाणी ने कोई प्रचार नहीं किया। चुनाव क्षेत्र 'रायपुर' से 1 अक्टूबर, 1963 से कार्य कर रहे आकाशवाणी के पार्ट टाइम संवाददाता जी. एल. वोरा ने विजय लक्ष्मी पंडित को चुनाव संवाद भेजे थे - जिसका दण्ड कांग्रेस सरकार ने नौकरी से बेदखल कर दिया। विद्याचरण शुक्ल ने अंशकालीन संवाददाताओं की नियुक्ति के संदर्भ में कहा कि मार्च, 1977 में जिन अंशकालीन संवाददाताओं की नियुक्ति की गई थी, उनमें से कुछ ऐसे भी थे, जो कांग्रेस पार्टी के सदस्य थे।

मार्च, 1977 के चुनाव के दौरान सूचना एवं प्रसारण मंत्रालय के सचिव एस. एम.एच. बर्नी से इंदिरा गांधी ने शिकायत की, "राज्यों के मुख्यमंत्री समाचार पत्रों को ठीक से नियंत्रित किये हुए हैं, आप लोग इन्हें संभाल नहीं पा रहे हैं।" इस पर बर्नी ने कहा, "मुख्यमंत्रियों के पास जिला मजिस्ट्रेट हैं, जबकि पी.आई.वी. (पत्र सूचना केन्द्र) के पास कोई प्रबंध नहीं है।"

आपातकाल के दौरान आकाशवाणी विद्याचरण शुक्ल के इशारे पर चलती थी। आपातकाल के 19 महीनों के दौरान इंदिरा गांधी के 20 सूत्री कार्यक्रमों तथा उनकी उपलब्धियों का प्रचार फ्री, अभिव्यक्ति व प्रसारण के लिए आदेश दिये गए थे तथा यही आदेश उन्होंने संजय गांधी के प्रचार कार्य के लिए भी दिया।

आपातकाल में समाचार पत्रों, पत्रकारों के साथ इतनी ज्यादतियां हुईं जिसका कोई अंत नहीं। आपातकाल के दौरान 'प्रेस इंस्टीट्यूट ऑफ इण्डिया' और इससे संबंधित पत्रकारों के विरुद्ध कार्रवाई की गई और उन पर सी.आई.ए. से सम्बन्ध होने का आरोप लगाया। विद्याचरण शुक्ल

ने नीति अपनाई जो व्यक्ति आपातकाल का समर्थन नहीं कर रहें है, उन्हें देशद्रोही या विदेशी एजेंट की संज्ञा दे दो।

आपातकाल में सेंसरशिप अधिकार का उपयोग सच्चाई पर पर्दा डालने और झूठ को उजागर करने के लिए इंदिरा गांधी ने किया। आपातकाल के दौरान हर रोज इंदिरा गांधी कहती रहीं कि देश में अनुशासन, शांति व्यवस्था कायम हो गई है। अब देश में पहले से अधिक काम हो रहे हैं तथा देश में हड़तालें नहीं हो रही हैं। देश में अनुशासन ही अनुशासन है। लेकिन 25 अगस्त, 1976 को सरोज मुखर्जी के प्रश्नोत्तर में भारत सरकार के डिप्टी लेबर मिनिस्टर ने यह स्वीकार किया कि आपात स्थिति के दौरान जुलाई, 1975 से जून, 1976 तक भारत वर्ष में 1,108 हड़तालें हुईं, जिसमें 4,50,152 वर्करों ने हिस्सा लिया और साथ ही 32,68,91 मनडे लास्ट किया।

उन्हीं दिनों की एक महत्वपूर्ण घटना 4 अक्टूबर, 1976 को दिल्ली के मुख्य मेट्रोपोलिन मजिस्ट्रेट के समक्ष बड़ौदा डायनामाइट कांड में जॉर्ज फर्नांडिस द्वारा दिये गये वक्तव्य को इंदिरा गांधी ने अगले दिन यानी 5 अक्टूबर, 1976 को कहीं पर प्रकाशित नहीं होने दिया।

दिल्ली के मुख्य मेट्रोपोलिन मजिस्ट्रेट के समक्ष 4 अक्टूबर, 1976 को जॉर्ज फर्नांडिस ने जो वक्तव्य दिया, उन्हीं के शब्दों में ऐतिहासिक महत्वपूर्ण दस्तावेज बना।

केन्द्रीय कानून मंत्री हरिराम रामचंद्र ने 1 सितंबर, 1976 को संसद में 42 वां संविधान संशोधन पेश किया। जिसका पूरे देश में जोरदार विरोध हुआ। इसे संविधान संशोधन लोकतंत्र की हत्या माना जा रहा था। आपात स्थिति के दौरान यातना एवं आतंक का वातावरण बना हुआ था। उन्हीं दिनों आपात स्थिति तथा वर्तमान 42 वें संशोधन के विरोध में लोकनायक जयप्रकाश नारायण ने 7 नवंबर 1976 को पटना के कदमकुआं स्थित 'हिन्दी साहित्य सम्मेलन भवन' में भाषण देते हुए कहा, "मैं तो बीमार हालत में सिर्फ इसलिए यहां आया था कि आप जो भी यहां कर रहे हैं उसको मेरा पूरा-पूरा समर्थन है, यह प्रकट कर सकूं। यहां मुझे कुछ बोलना होगा ऐसा नहीं था। मेरी शारीरिक स्थिति भी ऐसी नहीं कि अधिक बोल सकूं। संक्षेप में अपनी बात रखूंगा। इस गोष्ठी में जो बातें आपके सामने आईं, जिन्हें मैं सुनता रहा, वे बहुत मूल्यवान बातें हैं। अपने देश का किस प्रकार से परिवर्तन हो रहा है, इससे जनता अनभिज्ञ है आप जैसे पढ़े-लिखे लोग भी बहुत समझ नहीं रहे हैं कि भारत में किस प्रकार का परिवर्तन हो रहा है और इसके परिणाम क्या होंगे। इसलिए इस बात की बहुत ज्यादा जरूरत है कि इस तरह की गोष्ठियां अधिक से अधिक हों, बिहार में हों, देश में हो और आप में से जो लोग इस योग्य हैं वो इस विषय का अध्ययन करें, समझें, बहुत पेचीदा, बहुत मुश्किल बातें ये नहीं हैं। इनको

समझने-समझाने के लिए वकील होने, कानूनदों होने की जरूरत नहीं है, कॉमनसेंस चाहिए, सामान्य बुद्धि चाहिए। सब यह बात समझ सकते हैं, समझ कर दूसरों को समझाना चाहिए।

अब ये नागरिक स्वतंत्रता की बात लीजिए। यह हमारी तमाम बातों की बुनियाद है। लेकिन आप सामान्य नागरिकों को, रिक्शा खींचने वाले को, गांव के खेतिहर-मजदूरों को, यह कहें कि तुम्हारे सामान्य अधिकार छीने जा रहे हैं, तुम्हें इस सिलसिले में कुछ करना चाहिए तो क्या प्रतिक्रिया होगी उसकी? उसकी समझ में नहीं आएगा कि क्या बात की जा रही है, कौन सा अधिकार है? उसका जो छीना जा रहा है। इसलिए मैं समझता हूं कि इस समय बहुत आवश्यक काम है, लोक शिक्षण का, जनता को समझाने का।

विद्यार्थी इस आंदोलन में आए, उन्होंने ही इसका नेतृत्व किया था। अब वे कॉलेजों, विश्वविद्यालयों में गए हैं। फिर भी समय काफी रहता है, छुट्टियों का समय रहता है। लम्बी छुट्टियों का समय रहता है। लम्बी छुट्टी भी होती है, छोटी-छोटी छुट्टियां भी रहती हैं, कहूंगा कि वो गोष्ठियां करके इन तमाम बातों को समझें और अच्छी तरह फैल जाएं देहातों में, लोगों को समझाएं। शनिवार-रविवार को वकीलों की भी छुट्टी रहती है, हाईकोर्ट बंद रहता है, आप लोग भी जाएं। स्कूलों के शिक्षकों को भी सारी बातें समझायी जाएं। यह कोई राज्य विरोधी काम तो है नहीं, जिससे कि आपकी नौकरी चली जाएगी। अपने देश की जो आज स्थिति है उससे समझना और दूसरों को समझाना चाहिए। स्थिति में सुधार होना चाहिए, विवाद नहीं, यह बताना बुनियादी लोक शिक्षण का काम है। यह बहुत गंभीर काम है। इसके लिए गांवों में, शहरों में, मोहल्लों में जाकर छोटी-छोटी गोष्ठियां कर के लोगों को समझाना बहुत महत्व की बात है। हम आप में जो थोड़े-बहुत पढ़े लिखे लोग हैं इनके किये से क्रांति नहीं होगी।

यह क्रांति शुरू हुई थी, इलाहाबाद हाईकोर्ट के फैसले के बाद शायद इंदिरा जी को शक हुआ कि उनको हटा दिया जाएगा। उनसे कहा तो यही जा रहा था कि आपको हटाने की बात नहीं होगी। मैंने सलाह दी थी, जनता ने मांग की थी कि जब तक आपकी अपील सुप्रीम कोर्ट में, आपके अपने सम्मान के लिए यह उचित है कि आप प्रधानमंत्री के पद से हट जाएं, थोड़े दिनों के लिए। सुप्रीम कोर्ट में मुकदमा जीत जाएंगे तो फिर आजाइएगा। लेकिन पता नहीं क्या खतरा उनको नजर आया। बात बहुत बढ़ा-चढ़ा कर, यहां तक कि लोग मेरी हत्या करना चाहते हैं, ऐसा कहा और इमरजेंसी लाईं। हजारों आदमी गिरफ्तार हुए, गोलियां चलीं, जेलों में लोग मरे, आज भी बिहार के लोग जेलों में सड़ रहे हैं। यह सारा हुआ। इसका कोई परिणाम देश के लिए भला होगा,ऐसा तो मुझे नहीं लगता। इंदिरा जी के लिए भला होगा, लेकिन अब ऐसी उनकी बुद्धि है।

अब तो अपने पुत्र संजय को आगे बढ़ा रही हैं। पता नहीं संजय का कैसा दिमाग है। कभी मिला नहीं आज तक। इतना जानता हूं कि देश-सेवा की कोई पृष्ठभूमि उसकी नहीं है, कोई बहुत विद्वान नहीं, उसने कोई खास त्याग नहीं किया है। चारित्रिक दृष्टि से भी, सुनता हूं कोई बहुत ऊंचा नहीं। यह कोई हँसने की बात नहीं, यह बहुत गंभीर बात है। अब ऐसा लगता है, वही देश का प्रधानमंत्री होगा। कोई प्रधानमंत्री हो, यह हमारी बहस नहीं, लेकिन किस प्रकार हो, कौन सा तरीका हो, यह एक गंभीर प्रश्न है। जनता आज महसूस नहीं कर रही है कि इस प्रकार का उसके भाग्य के साथ, भविष्य के साथ क्या संबंध है। आप में से, जितने लोग महसूस करते हों, कुछ लोग तो फायदा उठायेंगे, कुछ यूं ही घूमने वाले होंगे।

मेरे कहने का मतलब यह है कि बहुत बड़े पैमाने पर, जो बातें विद्वतापूर्ण ढंग से कही गईं, उन्हें सामान्य भाषा में लोगों तक पहुंचाने की जरूरत है। इसके लिए छोटा - छोटा, साधारण भाषा में, साहित्य निर्माण कीजिए, जिसे लोग पढ़ें और दूसरों को समझाएं। लोगों की समझ में आए कि उनके मौलिक अधिकार क्या हैं, नागरिक स्वतंत्रता क्या है। अब कोई रिक्शा चलाता है, मजदूरी करता है, उसमें कोई बाधा उपस्थित होती है तो जरूर वह खड़ा होता है, हड़ताल करता है, संगठन बनाता है। लेकिन इन बातों से आज उसका कोई मानसिक संपर्क, कोई सांस्कृतिक वास्ता तो है नहीं। इसलिए मैं समझता हूं कि लोक शिक्षण का काम अत्यन्त जरूरी है, जो तुरन्त शुरू किया जाना चाहिए। इसी लोक शिक्षण से लोक शक्ति पैदा होगी। आज जो लोग थोड़ी संख्या में यहां उपस्थित हैं, उन्हें गांव-गांव में फैलकर यह बात समझानी चाहिए। मैं समझता हूं कि जो गांव के विद्यार्थी हैं, आज भी उनका मानस, उनका नैतिक बल ऊंचा है। आज भी उनके सामने कोई कार्यक्रम रखा रखा जाए तो वो कर सकते हैं, करेंगे। यह काम अच्छी तरह से किया गया तो अनुकूल परिणाम सामने आएंगे। बिहार में आंदोलन का श्रीगणेश हुआ, आंदोलन वापस नहीं लिया गया, न ही इसके वापस लेने की कोई परिस्थिति पैदा हुई। आज भी गिरफ्तारियां होती हैं, लोग कहीं-कहीं सत्याग्रह करते हैं। मैं समझता हूं यह आवश्यक है, यह होना चाहिए। प्रतीक स्वरूप है, यह इस बात का प्रतीक है कि हम दब नहीं गये, मानस हमारा बदल नहीं गया, हिम्मत टूट नहीं गयी, हम आज भी आपसे लोहा ले रहे हैं। सत्याग्रह जैसे कार्यक्रमों से यह स्थिति स्पष्ट की जानी चाहिए। पार्टियों के लोग हैं, अधिक लोग निष्पक्ष ही हैं, सबसे मेरा यह कहना है कि एक ही काम है, लोक शिक्षण का, इसी से आंदोलन की आत्मा को जाग्रत और जीवित रखने का काम होगा। परिस्थिति बदलेगी और इसमें से एक बड़ा आंदोलन पैदा हो सकता है कि बहुत दूर नहीं हो, निकट भविष्य में ही हो, जैसा अन्य लोगों ने अभी कहा।

अब इसी चुनाव के प्रश्न को लीजिए। अभी तो एक वर्ष के लिए टाला है, फिर एक वर्ष के लिए टाला, फिर टाल सकती हैं, आ जा सकती हैं। मुझे तो इस बात का खतरा नजर आता है कि चुनाव कराए ही नहीं जाएं। कानून ऐसा एक पास हो जाएगा कि इमरजेंसी उठा भी ली जाए तो चुनाव कराना जरूरी नहीं हो, बहुमत है जो भी चाहे करा सकती हैं। ऐसी परिस्थिति है, यह समझ लेना है, दूसरों को समझा देना है कि डिक्टेटरी आने वाली नहीं है, उनकी डिक्टेटरी है यह। बहुत आवश्यक है इस परिस्थिति को समझना। अगर हम यह समझते हैं कि डिक्टेटरी में ही देश का विकास होता है तो मुझे कुछ नहीं कहना है लेकिन अगर हम इसके विपरीत मानते हैं तो हमको सोचना होगा कि इस डिक्टेटरी का विरोध किस तरह किया जाए। डिक्टेटरी आज देश में कायम है। यह समझना और समझाना है कि डिक्टेटरी हमें पसन्द नहीं है। यह जनहित में, देशहित में नहीं है, इसलिए इसे खत्म करना है। इसे खत्म करने का कौन सा तरीका होगा, क्या रास्ता होगा, यह ढूंढ़ना है। इस गोष्ठी में आप सब इस पर विचार करें। एक रास्ता तो यही है कि इस तरह की गोष्ठियां जगह-जगह हों, समझें। नहीं तो मैं समझता हूं कि इस देश का सर्वनाश हो जाएगा। इसकी जिम्मेवारी हम सब के ऊपर है।

आज इससे अधिक कुछ नहीं कहूंगा। आप विद्वानों से विनती है, आप में से जो कर सकते हों सो करें, छोटा-छोटा साहित्य तैयार करें, बहुत साधारण जिससे सामान्य लोगों की समझ में बातें आ सकें, जिसे कार्यकर्ता समझ सकें। इसकी आवश्यकता है। आज बहुत बड़ी कमी महसूस करता हूं इसकी। मैं खुद कुछ इस तरह की बौद्धिक दृष्टि से बना हूं कि ऐसी कोई चीज तैयार नहीं कर पाता कि सामान्य लोग समझ सकें, जो कुछ बुद्धिजीवियों के समझने की चीज हो जाती है। कोशिश तो करता हूं, शायद धीरे- धीरे अभ्यास से हो जाये। लेकिन आप में से बहुत लोग होंगे जो इस काम को कर सकते हैं। इसलिए साहित्य निर्माण होना चाहिए, जिसे यह स्पष्ट हो जाए कि आज की स्थिति क्या है, डिक्टेटरी आने वाली नहीं, आ चुकी है, हम डिक्टेटरी कहते हैं तो क्या है यह डिक्टेटरी। इंदिरा जी डिक्टेटर हैं, इसमें मुझे कोई संदेह नहीं है। मैं तो यह बात कहता ही रहा हूं। पिछले चार साल से ऐसा कहता रहा हूं कि इंदिरा जी देश को डिक्टेट तरह ले जाना चाहती हैं स्वयं डिक्टेटर बन गयी हैं। अब जो शक्ति इस डिक्टेटरी की रोकने के लिए पैदा हो सकती थी, वह शक्ति पैदा नहीं हो सकी। बिहार में यह शक्ति पैदा हुई थी, लेकिन बिहार की तरह सब प्रदेशों में हुई होती तो उनके लिए मुश्किल हो जाता, क्यों कि बहुत बड़ा आंदोलन हो जाता फिर तो और उनका उस स्थान पर बने रहना असंभव हो जाता।

इसलिए जन आंदोलन को हमें भूलना नहीं है। उस पर बौद्धिक चर्चाओं का होना जरूरी है। लेकिन यह काम छोटे से वर्ग के लिए है। पर जन आंदोलन के लिए जमीन तैयार करना और

उसके लिए संगठन तैयार करना, साहित्य का निर्माण करना बहुत जरूरी काम है। यह बहुत बड़ा काम है। मुझे अफसोस है शायद मैं अच्छा रहता, स्वास्थ्य अगर अच्छा रहता तो आपके बीच आज उपस्थित नहीं हो सकता, जेलखाने में होता जैसा कि मोरारजी भाई हैं और लोग हैं, स्वास्थ्य के कारण ही मुझे छोड़ा गया। मेरा ख्याल है मुझे डॉक्टरों की सलाह पर ही छोड़ा गया, अब उन्होंने कह दिया कि यह आदमी जिएगा नहीं, यह मानकर छोड़ा कि यह मर जाएगा। शुरू में तो नहीं लेकिन बाद में जसलोक के डॉक्टरों ने मुझे कहा कि जब आप यहां आए थे तो मर रहे थे। ईश्वर की कृपा से बच गया। उनका कहना था कि हमने तो आपको बचाया नहीं, आप अपनी 'विल पावर' से अपनी इच्छा शक्ति से बच गए, लेकिन विल पावर से क्या, मैं तो बेहोश ही रहता था। ईश्वर कोई काम लेना चाहता होगा। जो भी हो, आपके सामने उपस्थित हूं और जिस प्रकार का उपचार हो रहा है, एक दिन के लिए ही, वहीं जा सकता हूं। यही हमारा बंधन है। सप्ताह में दो दिन गैप मिलता है तब जा सकता हूं। ये सब बातें इसलिए कह रहा हूं कि आप सब अपेक्षा मुझसे रखते होंगे, रखना उचित भी है। मैं अपनी ओर से आश्वासन दिलाता हूं कि अपनी जान को जोखिम में डालकर भी जो कुछ बन पड़ेगा, लोकतंत्र के लिए, जन क्रांति करता रहूंगा।

42वें संविधान संशोधन के प्रतिरोध की प्रतिक्रिया लोकनायक जयप्रकाश नारायण के इस उपयुक्त महत्वपूर्ण दस्तावेज के उपरान्त नई दिल्ली में दो दिन 16 और 17 अक्टूबर 1976 को 'नेशनल कमेटी फॉर रिव्यू ऑफ कॉन्स्टिट्यूशन' के तत्वाधान में 'कॉन्स्टिट्यूशन क्लब' में हुए राष्ट्रीय सेमिनार की अध्यक्षता न्यायमूर्ति पी. एम. तारकुंडे ने की। सेमिनार में हुई सर्वसम्मति से स्वीकृत महत्वपूर्ण प्रस्ताव में कहा गया कि इस राष्ट्रीय सेमिनार की सुविचारित राय है कि वर्तमान संसद द्वारा संविधान के 42वें संशोधन को पारित कराने की क्रिया को प्रस्तावित संशोधनों के सवाल और प्रक्रिया दोष के कारण रोक दिया जाए। आज इमरजेंसी के कारण देश में भय और त्रास का वातावरण है। जिसमें किसी भी प्रकार के मुक्त और निबंध पर बहस संभव नहीं है। लोकमत के प्रवक्ता और राजनीतिक दलों के नेता जेलों में बंद हैं। हाल तक अगर आम सभाएं पूर्णत: प्रतिबंधित नहीं थीं, तो भी आयोजन में कठिनाइयां बहुत थीं। अखबारों का मुंह पूर्णत: बन्द कर दिया गया है। अभिव्यक्ति और संगठन के मौलिक अधिकारों के अन्त तथा न्यायिक प्रक्रिया में क्षरण के कारण ऐसी स्थिति उत्पन्न हो गई कि आम आदमी के लिए इतने भयंकर और लीपा-पोती करने वाले संशोधनों के सम्बन्ध में जान कर विचार करना और समझाना असंभव हो गया है। हालांकि सब कुछ जनता के नाम पर हो रहा है, इससे निश्चित ही उनका हित साधन नहीं होगा।

शासक दल ने 1974 के आम चुनाव में इस प्रकार के संशोधनों के लिए कोई समादेश नहीं प्राप्त किया है। इस सम्बन्ध में दिये जा रहे वक्तव्य तथ्यों के विपरीत हैं। पांचवीं लोकसभा का सामान्य कार्यकाल विगत मार्च में ही समाप्त हो गया है। आज वह इमरजेंसी फतवों की तरह बढ़ी अवधि के कारण कायम है। छह साल बिलकुल भिन्न स्थिति में 43 प्रतिशत मतदाताओं के समर्थन से प्राप्त इसके बहुमत के बल पर संशोधन के बहाने एकदम नये संविधान के निर्माण का अधिकार प्रयोग में धोखाधड़ी है। सरकार के लिए ईमानदार और लोकतान्त्रिक उपाय थे कि वह मुक्त और दोषहीन चुनाव में जो काफी समय देय है, मतदाताओं को, जिनके हित साधन का वह दम भरती है, समान करती। ऐसा करने के बजाय, इस माहौल में जहां खुले विचार-विमर्श की न तो इजाजत है और न खुली बहस संभव है, 44 वें संशोधन को संसद से पारित करना आपातकाल का, अतिरिक्त शक्तियों के साथ, स्थायीकरण जैसा होगा। और जनता को सब कुछ कर-कराकर बतलाया जायेगा।

विधेयक में लगे उद्देश्य और औचित्य वक्तव्य के मुताबिक 44वां (42वां संशोधन भी कहा जाता है) संशोधन गरीबी, अज्ञानता, बीमारी और प्रकार की गैर-बराबरी को खत्म करने वाली सामाजिक आर्थिक क्रांति के उद्देश्य सिद्धि के मार्ग में आई कठिनाइयों को दूर करने के लिए किया जा रहा है। यह कथन जांच परख करने के बाद सही नहीं ठहरता है।

वर्तमान संविधान सामाजिक आर्थिक सुधारों में बाधक नहीं है। सरकार इस बात का एक भी प्रमाण देने में विफल रही है कि पिछले पांच सालों में उसने ऐसा एक भी कदम उठाया अथवा निकट भविष्य में कोई ऐसा कार्यक्रम पेश करने जा रही है, जिसका विधान अथवा कार्यान्वयन राजनीतिक संकल्पों के बावजूद अवरोधित हुआ है। यह भी कहना सच नहीं है कि केशवानंद भारती के फैसले में सुप्रीम कोर्ट द्वारा प्रतिवादित संविधान के ढांचे के सिद्धांत के कारण सामाजिक-आर्थिक परिवर्तन के कार्यक्रम में बाधा पहुंची है। सुप्रीम कोर्ट ने तो उस मामले में फैसला दिया था कि संपत्ति का अधिकार संविधान के मूल ढांचे का अंग नहीं है। यह एकदम साफ है कि सरकार के इरादे कुछ और हैं और 44वें संशोधन के जरिये वह संवैधानिक तानाशाही खड़ा करना चाहती है। यह कहना बहुत वाजिब होगा कि सरकार की अब तक की नीतियों से गरीबों का नहीं, अमीरों को लाभ हुआ है और धन का एकीकरण हो गया है।

25 जून, 1975 को आन्तरिक आपात काल की घोषणा के बाद संविधान में हुए दूसरे संशोधनों की यहां चर्चा कर देना भी प्रासंगिक होगा। 34 वां संशोधन आपातकाल लागू करने की घोषणा को अदालती जांच के दायरे से बाहर करता है। भले ही आपातकाल की घोषणा के कारण की गयी हो। सुप्रीम कोर्ट द्वारा रद्द 37 वां संशोधन भ्रष्ट तरीके से जीते प्रधानमंत्री के चुनाव

को अदालती जांच से परे रखता है। अभी तक केवल राज्य सभा द्वारा स्वीकृत 40 वां संशोधन राष्ट्रपति, प्रधानमंत्री और लोकसभा अध्यक्ष को कानून की पकड़ से मुक्त करा देता है तथा पूर्व में की गई आपराधिक हरकतों के कारण उनको किसी अदालत के सामने नहीं लाया जा सकता। इसके अलावा अनेक भयंकर कानून जो मुक्त और दोषहीन चुनाव, आदमी की स्वतंत्रता और लोकतांत्रिक आजादी, अखबारों का प्रकाशन और विचार अभिव्यक्ति के लिये घोतक हैं उन्हें संविधान की नई सूची में दाखिल कराकर अदालती समीक्षा के दायरे से बाहर कर दिया गया है।

44 वां संशोधन नागरिकों के मौलिक अधिकारों को लगभग समाप्त कर देता है। 31 वें अनुच्छेद की व्यापक व्याख्या करके, निदेशक सिद्धांतों के कार्यान्वयन के नाम पर बराबरी के अधिकार और दूसरे मौलिक अधिकारों को छीनने वाले कानूनों को अदालती समीक्षा के घेरे से बाहर कर दिया जा सकता है। निदेशक सिद्धांतों की व्यवस्था सर्वग्रासी है। इनके दायरे में जन-कल्याण से लेकर आन्तरिक शान्ति तक का मामला आता है।

प्रस्तावित अनुच्छेद 31 डी, जिसमें तथाकथित राष्ट्र विरोधी क्रिया-कलापों और राष्ट्र विरोधी संगठनों की चर्चा है, का घेरा भी उतना ही विस्तृत है। इसके कारण एक दलीय शासन का रास्ता सहज हो जाता है, क्योंकि किसी भी सरकार विरोधी कार्य को राष्ट्र विरोधी कार्य करार दिया जा सकता है। राष्ट्र विरोधी क्रियाकलापों और संगठनों को प्रतिबंधित करने वाले कानूनों, भले ही उनसे मौलिक अधिकारों का क्षरण होता हो, को अदालती समीक्षा के दायरे से बाहर रखा गया है। नागरिक स्वतंत्रताओं का मौलिक कर्तव्यों का विधान करके किया गया है।

इन प्रस्तावों का केवल इतना असर होगा कि देश की सार्वभौम जनता के सारे अधिकार खत्म हो जाएंगे और उनके जिम्मे केवल कर्तव्यों का ढेर रह जायेगा। विपरीत इसके जनता की सेवक, कार्यपालिका के पास अधिकार होंगे, कोई फर्ज़ नहीं।

44 वां संशोधन संविधान विहित रोकथाम और संतुलन के सारे प्रावधानों को तोड़ता है। लोकहित कार्यपालिका द्वारा निरंकुश अधिकार प्रयोग की राह खोलता है। करारोपण, क्रम विवाद, चुनाव, सरकारी नौकरियां, अन्य और दूसरे जरूरी जीन्स संग्रहण, भूमि सुधार, व्यापार, विदेशी विनिमय, बाहरी सम्पति हदबन्दी जैसे महत्वपूर्ण मुद्दों को अदालतों के दायरे से बाहर कर दिया गया है। इनके संबंध में फैसला ट्रिब्यूनलों में होगा और ट्रिब्यूनल कार्यपालिका के दबाव में होंगे। इस व्यवस्था में आम नागरिकों को निष्पक्ष न्याय नहीं मिल पाएगा। सुप्रीम कोर्ट में अपील करने का अधिकार तो अत्यधिक खर्च के कारण मात्र दिखावा भर है।

अचानक छठी लोकसभा चुनाव

आपात स्थिति यातनाओं के दिन 25 जून, 1975 से जनवरी 1977, 19 महीनों तक चलते रहे। इंदिरा गांधी को उनके सरकारी गुप्तचर 'रॉ' ने जानकारी दी कि सम्पूर्ण भारत की जनता आपके पक्ष में हैं। फिर इंदिरा गांधी ने अचानक 18 जनवरी, 1977 को छठी लोकसभा चुनाव की घोषणा चुनाव आयोग से करा दी।

इसके बाद इंदिरा गांधी ने आपातकाल के आखिरी दिनों, चुनाव के पूर्व कुछ विपक्षी नेताओं को चुन-चुन कर रिहा किया, जिनमें चौधरी चरण सिंह, अटल बिहारी वाजपेयी, बीजू पटनायक मुख्य रूप से आंदोलन वापस लेने के लिए जेपी से बात कर रहे थे। लेकिन जेपी ने विपक्षियों की बात मानने से इनकार करते हुए कहा, बिना आपातकाल हटाए समझौता नहीं होना चाहिए। फिर दिल्ली में विरोधी दलों वाले सम्मेलन बुलाकर 'इंदिरा से समझौता' करने की बात कह रहे थे। लेकिन जॉर्ज फर्नांडिस ने जेल से बड़ा विरोध किया और जेपी को चिट्ठी भी लिखी। विपक्ष दल वाले यह सोच रहे थे कि इंदिरा के साथ कैसा रुख अपनाये जाने के लिए दिल्ली में सम्मेलन हुआ। सम्मेलन में दो गुट थे। एक गुट आंदोलन वापस लेने तथा इंदिरा समर्थक तथा दूसरा गुट इंदिरा विरोधी, आंदोलन वापस नहीं लेंगे तथा इंदिरा से समझौता इमरजेंसी हटाने के उपरान्त जेपी समर्थक!

आंदोलन वापस लेने वालों में बीजू पटनायक ने 20 सूत्री कार्यक्रम को मान लिया तथा संजय गांधी का स्वागत अपने एक बयान से 'भुवनेश्वर' में किया। चौधरी चरण सिंह, भारतीय लोकदल के नेता अपने दल में यह प्रस्ताव पास किया कि हम आंदोलन वापस ले रहे हैं। जनसंघ के नेता अटल बिहारी वाजपेयी आंदोलन वापस लेने के लिए जेपी से पटना में मिले, लेकिन जेपी ने उनके प्रस्ताव को मानने से इनकार कर दिया। दिल्ली सम्मेलन में एक प्रारूप तैयार किया गया 'इंदिरा समझौता' के लिए! लेकिन इस प्रारूप के विरोधी मधु लिमये और जॉर्ज फर्नांडिस थे। जेपी तो

इंदिरा समझौता तथा आंदोलन वापस नहीं लने के लिए दृढ़ संकल्प थे। गैर कम्युनिस्ट विपक्षी दल वाले जेपी के साथ उन दिनों नहीं थे, मात्र विपक्षी नेता जॉर्ज और मधु लिमये ही जेपी के साथ थे। मोरारजी देसाई तो उस समय तक नजरबंद ही थे। खैर, विपक्षियों के रवैये के बाद भी जेपी अपने विचारों पर दृढ़ संकल्प थे।

4 मई, 1976 को जेपी ने बी.बी.सी. को दी एक भेंट में कहा, "हम आंदोलन वापस नहीं लेंगे।" 25 जून, 1975 को जेपी अपनी गिरफ्तारी के बाद 25 मई, 1976 को बम्बई में पत्रकार सम्मेलन में कहा, "अभी एक सबल विरोधी पक्ष नहीं है, यह अपने लोकतंत्र की एक कमी है। इसका अनुभव सभी को होता है।"

आपातकाल के दिनों में विपक्षी राजनीतिक नेताओं को अनेक यातनाएं दी गईं। और जेपी की किडनी ही क्षतिग्रस्त करवा दी। जेपी को इतनी यातना दी गई कि परिणामस्वरूप 'पटना में जेपी के शव की प्रतीक्षा कांग्रेसी हुकूमत कर रही थी।' जेपी ने तो अपने दृढ़ विचारों को व्यक्त करते हुए एक दस्तावेज जनमत के समक्ष प्रस्तुत किया- '25 जून के बाद से मैं बदला नहीं हूं।' लेकिन कोई भी विपक्षी राजनीतिक नेता ने इस तरह का कोई दस्तावेज कभी नहीं प्रस्तुत किया ?

और उन्हीं दिनों 5 दिसंबर, 1975 को जेपी ने अपने दृढ़ विचारों का दस्तावेज स्वरूप अपने मित्र मीनू मसानी के समक्ष निम्नलिखित मसविदा तैयार किया, जिसे नॉटरी के सामने प्रमाणित करवाया।

आज 5 दिसंबर की तारीख है और साढ़े चार माह के एकांत कारावास से अभी-अभी निकल कर, मैं बम्बई के जसलोक अस्पताल में अपनी किडनियों का इलाज करवा रहा हूं। कारावास के दौरान मेरी किडनियां बुरी तरह क्षतिग्रस्त हो गई हैं। यदि वह घटित हो ही गया और मुझे इस दुनिया से जाना पड़ा, तो मैं देश-विदेश के अपने मित्रों तथा भारत की जनता के लिए यह कह जाना चाहता हूं कि भारत की परिस्थितियों के बारे में मेरे विचार वही हैं, जो 25 जून को थे। जुलाई, 1975 को थे जब मैंने प्रधानमंत्री को पत्र लिखा था। जो कुछ कुरूप घटनाएं घटती जा रही हैं, वे मेरी आशंकाओं को ही पुष्ट करती हैं। मैं यह सब इसलिए स्पष्ट कर रहा हूं ताकि जब मैं अपनी बातें रखने के लिए शेष न रहूं तब मेरी बातों को तोड़ने-मरोड़ने का कोई प्रयास न हो सके। मुझे आशा है कि वह दिन दूर नहीं है जब भारत की जनता आज के आतंक से, अहिंसा संघर्ष द्वारा मुक्त हो जायेगी।

मेरे सामने हस्ताक्षर किया — जेपी नारायण

(हस्ताक्षर) — 5-12-75

नॉटरी, महाराष्ट्र राज्य

5-12-75

"यह कागज हमारी दूसरी आजादी का दस्तावेज है, और इंदिरा सरकार के लिए एक उम्दा प्रमाण पत्र।"

जेपी के दृढ़ विचारों का संकलन 'जेपी की जेल डायरी', दूसरा बिहार वासियों के नाम जेपी की चिट्ठी, जिसमें जेपी ने आंदोलन वापस नहीं लेने की बात कही। जेपी ने अपनी चंडीगढ़ जेल डायरी में 15-9-1975 को लिखा है, "आज 15 अगस्त है। देश की स्वतंत्रता के 28 वर्ष बीते। विदेशी शासन से तो आज भी भारत स्वतंत्र है। यद्यपि जिस दिशा में इंदिरा गांधी जा रही हैं, उसका तो एक ही अंत होगा, भारत का रूसी प्रभाव क्षेत्र के अंदर दाखिल होना। आज 'ट्रिब्युन' में के. पी. एस. मेनन के लेख से इस दारुण भविष्य का आभास मिलता है। परन्तु मुझे विश्वास है कि भारत की जनता इसे कभी स्वीकार नहीं करेगी।" यातानाओं के विरुद्ध अपने दृढ़ विचारों को व्यक्त करते हुए 21 जुलाई 1975 को चंडीगढ़ से जेपी ने इंदिरा गांधी को एक पत्र लिखा था।

प्रिय प्रधानमंत्री जी,

मैं आपके भाषणों और साक्षात्कारों को, प्रतिवेदनों को समाचार पत्रों में पढ़ कर विस्मित हो गया हूं। (यह तथ्य कि आपको अपने कार्य के औचित्य को प्रभावित करने के लिए प्रतिदिन कुछ कहना पड़ता है, अपराधी अन्तःकरण का द्योतक है)। प्रेस को प्रतिबंधित कर तथा प्रत्येक प्रकार के सार्वजनिक विरोध को समाप्त कर आप आलोचना या प्रतिवाद के भय बिना मिथ्या वर्णन और असम्य का प्रचार कर रही हैं। यदि आप सोचती हैं कि इस प्रकार आप लोकदृष्टि में अपने औचित्य को प्रभावित करने में समर्थ होंगी और प्रतिपक्ष को राजनीतिक सर्वनाश की स्थिति में ला देंगी तो आप निश्चित रूप से भूल कर रही हैं। यदि आपको इसमें संशय हो तो आप इसकी परीक्षा आपात को वापस लेकर, जनता को अपने मौलिक अधिकारों को पुनः समर्पित कर, उन सब को मुक्त कर जिन्हें आपने अपने देशभक्ति के कार्यो के संपादन के अतिरिक्त अन्य किसी अपराध के लिए बंदी नहीं बनाया है, कर सकती हैं। श्रीमती जी, आपकी वास्तविकता को जानने के लिए जनता के लिए नौ वर्षों की अवधि कम नहीं है। जनता को पहचान के लिए विलक्षण दृष्टि प्राप्त है। जहां तक मैंने अनुभव किया है, आपके कथनों के सारे तत्व ये हैं, सरकार को ठप करने की योजना थी, एक व्यक्ति नागरिक और सैन्य बलों में विद्रोह फैलाने की कोशिश कर रहा था।

चूंकि इसका संबंध मुझसे है अतः मैं वस्तुस्थिति को स्पष्ट कर देना चाहता हूं। इसमें आपकी रुचि नहीं हो सकती है, क्योंकि आपके मिथ्या और असत्य वर्णन जानकर प्रचारित किये गये हैं, परन्तु सत्य प्रकाश में आ जायेगा।

जहां तक सरकार को ठप करने की बात है, ऐसी कोई योजना नहीं थी और आप इसे जानती हैं। मैं तथ्यों को रख रहा हूं।

भारत के सभी राज्यों में, केवल बिहार में ही जन आंदोलन हुआ था। परन्तु यहां भी मुख्यमंत्री के अनेक वक्तव्यों के अनुसार आंदोलन समाप्त हो चुका था, यदि वह पहले कभी रहा हो। लेकिन सत्य यह है एवं आपको जानना चाहिए यदि आपके सर्वव्यापी गुप्तचर विभाग ने सही जानकारी दी है कि आंदोलन फैल रहा था और देहातों में गहराई तक पैठ रहा था। मेरी गिरफ्तारी तक जनता सरकारें गांव से लेकर प्रखंड स्तर तक बनाई जा रही थीं। बाद में इस प्रक्रिया को जिला और राज्य स्तर पर भी कार्यान्वित करना था।

यदि आपने जनता सरकारों के कार्यक्रमों को समझने का कष्ट उठाया होता तो आपको पता चल गया होता कि मुख्य रूप से यह कार्यक्रम रचनात्मक था, जैसे सार्वजनिक वितरण प्रणाली को नियमित करना, प्रशासन के निम्न स्तरों पर भ्रष्टाचार को रोकना, भूमि सुधार कानूनों को लागू करना, मेल मिलाप और पंचायत के पुराने तरीकों से विवादों का निपटारा करना, हरिजनों को न्याय दिलाना, तिलक और दहेज जैसी सामाजिक बुराइयों को रोकना इत्यादि। इन सब में कोई भी ऐसी बात न थी, जिसे कल्पना की किसी उड़ान से विध्वंसक माना जाए। जहां पर जनता सरकारें दृढ़ता से संगठित हो जाती, वहीं पर कर बन्दी इत्यादि कार्यक्रमों को चलाना था।

आंदोलन के उत्कर्ष काल में शहरी क्षेत्रों में कुछ दिनों तक धरना और पिकेटिंग के द्वारा सरकारी दफ्तरों के कार्य को रोकने का प्रयास किया गया। पटना में जब विधानसभा चलने लगी तब सदस्यों से त्यागपत्र देने के लिए प्रार्थना की गई और उन्हें विधान सभा में जाने से शांतिपूर्वक रोकने के लिए प्रयास हुए। ये सारी चीजें सविनय अवज्ञा के विचारित कार्यक्रम के अंतर्गत थीं एवं समूचे राज्य में हजारों स्त्री-पुरुष गिरफ्तार हुए।

यदि इन सबका अभिप्राय सरकार को ठप करने का प्रयास है तो यह ठीक उसी प्रकार का था जैसे स्वतंत्रता संग्राम के समय असहयोग और सत्याग्रह के द्वारा ब्रिटिश सरकार को ठप करने का प्रयास हुआ था।

लेकिन वह सरकार बल के द्वारा स्थापित सरकार थी जबकि बिहार सरकार एवं निर्वाचित विधान मंडल को हट जाने के लिए करने का क्या अधिकार है? यह आपके अति प्रिय प्रश्नों में से एक है। परन्तु इस प्रश्न का उत्तर अनेक बार योग्य व्यक्तियों के द्वारा, जिनमें संविधान विशेषज्ञ भी हैं, दिया जा चुका है।

उत्तर यह है कि जनतंत्र में जनता को निर्वाचित सरकार से त्याग पत्र की मांग करने का अधिकार है यदि सरकार भ्रष्ट हो गई हो और कुशासन कर रही हो। यदि विधान मंडल ऐसी सरकार को समर्थन दे रहा हो तो उसे भी हटाना चाहिए ताकि जनता अपने योग्य प्रतिनिधियों का निर्वाचन कर सके।

परन्तु ऐसी परिस्थिति में यह कैसे निर्धारित किया जा सकता है कि जनता क्या चाहती है? बिहार की परिस्थिति में पटना की विशाल जन सभाओं और प्रदर्शन, सम्पूर्ण राज्य के निर्वाचित क्षेत्रों में की गयी हजारों सभाएं, तीन दिनों का बिहार बंद, 4 नवंबर की स्मरणीय घटनाएं और 18 नवंबर की गांधी मैदान में अब तक की विशालतम जनसभा, जन संकल्प की विश्वसनीय मापदंड थी। सरकार तथा कांग्रेस को अपनी ओर से क्या दिखाना था? 16 नवंबर का दयनीय प्रत्याक्रमण जिसके विधाता श्री बरुआ से और जिसके ऊपर विश्वस्त प्रतिवेदनों के अनुसार, 60 लाख रुपये खर्च किये गये थे।

मैं दूसरा महत्वपूर्ण तथ्य कहना चाहता हूं, जो इस प्रकार के आंदोलन की राजनीति को स्पष्ट कर देगा। बिहार के विद्यार्थियों में अपने आंदोलन को एकाएक प्रारम्भ नहीं कर दिया। एक अधिवेशन में अपनी मांगों के निर्माण के पश्चात उन्होंने बिहार के मुख्यमंत्री और शिक्षा मंत्री से मुलाकात की थी। उन्होंने कई बार भेंट की परंतु दुर्भाग्यवश अकुशल और भ्रष्ट बिहार सरकार ने विद्यार्थियों की मांगों की गम्भीरता को नहीं समझा। उसके पश्चात उन्होंने विधानसभा का घेराव किया। उस दिन की दुखद घटनाओं ने बिहार आंदोलन को उत्तेजित कर दिया। तब भी विधायकों ने न तो मंत्रिमंडल के त्यागपत्र और न विधान सभा के विघटन की मांग की।

इसके बाद कई सप्ताहों तक गोली चलने, लाठीचार्ज और अन्धाधुन्ध गिरफ्तारियों के उपरान्त ही छात्र संघर्ष समिति ने इस मांग को रखने के लिए अपने को बाध्य पाया। यहां पर अन्तिम निर्णय ले लिया गया। संघर्ष की पद्धति में इस बिहार सरकार को विवादों को समझौते के द्वारा तय करने का अवसर दिया गया। विद्यार्थियों की कोई भी मांग आयुक्त संगत या अविनिमय नहीं थी। लेकिन बिहार सरकार ने संघर्ष अर्थात अभूतपूर्व दमन का मार्ग चुना। उत्तर प्रदेश में भी यही बात हुई। दोनों जगह सरकार ने बातचीत, समझौते के द्वारा विवादों को सुलझाने के मार्ग का बहिष्कार किया। यदि बात अन्यथा होती तो आंदोलन बिल्कुल ही नहीं होता।

मैंने इस पहेली पर विचार किया है कि क्यों उन सरकारों ने विवेक से काम नहीं किया? मेरा निष्कर्ष यह है कि मुख्य बाधा भ्रष्टाचार है। किसी तरह सरकारें अपने लोगों में, विशेषत: उच्च स्तर पर स्वयं मंदिरों के स्तर पर व्याप्त भ्रष्टाचार, विशेष रूप से सरकार और प्रशासन में भ्रष्टाचार रहा है। यह चाहे जैसा रहा हो, बिहार को छोड़ कर भारत के किसी राज्य में ऐसा

आंदोलन नहीं था। यद्यपि उत्तर प्रदेश में अपील में सत्याग्रह प्रारम्भ हो चुका था, तथापि यह जन आंदोलन का रूप धारण नहीं कर सका था। यद्यपि कुछ दूसरे राज्यों में संघर्ष समितियां निर्मित हो चुकी थीं, परंतु कहीं भी जन आंदोलन की संभावना नहीं प्रतीत होती थी। लोकसभा का निर्वाचन समीप आ रहा था, अत: विपक्षी दलों का ध्यान सविनय अवज्ञा वाले किसी संघर्ष की अपेक्षा आगामी निर्वाचकीय संघर्ष में लगा हुआ था।

जिस योजना की आप चर्चा करती हैं, सरकार को ठप करने की योजना आपकी कल्पना की उपज है, जिसका आविष्कार आपने अपने सर्वसत्तावादी उपायों के औचित्य को प्रमाणित करने के लिए किया है।

लेकिन कल्पना कीजिए कि मैं एक क्षण के लिए आपकी बातों को तर्क के लिए मान लूं कि ऐसी योजना थी, तो क्या आप ईमानदारी से विश्वास करती हैं कि आपके हाल तक के सहयोगी, भारत के भूतपूर्व उप प्रधानमंत्री और कांग्रेस की कार्यकारिणी समिति के सदस्य चंद्रशेखर इसमें सम्मिलित थे तब उनको उन्हीं के समान दूसरे लोगों को क्यों बंदी बनाया गया है?

नहीं प्रिय प्रधानमंत्री जी, सरकार को ठप करने की कोई योजना नहीं थी। यदि कोई योजना थी तो आपकी अपील के ऊपर उच्चतम न्यायालय के द्वारा निर्णय तक सरल, निर्दोष और अल्प काल तक चलायी जाने वाली योजना थी। इसी योजना को दिल्ली के रामलीला मैदान में नाना जी देशमुख ने 25 जून को घोषित किया था एवं इसी पर 25 जून की शाम को मैंने भाषण दिया था। कार्यक्रम के अनुसार कुछ चुने हुए व्यक्तियों को आपके आवास के समक्ष या पास इस मांग के समर्थन में सत्याग्रह करना था कि आपको अपनी अपील के ऊपर उच्चतम न्यायालय के द्वारा निर्णय हो जाने तक पद से हट जाना चाहिए। मैं नहीं जानता कि उसमें क्या विध्वंसक या घातक है?

जनतंत्र में नागरिक को सविनय अवज्ञा का उद्देश्य अधिकार है। यदि वह यह पाये कि निवारण या सुधार के दूसरे माध्यम समाप्त हो गये हैं। यह कहने की आवश्यकता नहीं है कि सत्याग्रही वैध दंड को स्वेच्छा से आमंत्रित करता है और स्वीकार करता है। यह नया आयाम है, जिसे गांधी ने जनतंत्र में जोड़ा है। यह कितना बड़ा व्यंग्य है कि गांधी के अपने भारत में ही इसका हनन किया जाए।

यह ध्यान में रखना चाहिए और यह महत्वपूर्ण बात है कि यदि आप अपने पद पर शांतिपूर्ण ढंग से रहने से संतुष्ट रह जातीं तो सत्याग्रह का यह विचार भी प्रतिपक्ष को नहीं सूझता। अपने अनुचरों से आपने अपने आवास के समक्ष जनसभाओं और प्रदर्शन आयोजित कराये जिनमें आपसे त्यागपत्र न देने की प्रार्थना की गई। अपनी सभाओं में भाषण दिया और अपने कार्य को उचित ठहराते हुए अप्रामाणिक तर्क दिये और प्रतिपक्ष के सिर पर निंदा थोप दी।

इलाहाबाद उच्च न्यायालय के न्यायाधीश (जिसने श्रीमती गांधी के विरुद्ध निर्णय दिया था) का पुतला आपके आवास के समक्ष जलाया गया एवं नगर में उक्त न्यायाधीश और सी.आई ए. के संबंध की चर्चा करने वाले पोस्टर लगाए गये। जब इस तरह की घृणास्पद बातें प्रतिदिन घटित हो रही थीं तो प्रतिपक्ष के पास इस शरारत का विरोध करने के अतिरिक्त कोई विकल्प नहीं था एवं प्रतिपक्ष ने ऐसा किस प्रकार करने का निर्णय किया? हुल्लड़बाजी के द्वारा नहीं बल्कि व्यवस्थित सत्याग्रह, आत्मत्याग के द्वारा।

वह यही योजना थी और सरकार को ठप करने की कोई काल्पनिक योजना नहीं जिसने आपकी क्रोधाग्नि को उत्तेजित किया और जनता की स्वतंत्रता समाप्त की एवं जनतंत्र को मरण आघात पहुंचाया।

और प्रेस की स्वतंत्रता का दमन क्यों किया गया। इसलिए नहीं कि भारतीय प्रेस अनुत्तरदायी, बेईमान या सरकार विरोधी था। वास्तव में स्वतंत्रता की स्थिति में संसार में कहीं भी प्रेस भारत के प्रेस से उत्तरदायी, विवेक सम्मत और निर्दोष नहीं है। सच्चाई यह है कि उच्च न्यायालय के निर्णय के बाद प्रेस के ऊपर अपने त्याग पत्र को लेकर आपका क्रोध उमड़ आया। क्योंकि कुछ समाचार पत्रों ने ऐसा दृष्टिकोण अपनाया जो आपके लिए बड़ा ही अरुचिकर था। और जब उच्चतम न्यायालय के फैसले के बाद वाले दिन को दिल्ली में सभी समाचार पत्रों ने अपने तर्क सम्मत और सशक्त संपादकीय लेखों में आपको त्याग पत्र देने की सलाह दी, तब प्रेस की स्वतंत्रता आपके लिए असहनीय हो गयी। यह सोचकर कल्पना स्तंभित रह जाती है कि प्रेस की स्वतंत्रता के समान बहुमूल्य स्वतन्त्रता जो जनतंत्र की प्राणवायु है किसी प्रधानमंत्री की व्यक्तिगत चिढ़ के कारण समाप्त की जा सकती है।

आपने प्रतिपक्ष पर देश के प्रधानमंत्री की प्रतिष्ठा और पद को कलंकित करने के प्रयास का आरोप लगाया है। लेकिन वास्तव में ऐसा कार्य आपने ही किया है। आपसे अधिक किसी व्यक्ति ने उस महान पद की मर्यादा और प्रतिष्ठा को कलंकित करने वाला कार्य नहीं किया है। क्या कोई कभी किसी प्रजातांत्रिक देश में ऐसे प्रधानमंत्री की कल्पना कर सकता है, जो अपनी संसद में मतदान भी नहीं कर सकता क्योंकि उसे भ्रष्ट निर्वाचकीय व्यवहारों के लिए अपराधी पाया गया है।

'एक व्यक्ति' जिस पर सेवा और पुलिस में विद्रोह फैलाने का आरोप लगाया गया है, इस आरोप का खंडन करता है। उसने केवल यह किया है कि उसने सेनाओं के जवानों एवं अधिकारियों को अपने कर्तव्यों और दायित्वों के प्रति बेचैन बना दिया है। उसने उस संबंध में जो कुछ कहा है, वह कानून, संविधान, सेना अधिनियम और पुलिस अधिनियम के अनुसार है।

ये आपके मुख्य विषय प्रतीत होते हैं परन्तु आपके मौन विषय भी हैं। प्राय: आप अपने कुछ प्रासंगिक विचारों का प्रचार करती आ रही हैं, जैसे राष्ट्र का जनतंत्र से अधिक महत्व तथा भारत के लिए सामाजिक जनतंत्र की उपयुक्तता तथा इसी स्वर में अन्य बातें।

इतनी बातें अपने मुख्य आरोपों के संबंध में हैं। अर्थात सरकार को ठप करने की योजना और सेना और पुलिस विद्रोह फैलाने का प्रयास के संबंध में। अब अपनी मौन बातों और प्रासंगिक विचारों के संबंध में।

आपने यह भी कहा है कि जनतंत्र राष्ट्र से अधिक महत्वपूर्ण नहीं है। प्रधानमंत्री जी क्या आप अवांछित दावा नहीं कर रही हैं? केवल आप ही नहीं हैं जो राष्ट्र की चिंता करती हो। आपके द्वारा नजरबंद या कारा प्रेषित व्यक्तियों में अनेक ऐसे हैं, जिन्होंने राष्ट्र के लिए आपसे बहुत ज्यादा कार्य किया है। और उनमें से प्रत्येक उतना ही राष्ट्र प्रेमी है, जितनी आप। अत: कृपया राष्ट्र के बारे में हमें उपदेश देकर हमारे घावों पर नमक मत छिड़किये।

इसके अतिरिक्त आपने मिथ्या विकल्पों का निर्माण किया है। जनतंत्र और राष्ट्र के बीच वरण नहीं करना है। राष्ट्र के कल्याण के लिए ही भारत के लोगों ने संविधान सभा में 26 नवंबर, 1949 को घोषणा की थी कि "हम भारत के लोग, भारत को एक सम्पूर्ण प्रभुत्व सम्पन्न जनतांत्रिक गणराज्य बनाने का दृढ़ संकल्प लेकर ....संविधान को आत्मार्पित करते हैं।" उस जनतांत्रिक संविधान को मात्र अध्यादेश या संसद के कानून के द्वारा सर्वसत्तावादी नहीं बनाया जा सकता। ऐसा स्वयं भारत की जनता द्वारा नयी संविधान सभा में ही किया जा सकता है, जो विशिष्ट रूप से इस कार्य के लिए निर्वाचित की गई हो। यदि न्याय, स्वतंत्रता, समानता और बंधुत्व इसके सभी नागरिकों को पच्चीस वर्षो की अवधि में भी उपलब्ध नहीं कराये गये हों तो दोष संविधान या जनतंत्र का नहीं है बल्कि कांग्रेस दल का है, जो इन वर्षो में दिल्ली में सत्तारूढ़ रहा है। उसी असफलता के कारण जनता और नवयुवकों में इतना अधिक असंतोष है। दमन उसका उपचार नहीं है। दूसरी ओर दमन असफलता को और भी गंभीर बना देता है। नि:संदेह मैं देखता हूं कि समाचार पत्र नई नीतियों, नये कार्यो और नये उत्साह के प्रदर्शन के प्रतिदिन से भरे रहते हैं। स्पष्टत: आप खोये हुए समय की पूर्ति कर रही हैं अथार्त आप उन कार्यो को अब करने का दिखावा कर रही हैं, जिन्हें आप नौ वर्षो में करने में असफल रही हैं लेकिन आपकी बीस-सूत्री योजना उसी तरह चलेगी जिस तरह आपकी दस-सूत्री योजना चली थी। लेकिन मैं आपको विश्वास दिलाता हूं कि अबकी बार जनता को मूर्ख नहीं बनाया जा सकता और मैं एक बात का और विश्वास दिलाता हूं कि स्वार्थी और शक्तिहीन अवसरवादियों तथा जी हुजूरों का दल जो अब कांग्रेस बन गया है, कभी कोई अच्छा कार्य नहीं कर सकता।(सभी

कांग्रेसी ऐसे नहीं हैं। कुछ अपवाद भी हैं, जैसे वे लोग जिन्हें दल की सदस्यता से वंचित कर दिया गया है और उनमें से कुछ को स्वतंत्रता से भी वंचित कर दिया गया है ताकि सर्वसत्तावाद के धर्म के अनुसार दल के अंतर्गत भी आलोचना न हो सके।) कागज पर प्रचार और प्रदर्शन बहुत होंगे, परन्तु वास्तविक स्तर पर परिस्थिति में रंचमात्र भी परिवर्तन नहीं होगा। गरीबों की स्थिति जो देश की वृहत्तर आय में बहु संख्या में हैं - विगत वर्षो में बदतर होती चली गई है। इतना ही पर्याप्त होगा यदि अधोमुखी प्रवृत्तियों को रोक दिया जाय परन्तु उसके लिए राजनीति और अर्थ नीति के प्रति आपके सम्पूर्ण दृष्टिकोण में परिवर्तन आवश्यक है।

मैंने उपर्युक्त बातों को बड़ी स्पष्टता से लिखा है। मैंने क्रोध के वशीभूत होकर या आपसे तर्क में विजयी होने के लिए नहीं लिखा है, न ही ऐसा करना शक्तिहीनता का परिचय देना होगा। यह मेरे स्वास्थ्य के लिए बरती हुई सावधानी के लिए प्रशंसा के अभाव को भी प्रदर्शित नहीं करता। मैंने नग्न सत्य को आपके समक्ष उपस्थित करने के लिए लिखा है, जिसे आप तोड़ने और ढकने का प्रयास कर रही हैं।

इस अप्रिय कार्य को करने के बाद मैं सप्ताह के कुछ शब्दों के साथ इस पत्र को समाप्त करना चाहता हूं। आप जानती हैं कि मैं बूढ़ा आदमी हूं। मेरे जीवन का कार्य सम्पन्न हो चुका है एवं प्रभा की मृत्यु के बाद मुझे किसी कार्य के लिए या किसी व्यक्ति के लिए जीवित नहीं रहना है। मेरे भाई और भतीजे का अपना परिवार है। और मेरी छोटी बहन की भी पुत्र और पुत्रियां हैं। बड़ी बहन की पहले ही मृत्यु हो चुकी है। मैंने अपना सम्पूर्ण जीवन, शिक्षा प्राप्ति के लिए राष्ट्र को समर्पित कर दिया है। और बदले में कभी कुछ मांगा नहीं है, अत: मैं आपके शासन काल में मर कर संतोष प्राप्त करूंगा। क्या आप ऐसे आदमी की सलाह सुनेंगी? कृपया उस आधार को नष्ट मत कीजिए जिसे राष्ट्र निर्माताओं ने, जिसमें आपके पिता भी थे, निर्मित किया था। आपके द्वारा अपनाये गये पथ पर केवल संघर्ष और वेदना है। आपने विरासत के रूप में महती परंपरा उच्च मूल्य और कार्यशील जनतंत्र प्राप्त किया है। इन सारी चीजों का दु:खदायी विनाश मत कीजिए। उनके पुनर्निर्माण में बहुत समय लगेगा। इसका पुनर्निर्माण अवश्य होगा, मुझे कोई संशय नहीं है।

जो जनता ब्रिटिश साम्राज्यवाद से लड़ चुकी है, और उसे परास्त कर चुकी है। वह सर्वसत्तावाद के अपमान और शर्म को अनिश्चित काल तक स्वीकार नहीं कर सकती। मनुष्य की आस्था को पराजित नहीं किया जा सकता, चाहे दमन कितना ही भयंकर क्यों न हो। अपने व्यक्तिगत अधिनायकत्व को स्थापित कर आपने उसे गहराई में गाड़ दिया है लेकिन आत्मा कब्र से उठकर खड़ी होगी। रूस में भी यह धीरे-धीरे पुनर्जीवित हो रही है।

आपने सामाजिक जनतंत्र की बात कही है। ये शब्द कितनी सुन्दर तस्वीर मानस में उपस्थित करते हैं परन्तु आपने पूर्वी एवं केन्द्रीय यूरोप में देखा है कि यथार्थ कितना कुरूप है। नग्न तानाशाही एवं अंतिम विश्लेषण में रूसी स्वामित्व। कृपया भारत को उस भयावह स्थिति की ओर मत ढकेलिये। और मैं आपसे पूछूं कि ये नृशंस कानून किसलिए बनाए गए? क्या आपकी बीस सूत्री योजना को लागू करने के लिए? लेकिन आपको दस सूत्री योजना को लागू करने से कौन रोक रहा था? सारा असंतोष, विरोध, सत्याग्रह ठीक इसी कारण से था कि आप अपने पर्याप्त कार्यक्रमों को भी लागू करने का प्रयास नहीं कर रही थीं, जिसे लोगों और नवयुवकों की प्रवृति और बोझ कम हो। यही बात चन्द्रशेखर, मोहन धारिया, कृष्णकांत और उनके मित्र कह रहे थे, जिसके लिए उन्हें दंडित किया गया।

आपने देश की दिशा विहीनता की चर्चा की है, लेकिन क्या दिशा विहीनता प्रतिपक्ष के कारण या मेरे कारण है? दिशा विहीनता आपके निर्णय, लक्ष्य और प्रेरणा के अभाव के कारण आई। आप तभी दुतगति और नाटकीयता से काम करती हैं, जब आपकी व्यक्तिगत स्थिति संकटग्रस्त हो जाती है। जब आपकी स्थिति सुरक्षित हो जाती है तो दिशा विहीनता भी प्रारम्भ हो जाती है। प्रिय इंदिरा जी कृपया अपने को राष्ट्र का पर्याय न समझिये। आप अमर नहीं हैं, भारत अमर है।

आपने प्रतिपक्ष और मुझ पर प्रत्येक प्रकार की दुष्टता का आरोप लगाया है लेकिन मैं आपको विश्वास दिलाता हूं कि यदि आप अच्छी बात करें जैसे बीस सूत्री योजना, मंत्रियों के स्तर पर भ्रष्टाचार का निवारण, निर्वाचकीय सुधार इत्यादि, तो प्रतिपक्ष पर विश्वास कीजिए, उससे सलाह लीजिए। आपको हम लोगों में से प्रत्येक का इच्छित सहयोग प्राप्त होगा, इसके लिए आपको जनतंत्र को नष्ट करने की आवश्यकता नहीं है। मामला आपके हाथों में है। आपको निर्णय करना है। इन शब्दों के साथ मैं विदा लेता हूं। भगवान आपका भला करें!

चंडीगढ़- जयप्रकाश

21 जुलाई 1975,

लोकनायक जयप्रकाश नारायण द्वारा चंडीगढ़ से 21 जुलाई, 1975 को लिखे गये इस उपयुक्त पत्र का पत्रोत्तर आज तक नहीं दिया गया। आपातकाल के अंतिम समय तक जेपी के विचार दृढ़ थे, आंदोलन वापस नहीं लेंगे। 23 दिसंबर, 1976 को पटना में जेपी ने कहा, "इस सरकार (कांग्रेस सरकार) के साथ सहयोग नहीं करना चाहिए।" फिर भी विपक्षियों का एक गुट आंदोलन वापस लेने तथा तानाशाह इंदिरा के समर्थन के लिए तैयार था, इस गुट में भारतीय लोकदल के नेता चौधरी चरण सिंह, जनसंघ के नेता अटल बिहारी वाजपेयी शामिल थे। समझौते का प्रारूप लेकर 23 दिसंबर, 1976 को अटल बिहारी वाजपेयी पटना आकर जेपी से मिले, लेकिन जेपी

तैयार नहीं हुए। दिल्ली में विरोधी दल सम्मेलन बुलाकर इंदिरा से समझौता करने को तैयार थे लेकिन सम्मेलन का एक गुट इसके विरुद्ध था। साथ में जॉर्ज फर्नांडिस ने जेल से इसका बड़ा विरोध किया और जेपी को चिट्ठी भी लिखी। फिर जेपी ने कहा, बिना आपातकाल हटाये समझौता नहीं होना चाहिए। अन्तत: विपक्षियों के गुट के इस निर्णय को देखकर जेपी निराश हुए तथा राष्ट्रीय स्तर पर निर्दलीय लोगों का एक सम्मेलन पटना में जनवरी, 1977 को बुलाया। आपात काल का प्रतिरोध कैसे हो सके, इस सम्मेलन में कुछ निर्णय नहीं हुआ। फिर इस स्तर की दूसरी बैठक बुलाने की बात जेपी के समक्ष थी, लेकिन इसी बीच अचानक चुनाव की घोषणा हो गई और दूसरी बैठक बुलाने की बात खत्म हो गई, फिर जनता पार्टी बनाने में जेपी जुट गये।

प्रधानमंत्री इंदिरा गांधी ने 18 जनवरी, 1977 को राष्ट्रपति फखरुद्दीन अली अहमद से दो बार भेंट की तथा रात आकाशवाणी से एक प्रसारण में अचानक इंदिरा गांधी राष्ट्र के नाम संदेश में कहा, "राष्ट्रपति ने लोकसभा को भंग करने की सिफारिश स्वीकार कर ली है। मेरा विचार है कि चुनाव मार्च में हों। यद्यपि वर्तमान लोकसभा अगले 15 महीने (मार्च 1978) तक कार्यरत रह सकती थी। मैंने राष्ट्रपति को सलाह दी कि वे वर्तमान लोकसभा को भंग कर नये चुनाव का आदेश जारी कर दें। मुझे आशा है कि चुनाव मार्च में होंगे। लोकसभा के पिछले चुनाव 1971 में हुए थे। उस समय निर्धारित कार्यकाल से एक वर्ष पहले लोकसभा के मध्यावधि चुनाव कराये गये थे।"

तत्कालीन पांचवीं लोकसभा की अवधि दो बार एक-एक वर्ष के लिए बढ़ायी गयी। पहली बार 4 फरवरी, 1976 को बढ़ाई गयी तथा दूसरी बार 5 नवंबर, 1976 को। फिर भी 18 जनवरी, 1977 की तिथि में जारी आदेश में राष्ट्रपति फखरुद्दीन अली अहमद ने पांचवीं लोकसभा को विघटित करते हुए कहा, "संविधान की धारा 85 के खण्ड (2) के उपखण्ड (ब) में प्रदत्त शक्तियों का उपयोग करते हुए, "मैं लोकसभा को विघटित करता हूं।" नव निर्वाचित सदन की बैठक मार्च के अन्त के पहले होगी। इसमें 1977-78 के केंद्रीय बजट पर वर्तमान वित्तीय वर्ष के लंबित खर्चों के लिए मतदान होगा। विघटित लोकसभा (पांचवीं लोकसभा) में निर्वाचित सीटों की संख्या 523 थी। जबकि छठी लोकसभा में सदस्यों की संख्या, 1973 में पारित संविधान (31 वां संशोधन) अधिनियम के अन्तर्गत सदस्य संख्या बढ़कर 542 कर दी गयी थी।

अचानक छठी लोकसभा चुनाव की घोषणा के पूर्व ही इसकी बुनियादी उपज स्वयं इंदिरा गांधी के समक्ष अन्त: उभरी। आपातकाल के अंतिम दिनों जब संजय गांधी राजनीति की ऊंचाई पर पहुंच गये तथा इंदिरा गांधी के 20 सूत्री एवं संजय गांधी के 5 सूत्री कार्यक्रम भारत के सभी कार्यक्रमों से जुट कर प्रचार माध्यमों से सम्पूर्ण भारत में सर्वाधिक लोकप्रियता की ऊंचाई पर

पहुंच चुके। इंदिरा गांधी और संजय गांधी की समर्थक एकमात्र भारतीय कम्युनिस्ट पार्टी ही थी। अत: चुनाव में कम्युनिस्टों के भी हिस्से होते जिसके फलस्वरूप कांग्रेस की सीटें बांटी जातीं। परिणामस्वरूप संजय गांधी जब राजनीति की ऊंचाई पर पहुंचे तो सी. पी.आई. की आलोचना करने लगे। तब अन्त में भारतीय कम्युनिस्ट पार्टी (सी. पी. आई.) ने अपने कुछ पत्रों में संजय गांधी की आलोचना की। सी. पी. आई. 20 सूत्री कार्यक्रम को मानती थी। 5 सूत्री कार्यक्रम को नहीं मानती थी। सी.पी.आई. वास्तव में कांग्रेस का समर्थन करती थी, कांग्रेस सी.पी.आई. को समर्थन नहीं करती थी। सी.पी.आई. द्वारा संजय गांधी की आलोचना को इंदिरा गांधी ने अपनी आलोचना समझ कर नई दिल्ली में 23 दिसंबर, 1976 को यह बयान दिया कि कम्युनिस्ट पार्टी के प्रहार का लक्ष्य मेरे अलावा और कोई नहीं। दूसरे महायुद्ध के समय उसने आजादी के सवाल को ताक पर रख दिया और ब्रिटिश साम्राज्यशाही का साथ दिया।

तानाशाह की यह प्रवृत्ति होती है कि जब तक वह किसी को अपने सहयोग योग्य समझता है या उससे जब सहयोग की आवश्यकता नहीं रहती- उससे संबंध विच्छेद कर लेता है। यही बात इंदिरा गांधी ने सी.पी.आई. के साथ की।

ऐसे कांग्रेस के भी कई कांग्रेसी 5 सूत्री कार्यक्रम को नहीं मानते थे। उड़ीसा की मुख्यमंत्री नन्दनी सतपति भी 20 सूत्री कार्यक्रम को मानती थीं, लेकिन 5 सूत्री कार्यक्रम को नहीं मानती थीं परंतु जब केंद्र से दबाव पड़ने लगा तो उन्होंने 5 सूत्री कार्यक्रम को माना। इसी 5 सूत्री कार्यक्रम की वजह से नन्दनी सतपति ने भुवनेश्वर में 15 दिसंबर, 1976 को कहा, "मैंने मुख्यमंत्री के पद से त्यागपत्र नहीं दिया है।"

दूसरी तरफ कांग्रेस अध्यक्ष देवकांत बरुआ ने 31 दिसंबर, 1976 को कहा, "जिन कांग्रेसजनों को पच्चीस सूत्री कार्यक्रम में शत-प्रतिशत विश्वास नहीं हो, वे कांग्रेसी नहीं हैं। या तो कांग्रेस के पच्चीस सूत्री कार्यक्रम को शत-प्रतिशत स्वीकार करें या कांग्रेस से इस्तीफा दें। रास्ता खुला है। जो दल कांग्रेस का मित्र होने का दावा करता है, उसे भी कांग्रेस के कार्यक्रम का सही ढंग से समर्थन करना चाहिए।"

साम्यवादी नीति वाली भारतीय कम्युनिस्ट पार्टी इंदिरा गांधी के समर्थक प्रतिपक्षी दल के महासचिव सी. राजेश्वर राव ने 13 दिसंबर, 1976 को भोपाल में कहा, "भारतीय कम्युनिस्ट पार्टी पांच सूत्री कार्यक्रम का समर्थन करेगी। सी.पी.आई. कांग्रेस के साथ टकराव की पक्षधर नहीं है। राजेश्वर राव ने कई बार इन्हीं बातों को दोहराया। राजेश्वर राव ने 4 जनवरी, 1977 को कहा सी.पी.आई. कांग्रेस का हमेशा समर्थन करती रही है। फिर 9 जनवरी, 1977 को मद्रास में उन्होंने कहा, कांग्रेस पार्टी के कार्यों में दखलंदाजी का हमारा इरादा नहीं रहा। यदि

अतीत में कभी कुछ ऐसा हो गया हो तो उसके लिए हमें खेद है। पुन: बैंगलोर में 12 जनवरी, 1977 को कहा, भारतीय कम्युनिस्ट पार्टी संजय गांधी के पांच सूत्री कार्यक्रम का न विरोध करती है न प्रशंसा। फिर भी कांग्रेस के 61 सांसद कांग्रेसियों ने विरोध प्रकट करते हुए नई दिल्ली में 15 जनवरी, 1977 को एक संयुक्त वक्तव्य में कहा कि कम्युनिस्ट पार्टी पर प्रतिबंध लगाया जाए।

छठी लोकसभा चुनाव की घोषणा के बाद लोकनायक जयप्रकाश नारायण ने पटना में 19 जनवरी, 1977 को पत्रकारों से बातचीत करते हुए कहा - मुझे खुशी है कि प्रधानमंत्री ने लोकसभा का चुनाव कराने और नये जनादेश हासिल करने का निश्चय किया है लेकिन खेद की बात है कि उन्होंने विरोधी पक्ष को चुनाव की तैयारी के लिए बहुत थोड़ा समय दिया है और ऐसा करके उन्होंने अपने स्वयं के अनुसार, विरोधी पक्ष के साथ फिर अन्याय किया है। फिर भी मैं आशा करता हूं कि विरोधी पक्ष अवसर को चुनौती के लायक बनाएगा और एक गुट होकर एक दल के रूप में चुनाव लड़ेगा। मुझे अफसोस है कि विरोधी दलों ने यह आवश्यक कदम उठाने में इतना समय बर्बाद किया। उन्हें कम से कम एक साल पहले ही, यह कदम उठाना चाहिए था, मेरे ही अनुरोध पर विरोधी दलों के नेता बम्बई में इकट्ठे हुए थे। विरोधी दलों को तैयारी के लिए और अधिक समय देना चाहिए था। श्रीमति गांधी खुद तो जानती ही थीं कि उन्हें कब चुनाव कराना है, जबकि विरोधी पक्ष को इसका पता नहीं था।

एक पत्रकार द्वारा यह पूछा गया कि क्या आप विरोधी दलों का चुनाव में समर्थन करेंगे जेपी ने कहा, अगर विरोधी दल मिलकर एक दल बनाते हैं, तो उसे मेरा आर्शीवाद मिलेगा, लेकिन अगर यह नहीं होता तो मैं चुनाव अभियान से अपने को अलग रखूंगा। स्वतंत्र और निष्पक्ष चुनाव तभी संभव है, जब इमरजेंसी उठा ली जाये, समाचार पत्रों पर लगी पाबंदी हटा ली जाये, नागरिक की स्वतंत्रता वापस दी जाये और सभी राजनैतिक बंदी छोड़ दिये जाएं।

पुन: एक पत्रकार ने पूछा, इस चुनाव में भारतीय जनता को आप क्या सलाह देंगे, इस प्रश्न के उत्तर में जेपी ने कहा, सत्तारूढ़ कांग्रेस ने लोकतंत्र की हत्या की है, हजारों निरपराध नागरिकों को कैद खानों में बंद किया है और दूसरे लोकतंत्र विरोधी कार्य किये हैं। इसलिए इस दल को फिर से सत्ता में आने नहीं दिया जाये। भारतीय जनता को खासकर मतदाताओं को, चाहे वे किसी भी दल से प्रभावित हों, मैं यहीं सलाह दूंगा। पत्रकार के एक दूसरे प्रश्न के जवाब में जेपी ने कहा, अगर चुनाव होता है तो जनता का आंदोलन स्थगित किया जा सकता है, क्योंकि मैंने हमेशा यह कहा है कि चुनाव का मोर्चा भी संघर्ष का मोर्चा है। बिहार आंदोलन की भी एक यह मांग थी कि मंत्रिमंडल के त्यागपत्र और विधान सभा के विघटन के बाद चुनाव हों।

एक अन्य प्रश्न के जवाब में जेपी ने कहा, जो अभी तो मेरे स्वास्थ्य की स्थिति है, उसको देखते हुए मैं चुनाव अभियान में अधिक हिस्सा नहीं ले सकूंगा। हो सकता है, कुछ प्रमुख स्थानों का दौरा करूं और कुछ वक्तव्य जारी करूं।

19 जनवरी, 1977 को पत्रकारों के समक्ष पटना में जेपी ने स्पष्ट शब्दों में कहा, "अगर विरोधी दल मिलकर एक दल बनाते हैं, तो उसे मेरा आर्शीवाद मिलेगा, लेकिन अगर यह नहीं होता है तो मैं चुनाव अभियान से अपने को अलग रखूंगा।"

स्पष्ट है कि अगर सभी गैर कम्युनिस्ट पार्टी वाले आपस में नहीं मिलते हैं तो जेपी विपक्षी दलों का साथ नहीं देंगे तथा जेपी के पास असीम जनमत का समर्थन है, लेकिन विपक्षियों के पास नहीं।

18 जनवरी, 1977 को संगठन कांग्रेस के वरिष्ठ नेता मोरारजी देसाई और जनसंघ के लाल कृष्ण आडवाणी को जेल से छोड़ दिया गया। जेपी की हार्दिक इच्छा थी कि सभी गैर कम्युनिस्ट पार्टी आपस में मिल जायें, क्योंकि यह चुनाव सिर्फ चुनाव ही नहीं बल्कि लोक शक्ति और राज्य शक्ति का संघर्ष था। जेपी के असीम प्रयासों के परिणामस्वरूप सभी विरोधी दल मिलकर एक बनने में सफल हुए। गुरुवार 20 जनवरी, 1977 को मोरारजी देसाई की अध्यक्षता में चारों पार्टियों की सर्वसम्मति से एक नया दल 'जनता पार्टी' का जन्म संध्या समय दिल्ली में 5.40 पर हुआ यानी नया दल बना। उस समय देश के चार राष्ट्रीय स्तर की गैर-कम्युनिस्ट पार्टी के संगठन कांग्रेस, भारतीय लोकदल, सोशलिस्ट पार्टी और भारतीय जनसंघ आपस में विलय कर नया दल 'जनता पार्टी' बनी। इसके अध्यक्ष मोरारजी देसाई, उपाध्यक्ष चौधरी चरण सिंह, दो महासचिव लाल कृष्ण आडवाणी और सुरेन्द्र मोहन हुए। एक दल बनाने की प्रक्रिया उस समय शुरू हुई, जब इलाहाबाद हाईकोर्ट ने इंदिरा गांधी के लोकसभा चुनाव को 12 जून, 1975 को अवैध घोषित कर दिया, जिसके फलस्वरूप तत्काल 24 जून, 1975 को पांच विरोधी दलों की कार्यकारिणियां एक साथ बैठीं और प्रस्ताव पारित कर कहा, "प्रधानमंत्री इंदिरा गांधी को अपने पद पर बने रहने का कोई अधिकार नहीं है।" इसके दूसरे दिन 25 जून, 1975 को आपातकाल की घोषणा कर दी गई।

आपातकाल की यातनाओं के दिनों में संगठन कांग्रेस, जनसंघ, भारतीय लोकदल और सोशलिस्ट पार्टी के साथ डी.एम.के. और आर.एस.पी. के सदस्यों, कुछ राजनीतिक कार्यकर्ताओं, सर्वोदय कार्यकर्ताओं की एक बैठक 20 और 21 मार्च, 1975 को बम्बई में जेपी ने बुलाई। इस बैठक में उन्नीस भारतीय राजनीतिज्ञ उपस्थित थे। जिसमें आचार्य जे.बी.कृपलानी, चौधरी चरण सिंह, एन.जी.गोरे, एन.एम.पटेल, शान्ति भूषण, ओम प्रकाश त्यागी, नारायण देसाई, एस.एम. जोशी, उमाशंकर जोशी, त्रिदीप चौधरी, कृष्ण कांत, मावलंकर, निजलिंगप्पा, बाबू भाई पटेल,

उत्तम राव पाटिल, इड़ा एक्लोजन, दिग्विजय नारायण सिंह, यदुनाथ थट्टे और सिक्वेरा। इस दो दिन की बैठक के उपरान्त एक वक्तव्य जारी करते हुए कहा, 25 जून, 1975 से लागू की गयी आपात स्थिति अभी भी जारी है यद्यपि किसी प्रकार के आंतरिक भय का कोई लक्षण प्रकट नहीं है। सभी नागरिक अधिकारों का अतिलंघन, प्रेस पर कठोर नियंत्रण तथा न्यायपालिका के अधिकारों का अपहरण जारी है। सबसे बड़ी बात यह है कि लोकसभा का जीवन काल एक वर्ष के लिए बढ़ा दिया गया है, यद्यपि इसका पंचवर्षीय शासनादेश समाप्त हो चुका है। विगत नौ मास में जो कुछ हुआ है उससे हम विश्वस्त हो गये हैं कि सरकार जानबूझकर जनतांत्रिक ढांचे की एक-एक ईंट नष्ट-भ्रष्ट करती रही है और अब उसने तानाशाही शासन कायम कर दिया है, जिसे वह बरकरार रखना चाहती है।

भारत की जनता ने अपने जनतांत्रिक अधिकारों के निर्वाह के लिए जिस शांतिपूर्ण प्रतिरोध का प्रदर्शन किया है एतदर्थ वे बधाई के पात्र हैं। हम उन हजारों नजरबंदियों का अभिवादन करते हैं, जो अपनी निष्ठा के कारण कष्ट भोग रहे हैं। शासन प्रणाली की पुनः स्थापना के लिये हमारा प्रयास सतत् जारी रहेगा तथा हम संकीर्ण अन्धानुयायी विचारों को मार्ग अवरुद्ध न करने देंगे।

इस विषय पर पूर्ण मंतव्य था कि जनतंत्र एवं जनतांत्रिक मूल्यों पर, जैसा हम उन्हें जानते हैं, विध्वंसक आपात किया है और हमारे विचार से सबसे महत्वपूर्ण बात यह है कि जनतंत्र को कायम रहना चाहिए ताकि हर आत्म सम्मानपूर्ण व्यक्ति की वाणी की स्वतंत्रता, साहचर्य की स्वतंत्रता, संचार और गमनागमन की स्वतंत्रता एवं भय से मुक्ति की स्वतंत्रता सुरक्षित रह सकें। यदि जनतांत्रिक मूल्यों तथा नागरिक अधिकारों को पुनः स्थापित करना प्रधान एवं महत्वपूर्ण लक्ष्य है तो इस विचार के व्यक्तियों को एक मत होकर एक निश्चित नीति और कार्यक्रम के अनुसार संगठित होना पड़ेगा। शांतिपूर्ण साधनों के उपयोग एवं सभी प्रकार के हिंसात्मक कार्यो के परित्याग के विषय में सभी एकमत थे।

आचार्य विनोबा के नेतृत्व में आचार्य सम्मेलन के पक्षपात हीन एवं न्यायसंगत सुझावों का हम स्वागत करते हैं, क्योंकि हमारी सुविचारित सम्मति के अनुसार देश की विविध सामाजिक एवं आर्थिक समस्याओं के निराकरण में जनतांत्रिक संघीय ढांचे को नष्ट किये बिना, वे सहायक सिद्ध होंगे। संसद के भीतर और बाहर शांतिपूर्ण आचरण में हम विश्वास करते हैं और मानते हैं कि विरोध को बर्दाश्त करना ही यथार्थ जनतांत्रिक सामाजिक श्रंखला की आधारशिला है। तानाशाही प्रवृतियों को रोकने या जनतंत्र की रक्षा और पुष्टि हेतु सभी दलों के लिये एक आचार संहिता बनाने के काम में हमारा सहयोग हर घड़ी उपलब्ध रहेगा। इस लक्ष्य की पूर्ति के लिए यह निश्चित किया गया है कि निम्नलिखित सदस्यों की एक संगठन समिति (सह-वरण के

अधिकार के साथ) गठित की जाए - एन.जी.गोरे संयोजक, एच.एस.पटेल, शान्ति भूषण और ओम प्रकाश त्यागी जो स्वीकृत जनतांत्रिक विरोधी दल की नीति और कार्यक्रम की रचना करे। समिति का यह कर्तव्य होगा कि वह एकीकरण की प्रक्रिया, कम से कम समय में जो दो माह से अधिक न होगा, पूर्ण करे।

20-21 मार्च के इस संयुक्त बैठक के उपर्युक्त पारित प्रस्ताव के उपरान्त 21 मार्च, 1976 को विरोधी दलों के नेताओं के समक्ष लोकनायक जयप्रकाश नारायण ने भाषण देते हुए कहा, मैं आप लोगों का बड़ा अभारी हूं कि आप मेरे निमंत्रण को स्वीकार कर यहां आए हैं। इससे पहले आप दिल्ली और अहमदाबाद में मिल चुके हैं। मैं आप लोगों के विचार जानने के लिए उत्सुक था।

मेरा स्वास्थ्य कभी ठीक होता है कभी उसमें कुछ गिरावट आती है। संभव है कि इस प्रकार सब लोगों के साथ बैठक करना मेरे लिए आखिरी प्रसंग हो। कब आप लोगों ने एक दल के प्रश्न पर विचार किया यह एक अत्यंत महत्वपूर्ण विषय है। मेरे विचार से तो इस विषय में निर्णय लेने में बहुत देर हो चुकी है। अब अपनी पार्टी के लोगों से सलाह करने का बहाना नहीं चलना चाहिए।

यह विचार दिल्ली की मीटिंग से शुरू हुआ था। उसके बाद तो घटनाएं बड़ी तेजी से घटती गयीं। अब भी यहां से नीचे जाने पर आप में से कितने बाहर रहेंगे और कितने जेलों में डाल दिए जाएंगे, यह कहना मुश्किल है। इसलिए मेरा आग्रह है कि इस प्रश्न के संबंध में निर्णय की घोषणा होनी चाहिए। चुनाव की राजनीति की दृष्टि से भी यह जरूरी है, क्योंकि मतदाताओं के मन में इस बात की उलझन है कि जो कांग्रेस को वोट देना नहीं चाहते हैं वे आखिर वोट दें किसको? अब तो प्रचार के सारे साधन भी अवरुद्ध हैं। इस अवस्था में अलग-अलग दल रखकर प्रचार करना असंभव हो जाएगा। अत: यहां से यह घोषणा होनी चाहिए कि फलां-फलां दलों ने एक पार्टी के रूप में परिणत होना तय किया और बाकी दल अभी विचार कर रहे हैं। संगठन कांग्रेस, जनसंघ, भारतीय लोकदल और समाजवादी पक्ष तो अब तक एक होने चाहिए। जो मतभेद हैं वे बड़े नहीं हैं और परिस्थिति की जो मांग है वह बड़ी है। अब तो हमारा सारा प्रयास जनतंत्र को पुन: लाने का होना चाहिए। लोगों को स्वराज्य वापस मिलना चाहिए जो उन्होंने खोया है।

यह कैसा होगा? दुर्भाग्य से हम में से कुछ ऐसे प्रमुख लोग हैं जो चाहते हैं कि एक सीमित अर्थ में हिंसा हो। वैसे तो मानव हत्या करना सिद्धांत पसंद नहीं करते हैं, लेकिन अपने कार्यक्रम के सिलसिले में किसी की जान को क्षति पहुंचे तो वे उसे अक्षोभ्य मानेंगे, लेकिन मेरे विचार से तोड़-फोड़ या हिंसा का कार्यक्रम करना श्रीमति गांधी के हाथों में खेल जाना होगा। आशा है कि इस प्रकार की हिंसा की अनुपयुक्तता को वे लोग समझेंगे। जहां तक मेरा संबंध है मेरे लिए तो इस आंदोलन का उदय लोगों के आंदोलन के रूप में हुआ है। यह आंदोलन विरोधी दलों ने शुरू

नहीं किया था। वे लोग तो वर्ग ट्रेड यूनियनवाद के आगे नहीं जा रहे हैं। मेरा ख्याल है मजदूर वर्ग में कांग्रेस को ठोस समर्थन प्राप्त है।

अगर में यहीं समाप्त कर दूं तो शायद गलतफहमी हो सकती है। मुझे शुरू में ही कहना चाहिए था कि प्रतिकार की कुछ कार्रवाई, भले ही वह प्रतीकात्मक हो, अधिक से अधिक स्थानों में चलती रहनी चाहिए। जैसाकि कभी-कभी सत्याग्रह आंदोलन में होता था, सत्याग्रही भाड़े का नहीं होने चाहिए। सत्याग्रही समझदारी के साथ होना चाहिए। उससे यह प्रकट होना चाहिए कि हम देश की मौजूदा स्थिति को स्वीकार नहीं करते। यह बहुत जरूरी है। पारंपरिक ढंग का हो सकता है, जिसमें यह सूचना दे दी जाती थी कि अमुक व्यक्ति कानून भंग करेगा, या सत्याग्रह किसी कार्य द्वारा हो सकता है जो कानून की निगाह में खटकने वाला हो। यह कार्य कानून के विरुद्ध नहीं है, फिर भी सरकार उसे होने नहीं देती, सिर्फ इसलिए कि उससे जनता में जागृति आती है। वास्तव में बहुत से लोगों की गिरफ्तारी कानून तोड़ने के लिए नहीं हुई है, बल्कि इसलिए हुई है कि सरकार ने उन्हें खतरनाक समझा। मैंने सुना है कि 25 जून के बाद देश में भय का जो वातावरण फैला वह धीरे-धीरे कम हो रहा है और अब भय बहुत अधिक नहीं है। भय कम हो, यह अच्छा है, लेकिन अब ठोस काम की जरूरत है।

मुझसे अक्सर पूछा जाता है कि विरोधी दलों के एकीकरण के बारे में क्या हो रहा है। अंग्रेजी में एक कहावत है- "कोयला न्यूकासल ले जाना।" जहां खुद कोयला भरपूर है वहां कोयला क्या ले जाना? मैं विरोधी दलों से कितने दिनों से बार-बार कहता आया हूं कि एक हो जाइए किन्तु कितनी निराशा होती है कि उन्होंने इतना वक्त लगाया। इमरजेंसी के तीन महीने के भीतर उन्हें निर्णय कर लेनाा चाहिए था। अगर वे एक नहीं होते हैं तो वे खत्म कर दिए जाएंगे। अब उन्होंने बाहर भी ऐसा करने का निर्णय किया है। वे यही सोच रहे थे किऐसा कदम न उठाएं जिससे गुजरात सरकार पर प्रतिकूल प्रभाव पड़े। गुजरात खत्म हो गया, अब उन्हें जल्दी करना चाहिए। जनता के सामने विकल्प आ जाना चाहिए। अनेक लोगों ने राष्ट्रीय विकल्प की बात कही है। कोई एक दल राष्ट्रीय विकल्प नहीं बन सकता, और मैं चाहता था कि दलों की ऐसी खिचड़ी बने, जिसमें एक ओर जनसंघ हो और दूसरी ओर मार्क्सवादी कम्युनिस्ट (सी.पी.एम.)। यह मेल व्यावहारिक नहीं होगा। इसका प्रयोग हो चुका है। सिद्धांतों का भेद बहुत बड़ा है। एक दल में ये दोनों काम कर ही नहीं सकते। किसी विशेष कार्यक्रम में सम्मिलित मोर्चे के तौर पर काम हो सकता है। उसमें सी.पी.एम. जरूर रहे। बाद में इसमें शरीक हुए कई मित्र यह महसूस करते हैं कि विरोधी दलों को इस आंदोलन में शामिल करना एक गलती थी लेकिन यह कोई मेरा निजी मामला तो है नहीं। मैं कैसे किसी को इसमें शामिल होने से रोकता? लेकिन जन-आंदोलन को

जो उसका स्वरूप था वह स्वरूप इसे फिर मिलना चाहिए। इसमें निर्दलीय लोग बहुत बड़ी संख्या में होने चाहिए। मैं केवल सर्वोदय की बात नहीं कह रहा और भी अनेक निर्दलीय लोग हैं, जो इस आंदोलन में हैं।

यह जन आंदोलन किस लिए होगा? इसका तात्कालिक लक्ष्य तो नागरिकों को स्वतंत्रता को पुन: प्राप्त करना होगा। चुनाव होने चाहिए। आपात स्थिति हटनी चाहिए। सेंसरशिप जानी चाहिए।

लेकिन मैं एक ऐसी शक्ति पैदा करना चाहता हूं, जिससे लोग हमारे जनतंत्र में निकटता से स्वयं योगदान कर सकें। चुनाव के समय भी लोगों से सलाह की जाए कि कौन उम्मीदवार बनेगा। अगर यह हुआ तो आधा काम तो वहीं पूरा हो जाएगा। लोग अपने प्रतिनिधियों को सही राह पर चलाएंगे। वे उनके प्रहरी बनेंगे। प्रतिनिधियों के स्वामी होंगे।

चुनाव की घोषणा और जनता पार्टी

छठे लोकसभा चुनाव की घोषणा 18 जनवरी, 1977 को हुई। 25 जून, 1975 को आपातकाल की घोषणा हुई। इसके पहले से ही लोकनायक जयप्रकाश नारायण के प्रयास से सभी चार दलों जिसमें संगठन कांग्रेस, सोशलिस्ट पार्टी, भारतीय लोकदल और जनसंघ को मिलाकर 'जनता पार्टी' बनी। सभी चारों दल आपस में मिलना नहीं चाहते थे, लेकिन जेपी जानते थे कि जब तक ये चारों दल नहीं मिलेंगे तब तक इंदिरा गांधी को रोकना कठिन था। जेपी के अथक प्रयास से ही 'जनता पार्टी' बनी।

चुनाव की घोषणा के बाद देशभर में जनता पार्टी के नेता प्रचार के काम में जुट गये। इसी क्रम में बम्बई में 23 फरवरी, 1977 को मोरारजी देसाई ने चौपाटी में पार्टी की एक सभा में कहा कि जनता पार्टी लोकसभा चुनाव के बाद सत्ता में आयी तो अल्पसंख्यकों के लिए एक आयोग का गठन करेगी और आयोग द्वारा दिये गये निर्णय को मान्य करेगी।

जनता पार्टी के नेता अशोक मेहता ने ग्वालियर में 23 फरवरी, 1977 को कहा, देश की आजादी की पुन:स्थापना के पक्ष में विभिन्न दलों ने अपनी आहुति देकर नये दल 'जनता पार्टी' का संगठन किया है और यह दल देश की करोड़ों जनता की आकांक्षा की पूर्ति करेगा।

राउरकेला : 23 फरवरी 1977 - इंदिरा गांधी

यहां पत्रकारों से भेंट कार्यक्रम के दौरान इंदिरा गांधी ने कहा कि जनतंत्र का मतलब यह नहीं कि विरोधी दल जो चाहे सो करें। जब एक संवाददाता ने यह पूछा कि जनता पार्टी के नेताओं का दावा है कि उनका दल गठबंधन नहीं है तो इंदिरा गांधी ने कहा जनसंघ और मार्क्सवादी पार्टी

जैसी भिन्न नीतियों वाले घटक दल कैसे रातों रात बदल सकते हैं। आखिरकार मकसद क्या है। सरकार बनाने से अधिक महत्वपूर्ण बात है स्पष्ट नीति। और इन दलों के पास इसका अभाव है। हमारा अनुभव है कि राज्यों में गठबंधन वाली सरकारें टिक नहीं सकतीं।

जब एक अन्य संवाददाता ने इंदिरा गांधी से पूछते हुए जनता पार्टी के नेता बीजू पटनायक के इस आरोप की ओर ध्यान आकर्षित किया कि उड़ीसा में विभिन्न परियोजनाओं के लिए कई आधारशिलाएं रखी गयीं लेकिन परियोजनाओं के कार्यान्वियन की दिशा में कोई प्रगति नहीं हो रही हैं। जवाब देते हुए उन्होंने कहा कि भारत और विश्व के आज अन्य स्थानों में आर्थिक स्थिति अभी भी प्रतिकूल है और भारत में पूंजी विनियोजन की तंगी है। सिंचाई और बिजली जैसी महत्वपूर्ण परियोजनाओं पर बल दिया गया है तथा कई अन्य परियोजनाओं पर भी जोर दिया जा रहा है। इसका मतलब यह नहीं कि सरकार उन परियोजनाओं में लग चुकी है जिनके शिलान्यास किये गये थे। इन परियाजनाओं को तब शुरू किया जायेगा जब आर्थिक स्थिति अनुकूल होगी।

हैदराबाद : 24 फरवरी 1977

आगामी चुनाव भारतीय लोकतंत्र के भाग्य का फैसला करेगा - जेपी

लोकनायक जयप्रकाश नारायण अपनी बीमारी और अस्वस्थ होने के बावजूद भी चुनाव अभियान के दौरे के क्रम में संवाददाता सम्मेलन में कहा कि आगामी लोकसभा चुनाव भारतीय लोकतंत्र के भाग्य का फैसला करेगा जिसमें जनता का भाग्य निहित है। अत: यह चुनाव अन्य चुनावों से भिन्न है।

एक प्रश्न के जवाब में जेपी ने कहा कि जनता को अभी से सचेत किया जाना चाहिए कि वह अपना वोट और अपना भाग्य न बेचे। जनता की जागरूकता के सिवा और कोई गारंटी नहीं दी जा सकती कि चुनावों में सत्ताधारी पार्टी द्वारा धन तथा सत्ता उपयोग नहीं होगा।

जेपी ने कहा, चुनावों के अवसर पर अनेक लाभदायक योजनाओं की घोषणा 'एक तरह की रिश्वत' है। यह चुनाव जीतने के लिए किया जा रहा है। इस प्रकार की घोषणाएं बहुत पहले की जानी चाहिए थी। इसी रात जेपी की हालत चिंताजनक हो गई तथा वे 24 की रात को ही बम्बई के जसलोक अस्पताल में लाये गये। जिस 'शंट' के जरिये जेपी का डायलिसिस हो रहा था उसमें कुछ खराबी आ गई थी अत: दूसरे 'शंट' की तैयारी होने तक जेपी को जसलोक में ही रहने की बात अस्पताल के निर्देशक डॉक्टर शांति लाल मेहता ने कही।

नई दिल्ली : 24 फरवरी 1977

सुरेन्द्र मोहन का पत्र कार्यकारी राष्ट्रपति के नाम

भारत के मुख्य चुनाव आयुक्त स्वामीनाथन ने दलीय हितों के लिए सरकारी कोष का उपयोग न हो, इस विषय पर अपना समर्थन व्यक्त किया। जनता पार्टी के महासचिव सुरेन्द्र मोहन ने कार्यकारी राष्ट्रपति बी.डी.जत्ती से आग्रह किया कि वे सरकार (कांग्रेस सरकार) को निर्देश दें कि दलीय हितों के लिए सरकारी कोष का उपयोग न हो। बी.डी.जत्ती को लिखे पत्र में सुरेन्द्र मोहन ने कहा कि इस विषय पर मुख्य चुनाव आयुक्त द्वारा असमर्थन व्यक्त करने के बाद उनकी पार्टी ने जत्ती से अपील की है।

सुरेन्द्र मोहन ने अपने पत्र में मुख्य चुनाव आयुक्त स्वामीनाथन के कल (23 फरवरी 1977) के संवाददाता सम्मेलन में कही गयी इस बात को उद्धृत किया कि 'चुनाव के अवसर पर राज्य सरकारों द्वारा जो विभिन्न रियायतें की जा रही हैं वह पैसे का दुरुपयोग है या नहीं। यह विषय उनके अधिकार क्षेत्र में नहीं आता। मतदाता स्वयं यह निर्णय करें कि ऐसी रियायतों के पीछे कोई निहित उद्देश्य है या नहीं।'

पत्र में कहा गया है कि चुनाव संहिता के अनुसार 'सत्तारूढ़ दल को आश्वस्त करना चाहिए कि वह ऐसी शिकायत का अवसर नहीं देगा कि उसने चुनाव अभियान के लिए पद और सत्ता का उपयोग किया।'

अपने पत्र में आगे कहा कि 'जनता पार्टी' का संबंध इस सवाल से है कि केन्द्र की सरकार और राज्य सरकार सत्तारूढ़ दल द्वारा मतदाताओं को प्रभावित करने के लिए सरकारी कोष का उपयोग किये जाने का क्या औचित्य है।

वाराणसी : 24 फरवरी 1977 - जगजीवन राम

कांग्रेस फोर डेमोक्रेसी के अध्यक्ष जगजीवन राम ने यहां एक पत्रकार सम्मेलन में कहा कि चुनाव के समय विभिन्न राज्य सरकारों द्वारा रियायतों की घोषणा करना अनुचित है। संभव है राज्य सरकारें इन रियायतों में से कुछ को चुनाव के बाद वापस भी ले लेगी। रियायतों की घोषणा पहले भी की जा सकती थी। चुनाव के समय इसे मतदाताओं को प्रलोभन देना कहा जायेगा। एक प्रश्न के जवाब में कहा कि ऐसा कोई कारण नजर नहीं आता कि चुनाव स्थगित कर दिया जायेगा। जब यह पूछा गया कि क्या आपने आपात स्थिति लागू किये जाने का समर्थन किया था, इस पर उन्होंने स्वीकार करते हुए कहा कि मैं थोड़े समय के लिए आपात स्थिति लागू किये जाने के पक्ष में था, लेकिन यह लम्बे समय तक चली।

पार्टियों पर प्रतिबंध लगाए जाने के बारे में पूछे जाने पर जगजीवन राम ने कहा कि किसी भी राजनीतिक दल पर कोई प्रतिबंध नहीं है। राष्ट्रीय स्वयंसेवक सेवक संघ और जमात ए इस्लामी के बारे में पत्रकार सम्मेलन में उन्होंने कहा कि मैं इसके बारे में कुछ नहीं कहना चाहता।

राजकोट : 24 फरवरी 1977 - लाल कृष्ण आडवाणी

जनता पार्टी के महासचिव लाल कृष्ण आडवाणी ने पत्रकार सम्मेलन में कहा कि प्रधानमंत्री चुनाव के कुछ दिन पूर्व आपात स्थिति उठ सकती है। केवल आपात स्थिति को खत्म करने का सवाल विपक्षी दलों के सामने नहीं है, बल्कि लोकतांत्रिक मूल्यों के साथ संवैधानिक अधिकारों की बहाली ही वास्तविक प्रश्न है।

आडवाणी ने एक प्रश्न के जवाब में कहा कि जनता पार्टी केंद्र में स्थायी सरकार बना सकेगी। विपक्षी दल लोकतंत्र की बहाली के लिए इकट्ठे हुए हैं। उन्होंने मुख्य चुनाव आयुक्त के उस निर्देश का स्वागत किया, जिसमें राज्य सरकारों को कहा गया है कि वे चुनाव कार्यों के लिए सरकारी गाड़ियों का उपयोग न करें, लेकिन उनका यह निर्देश केन्द्रीय मंत्रियों के लिए भी है, जिसमें प्रधानमंत्री सम्मिलित हैं, लागू होना चाहिए।

इंदौर : 25 फरवरी 1977

मैं तानाशाह नहीं- इंदिरा

प्रधानमंत्री इंदिरा गांधी ने यहां एक सभा में कहा कि जनता जानती है कि यदि देश में तानाशाही होती तो चुनाव ही नहीं होते। मेरे विरुद्ध कोई आवाज उठाने नहीं दी जाती। मैं कभी किसी दबाव में कोई कार्य नहीं करती और देश की जनता यह जानती है। मैं चाहती हूं कि भारत सशक्त बने ताकि वह किसी भी दबाव के सामने न झुके। इसी बात को ध्यान में रखते हुए, जब स्थितियाँ बेकाबू हो गयीं, सरकार को बहुत अनिच्छापूर्वक आपात स्थिति लागू करने का निर्णय करना पड़ा था। विरोधियों की कार्रवाई के कारण सरकार को ऐसे कदम उठाने के लिए मजबूर होना पड़ा जो कुछ लोगों को पसन्द नहीं थे, किन्तु मोटे तौर पर देश के लिए फायदेमन्द थे। विरोधी दल अराजकता की स्थिति पैदा कर रहे थे और राजनीतिक समस्याओं के समाधान सड़कों पर करने की बातें कर रहे थे।

बम्बई : 25 फरवरी 1977

कांग्रेस सच्ची प्रतिनिधि नहीं- जेपी

हैदराबाद में जेपी की चिंताजनक हालत होने के कारण ही 24 फरवरी की रात ही बम्बई के जसलोक अस्पताल में लाये गये। जहां जेपी की 26 फरवरी को 'शल्य चिकित्सा' की गयी। यह ऑपरेशन

'डायलिसिस' की सुविधा के लिए उनके पैर में लगे 'शंट' की खराबी दूर करने के लिए किया गया। जसलोक अस्पताल के मेडिकल डायरेक्टर शांतिलाल मेहता ने पत्रकारों को बताया कि जेपी ने ऑपरेशन को अच्छी तरह बर्दाश्त किया और उन्हें सोमवार (28 फरवरी) को पुन: 'डायलिसिस' पर ले जाया जाएगा। अगर 'शंट' ने ठीक से काम किया तो कोई समस्या नहीं खड़ी होगी, किन्तु अगर 'शंट' सुचारू रूप में काम नहीं कर सका तो फिर दूसरे 'शंट' के निमित्त शल्य चिकित्सा करनी पड़ेगी।

डॉक्टर मेहता के अनुसार जेपी को तीन सप्ताह के लिए विश्राम करने की सलाह दी गई तथा तीन सप्ताह के सभी सार्वजनिक कार्यक्रम रद्द कर दिये गये। इसके बावजूद भी लोकनायक जयप्रकाश नारायण ने अपने वक्तव्य उनके सचिव टी. अब्राहम के समक्ष 25 फरवरी को जसलोक से जारी किए।

जेपी ने अपने वक्तव्य में कहा कि लोग मेरी इस मजबूरी को समझेंगे कि मैं अपनी असमर्थता के कारण अपना चुनाव दौरा पूरा नहीं कर पा रहा हूं। स्वास्थ्य की गड़बड़ी के कारण भाषण करने के लिए जो समय दिया था, उसे पूरा नहीं कर सका। मैं समाचार पत्रों के माध्यम से जनता से अपील करके वही बात कहना चाहता हूं जो मैं स्वयं उनके सामने उपस्थित होकर उनसे कहता, मेरी जनता से सीधी और साफ अपील है कि वे चुनाव में जनता पार्टी को वोट दें।

जनता को कांग्रेस का तीस साल का अनुभव है कि वह किस तरह गरीबी, बेरोजगारी, शिक्षा तथा जनता को अधिकार देने जैसी मूलभूत समस्याओं को हल करने में विफल रही है। अब तक के चुनावों में प्रतिपक्ष विभक्त रहा करता था, जिसके चलते प्रतिपक्ष को प्राप्त मतों की संख्या कांग्रेस को प्राप्त मतों से अधिक होने के बावजूद कांग्रेस सत्तारूढ़ हो जाया करती थी। इस अर्थ में पिछले तीस वर्षों में जो भी कांग्रेस की सरकारें बनीं, वे जन आकांक्षाओं की सच्ची प्रतिनिधि नहीं रहीं। सौभाग्यवश इस बार विपक्ष, जनता पार्टी के झण्डे के नीचे कांग्रेस के साथ संयुक्त मोर्चा बनाकर लड़ रहा है। अत: जनता से मेरी अपील है कि वह अपने हित में तथा राष्ट्रीय हित में इस बार कांग्रेस पार्टी को अस्वीकार कर जनता पार्टी के हाथ शासन की बागडोर सौंपे। देश का युवा वर्ग उठ खड़ा होगा और मेरा यह संदेश जनता तक (खासतौर पर देहातों में) पहुंचाएगा और इस बात का प्रयास करेगा कि कांग्रेस की बजाय जनता पार्टी सत्तारूढ़ हो। अंत में देश की जनता के प्रति अपनी शुभकामनाएं प्रकट करता हूं।

पीलीभीत : 26 फरवरी 1977

मैं आपकी बहन हूं - इंदिरा गांधी

प्रधानमंत्री इंदिरा गांधी ने यहां आमसभा में कहा कि मैं जनतंत्र में विश्वास करती हूं और जनता की आकांक्षाओं के अनुरूप जनतंत्र को सुदृढ़ बनाने का प्रयास कर रही हूं। सफल लोकतंत्र के

लिए आवश्यक है कि देश में शक्तिशाली एवं स्थायी सरकार हो, जो देश की आर्थिक उन्नति कर सके। आपात स्थिति की घोषणा देश की मान-मर्यादा को कायम रखने के लिए की गयी और उसके अच्छे परिणाम भी सामने आये हैं। इस अवधि में अनुशासन, आत्मविश्वास एवं एकता की भावना बढ़ी है। इस अवधि में हुई प्रगति की पूंजीवादी देशों ने भी प्रशंसा की है। मैं देश सेविका एवं बहन के नाते चुनाव में आपका समर्थन प्राप्त करने के लिए यहां आयी हूं।

अमेठी- 26 फरवरी 1977

परिवार नियोजन में कोई जोर-जबरदस्ती नहीं- संजय गांधी

संजय गांधी ने अपने चुनाव प्रचार के अभियान में कहा कि देश की प्रगति और स्थायी सरकार केवल कांग्रेस की विजय से ही संभव है। यदि लोग केवल नारेबाजी करने वाले और देश के लिए कोई रचनात्मक काम न करने वालों को चाहते हैं, तो जनता पार्टी को वोट दे सकते हैं। जहां तक परिवार नियोजन कार्यक्रम का सम्बन्ध है, कांग्रेस लोगों को समझा-बुझाकर परिवार नियोजन कराने के पक्ष में है। क्योंकि यह कार्यक्रम देश की चतुर्मुखी प्रगति के लिए आवश्यक है। इस कार्यक्रम में जोर-जबरदस्ती के लिए कोई गुंजाइश नहीं है। और यदि जोर-जबरदस्ती किये जाने का कोई मामला सरकार की जानकारी में लाया जाएगा तो सरकार उस पर तुरंत कार्रवाई करेगी।

कलकत्ता : 26 फरवरी 1977

आपातकाल में उत्पादन बढ़ा और अनुशासन आया- राम

आंतरिक रूप से आपात काल का पूर्ण समर्थन करने वाले लोकतांत्रिक कांग्रेस के अध्यक्ष जगजीवन राम ने यहां यह स्वीकार करते हुए कहा कि आपातकालीन स्थिति के दौरान उत्पादन बढ़ा है और आम लोगों में अनुशासन की भावना पैदा हो गयी है।

उन्होंने कहा कि जनता पार्टी के पुराने विशाल गठबंधन से तुलना नहीं की जा सकती। उस गठबंधन में सभी घटकों ने एक चुनाव चिह्न और अपने झण्डे के नीचे चुनाव नहीं लड़ा था लेकिन अब स्थिति भिन्न है। जनता पार्टी एक चुनाव चिह्न हैं और एक झण्डे के नीचे सब चुनाव लड़ रहे हैं। 1971 के विशाल गठबंधन को गठबंधन, और अब जनता पार्टी को विलयन कहा जा सकता है। अगर दल सरकार बनाने की स्थिति में आये तो सत्ता केन्द्रीकरण को समाप्त करने की नीति अपनाई जाएगी। गत कुछ वर्षो में सत्ता का केन्द्रीकरण बढ़ा है।

तानाशाह का यह प्रयत्न होता है कि वह जो भी कदम उठाये उसे ऐसा दर्शाये जैसे उसका यह कदम जनतांत्रिक है। कांग्रेस का समाजवाद किताबी समाजवाद है जबकि लोकतान्त्रिक

कांग्रेस का समाजवाद व्यावहारिक समाजवाद है। हमारे दल के चुनाव घोषणा पत्र में वैज्ञानिक समाजवाद का भारतीय रूप है। इस बार जनता और चुनावी मशीनरी पूरी तरह सजग है, इसलिए चुनावों में धांधली की संभावना कम है, लेकिन फिर भी मतदाताओं को सजग रहना चाहिए।

वाराणसी : 27 फरवरी 1977

आज भी पश्चिमी देशों और उनके प्रयासों पर हमला- इंदिरा गांधी

प्रधानमंत्री इंदिरा गांधी ने यहां कहा कि कुछ पश्चिमी देशों और उनके समाचार पत्रों ने हमारी शांतिपूर्ण प्रगति को सदैव नजरअंदाज किया है और आज भी वे कई तरह के दबाव डाल रहे हैं। भारत के शांतिपूर्ण कार्यों के लिए भी कुछ पश्चिमी देश और उनके प्रेस को यह अच्छा नहीं लगा। मेरा सदैव यह प्रयास रहा है कि भारत प्रगति और विश्वास के पथ पर चलता रहे, जिससे गरीब और पिछड़े लोगों की भलाई के लिए अधिक प्रयास हो।

चुनौती चाहे देश के बाहर हो या भीतर, कांग्रेस ने सदैव उसका धीरज, साहस और शांति के साथ सामना किया है।

अम्बाला : 27 फरवरी 1977

देश में अभी भी छह हजार व्यक्ति जेलों में- आडवाणी

जनता पार्टी के महासचिव लाल कृष्ण आडवाणी ने कहा कि तीस साल में पहली बार केंद्र में सरकार के परिवर्तन की संभावना ने एक वास्तविकता का रूप लिया है। देश में अब भी छह हजार व्यक्ति जेलों में हैं।

गुरदासपुर : 27 फरवरी 1977 - अटल बिहारी वाजपेयी

जनता पार्टी के नेता अटल बिहारी वाजपेयी ने कहा कि आपात स्थिति उस समय लागू की जा सकती है, जब बाहरी हमले की स्थिति हो। 1965 में पाकिस्तान के साथ संघर्ष और 1971 में बंगला देश युद्ध के समय सभी पार्टियां प्रधानमंत्री के समर्थन में चट्टान की तरह एक थीं।

जनता पार्टी के साथ एकजुट दलों की, जिन्होंने पिछले 19 महीनों में समान रूप मुसीबतें झेली हैं, तो आलोचना की जाती है किन्तु कांग्रेस के साथ गठजोड़ द्रविड़ मुनेत्र कड़गम, मुस्लिम लीग और कम्युनिस्ट पार्टी के गठजोड़ के बारे कुछ नहीं किया जा सकता है।

आपातकालीन स्थिति के बावजूद उपभोक्ता वस्तुओं की कीमतों में वृद्धि हुई है। किसान को उत्पादन बढ़ाने के काम में आने वाली वस्तुओं जैसे तेल, पानी आदि के लिए पहले से अधिक कीमतें देना पड़ती हैं, जबकि उसे उपज की कीमत कम मिलती है।

लालगंज : 27 फरवरी 1977- इंदिरा गांधी

प्रधानमंत्री इंदिरा गांधी ने कहा कि आजादी के बाद देश में कितना विकास किया है, यह सभी को अच्छी तरह मालूम है जनता पार्टी नाम मात्र का नया दल है। यह वही पुराना महागठबंधन है, जिसमें परस्पर विरोधी विचारधारा वाले विरोधी दल शामिल हैं। इनके पास कांग्रेस विरोध के अलावा न तो कोई कार्यक्रम है और न नीति है।

इटारसी : 27 फरवरी 1977- मोरारजी देसाई

जनता पार्टी के अध्यक्ष मोरारजी देसाई ने यहां घोषणा की कि सत्ता में आने के बाद जनता पार्टी बेरोजगारी की समस्या को हल करने के कार्यक्रम को प्राथमिकता देगी। आज देश में एक करोड़ 15 लाख पंजीकृत बेरोजगार हैं, जबकि देहातों में इनकी संख्या चार-पांच करोड़ है। वर्तमान सरकार की नीतियों से बेरोजगारी की समस्या का समाधान नहीं हो सकता। सत्तारूढ़ दल पर चुनाव अभियान में सरकारी तंत्र के दुरुपयोग का आरोप लगाते हुए यह विश्वास व्यक्त किया कि साधनों के अभाव के बावजूद जनता का व्यापक समर्थन हमारी पार्टी को मिलेगा।

उन्होंने 42वें संविधान संशोधन का उल्लेख करते हुए कहा कि इन संशोधनों से पूरा संविधान नहीं बदल गया। जनता पार्टी इसका विरोध करती है। जनता पार्टी की सरकार आने पर इन संशोधनों को समाप्त किया जायेगा। जनता पार्टी खिचड़ी पार्टी नहीं है। इस बार विभिन्न दल समान कार्यक्रम और नीतियों के आधार पर एक हुए हैं। विलय की प्रक्रिया चुनाव के बाद पूर्ण हो जायेगी।

बम्बई : 27 फरवरी 1977

आपात स्थिति ठीक थी- जगजीवन राम

लोकतांत्रिक कांग्रेस के अध्यक्ष जगजीवन राम ने कहा कि मुझे पूरा विश्वास है कि महाराष्ट्र को छोड़ कर सभी राज्यों में विरोधी दलों की स्थिति अच्छी रहेगी। महाराष्ट्र के बम्बई, पूणे तथा नागपुर में भी विरोधी दलों की स्थिति अच्छी होगी।

जगजीवन राम ने आपात स्थिति को शुरू में समर्थन की बात और बाद में उसे उठाने की मांग के संबंध में पूछे गये पत्रकार सम्मेलन में एक प्रश्न के जवाब में कहा कि मुझे लगा था कि आपात स्थिति थोड़े समय के लिए होगी और स्थिति में सुधार आने पर उसे उठा लिया जाएगा। उस समय देश में अशांति जैसी स्थिति हो गयी थी और विद्यार्थियों के आंदोलन शुरू होने से विश्वविद्यालयों की परीक्षाओं पर बुरा असर पड़ा था। अब स्थिति में परिवर्तन हुआ और कानून एवं व्यवस्था ठीक तरह से है।

मुरादाबाद : 28 फरवरी 1977

आपात स्थिति समाप्त करें- चौधरी चरण सिंह

जनता पार्टी के उपाध्यक्ष चौधरी चरण सिंह ने यहां एक चुनाव सभा में प्रधानमंत्री इंदिरा गांधी से अनुरोध किया कि वे आपात स्थिति समाप्त करें और नागरिक स्वतंत्रता को पुनः प्रतिष्ठित करें। यदि प्रधानमंत्री ऐसा कदम उठाती हैं तो यह कहा जा सकता है कि वे तानाशाह नहीं हैं।

कांग्रेस सरकार देश के समाजवादी घोषित लक्ष्य की ओर नहीं बढ़ रहा है। अब अच्छे दिन आने में देर नहीं है, जब नागरिकों और प्रेस की स्वतंत्रता पुनः प्रतिष्ठित होगी।

अहमदाबाद : 26 फरवरी 1977- आचार्य जे.बी.कृपलानी

आचार्य जे.बी.कृपलानी ने कहा कि लोकतंत्र का अर्थ है राज्य के अधिकार और व्यक्ति की स्वतंत्रता के बीच संतुलन और समन्वय हो। राज्य के अधिकार अधिक हों तो एकाधिकारवाद या तानाशाही पनपती है। दूसरी तरफ अगर व्यक्ति की जरूरत से ज्यादा स्वतंत्रता मिल जाए तो भ्रम और अराजकता केवल बहुमत का शासन नहीं होता बल्कि विपक्ष में कानूनी शासन और व्यक्तिगत अधिकारों का सम्मान भी होता है। जिसकी रक्षा केवल स्वतंत्र न्यायपालिका ही कर सकती है।

बुलंदशहर : 28 फरवरी 1977- मोरारजी देसाई

जनता पार्टी के अध्यक्ष मोरारजी देसाई ने कहा कि जनता निर्भीकता पूर्वक मतदान करे तथा शांति व्यवस्था बनाये रखने की अपील की। जनता पार्टी सरकार में आते ही सबसे पहले आपात स्थिति समाप्त करेगी जिससे जनता में व्याप्त आतंक दूर हो सके। चुनाव के तुरन्त बाद जनता पार्टी एक राजनीतिक दल के रूप में सामने आएगी तथा राष्ट्रीय हित को प्रमुखता देकर काम करेगी।

उन्होंने कहा कि इस बार चुनाव में धर्म या जाति का नारा प्रभावहीन हो रहा है तथा संकीर्णता की भावना काफी हद तक दूर हुई है।

पटना : 28 फरवरी 1977- इंदिरा गांधी

प्रधानमंत्री इंदिरा गांधी ने यहां एक चुनाव सभा में कहा कि यहां तानाशाही होती तो पन्द्रह महीने पहले ही चुनाव नहीं कराये जाते, विरोधी नेताओं को हर प्रकार के झूठे आरोप मुझ पर लगाने की छूट नहीं मिलती और अखबारों में वे सब कुछ नहीं छपवाया करते। विरोधी पक्ष के कुछ लोग कानों कान कहते हैं कि बंगला देश के शेख मुजीबुर रहमान की स्थिति हो सकती है, यहां तो वे खुल कर यह क्यों नहीं बोलते कि उनकी मंशा यही करने की है? ज्ञातव्य है कि बंगला देश के निर्वाचित प्रधानमंत्री और उनके परिवार की महिलाओं व बच्चों तक की हत्या करवा दी गयी। कुछ पश्चिमी राष्ट्र हमारे हर वैसे कदम का विरोध बराबर करते आये हैं, जिससे देश की प्रगति हो सकती है। इसलिए, उन्होंने आपातकाल की घोषणा की निंदा की तो मुझे कोई आश्चर्य नहीं हुआ।

इंदिरा गांधी ने आगे कहा कि 1971 में भी एक साल पहले चुनाव कराया था और इस बार भी पन्द्रह महीने पूर्व ही चुनाव कराने का हमने निर्णय किया। विरोधी दल तानाशाही के नारे लगा रहे हैं। लगता है कि वे लोग इसका अर्थ नहीं जानते हैं। विरोधी दल इस प्रकार के नारे देकर जनता को गुमराह कर रहे हैं।

चंडीगढ़ : 28 फरवरी 1977- शांति भूषण

जनता पार्टी के कोषाध्यक्ष शांति भूषण ने यहां संवाददाता सम्मेलन में कहा कि जनता पार्टी सत्तारूढ़ होने पर आपात स्थिति के दौरान संविधान को पहुंचाई गयी क्षति को खत्म करेगी और संविधान में ऐसी व्यवस्था करेगी जिससे किसी के लिए भी संसदीय लोकतंत्र को खण्डित करना सम्भव नहीं रहे। यदि आपात स्थिति की घोषणा करनी आवश्यक भी हो तो भी सर्वोच्च न्यायालय को उसके औचित्य पर निर्णय देने का अधिकार प्रदान किया जायेगा। जनता पार्टी लोकतंत्र को सशक्त बनाने के लिए प्रतिबद्ध है। जनता पार्टी संविधान के नवम अनुच्छेद को खत्म कर देगी और उसके बदले संपत्ति के अधिकार को मौलिक अधिकारों में से निकाल कर सामान्य कानून का रूप दिया जायेगा। सरकार ने नवम अनुच्छेद में ऐसे अनेक कानून डाल दिये हैं, जो लोकतंत्र की मूल भावना के विपरीत हैं किन्तु उसको अदालत में चुनौती नहीं दी जा सकती।

नई दिल्ली : 1 मार्च 1977- इंदिरा गांधी

प्रधानमंत्री इंदिरा गांधी ने दिल्ली के स्थानीय वोट क्लब में एक रैली में कहा कि यह तय करना जनता का काम है कि वह देश में स्थिरता और शांति चाहती है अथवा अस्थिरता और अशांति। देश में आपात स्थिति क्यों लागू करनी पड़ी। यदि विरोधी दलों ने जिम्मेदारी से काम लिया होता या कुछ बड़े कदम पहले ही उठा लिये गये होते तो आपात स्थिति लागू करने की जरूरत ही नहीं होती। विपक्ष की गैर जिम्मेदार हरकतों ने सरकार के सामने आपात स्थिति लागू करने के अलावा और कोई विकल्प ही नहीं रहने दिया। देश की एकता और अखंडता की रक्षा के लिए ही हमें आपात स्थिति की कड़वी दवा इस्तेमाल करनी पड़ी।

अम्बाला : 1 मार्च 1977- मोरारजी देसाई

जनता पार्टी के अध्यक्ष मोरारजी देसाई ने यहां कहा कि अगर जनता पार्टी सत्तारूढ़ हुई तो वह अल्प संख्यक आयोग की स्थापना करेगी, जिसके समक्ष कोई भी व्यक्ति अपनी शिकायतें पेश कर सकेगा। आयोग की सिफारिशें सरकार को अनिवार्य रूप से माननी पड़ेंगी। हमारी पार्टी प्रेस को पूरी आजादी देगी, संकटकालीन स्थिति समाप्त करेगी और संविधान में इस तरह का संशोधन करेगी जिससे भविष्य में कोई भी सरकार संकटकाल लादने में समर्थ न हो। इसके साथ ही जनता पार्टी कृषि और औद्योगिक उत्पादन बढ़ाने के लिए सभी तरह की कार्रवाइयां करेगी।

नई दिल्ली : 1 मार्च 1977- जॉर्ज की मांग नामंजूर

जॉर्ज फर्नांडिस जो बड़ौदा डायनामाइट कांड के सिलसिले में बिहार के जेल में नजरबंदी हालात में थे, स्वराष्ट्र मंत्री के नाम एक पत्र लिखकर यह मांग की कि उन्हें मुजफ्फरपुर जेल में स्थानान्तरित किया जाए। जॉर्ज ने मुजफ्फरपुर संसदीय क्षेत्र से लोकसभा के चुनाव प्रत्याशी होने के नाते बिहार जेल से मुजफ्फरपुर जेल में स्थानांतरित किये जाने की मांग इसलिए की जिससे वे अपने चुनाव एजेंटों के माध्यम से निर्वाचित क्षेत्र से संबंध रख सकें। जॉर्ज ने अपने पत्र में आगे कहा कि चुनाव अभियान के दौरान अपने छोड़े जाने के बारे में उन्होंने फरवरी के पत्र में निवेदन किया था उस पर आपने (स्वराष्ट्रमंत्री) निर्णय नहीं किया है, इसलिए यह देखते हुए कि प्रचार के लिए केवल दो सप्ताह का समय रह गया है, मुझे तुरंत स्थानांतरित किया जाना चाहिए।

नई दिल्ली : 1 मार्च 1977

और शेष जीवन मुझे डायलिसिस पर ही निर्भर रहना पड़ेगा, यह बड़ी खराब बात है - जेपी

जन आंदोलन के दौरान इंदिरा सरकार ने लोकनायक जयप्रकाश नारायण की हत्या का कई बार प्रयास किया, उनके ऊपर लाठी प्रहार किये गये, गिरफ्तारी की धमकियां दी गईं और अन्त में आपात काल की काली रात नई दिल्ली के दीनदयाल उपाध्याय मार्ग में स्थित गांधी शांति प्रतिष्ठान से 25 जून, 1975 को गिरफ्तार कर जेपी चंडीगढ़ जेल भेज दिये गये। चंडीगढ़ प्रवास में जेपी के गुर्दे खराब हो गये और उन्हें जिन्दा होते हुए भी मृत्युशय्या पर रख, पटना के गंगा तट पर अन्तिम दाह-संस्कार हेतु 'मेट्रेकऑन वेल' (जेपी का कोड वर्ड नाम) से इंदिरा सरकार प्रतिक्षा कर रही थी। यह सत्य है कि चंडीगढ़ से जब जेपी के शव की प्रतिक्षा पटना में की जा रही थी। उसी हालात में जेपी को नाटकीय ढंग से 'पैरोल' पर रिहा किया गया। जबकि कभी भी जेपी ने 'पैरोल' की अपील नहीं की थी। जेपी ने अपनी इस नाटकीय रिहाई मृत्युशय्या की हालत में एक वर्ष के उपरान्त कितने दुखी मन से 29 जून, 1976 को तत्कालीन केन्द्रीय स्वास्थ्य मंत्री डॉक्टर कर्ण सिंह के नाम पत्र लिखा- जिसमें उन्होंने स्पष्ट शब्दों में यह कहा कि चंडीगढ़ प्रवास में मेरे गुर्दे काम करना बन्द कर चुके। ...शेष जीवन मुझे डायलिसिस पर निर्भर रहना पड़ेगा। पत्र के पत्रोत्तर में 14 जुलाई, 1976 को जेपी के निवास स्थान पटना से डॉ. कर्ण सिंह के नाम लिखे इन दोनों पत्रों को भारत सरकार के द्वारा 1 मार्च, 1977 को नई दिल्ली में जारी किया गया।

लोकनायक जयप्रकाश नारायण का पत्र

यह पत्र मैं चंडीगढ़ के पोस्ट ग्रेजुएट इंस्टीच्यूट ऑफ मेडिकल एजुकेशन एण्ड रिसर्च में अपने उपचार के बारे में लिख रहा हूं। प्रतीत होता है कि किसी तरह यह गलतफहमी पैदा हो गयी है कि इस अस्पताल में मेरा ठीक से इलाज नहीं हुआ। मैं इस गलतफहमी को दूर करना चाहूंगा। डॉ. छटानो, डॉ. खतो और दूसरे जिन डॉक्टरों ने मेरी सेवा की वे अत्यन्त स्नेही थे और उन्होंने मेरी अच्छी देखभाल की। मुमकिन है कि वहां पर या दिल्ली के ऑल इंडिया मेडिकल इंस्टिच्युट में मेरी बीमारी का सही निदान न हो सका हो। इसके विपरीत, यह भी मुमकिन है कि मेरे गुर्दो ने चंडीगढ़ मेरे प्रवास में जाने पर काम करना बन्द किया और यही कारण है कि इससे पहले इस बारे में पता नहीं लग सका। जो भी कारण हो, आप जानते हैं कि किसी बीमारी का सही-सही निदान करना कितना मुश्किल है और यहां तक कि कुशल से कुशल डॉक्टर भी गलती कर बैठते हैं। इसलिए आपसे मेरी यह प्रार्थना है कि आप इस मामले को और आगे न बढ़ाएं। मुझे पक्का विश्वास है कि डॉ. छुटानो और उनके सहयोगियों ने भरसक किया। मेरा सामान्य स्वास्थ्य काफी अच्छा है, हालांकि मेरे गुर्दे फिर से कभी काम नहीं कर सकेंगे और शेष जीवन मुझे डायलिसिस पर निर्भर करना पड़ेगा। यह बड़ी खराब बात है

क्योंकि मुझे एक जगह पर बंधकर रहना पड़ेगा- आजकल बम्बई और फिर हफ्तों बाद पूना में सानंद तो होंगें ही।

सस्नेह, आपका

जयप्रकाश नारायण

जेपी के पत्र के पत्रोत्तर में डॉक्टर कर्ण सिंह का पत्र

प्रियवर जयप्रकाश जी,

पत्र के लिए धन्यवाद! पी.जी.आई. चंडीगढ़ के अध्यक्ष की हैसियत से मुझे खुशी है कि वहां आपका इलाज हुआ, उससे आप संतुष्ट हैं। आपके ये उद्गार मैं डॉ. पी.एन.छुटनो तथा उनके सहयोगियों तक पहुंचा दूंगा।

चिकित्सा के क्षेत्र में कोई सेवा हो तो कृपया मुझे सूचित करें। मुझे विश्वास है कि इन दिनों आपको जो बार-बार डायलिसिस करवाना पड़ता है, उसके बावजूद आपका स्वास्थ्य संतोषजनक रहेगा।

सस्नेह, आपका

कर्ण सिंह

जबकि जेपी के चंडीगढ़ प्रवास में उनके गुर्दे खराब क्यों और कैसे हुए,किन व्यक्तियों के निर्देशों पर हुए, इसकी विशेष न्यायिक जांच कर देश के सामने लानी चाहिए।

बम्बई : 1 मार्च 1977

गरीबी हटाओ का नारा खोखला- राम

19 महीनों के दौरान अपने पद से चिपके रहने वाले लोकतंत्र कांग्रेस के अध्यक्ष जगजीवन राम आपातकाल में पूर्ण रूप से चुपचाप रहने के बाद इंदिरा गांधी के खिलाफ आवाज क्यों उठा रहे थे। जगजीवन राम ने बम्बई में अपने भाषण में कहा कि जनता पार्टी की स्थापना से सत्तारूढ़ दल की इस उम्मीद पर पानी फिर गया कि विरोधी पार्टियां एकजुट नहीं हो सकती हैं। एक झण्डा, एक चुनाव चिह्न और एक नारे के साथ नयी पार्टी का उदय हो गया। सब चारों मुख्य विरोधी पार्टियों में अमूल परिवर्तन हो गया है और वे मिलकर एक हो गयी हैं। विगत चुनाव कांग्रेस ने 'गरीबी हटाओ' के नारे के सहारे जीता था, किन्तु वह नारा खोखला साबित हुआ, क्योंकि गरीबी घटने के बजाय बढ़ती ही जा रही है। नि:संदेह देश में कुछ प्रगति हुई है किन्तु भारत गरीब देश

है और यथार्थवादी तरीके से गरीबी हटाने का प्रयत्न किसी भी सरकार को करना चाहिए। यह गलत है कि लाखों छोटे किसानों और भूमिहीन मजदूरों को 20 सूत्री कार्यक्रम के अंतर्गत जमीन दी गयी है। देश में ऐसे 5 करोड़ लोग हैं, उनमें कितने को भूमि आवंटित की गयी है? प्रधानमंत्री ने 1971 के चुनाव में जो वादे किये थे, उन्हें नहीं पूरा किया और जनता को गुमराह करने की कोशिश की गई।

भागलपुर : 1 मार्च 1977

अभी भी 6 हजार राजनीतिक कार्यकर्ता जेलों में - लिमये जनता पार्टी के नेता मधु लिमये ने स्थानीय लाजपत पार्क में आयोजित विशाल चुनाव सभा में कहा कि कांग्रेस सरकार ने आपात कालीन स्थिति का सहारा लेकर जनमत की हत्या की है। जनता लोकतंत्र की स्थापना के लिए इस लोकसभा चुनाव में कांग्रेस को अपदस्थ करे। यह चुनाव साधारण चुनाव नहीं है, इसमें देश के भावी राजनीतिक ढांचे का निर्माण होगा। आपातकालीन स्थिति की आड़ में बड़े पैमाने पर लोकतांत्रिक मूल्यों की हत्या की गयी। परिवार नियोजन के नाम पर 14-15 वर्ष के युवकों की भी नसबंदी की गयी। बड़ी संख्या में राजनीतिक विरोधियों को जेल में रख कर, उन्हें सभी प्रकार की यातनाएं दी गयीं। अभी भी 6 हजार से अधिक राजनीतिक कार्यकर्ता देश के विभिन्न जेलों में बंद हैं। आपातकालीन स्थिति में प्रेस पर प्रतिबंध लगाकर जनता को सही जानकारी से वंचित किया गया। इस बार चुनाव में कांग्रेस का पदच्युत होना निश्चित है। आने वाली लोकसभा में जनता पार्टी की सरकार बनेगी और वह सरकार जनता का मौलिक अधिकार फिर से वापस दिलायेगी। यह कहना गलत और धोखा है कि जनता पार्टी एक दल नहीं, अपितु विभिन्न राजनीतिक दलों का गठबंधन है। सच्चाई तो यह है कि जनता पार्टी बनाकर चारों राजनीतिक दलों ने उसमें अपना अस्तित्व विलीन कर दिया है।

नई दिल्ली : 1 मार्च 1977

मैं तीन दिनों के बाद अनशन प्रारम्भ कर दूंगा- वाजपेयी

जनता पार्टी के नेता अटल बिहारी वाजपेयी ने दिल्ली के वोट क्लब मैदान में सभा को सम्बोधित करते हुए कहा कि यदि सत्तारूढ़ दल द्वारा आयोजित सभाओं में बाधा उपस्थित किये जाने का समाचार मिलना जारी रहा तो तीन दिनों के बाद मैं अनशन प्रारम्भ कर दूंगा। इन सभाओं में उपद्रव मचाने का आरोप जनता पार्टी पर लगाया जा रहा है इसलिए मैंने ऐसा निश्चय किया है। यदि आप उन्हें नहीं सुनना चाहते तो आप उनकी (कांग्रेस) सभाओं में शामिल ही न हों। वहां जाते हैं तो सभा में बाधा उपस्थित करना चाहिये।

नई दिल्ली : 1 मार्च 1977

जनता पार्टी जनसंघ आर.एस.एस. के हाथ में- इंदिरा गांधी

प्रधानमंत्री इंदिरा गांधी ने कहा कि जनता पार्टी के बारे में सबसे निंदनीय बात यह है कि इसने अपने आपको जनसंघ और उग्रवादी संगठन राष्ट्रीय स्वयंसेवक संघ के हवाले कर दिया है। हमारे यहां की परिस्थिति में केवल वह समाजवाद में, विश्वास में धर्मनिरपेक्ष भी हो । इस संदर्भ में जनता पार्टी के बारे में सबसे निंदनीय बात जनसंघ से समर्थन लेना है।

नई दिल्ली : 1 मार्च 1977

बुखारी ने भाषण आधी रात को दिया

दिल्ली के जामा मस्जिद के इमाम सैयद अब्दुल्ला बुखारी ने आधी रात को मस्जिद की सीढ़ियों से जनता पार्टी की रैली को सम्बोधित करते हुए कहा कि जनता और लोकतंत्र दलों को वोट दें ताकि जनता की संवैधानिक आजादियों का सम्मान देश में सुरक्षित रह सके। चुनावों में जनता को सरकार बदलने का अवसर दिया है। हर व्यक्ति को मतदान करना ही चाहिये। आजादी के बाद ऐसी एकता कभी नहीं देखी गयी थी।

नई दिल्ली : 1 मार्च 1977

कांग्रेस के सिद्धांत समाप्त हो गये हैं - विजय लक्ष्मी पंडित

श्रीमति विजयलक्ष्मी पंडित ने चुनाव सभा सम्बोधित करते हुए कहा कि हमारी लड़ाई शक्ति की लड़ाई नहीं है। जनता के समक्ष प्रश्न यह है कि किस सिद्धांत में वह विश्वास करती है और किन सिद्धांतों द्वारा देश को आगे ले जाना चाहती है। कांग्रेस के सिद्धांत समाप्त हो गये हैं और उसका केवल नाम ही रह गया है। मुझे इस बात का बहुत दुख है और यही वजह है कि मैं आप लोगों के समक्ष बोल रही हूं। यह जरूरी है कि एक सरकार हो और एक विरोधी दल हो। दोनों को ही जनता चुनती है, परन्तु यह दुख की बात है कि हमारे देश में यह कहा जाता है कि जो विरोधी पक्ष हैं, वे गद्दार हैं।

बड़ौदा : 2 मार्च 1977-सीमा पर अभी भी खतरा- इंदिरा गांधी

प्रधानमंत्री इंदिरा गांधी ने चुनाव जनसभा संबोधित करते हुए कहा कि जनता पार्टी पर जनसंघ और राष्ट्रीय स्वयंसेवक संघ का प्रभुत्व है जिसने महात्मा गांधी का बुरी तरह से विरोध किया। राष्ट्रीय स्वयंसेवक संघ के विष वमन के कारण ही महात्मा गांधी की हत्या हुई। इसकी गतिविधियों

के कारण ही सरदार पटेल ने इस पर प्रतिबंध लगा दिया था। जनता पार्टी लेबुल में विरोधी आदर्श वाली पार्टियां एक हुई हैं। वे एक पार्टी के होने का दावा करते हैं, लेकिन अभी यह नहीं बता सके हैं कि अगर वे चुनाव जीत गये तो कौन उनका नेतृत्व करेगा। सीमा पर से खतरा अभी टला नहीं है। अत: केंद्र में सुदृढ़ शासन आवश्यक है।

ग्वालियर : 2 मार्च 1977 - अटल बिहारी वाजपेयी

जनता पार्टी के नेता अटल बिहारी वाजपेयी ने एक संवाददाता सम्मेलन में कहा कि आपात स्थिति के उन्नीस महीनों में उद्योगपतियों और पूंजीपतियों ने इतना अधिक लाभ कमाया है जितना पिछले 30 वर्षों में नहीं कमाया था। मतदाताओं का आगामी चुनाव में इंदिरा गांधी को तानाशाही और गांधीवाद समाजवाद में से एक को चुनना है। जनता पार्टी संपत्ति के अधिकार का विरोध नहीं करती है। जनता पार्टी की सरकार साम्यवादी देशों के साथ मित्रता बनाए रखेगी और इसे मजबूत करेगी, क्योंकि विदेश नीति राष्ट्रीय हितों को ध्यान में रखकर तय की जाती है।

नई दिल्ली : 2 मार्च 1977

31 मार्च के बाद प्रधानमंत्री वेतन नहीं ले सकेंगी- राम

कांग्रेस फोर डेमोक्रेसी के अध्यक्ष जगजीवन राम ने कहा कि मैं नहीं समझता कि इस माह होने वाले लोकसभा के चुनाव स्थगित करना किसी के लिए भी संभव है। मैं नहीं समझता कि चुनाव स्थगित किये जा सकते हैं क्योंकि 31 मार्च के बाद सरकार धन के प्रावधान की कोई स्वीकृति नहीं है। प्रधानमंत्री कैसे चुनाव स्थगित कर सकती हैं, जब वे भी 31 मार्च के बाद वेतन नहीं ले सकेंगी। मैं नहीं समझता कि बजट अध्यादेश से वापस किया जा सकता है।

नई दिल्ली : 2 मार्च 1977

जेपी के गुर्दे की बीमारी की न्यायिक जांच हो - सुरेन्द्र मोहन

जनता पार्टी के महामंत्री सुरेन्द्र मोहन ने एक पत्रकार सम्मेलन में कहा कि जयप्रकाश नारायण जिन परिस्थितियों में नजरबंदी के दौरान 'गंभीर रूप से बीमार' हुए उसकी न्यायिक जांच कराने की मांग आज जनता पार्टी ने की है। न्यायिक जांच की बात इसलिए भी जरूरी है क्योंकि कांग्रेस के महामंत्री बी.बी.राजू और कांग्रेस के अन्य सदस्य जनता पार्टी पर जयप्रकाश नारायण की बीमारी का राजनीतिक लाभ उठाने का आरोप लगा रहे हैं। वास्तविकता यह है कि नजरबंदी के पूर्व जयप्रकाश नारायण हृदय रोग से पीड़ित थे, लेकिन उनको गुर्दे की कोई बीमारी नहीं थी और

रिहाई के एक सप्ताह पूर्व तक जेपी या उनके परिवार को उनके गुर्दे की खराबी के बारे में कोई जानकारी नहीं दी गयी।

बैंगलोर : 2 मार्च 1977

आपातकाल में 40 हजार औद्योगिक इकाइयां बंद, 5 लाख बेरोजगार - आडवाणी

जनता पार्टी के महासचिव एल.के. आडवाणी ने पत्रकार सम्मेलन में कहा कि जनता पार्टी कांग्रेस का सशक्त विकल्प है। केंद्र से कांग्रेस को उखाड़ फेंकने की संभावना अब हकीकत हो गयी है। अगर जनता पार्टी सत्तारूढ़ हुई तो वह सभी काले कानून समाप्त कर देगी और संविधान में जनतांत्रिक मूल्यों को पुन: प्रतिष्ठित करेगी। पिछले 19 महीनों में परिवार नियोजन और गन्दी बस्तियों की सफाई के नाम पर जो कुछ गलतियां हुई हैं वे सिर्फ अति उत्साह के कारण ही नहीं बल्कि यह सरकार की नीति का प्रत्यक्ष परिणाम है। जनतंत्र का असल अर्थ है। समाचार पत्रों की स्वतंत्रता, न्यायपालिका और सबल विपक्ष। पिछले 19 महीनों में देश में चालीस हजार औद्योगिक इकाइयां बंद हुई हैं और 5 लाख लोग बेरोजगार हुए हैं।

बम्बई : 2 मार्च 1977 - राज नारायण

जनता पार्टी के नेता राज नारायण ने यहां एक पत्रकार सम्मेलन में कहा कि जनता से किये गये चुनाव के वादों को पूरा करने के बाद भी उनकी पार्टी बनी रहेगी। जनता के मन में जनता पार्टी के बारे में यह विश्वास बना हुआ है कि वह संघटित रहेगी, परंतु कांग्रेस द्वारा संदेह पैदा किया जा रहा है। जनता पार्टी को संविधान में अपेक्षित परिवर्तन कर अपने कार्यक्रमों को लागू करने तथा नागरिक स्वतंत्रता को पुन: प्रतिष्ठित करने के लिए चुनाव में आवश्यक बहुमत मिल जाएगा। हरियाणा, दिल्ली, पंजाब, पश्चिम बंगाल, बिहार और उत्तर प्रदेश में जनता पार्टी की स्थिति अच्छी है।

उदयपुर : 2 मार्च 1977

जनता पार्टी प्रेस तथा नागरिक स्वतंत्रता के पक्ष में- देसाई

जनता पार्टी के अध्यक्ष मोरारजी देसाई ने कहा कि यदि जनता पार्टी सत्ता में आती है तो उसका पहला काम आपात स्थिति को हटाना और प्रेस तथा नागरिक स्वतंत्रता को बहाल करना होगा। यदि कांग्रेस पुन: सत्ता में आयी तो देश रुग्ण हो जायेगा और जनता को पुन: वैसे ही अत्याचार

सहने पड़ेंगे जैसे पिछले 19 महीनों में सहना पड़ा है। जनता पार्टी इस बात का ध्यान रखेगी कि भविष्य में कोई भी सरकार लोकतंत्र के नाम पर पुन: इस प्रकार के दमनकारी कदम नहीं उठा सके। इंदिरा गांधी के साथ मेरा कोई व्यक्तिगत द्वेष नहीं है। इंदिरा गांधी लोकतंत्र के नाम पर तानाशाही तरीका अपनाती रही हैं। 1969 में राष्ट्रपति चुनाव के मसले पर कांग्रेस के विभाजन के लिए श्रीमति गांधी जिम्मेदार हैं। कांग्रेस जन और इंदिरा गांधी स्वयं भी यह समझती हैं कि दल में उनके सिवा कोई अन्य नेता नहीं है। इस तरह की बात सोचना बहुत ही खतरनाक है और भारत की जनता के लिए अपमानजनक भी। आपात स्थिति के दौरान न केवल जनता की बल्कि देश और संविधान की भी जबरदस्ती नाकाबंदी की गई। परिवार नियोजन के विरुद्ध नहीं हैं लेकिन इसे जबरदस्ती लागू करने के विरोधी हैं।

बम्बई : 3 मार्च 1977

फिर से इंदिरा जी को शासन में आने नहीं दीजिए- जेपी

लोकनायक जयप्रकाश नारायण ने अपने स्वास्थ्य लाभ हेतु बम्बई प्रवास के दौरान जसलोक अस्पताल से सार्वजनिक रूप से आम बिहार वासियों मतदाताओं के नाम 3 मार्च, 1977 को अपील जारी की।

बिहार के मतदाता भाई-बहनों से अपील:

मित्रों, मुझे बड़ा दुख है कि ठीक समय पर मैं बीमार हो गया और इस समय बम्बई के जसलोक अस्पताल में पड़ा हूं। आशा है इस बेबसी के लिए मुझे आप क्षमा करेंगे और रुग्ण शैया से लिखे हुए इस सन्देश को स्वीकार करेंगे।

यहां मैं कई बार कह चुका हूं कि लोकसभा के लिये आने वाले चुनाव देश के भाग्य के लिये निर्णायक होने वाले हैं। चुनाव लोकशाही एवं तानाशाही के बीच है। इलाहाबाद हाई कोर्ट के फैसले के बाद इंदिरा जी ने जो अपना रूप प्रकट किया, तानाशाह बनीं और सवा लाख निरपराध लोगों को कैद में डाल दिया, जिनमें से अब भी कुछ लोग जेल में ही हैं, इमरजेंसी की घोषणा की जो अब भी चल रही है, प्रेस पर ताला लगा दिया- यह सब को स्मरण होगा। इसलिए मेरा आपसे अनुरोध अपील है कि फिर से इंदिरा जी शासन में न आने दीजिए। अपना वोट जनता पार्टी को दीजिए और लोकशाही को विजय बनाइए।

जसलोक अस्पताल, बम्बई आपका जयप्रकाश नारायण

नागपुर : 3 मार्च 1977 - इंदिरा गांधी

प्रधानमंत्री इंदिरा गांधी ने यहां कहा कि आर्थिक स्थायित्व के लिए राजनीतिक स्थायित्व आवश्यक है। जनता पार्टी के नेता बुनियादी मुद्दों पर विभिन्न बातें करते हैं। केवल एक इस बात पर मिले हुए हैं कि मुझे प्रधानमंत्री के पद से हटाया जाए। इसका निर्णय जनता को स्वयं ही करना है कि यह स्थायित्व कांग्रेस द्वारा प्राप्त किया जा सकता है अथवा उन विरोधी दलों द्वारा जो हमेशा अपना नाम बदलते रहे हैं और अब जनता पार्टी के रूप में सामने आये हैं। आपात स्थिति की आलोचना गरीब जनता, किसानों अथवा श्रमिक वर्ग द्वारा नहीं की गयी बल्कि कुछ ही ऐसे लोगों द्वारा की गयी है जो या तो इसे समझते नहीं हैं अथवा जो स्वयं आर्थिक अपराधी हैं। आर्थिक और विदेश नीति के मामले में इन लोगों के विचार अलग-अलग हैं परन्तु 'इंदिरा हटाओ' के मंच पर वे एकत्रित हो गये हैं। चरण सिंह जब मुख्यमंत्री थे, तब कहा गया कि देश की सभी कपड़ा मिलों को बंद कर दिया जाए। कोई भी सोच सका है कि इससे आम लोगों को कितनी कठिनाइयों का सामना करना पड़ता।

पटना : 3 मार्च 1977 - बरुआ का नया देश भक्ति का नारा?

अखिल भारतीय कांग्रेस के अध्यक्ष देवकान्त बरुआ ने कहा कि देश भक्ति में प्रारम्भ से ही बिहार अग्रणी रहा है तथा देश को नई दिशा दी है। राजेन्द्र बाबू के नेतृत्व में गणतंत्र बना तथा संविधान संरक्षण में देश आगे बढ़ा। कांग्रेस पार्टी 1967 के चुनाव में आठ राज्यों में हार गयी किन्तु उसने संवैधानिक तरीके से विरोधी दल के रूप में कार्य किया। विरोधी दलों ने 1972 में बनी सरकार को असंवैधानिक तरीकों से तोड़ने की कोशिश की जिसके विरोध में बिहार में अधिक असर रहा। विरोधी दलों ने शांति भंग की, पुलिस को बगावत करने के लिए प्रोत्साहित किया तथा कई अन्य असंवैधानिक तरीके अपनाये। सरकार को इसे रोकने के लिए आपात स्थिति लागू करनी पड़ी, जिससे देश के आर्थिक, औद्योगिक विकास तथा समाजवाद को मूर्त रूप देने में काफी सफलता हासिल हुई। आज वही चार पार्टियां, जिनमें जनसंघी भी है तथा अन्य पार्टियां एक साथ मिलकर पुन: चुनाव मैदान में आयी हैं। चार पार्टियों की संविदा सरकारों के प्रशासन का अनुभव जनता को मिल सका है।

चंडीगढ़ : 3 मार्च 1977- आपातकाल में डेढ़ व्यक्तियों का शासन- राम

लोकतंत्र कांग्रेस के अध्यक्ष जगजीवन राम ने यहां कहा कि प्रधानमंत्री इंदिरा गांधी ने स्वतंत्रता के बाद स्थापित मंत्रिमंडलीय दायित्व की परम्परा को भंग किया है। प्रधानमंत्री बनने के बाद इंदिरा गांधी को अपने हाथ में लेने के लिए कार्रवाई की। इसी तरह आपात काल के दौरान सरकारी संयंत्र और कांग्रेस पर डेढ़ व्यक्तियों का शासन रहा है। आपात स्थिति लागू किये जाने के बाद

पूरे देश में भय का वातावरण कायम हो गया। बुद्धिजीवियों की आवाज गले में अटक गई और अखबार बेदम हो गये। जब प्रधानमंत्री औद्योगिक और कृषि उत्पादन, अनुशासन और स्वायत्तता तथा मूल्यों में स्थिरता जैसी बहुमुखी प्रगति का दावा करती हैं तब आपात स्थिति जारी रखने का कोई कारण नहीं है। प्रधानमंत्री एक ऐसा भूत देख रही हैं, जिसका अस्तित्व नहीं है। सुब्रह्मण्यम (केन्द्रीय वित्त मंत्री सी. सुब्रह्मण्यम) ने स्वयं स्वीकार किया है कि मुद्रास्फीति बढ़ी है। अत: आर्थिक स्थिति सुदृढ़ होने का दावा गलत है।

करनाल : 3 मार्च 1977- विरोधी दल जनमत की शक्ति- मोरारजी

जनता पार्टी के अध्यक्ष मोरारजी देसाई ने कहा कि चुनाव के बाद जनता पार्टी के सभी घटक दल अपना अस्तित्व समाप्त कर लेंगे। इन सभी दलों का औपचारिक और पूरे तौर पर जनता पार्टी में विलय हो जायेगा। जनता पार्टी के जो भी घटक दल हैं, उनमें किसी मामले पर मतभेद नहीं है। विरोधी दल जनमत की शक्ति और अहिंसात्मक तरीके से एक ऐसे दल को सत्ता से हटाना चाहते थे जो अपने वादों को पूरा करने में विफल रहा है।

अहमदाबाद : 3 मार्च 1977

लोकसभा चुनाव विदेशी दबाव में नहीं- इंदिरा गांधी

प्रधानमंत्री इंदिरा गांधी ने कहा कि चुनाव के समय विरोधी दलों का गठबंधन देश के लिए नयी बात नहीं है। आपात स्थिति तथा आंसुका के उपयोग पर समय-समय पर लगातार विचार होता रहा है और मंत्रिमंडल द्वारा भी समीक्षा की जाती रही है। सभी राजनीतिक बंदियों को रिहा कर दिया गया है। अब केवल आर्थिक अपराधी अथवा प्रतिबंधित संगठनों से संबंधित लोग ही नजरबंद हैं। यह कहना सर्वथा निराधार है कि लोकसभा का चुनाव विदेशी दबाव के कारण कराये जा रहे हैं। पाकिस्तान के प्रधानमंत्री भुट्टो यह कहते रहे हैं कि भारत में चुनाव की घोषणा बाहरी दबाव के कारण हुई है, यह सरासर झूठ है। सभी लोग मुझे अच्छी तरह जानते हैं कि मैं किसी भी दबाव में आने वाली नहीं हूं। यदि सचमुच ऐसा हुआ होता तो सबसे पहले मैं ही विदेशी हस्तक्षेप का विरोध करती।

ग्वालियर : 3 मार्च 1977

कम मत प्राप्त कर कांग्रेस शासन करती- वाजपेयी

जनता पार्टी के नेता अटल बिहारी वाजपेयी ने कहा कि सभी राजनीतिक बंदियों की तुरंत रिहाई की जाए और उनके विरुद्ध विशेष आरोप है, उन पर अदालत में मुकदमा चलाया जाए। यह

बड़ी अजीब बात है कि संघटन कांग्रेस विरोधी हो, उसे सांप्रदायिक कहा जाता है। जबकि मुस्लिम लीग जैसे सांप्रदायिक संघटन को धर्मनिरपेक्ष माना जाता है, सिर्फ इसलिए कि वह कांग्रेस का समर्थन करती है। कम मत प्राप्त होने के बावजूद कांग्रेस शासन करती रही, जबकि अधिक वोट विरोधी दलों को मिला, लेकिन अब विरोधी दल एक झंडे के नीचे आ गये हैं।

रायबरेली : 3 मार्च 1977

कांग्रेस सरकार की गलत आर्थिक नीति- चौधरी चरण सिंह

जनता पार्टी के उपाध्यक्ष ने यहां एक चुनाव जन सभा को संबोधित करते हुए कहा कि स्वतंत्रता के बाद से कांग्रेस सरकार की गलत आर्थिक नीतियों के कारण देश को काफी नुकसान उठाना पड़ा है। भारतीय संदर्भ में सही कदम तो होना चाहिए कि कृषि और उससे संबंधित उद्योग को सर्वोच्च प्रमाणिकता दी जाती। महात्मा गांधी के बहुत पहले यहां विचार स्पष्ट कर दिया था, किन्तु कांग्रेस नेतृत्व ने इस नीति को छोड़ दिया और औद्योगीकरण का रास्ता अपनाया।

मद्रास : 3 मार्च 1977- आडवाणी पत्रकार सम्मेलन में

जनता पार्टी के महासचिव लाल कृष्ण आडवाणी ने यहां एक पत्रकार सम्मेलन में कहा कि हमारा दल एक ऐसे संयंत्र का सर्जन करेगा जो राजनीतिक भ्रष्टाचार के मुद्दों को स्वत: देखने लगेगा। जनता पार्टी अपने विभिन्न घटक दलों के समर्थन से दो तिहाई बहुमत प्राप्त कर लेगी।

उदयपुर : 3 मार्च 1977

दल बदल को कोई स्थान नहीं- मोरारजी देसाई

जनता पार्टी के अध्यक्ष मोरारजी देसाई ने कहा कि यदि केंद्र में जनता पार्टी की सरकार बन गई तो राष्ट्रपति का चुनाव सर्वसम्मति से कराने का प्रयास किया जाएगा। केंद्र में जनता पार्टी की सरकार बनने के बाद यदि विभिन्न राज्य सरकारें गिरीं तो वहां की विधान सभाओं के लिए चुनाव कराये जायेंगे, किन्तु दल बदल को कोई स्थान नहीं दिया जाएगा। संविधान में परिवर्तन के लिए संविधान सभा बुलाने का प्रश्न ही नहीं उठता। संविधान में जो भी परिवर्तन प्रस्तावित किये जाएंगे उनके प्रस्ताव जनता के सामने रखे जाएंगे तथा लोकसभा निर्णय करेगी। मौलिक अधिकार से संपत्ति के अधिकार हम इसलिए हटाना चाहते हैं ताकि जब एक व्यक्ति की संपत्ति पर हमला होता है तो यह समझा जाता है कि सभी की संपत्ति पर हमला हुआ है परन्तु इस अधिकार के बारे में हम कानूनन तौर पर विचार करेंगे और पूरा संरक्षण देंगे।

खंडाला : 3 मार्च 1977

न्यायपालिका और प्रेस की स्वतंत्रता बहाल की जाए- वाजपेयी

जनता पार्टी के नेता अटल बिहारी वाजपेयी ने कहा कि जनता पार्टी इस मुद्दे को लेकर वर्तमान चुनाव लड़ रही है कि सभी को रोजगार का अधिकार हो, ग्रामीण क्षेत्रों में कुटीर उद्योग का विकेंद्रीकरण किया जाए, नागरिकों के मूल अधिकार सुरक्षित किए जाएं तथा न्यायपालिका और प्रेस की स्वतंत्रता बहाल की जाए। यह कहना गलत है कि जनता पार्टी का उद्देश्य किसी तरह केंद्र में सत्ता प्राप्त करना है। आपात स्थिति से केवल पूंजीपतियों को ही लाभ हुआ है। यदि हमारे दल को सत्ता प्राप्त होगी तो हमारी विदेश नीति गुट निरपेक्षता की होगी। विजय होने की स्थिति में हमारे दल की सरकार बिना न्यायालय की अनुमति के किसी भी संगठन पर प्रतिबंध नहीं लगाएगी।

बम्बई : 3 मार्च 1977

समाचार पत्र निष्पक्ष नहीं- इंदिरा गांधी

प्रधानमंत्री इंदिरा गांधी ने यहां कहा कि धर्मनिरपेक्षता जवाहरलाल नेहरू की जीवन शक्ति थी तथा जब देश में सांप्रदायिक दलों की शक्ति प्रभावहीन हो जाएगी तभी उनकी परिकल्पना और कार्यो को स्थायी स्वरूप दिया जा सकेगा। अपने देश के कुछ समाचार पत्र निष्पक्ष होकर समाचार नहीं छापते। वे चीजों को तोड़-मरोड़ कर या गलत ढंग से प्रस्तुत करते हैं। इन समाचार पत्रों का अपना अलग स्तर है तथा समाचारों को प्रस्तुत करने का भी अपना अलग ढंग है।

नई दिल्ली : 3 मार्च 1977

कांग्रेस की निंदा न करें- राजू

अखिल भारतीय कांग्रेस के महासचिव वी.वी.राजू ने यहां कहा कि वही लोग कांग्रेस की निंदा करते हैं जो राष्ट्र की प्रगति में बाधक रहे हैं। कांग्रेसी प्रशासन की तुलना में ब्रिटिश प्रशासन को अच्छा बताया जाना उचित नहीं है। विपक्ष के निराश नेताओं को जो यह कह रहे हैं कि अगर कांग्रेस पुन: सत्तारूढ़ हुई तो अंग्रेजी राज से भी अधिक जुल्म का सामना करना पड़ेगा। देश के तीन दशकों के इतिहास का ज्ञान नहीं मालूम होता है।

जालंधर : 3 मार्च 1977- अलोकतांत्रिक प्रधानमंत्री- राम

लोकतंत्र कांग्रेस के अध्यक्ष जगजीवन राम ने कहा कि लोकतंत्र पिछड़े और गरीब लोगों के लिए अनिवार्य आवश्यकता है, क्योंकि गरीब आदमी इसी प्रणाली में अपनी तकलीफें खुलकर कह सकता

है। भारत में काफी संख्या गरीब लोगों की है। इनकी स्थिति सुधार कर ही भारत को मजबूत बनाना है तथा गरीबी मिटानी है। कांग्रेस द्वारा बार-बार यह प्रश्न उठाया जाता है कि विपक्ष प्रधानमंत्री किसे बनायेगा। जनता पार्टी और उसके साथ सहयोग कर रहे दल लोकतंत्र में विश्वास रखते हैं और चुनाव जीतने के बाद लोकतांत्रिक तरीके से ही वे अपना नेता चुनेंगे। कांग्रेस अध्यक्ष देवकान्त बरुआ जो चुनाव के पहले ही यह घोषणा करते हैं कि श्रीमति गांधी ही नेता चुनी जायेंगी और प्रधानमंत्री बनेंगी, यह अलोकतांत्रिक है। जबकि लोकसभा के सदस्यों का चुनाव होना बाकी है और चुने हुए सदस्यों को अपना नेता चुनना है। अत: पहले ही इस तरह की घोषणा करना उचित नहीं। जनता पार्टी में ऐसे अनेक नेता हैं जो प्रधानमंत्री पद संभाल सकते हैं, जबकि कांग्रेस के पास सिर्फ एक ही नेता है। कांग्रेस की नींव हिल चुकी है और उसका भवन ढह रहा है। इसलिए उनके नेता अलोकतांत्रिक बातें करते हैं।

बरेली: 3 मार्च 1977

सम्पूर्ण क्रांति, कैसा लोकतंत्र- चौहान

तत्कालीन विदेश मंत्री यशवंत राव चौहान ने कहा कि मतदाता बुनियादी सवालों पर गहराई से सोच-विचार कर आगामी चुनाव में शांत मन से देश के भविष्य का फैसला करें। सम्पूर्ण क्रांति के नाम पर लोकतांत्रिक ढंग से बनी विधान सभाओं को भंग करने की कोशिश की गई। ये लोग गुजरात में सफल हो गये तो उन्होंने यही आंदोलन बिहार में फैलाया। जनता को इस बारे में विचार करना चाहिये कि यही लोग आज एकाएक लोकतंत्र के सबसे बड़े दावेदार कैसे बन गये।

अमेठी: 3 मार्च 1977- संजय गांधी

प्रधानमंत्री इंदिरा गांधी के पुत्र संजय गांधी ने यहां कहा कि आज जनता को यह तय करना पड़ेगा कि यह विकास और प्रगति का रास्ता पसंद करती है अथवा अशांति और अराजकता का। विरोधी दलों के पास अफवाहों और मनगढ़ंत कहानियों के अलावा जनता को देने के लिए कुछ भी नहीं। हमारी पार्टी की परिवार नियोजन के मामले में कभी भी जबरदस्ती की नीति नहीं रही। हम जनता को परिवार नियोजन के बारे में शिक्षित करना चाहते हैं कि यह कार्यक्रम राष्ट्र के हित में है।

नई दिल्ली : 4 मार्च 1977

प्रतिबंधित संस्थाओं पर रोक न्यायोचित नहीं- जेपी

लोकनायक जयप्रकाश नारायण जब अपने उपचार हेतु बम्बई के जसलोक अस्पताल में थे, से एक वक्तव्य जारी किया जिसे जनता पार्टी द्वारा नई दिल्ली से प्रकाशित किया गया। लोकनायक

जयप्रकाश नारायण ने अपने वक्तव्य में कहा कि देश भर के मीसा नजरबंदों ने अपनी अनिश्चित कालीन नजरबंदी पर जनता और सरकार का ध्यान आकृष्ट करने के लिए आगामी 10 मार्च को भूख हड़ताल करने का निर्णय किया है। हजारों नागरिकों को लगातार रोक कर रखा जाना तथा न्यायालय में उनका प्रवेश वर्जित करना ही इस बात का पर्याप्त प्रमाण है कि प्रधानमंत्री के दावे अनुसार 'आपात स्थिति' में ढील नहीं दी गयी है और आम चुनाव के ऐन अवसर पर मौलिक स्वतंत्रता तथा लोकतांत्रिक अधिकारों को वापस नहीं किया गया है। इन परिस्थितियों में स्वतंत्र और उन्मुक्त चुनाव की बात कल्पनातीत है। इसी प्रकार राष्ट्रीय स्वयंसेवक संघ, जमायत तथा अन्य प्रतिबंधित संगठनों की नजरबंदी भी न्यायोचित नहीं है, क्योंकि इन संगठनों पर मनमानी तौर पर प्रतिबंध लगाया गया है- बिना किसी पक्ष के निष्पक्ष न्यायिक जांच हो।

राजकोट : 4 मार्च 1977

कांग्रेस भारत का प्रतिनिधित्व करती है- इंदिरा गांधी

प्रधानमंत्री इंदिरा गांधी ने यहां कहा कि कांग्रेस भारत के सभी लोगों, धर्मों, जातियों और भाषाओं का प्रतिनिधित्व करती है। एक मात्र उन्हीं का दल सशक्त केंद्रीय सरकार की स्थापना करने में सक्षम है जो सारे देश को संभालने के साथ हर राज्य को समृद्ध बनाने में सहायक होगा। आज एक सशक्त केंद्रीय सरकार की आवश्यकता है जो एक स्वतंत्र नीति को अख्तियार कर देश के भीतर और बाहर के प्रमुख गुपों के दबाव को बर्दाश्त कर सके। हमें 'वर्ग संघर्ष' में विश्वास नहीं है, परंतु गरीब तबके के लोगों की आर्थिक उन्नति से ही देश में शांति और सामंजस्य का भाव जागृत हो सकता है।

बेगूसराय : 4 मार्च 1977

लुभावने नारे से प्रभावित न हों - बहुगुणा

लोकतांत्रिक कांग्रेस के महासचिव हेमवती नन्दन बहुगुणा ने जब उत्तर प्रदेश के अपने मुख्यमंत्रित्व शासन काल में जेपी को जनसभा संबोधित करने से रोका था। बहुगुणा ने यहां चुनाव सभा को संबोधित करते हुए कहा कि आगामी चुनाव का बहुत महत्व है क्योंकि इससे जनता, देश तथा लोकतंत्र के भविष्य का निर्णय हो जायेगा। इस चुनाव से यह साबित हो जाएगा कि जनता भविष्य में भी गुलामी की बेड़ी में जकड़ी रहेगी अथवा आजादी के वातावरण में सुख की सांस लेगी। कांग्रेस के लुभावने नारे में न पड़कर सावधानी के साथ अपने मताधिकार का उपयोग करें।

कोजिकोट : 4 मार्च 1977

नागरिक अधिकार आयोग बनेगा - आडवाणी

जनता पार्टी के महासचिव लालकृष्ण आडवाणी ने कहा कि जनता पार्टी के घटक दलों में कुछ सैद्धांतिक मतभेद हो सकते हैं किन्तु वे अधिनायकवाद और तानाशाही के विरुद्ध एक हैं और एक बने रहेंगे। विरोधी दलों की एकता ने राजनीतिक विलयन और राजनीतिक अस्पृश्यता को खत्म कर दिया। यदि जनता पार्टी सत्तासीन हुई तो वह नागरिक अधिकार आयोग बहाल करेगी जो अल्पसंख्यकों तथा पिछड़े वर्गों के लिए समान अवसर तथा समान अधिकार उपलब्ध करायेगा। जनता पार्टी आर.एस.एस. तथा जमायते इस्लामी जैसे संगठनों पर लगाये गये प्रतिबंध विरोधी हैं। यदि ये संगठन राष्ट्र विरोधी हैं तो इसे न्यायालय में साबित किया जाना चाहिए।

रतलाम : 4 मार्च 1977

संविधान में रोजगार अधिकार मिलेंगे- वाजपेयी

जनता पार्टी के नेता अटल बिहारी वाजपेयी ने यहां कहा कि अगर हमारी पार्टी सत्ता में आ गयी तो संविधान में संशोधन कर रोजगार प्राप्त करने के अधिकार को निर्देशक सिद्धांतों में शामिल किया जायेगा। रोजगार प्रदान करना सरकार का कर्तव्य होता है। सभी के लिए रोजगार उपलब्ध नहीं होने की स्थिति में अन्य देशों की तरह बेरोजगारी भत्ता देना चाहिए।

हैदराबाद : 4 मार्च 1977

भारत में आर.एस.एस. दंगा करती है- इंदिरा गांधी

प्रधानमंत्री इंदिरा गांधी ने कहा कि विरोधी दल चाहे बड़े-बड़े दावे करते रहें, यह उन्हें भी अच्छी तरह मालूम है कि शासन का दायित्व उन्हें संभालना नहीं हैं जिनके पास जनता के सामने रखने के लिए अपना कोई कार्यक्रम नहीं है तथा जिन्होंने कभी कोई रचनात्मक कार्य नहीं किया, वही लोग झूठे आरोप लगाते हैं या अफवाहें फैलाते हैं। जनता पार्टी के नेता और कार्यकर्ता भी आज यही काम कर रहे हैं, लेकिन चाहे जो कुछ कहते रहें, वे जानते हैं कि उनके हाथों में शासन की बागडोर नहीं आने वाली है। जनसंघ और मार्क्सवादी दोनों ही हिंसा में विश्वास करते हैं, हालांकि आज वे भी जनतंत्र के नारे लगाते हैं। देश में राष्ट्रीय स्वयंसेवक संघ की जहां-जहां शाखाएं खुलीं वहां-वहां दंगे फसाद हुए। केरल में वहां कभी दंगे-फसाद नहीं हुए, परन्तु जैसे राष्ट्रीय स्वयंसेवक संघ ने वहां काम शुरू किया दंगे-फसाद भी शुरू हो गये।

इंदौर : 4 मार्च 1977

जनसंघ कभी पुनर्जीवित नहीं होगी - वाजपेयी

जनता पार्टी के नेता अटल बिहारी वाजपेयी ने कहा कि जनता पार्टी संघटक दलों के आत्म निरीक्षण एवं चिंतन की लंबी प्रक्रिया के बाद एक बिल्कुल नयी राजनीतिक पार्टी के रूप में सामने आयी है। इसकी प्रक्रिया 1971 के चुनाव में आरम्भ हुई जब जनता उम्मीदवारों ने चुनाव लड़े थे। गुजरात में जनता मोर्चा बना और अंत में 19 महीनों की कैद की अवधि में विभिन्न दलों के नेताओं के गहन एवं सचेष्ट अध्ययन के बाद जनता पार्टी को अंतिम रूप दिया गया। जनता पार्टी की एकता ने कांग्रेस की आशाओं पर पानी फेर दिया है कि संघटक दलों में झंडे, चुनाव चिह्न या उम्मीदवारों के लिए मतभेद होगा। जनसंघ का जनता पार्टी में अंतिम रूप विलयन हो चुका है और अब जनसंघ फिर कभी पुनर्जीवित नहीं किया जायेगा। जनता पार्टी में शामिल होने के क्रम में जनसंघ ने अपना सिद्धांत त्याग दिया है।

कलकत्ता : 4 मार्च 1977

जनता पार्टी एक आंदोलन है- चंद्रशेखर

जनता पार्टी के नेता चंद्रशेखर ने कहा कि उत्तर प्रदेश, बिहार, गुजरात, पंजाब, हरियाणा और दिल्ली की अधिकांश सीटें जनता पार्टी को मिलने जा रही हैं। इस परिवर्तन के समय इंदिरा गांधी को चाहिए कि वह सम्मान सहित सत्ता से हट जायें। हुकूमत खोने के बावजूद चातुर्य से सत्ता में बने रहने का प्रयास न करें। जनता पार्टी विभिन्न दलों का जमघट नहीं बल्कि एक आंदोलन है। परिवार नियोजन अभियान के दौरान हुई ज्यादतियों के लिए अधिकारियों को जिम्मेदार ठहराया जा रहा है। अगर कोई निर्वाचित सरकार किसी काम की जिम्मेदारी लेने से कतराती है तो उसे एक दिन भी सत्ता में बने रहने का हक नहीं।

लंदन : 4 मार्च 1977 - संजय से भेंटवार्ता चार्ल्स व्हीलर की

भारत में नई दिल्ली स्थित बी.बी.सी. के संवाददाता द्वारा संजय गांधी से भेंटवार्ता, चार मार्च की रात दूरदर्शन से प्रसारित करते हुए लंदन से बी.बी.सी. के समीक्षक चार्ल्स व्हीलर ने कहा कि यह संजय गांधी के लिए वाकई हिम्मत की बात है कि वे बिना किसी पद पर रहते हुए और इतने अधिकारों का उपयोग करते थे। विरोधियों के आरोपों के बावजूद संसद के लिए चुनाव में खड़े हुए हैं।

बी.बी.सी.- आपने संविधान के विरुद्ध अधिकारों का उपयोग किया है?

संजय गांधी- मैंने असंवैधानिक अधिकारों का उपयोग नहीं किया। यदि जनता हमारी पांच सूत्री कार्यक्रम को पसंद करती है तो इसमें हमारी कोई गलती नहीं है। किसी भी नागरिक को देश के सामने कल्याणकारी कार्यक्रम सेवा करने की पूरी स्वतंत्रता है। यह जनता पर निर्भर करता है कि वह उसे स्वीकार करती है या अस्वीकार।

बी.बी.सी.- क्या आप राजनीति में उतरने के लिए प्रतिबद्ध हैं?

संजय- फिलहाल तो 'हां', जहां तक संसद का सवाल है।

बी.बी.सी.- क्या आपको योजना मंत्री बनाने की योजना है?

संजय- यह हमारी पसंद पर निर्भर नहीं करता।

बी.बी.सी.- क्या एक आम नागरिक के नाते आपको इतना सरकारी सहयोग मिल सकता था?

संजय- मैं ऐसा नहीं समझता हूं कि मुझे सरकार के प्रचार साधनों का अधिक सहयोग मिला है। यह संभव है कि जनता हमारी ओर इसलिए आकृष्ट हुई कि मैं प्रधानमंत्री का पुत्र हूं, परंतु क्या यह सही नहीं है कि अन्य प्रधानमंत्रियों के भी पुत्रों ने जनता को आकृष्ट करने और राजनीति में प्रवेश करने का प्रयत्न किया, किन्तु वे असफल रहे। हमारे कार्यक्रमों के कारण ही जनता हमारी ओर इतनी आकृष्ट हुई और जनता के इतने आकर्षण के कारण प्रचार साधनों के लिए इस ओर ध्यान देना जरूरी हुआ। राज्यों में मेरे दौरे में स्वागत के लिए सिर्फ कांग्रेस नेता आते थे, सरकारी अधिकारी नहीं।

अमरावती : 5 मार्च 1977

जनता पार्टी को बहुमत मिलेगा और सरकार बनायेगी- अशोक मेहता

जनता पार्टी के नेता अशोक मेहता ने यहां कहा कि लोकसभा का चुनाव मात्र एक दूसरे को हराने के लिए कांग्रेस और विरोधी दलों के संयुक्त प्रयास का संघर्ष नहीं है बल्कि यह साबित करने वाला है कि जनता क्या चाहती है। वह तानाशाही या लोकतंत्र, दासता या स्वतंत्रता चाहती है। पूरा विश्वास है कि जनता पार्टी को बहुमत मिलेगा और वह सरकार बनाने में सक्षम होगी। गत 18 महीनों में सरकार की कुछ भी उपलब्धि नहीं रही है। केवल खोखले प्रचारों से जनता को गुमराह किया गया है। आर्थिक अपराध परिनियन्त्रण के लिए मीसा के उपयोग की सार्थकता है। विरोधी दलों के विरुद्ध सरकार ने इसका खुलकर उपयोग किया। आपात स्थिति को पूर्ण रूप से इसलिए नहीं हटाया जा सकता क्योंकि इससे नजरबंद तस्करों को रिहा करना होगा। तस्करों को अन्य तरीकों से रोकने में सरकार का समर्थन होना चाहिए। इंदिरा गांधी ने यह वक्तव्य दिया कि

तस्कर विरोधी अभियान से 300 करोड़ रुपये की विदेशी मुद्रा बचायी गयी, लेकिन इस राशि से अधिकांश आय आपात स्थिति की घोषणा के पहले ही प्राप्त की जा चुकी थी तथा तस्करों को बाद में 'मीसा' के अंतर्गत गिरफ्तार किया गया था।

चंडीगढ़ : 5 मार्च 1977

कांग्रेस जन मिलकर काम करें- संजय गांधी

प्रधानमंत्री के पुत्र संजय गांधी ने कहा कि सभी कांग्रेस जन मिलकर काम करें। यदि सभी कांग्रेस जन चुनावों को ध्यान में रखते हुए आपसी मतभेद भुला कर दिल से काम करें तो कोई भी हमारा कुछ बिगाड़ नहीं सकता। आज जनता पार्टी वाले परिवार नियोजन में किसी प्रकार की जोर जबरदस्ती का विरोध करते हैं, पर इसके नेता चरण सिंह उत्तर प्रदेश की चुनाव सभाओं में कई बार यह कह चुके हैं कि यदि जनता पार्टी सत्ता में आई तो वे दो से अधिक बच्चे पैदा करने वाले व्यक्तियों को जेल में बंद कर देंगे। ये ऐसी बातें हैं, जिन्हें जनता के सामने रखना युवा कांग्रेस कार्यकर्ताओं का दायित्व है।

गुलमर्ग : 5 मार्च 1977- इंदिरा गांधी

प्रधानमंत्री इंदिरा गांधी ने कहा कि सुदृढ़ सरकार के द्वारा ही देश में गरीबी और बेरोजगारी की समस्याओं का समाधान संभव है। देश के अन्दर और बाहर ऐसे तत्व अभी भी सक्रिय हैं, जो नहीं चाह रहे हैं कि भारत एक सुदृढ़ और मजबूत राष्ट्र बने। सरकारी कार्यक्रम गरीबी हटाने के लिए चलाये गये। इससे अनुसूचित जातियों, जन जातियों और अल्पसंख्यकों को बहुत अधिक लाभ हुआ है।

नई दिल्ली : 5 मार्च 1977

चुनाव के बाद न तो जनता पार्टी सत्ता में आएगी न रहेगी- पूरबी मुखर्जी

कांग्रेस महासचिव श्रीमति पूरबी मुखर्जी ने कहा कि विपक्षी दलों के कार्यकर्ताओं द्वारा कांग्रेस की सभाओं में गड़बड़ पैदा करने की कोशिशें, इन दलों की निराशा की प्रतीक हैं। जनता पार्टी का यह दावा सही नहीं है कि वह एकीकृत राजनीतिक दल है। केवल चुनाव के लिए जनता पार्टी में शामिल दलों ने एक झंडा और एक चुनाव चिह्न अपनाया है। जनता पार्टी अगर एकीकृत दल है, तो उसे अपने नेता के नाम की अभी घोषणा करनी चाहिए। जनता पार्टी अपने प्रधानमंत्री का नाम इसलिए नहीं घोषित कर रही है, क्योंकि ऐसा करते ही उनकी एकता टूट जाएगी।

चुनाव के बाद न तो जनता पार्टी के सत्ता में आने की कोई संभावना है और न इसके रहने की ही संभावना है।

विशाखापत्तनम : 5 मार्च 1977

कांग्रेस फोर डेमोक्रेसी 'कांग्रेस' को गाली देने के लिए है- राजू

अखिल भारतीय कांग्रेस कमेटी के महासचिव बी.बी.राजू ने कहा कि ऐसा लगता है कि कांग्रेस फोर डेमोक्रेसी कांग्रेस का गाली देने वाले पेशेवर लोगों की भर्ती कर रही है। हर रोज दिल्ली में कुछ रिटायर लोगों को प्रेस वालों को दिखाया जाता है वे रिटायर लोग लोकतंत्र की बात करते हैं। यह क्रम निरंतर जारी है। हैरत की बात यह है कि इनमें से अधिकांश कभी भी कांग्रेस के नहीं थे। यथा श्रीमति विजय लक्ष्मी पंडित देश-विदेश में अनेक महत्वपूर्ण पदों पर रही हैं लेकिन कांग्रेस में कभी नहीं रही थीं।

उदयपुर : 5 मार्च 1977

आज कांग्रेस गांधीजी के सिद्धांतों पर नहीं- कृपलानी

भारत के वयोवृद्ध नेता आचार्य जे.बी.कृपलानी ने कहा कि आज कांग्रेस गांधीजी के सिद्धांतों पर नहीं चल रही है। कांग्रेस में से गांधी की आत्मा निकाल दी गयी है। लोकतंत्र का अर्थ है कानून के समक्ष समानता। लोकतंत्र वहीं रह सकता है, जहां न्यायपालिकाओं पर किसी तरह का भी दबाव न हो। आंसूका कानून अंग्रेजों के गेलट एक्ट से भी ज्यादा कड़ा है। यदि प्रधानमंत्री इंदिरा गांधी आपात स्थिति हटा लें और नागरिक अधिकार लौटा दें तो यह उनके हित में होगा। हम किसी को नहीं जानते, हम सिर्फ यह चाहते हैं कि सरकार ने आदमी को गुलाम बना दिया है अत: ऐसी सरकार को बदलना चाहिए। जिन गरीबों के लिए हमने आजादी प्राप्त की, वे आज भी भूखे नंगे हैं।

शिमोगा : 5 मार्च 1977

देश में स्थिरता का वातावरण अभूतपूर्व है- इंदिरा गांधी

प्रधानमंत्री इंदिरा गांधी ने कहा कि गरीबी के विरुद्ध लड़ाई जारी रखने और आर्थिक प्रगति की गति तेज करने के लिए हाल के वर्षों में देश में जो स्थिरता का वातावरण बना, वह अभूतपूर्व है। केंद्र में मजबूत सरकार होने के कारण ही यह संभव हुआ। विरोधी दल केवल मुझे हटाने के लिए एकत्र हुए हैं, लेकिन वे आम आदमी को मूर्ख नहीं बना सकते।

अकोला : 5 मार्च 1977

जनता पार्टी पर किसी घटक का कब्जा नहीं- अशोक मेहता

जनता पार्टी के नेता अशोक मेहता ने कहा कि हालांकि चुनाव परिणाम आने के बाद लोकसभा के निर्वाचित सदस्य 22 मार्च तक, यदि वे चाहें तो एक पार्टी छोड़ कर दूसरी में शामिल हो सकेंगे। परंतु बाद में जनता पार्टी इस प्रकार के दल बदल को ठीक नहीं समझेगी। जनता पार्टी पर किसी घटक दल का कब्जा नहीं है। ध्रुवीकरण वामपंथी जैसा नहीं बल्कि इसका स्वरूप प्रजातंत्र को कायम रखने के लिए उन सभी विरोधी दलों का एकत्र हो जाना है, जो प्रजातांत्रिक व्यवस्था के लिए स्थित हैं।

बम्बई : 6 मार्च 1977

कांग्रेस उत्तर भारत की 176 में 40 सीटें भी नहीं ले सकेंगी - अशोक मेहता

जनता पार्टी के नेता अशोक मेहता ने कहा कि जनता पार्टी ने कांग्रेस का एक प्रभावशाली विकल्प पैदा किया है। जनता पार्टी तदर्थ गठबंधन नहीं है। मैंने उत्तरी भारत में पंजाब से बिहार तक की यात्रा की है और इस नतीजे पर पहुंचा हूं कि कांग्रेस उत्तर भारत की 176 में से 40 सीटें भी नहीं ले सकेगी। विदर्भ में भी जनता पार्टी 11 में से छह सीटों पर विजयी होगी। मैंने देश में विगत आम चुनाव देखा है, और दूसरे देशों के चुनाव भी देखे हैं, लेकिन मुझे कहीं भी जनता का इतना बड़ा संकल्प नहीं दिखाई दिया। अगर कांग्रेस अल्प बहुमत लेने में सफल भी हो गयी तो फिर भी इंदिरा शासन न रह पायेगा। अगर जनता पार्टी बहुमत में उनकी आकाशवाणी व दूरदर्शन को स्वायत्तता निगम बनाया जाएगा ताकि सरकार व प्रधानमंत्री उसका दुरुपयोग न कर पायें। अगर कांग्रेस ने दृढ़ विपक्ष के रूप में काम करना चाहा तो हम उसे ऐसा करने देंगे। हम सत्ता की लोलुपता नहीं रखते लेकिन हमारा मकसद कांग्रेस सरकार की गलतियों को सुधारना है।

कोझिकोड : 6 मार्च 1977

चुनाव समझौता असैद्धांतिक- इंदिरा गांधी

प्रधानमंत्री इंदिरा गांधी ने कहा कि यह बड़े आश्चर्य और दुख की बात है कि मार्क्सवादी कम्युनिस्ट ने केरल में जनता पार्टी के साथ समझौता किया है। यह सच हो सकता है कि यह समझौता सिर्फ चुनावों भर के लिए हो लेकिन इससे साफ हो जाता है कि इनका कोई सिद्धांत, नीति या कार्यक्रम नहीं है। इस तरह के असैद्धांतिक समझौतों से देश की एकता और स्थिरता को भारी नुकसान पहुंचेगा।

बैंगलोर : 6 मार्च 1977

हमने कांग्रेस की स्थायी सरकार भी देखी है- जगजीवन राम

लोकतांत्रिक कांग्रेस के अध्यक्ष जगजीवन राम ने कहा कि जनता पार्टी कोई गठबंधन नहीं है वरन यह एक राजनीतिक पार्टी है। यदि एक राजनीतिक पार्टी के रूप में कांग्रेस सरकार स्थायी हो सकती है तो जनता पार्टी की सरकार क्यों स्थायी नहीं हो सकती ? प्रधानमंत्री इंदिरा गांधी बार-बार यह कहती हैं कि कांग्रेस के अलावा दूसरी पार्टी स्थायी सरकार नहीं दे सकती लेकिन हमने कांग्रेस की स्थायी सरकार भी देखी है। कई राज्यों में जहां कांग्रेस विधायक दलों में मुख्यमंत्री का बहुमत था, वहां भी सरकारें बदल गईं। इसलिए बदल दी गईं कि मुख्यमंत्री, प्रधानमंत्री की जी हुजूरी के तैयार नहीं थे। जनता पार्टी में प्रधानमंत्री पद के बहुत से दावेदार हैं, यह तो पार्टी के लिए गौरव की बात है कि उसमें अनेक लोग इस महान उत्तरदायित्व को संभालने के लिए तैयार हैं।

जबलपुर : 6 मार्च 1977

आपात काल में बेरोजगारी की संख्या बढ़ी- लिमये

जनता पार्टी के नेता मधु लिमये ने कहा कि सत्ता में आते ही जनता पार्टी आपात स्थिति समाप्त करेगी तथा नागरिकों के मौलिक अधिकार बहाल करेगी। इससे पूर्व की जनता पार्टी एक मजबूत पार्टी के रूप में उभरेगी। लोकसभा चुनावों की घोषणा हो गयी। इससे पार्टी का संगठन पूरा करने लिए समय कम मिला। जनता पार्टी एक ठोस पार्टी है और इससे एकता बनी रहेगी। चुनावों के बाद सभी दलों का विधिवत विलय हो जायेगा। इस चुनाव में जनता पार्टी एक ही चुनाव चिह्न पर लड़ रही है जो एकता का सबसे बड़ा सबूत है। कम्युनिस्ट पार्टी उन क्षेत्रों में जनता पार्टी के उम्मीदवारों का समर्थन करे जहां उसके उम्मीदवार खड़े नहीं हैं। अब सरकार ने कम्युनिस्ट पार्टी के साथ अन्य विरोधी दलों के समान व्यवहार नहीं किया है, लेकिन सरकार द्वारा कम्युनिस्ट के साथ भी वैसा ही व्यवहार हो सकता है जैसा कि विरोधी दलों के साथ हुआ है। मीसा का प्रयोग कम्युनिस्टों पर भी किया जा सकता है। रोजगार कार्यालयों में बेरोजगारों के पंजीयन की बड़ी संख्या से साफ पता चलता है कि बेकारी की समस्या बढ़ती जा रही है। इसी प्रकार मूल्य सूचकांक में वृद्धि का पता चलता है।

करनाल : 6 मार्च 1977

42 वां संशोधन रद्द कर दिया जायेगा- चौधरी चरण सिंह

जनता पार्टी के उपाध्यक्ष चौधरी चरण सिंह ने कहा कि यदि हमारा दल सत्ता में आया तो वह एक तिहाई भाग कृषि पर खर्च करेगा। हालांकि देश की 70 प्रतिशत जनता कृषि पर निर्भर

करती है पर अभी तक हमारे बजट का केवल 20 प्रतिशत भाग ही कृषि के क्षेत्र में खर्च किया जा रहा है। कांग्रेस ने सिर्फ पूंजीपतियों की ही सहायता की है और महादलित लोगों की अवहेलना की है। अगर देश में लघु उद्योगों का विकास किया गया होता तो काफी लोगों को रोजगार उपलब्ध कराया जा सकता था। यदि जनता पार्टी ने अपनी सरकार बनायी तो संविधान का 42 वां संशोधन रद्द कर दिया जायेगा और नागरिकों के मूल अधिकारों की पुनः प्रतिष्ठा की जायेगी।

बलसर : 6 मार्च 1977

मार्च के अंत तक 'मीसा' को पूरी तरह हटा देगी - पीलू मोदी

जनता पार्टी के नेता पीलू मोदी ने कहा कि जनता पार्टी सत्ता में आते ही मार्च के अंत तक 'मीसा' को पूरी तरह हटा देगी और लोकतांत्रिक कार्यक्रमों को गतिशील बनाएगी। प्रधानमंत्री इंदिरा गांधी ने हमें जेल में रखकर हम पर बड़ा उपकार किया है। अब देश में जनता पार्टी ही कांग्रेस का एक शक्तिशाली विकल्प है। यह कहना बेबुनियाद और हास्यप्रद है कि जनता पार्टी हरिजनों के कल्याण के लिए नहीं है।

मेरठ : 6 मार्च 1977

राष्ट्रपति को प्रधानमंत्री की सलाह मानने के लिए बाध्य नहीं होना पड़े- बहुगुणा

लोकतंत्र कांग्रेस के महासचिव हेमवती नन्दन बहुगुणा ने कहा कि अगर जनता पार्टी सत्ता में आ गई तो वह आपातकालीन स्थिति को समाप्त करने, मूल अधिकारों को सुरक्षित करने, संविधान संशोधनों को रद्द करने तथा लोकतंत्र एवं राज्य विधानसभाओं का कार्यकाल 6 वर्ष से घटाकर पांच वर्ष करने को सर्वोच्च प्राथमिकता देगी। जनता पार्टी यह देखेगी कि राष्ट्रपति को प्रधानमंत्री की सलाह मानने पर बाध्य नहीं होना पड़े।

मंगलौर : 6 मार्च 1977

जनसंघ : आर.आर.एस. का राजनीतिक रूप है- इंदिरा गांधी

प्रधानमंत्री इंदिरा गांधी ने कहा कि जनसंघ का हमेशा से हिंसा में विश्वास रहा है तथा उसने मुसलमानों और ईसाइयों की भलाई का विरोध किया है। जनसंघ और कुछ नहीं, राष्ट्रीय स्वयंसेवक संघ का राजनीतिक रूप है, जो स्वतंत्रता से पूर्व भी हिंसा का प्रचार करता रहता था। सबसे बुरी बात है कि राष्ट्रीय स्वयंसेवक संघ तो स्वतंत्रता के भी

विरुद्ध रहा है तथा उन स्वतंत्रता सेनानियों के हितों के विरुद्ध काम किया जो अंग्रेजों के चंगुल से देश को मुक्त कराने के लिए अपना सब कुछ कुर्बान कर रहे थे। वास्तविकता तो यह है कि राष्ट्रीय स्वयंसेवक संघ ने इन स्वतंत्रता सेनानियों के विरुद्ध अंग्रेजों से गठजोड़ किया।

जयपुर : 7 मार्च 1977

परिवार नियोजन की ज्यादतियों का सबूत है- कृपलानी

आचार्य जे.बी. कृपलानी ने पत्रकार सम्मेलन में कहा कि देश में सैनिक शासन की संभावना नहीं है। भारत जैसे प्राचीन एवं विशाल देश में साम्राज्य आये और गये, किन्तु यह देश अपनी संस्कृति के साथ कायम रहा है। जनता पार्टी की सरकार यदि बनती है तो उसके नेता मिलजुल कर सरकार चलाएंगे तथा किसी एक व्यक्ति को ही महत्व नहीं दिया जाएगा। जनता पार्टी शासन में आने पर मीसा तथा आपात स्थिति हटा देगी। यदि विरोधियों की सभाओं में भारी संख्या में उपस्थित होने वाली यदि किसी बात के समर्थन का संकेत है तो आवश्यक बहुमत मिलेगा क्योंकि अधिकांश जनता प्रतिपक्ष के साथ है। हमारे संविधान में केंद्र अत्यधिक शक्तिशाली हुआ तो फिर संविधान भी समाप्त किया जा सकता है। आज भी केंद्र इतना सशक्त है कि वह राज्यों की विधान सभाओं को भंग कर सकता है। उसका स्वरूप संघीय न होकर एकात्मक अधिक है। परिवार नियोजन में जो ज्यादतियां हुई हैं उसका सबसे बड़ा सबूत यही है कि उसके लिए एक केंद्रीय मंत्री ने क्षमा याचना की है और कहा है भविष्य में ऐसी ज्यादतियां नहीं होंगी।

हैदराबाद : 7 मार्च 1977

एक ही व्यक्ति की सत्ता समाप्त करें- राम

लोकतांत्रिक कांग्रेस के अध्यक्ष जगजीवन राम ने कहा कि एक ही व्यक्ति की सत्ता समाप्त करने और उसके स्थान पर न्याय पर आधारित सत्ता को स्थापित करें। मैं भगवान से इंदिरा गांधी को विवेक प्रदान करने की प्रार्थना करूंगा ताकि वे अब भी आपात स्थिति को हटा ले। इंदिरा गांधी को नाटकीय ढंग से काम करने की आदत है। लोकसभा के चुनाव कराने की उनकी नाटकीय घोषणा इसी का एक अंग है। प्रधानमंत्री हमेशा कहती रही हैं कि उन्होंने कमजोर वर्गों के लिए बहुत कुछ किया। आम तौर पर युवकों के लिए उन्होंने क्या किया है। देश के युवक बेकारी के कारण कुंठा ग्रस्त हैं और उनकी डिग्रियां बेकार हो गयी हैं।

त्रिवेन्द्रम : 7 मार्च 1977

परिवार नियोजन को समाचार पत्रों ने हौवा बना दिया है- इंदिरा गांधी

प्रधानमंत्री इंदिरा गांधी ने कहा कि जनता पार्टी का चुनाव घोषणा पत्र नेहरू जी की नीतियों तथा उन सभी बातों के प्रतिकूल है, जिनके लिए उन्होंने कार्य किया। घोषणा पत्र में हर व्यक्ति को चीज देने का वादा किया गया है, लेकिन उसमें यह नहीं बताया गया है कि इन वादों को पूरा कैसे किया जायेगा। परिवार नियोजन संबंधित सरकारी नीति के बारे में विपक्ष और समाचार पत्रों द्वारा जानबूझ कर 'हौवा' खड़ा कर दिया गया है। कुछ समय पहले जगजीवन राम स्वयं कांग्रेस की उपलब्धियों की प्रशंसा कर रहे थे। श्रीमति विजय लक्ष्मी पंडित मुझसे हमेशा नाराज रही हैं, मेरे प्रधानमंत्री बनने पर उनकी पहली टिप्पणी कोई अच्छी नहीं थी।

मेरठ : 7 मार्च 1977

चुनाव के पूर्व रियायतों की घोषणा अनुचित- गुप्त

जनता पार्टी के नेता चन्द्रभानु गुप्त ने कहा कि चुनाव के पूर्व राज्य सरकारों एवं केंद्र सरकार द्वारा विभिन्न वर्गों के लोगों के लिए रियायतों की घोषणा अनुचित है। यदि शासक इस जनता को कोई रियायतें देना चाहती है तो उन्हें अपने चुनाव घोषणा पत्र में शामिल करना चाहिये और चुनाव जीतने के बाद उन्हें पूरा करना चाहिये। जनता पार्टी के संगठन से देश में दो दलीय प्रणाली का विकास होगा। इस व्यवस्था के अन्तर्गत जनता कभी भी सत्तारूढ़ दल को हटा सकती है, क्योंकि उसके सामने एक निश्चित विकल्प रहेगा। इससे सरकारी मशीनरी भी ठीक

ढंग से काम करती है। जनता पार्टी गांधीवादी विचारधारा वाला एक प्रगतिशील दल है और इसमें शामिल दलों का आपस में कोई मतभेद नहीं है।

बम्बई : 7 मार्च 1977

कांग्रेस और जनता पार्टी में सीधा मुकाबला होने दें- जेपी

पिछले दो सप्ताह तक लोकनायक जयप्रकाश नारायण जसलोक अस्पताल में रह कर स्वास्थ्य लाभ करने के बाद पटना के लिए प्रस्थान करने से पूर्व जेपी ने जनता पार्टी के कार्यालय से प्रसारित अपने वक्तव्य में कहा कि निर्दलीय एवं प्रतिपक्ष दलों के प्रतिनिधि प्रत्याशी अपनी उम्मीदवारी वापस ले लें, ताकि लोकसभा निर्वाचन में कांग्रेस और जनता पार्टी के बीच सीधा मुकाबला हो सके। प्रत्यक्ष संघर्ष से वोट बंटने नहीं पायेंगे और जनता पार्टी की विजय की

संभावना बढ़ेगी। स्वास्थ्य की प्रतिकूलता के कारण निर्वाचन अभियान के लिए असमर्थ हूं। चुनाव के पूर्व कुछ दिन देश के भाग्य के निर्णायक होने के कारण बड़े ही महत्वपूर्ण हैं। मैं चिकित्सा सुविधा और स्नेह के लिए बम्बई के नागरिकों एवं जसलोक अस्पताल के कर्मचारियों के प्रति कृतज्ञ हूं।

नई दिल्ली : 7 मार्च 1977

जनता पार्टी सामूहिक नेतृत्व प्रदान करेगी- कृपलानी

आचार्य जे.बी.कृपलानी ने पत्रकार सम्मेलन में कहा कि अगर जनता पार्टी सत्ता में आयेगी तो वह सामूहिक नेतृत्व प्रदान करेगी तथा देश में राजनीतिक स्थायित्व देगी। जनता पार्टी के नेताओं ने एक साथ मिलकर तकलीफ उठाई है, वे अब एक साथ मिलकर काम कर रहे हैं। चुनाव के बाद उनकी एकता में संदेह नहीं किया जाना चाहिए। ऐसा इसलिए कि वे सभी विभाजन के परिणामों को जानते हैं। चुनाव पूर्व जनता पार्टी के नेता के नाम लेने की आवश्यकता नहीं दिखती। जनतंत्र में चुनाव के बाद सत्ताधारी दल की बैठक होती है और उसमें नेता का चुनाव होता है। यही जनतांत्रिक पद्धति है जिसका सबको पालन करना चाहिए। जो यह कहते हैं कि जनता पार्टी योग्य नेतृत्व प्रदान नहीं कर सकेगी वे ज्योतिषी ही होंगे।

कलकत्ता : 8 मार्च 1977

जनता पार्टी कांग्रेस से अधिक सक्षम- जेपी

लोकनायक जयप्रकाश नारायण को 8 मार्च की सुबह जसलोक अस्पताल से मुक्त किया गया जिसके उपरांत उन्होंने कहा कि मैं बहुत अधिक कमजोरी और थकान महसूस कर रहा हूं। चार महीने जेल के जीवन में मेरा गुर्दा बेकार हो गया। बम्बई से पटना जाने के मार्ग कलकत्ता हवाई अड्डे पर कुछ देर के लिए जेपी रुके थे, उसी अंतराल में यहां पत्रकारों से बातचीत करते हुए उन्होंने कहा कि वर्तमान समय में विरोधी दल सरकार बनाने और उसे चलाने में कांग्रेस से अधिक सक्षम है। प्रतिभा के क्षेत्र में भी विरोधी दल कांग्रेस से बढ़-चढ़ कर ही है। छात्रों एवं राजनीतिक दलों से तथा असंबंधित नागरिकों से समितियों का संगठन कर मतदान केंद्रों पर तिकड़म न होने दें। मतपत्रों पर स्वत: मिट जाने वाली स्याही के प्रयोग किये जाने की अफवाह यदि सत्य है तो फिर इन तिकड़मों से भगवान ही बचा सकता है। प्रधानमंत्री की यह टिप्पणी तर्कहीन है कि जनता पार्टी स्थायी सरकार नहीं प्रदान कर सकेगी। जनता पार्टी के नेता राजनीति में मंजे हुए हैं, उन्हें शासन का अच्छा अनुभव भी है। यदि देखा जाए तो इंदिरा सरकार ही अस्थायी

और बहुत कमजोर सिद्ध हुई है। जनता पार्टी एक ही पार्टी है। उसके नेताओं ने भी इस तरह की घोषणा की है। चुनाव के बाद इसके सभी घटक दल एक हो जायेंगे। देश में ऐसा पहली बार हुआ है, जब चार दलों ने मिलकर एक पार्टी का संगठन किया हो। इससे लोकतांत्रिक विचारधारा के लोगों को खुशी हुई है।

तिरुचिरापल्ली : 8 मार्च 1977

जनता पार्टी वामपंथी तथा दक्षिणपंथी तत्वों का गठजोड़ - इंदिरा गांधी

प्रधानमंत्री इंदिरा गांधी ने कहा कि कामराज की मृत्यु के बाद उनके अनुयायियों के एक वर्ग ने दक्षिणपंथी प्रतिक्रियावादी दल का रूप ले लिया। जनता पार्टी उग्र वामपंथी तत्वों का गठजोड़ है। उसके नेता कभी भी अपने कार्यक्रम अथवा घोषणा पत्र के बारे में बातें नहीं करते और न अपने विगत कार्यकलापों अथवा वे भविष्य में क्या करेंगे, इसका खुलासा ही देते हैं।

बिदिशा : 8 मार्च 1977

जनता पार्टी बड़ी मिलों को बंद कर देगी - संजय गांधी

कांग्रेस नेता संजय गांधी ने कहा कि जनता पार्टी के पास कोई कार्याक्रम नहीं। चौधरी चरण सिंह कहते हैं कि जनता पार्टी जीतेगी तो बड़ी मिलें खत्म कर देगी और कोई बड़ा कारखाना नहीं खोलेंगे। जनता पार्टी के लोग कहते हैं कि वे लोकतंत्र को बचायेंगे, देश को गांधी जी के रास्ते पर ले जायेंगे, किन्तु क्या वे लोग देश में खिचड़ी सरकार बनाकर शासन चला सकेंगे। पिछले वर्षों जनता पार्टी ने उत्तर प्रदेश, मध्यप्रदेश, गुजरात में खिचड़ी सरकारों का गठन किया था, लेकिन वे सफल नहीं हो सकीं।

नई दिल्ली : 8 मार्च 1977

प्रेस नागरिक स्वतंत्रता की पूरी गारंटी- राम

लोकतांत्रिक कांग्रेस के अध्यक्ष जगजीवन राम ने कहा कि यदि जनता पार्टी सत्तासीन हुई तो वह प्रेस की स्वतंत्रता और नागरिक स्वतंत्रता की पूरी गारंटी देगी। जनता पार्टी में ऐसे कई व्यक्ति हैं, जो प्रधानमंत्री के पद के उत्तरदायित्व को संभाल सकते हैं, जबकि कांग्रेस के पास इस तरह का एक ही व्यक्तित्व है।

नई दिल्ली : 8 मार्च 1977

सभी नजरबंदियों को तुरंत छोड़ा जाए- वाजपेयी

जनता पार्टी के नेता अटल बिहारी वाजपेयी ने कहा कि सभी नजरबंदियों को तुरंत छोड़ देने तथा सभी संगठनों पर से, जिनमें राष्ट्रीय स्वयंसेवक संघ और जमात ए इस्लामी भी हैं, प्रतिबंध हटा लिए जाएं। बिना न्यायिक जांच के किसी संगठन पर प्रतिबंध लगाना गलत परंपरा होगी।

ब्रह्मपुर : 8 मार्च 1977

सरकार किसी के साथ पक्षपात ने करे - गिरि

भारत के पूर्व राष्ट्रपति वी.वी.गिरि ने कहा कि आगामी चुनाव में देशवासियों को अपनी अंतरात्मा की पुकार के अनुसार वोट दें। मेरा किसी राजनीतिक दल से सम्बन्ध नहीं है। चुनाव के मुद्दे सबको मालूम हैं। अत: अंतरात्मा की पुकार के अनुसार मतदान करना चाहिए। वी.वी.गिरि ने उड़ीसा के ब्रह्मपुर में उड़ीसा की सरकार से खास तौर से अपील की कि वह किसी के साथ पक्षपात न करें। चुनाव में भाग ले रहे सभी दलों को शांति बनाये रखने में सहयोग करना चाहिये। राजनीतिक दलों को हार जीत की परवाह किये बिना खिलाड़ी की भावना से चुनाव लड़ने चाहिये।

नादिया : 9 मार्च 1977

खिचड़ी हमेशा स्वादिष्ट होती है- देसाई

जनता पार्टी के अध्यक्ष मोरारजी देसाई ने कहा कि जनता पार्टी सत्ता में आयी तो औद्योगिक कर्मचारियों के लिए समय और अच्छा वेतन दिलाएगी। जनता पार्टी सार्वजनिक और निजी क्षेत्रों के मजदूरों को बोनस भी दिलाएगी, उनकी पार्टी श्रमिकों के प्रबंध में भागीदारी में विश्वास करती है और यह योजना सभी उद्योगों में लागू की जाएगी। जनता पार्टी केवल खिचड़ी पार्टी है, जनता इसे बरदाश्त करे, क्योंकि खिचड़ी हमेशा स्वादिष्ट होती है।

लखनऊ : 9 मार्च 1977

चुनाव के बाद जनता पार्टी सरकार बनाएगी- आडवाणी

जनता पार्टी के महासचिव लालकृष्ण आडवाणी पत्रकार ने सम्मेलन में कहा कि जनता पार्टी को जनता का पूर्ण समर्थन प्राप्त है और चुनाव के बाद जनता पार्टी सरकार बनाएगी। इस बार जनता पार्टी को उन प्रदेशों में भी बहुमत मिलेगा जो सदा ही कांग्रेस के गढ़ रहे हैं। कांग्रेस पार्टी जो धर्म

निरपेक्षता का ढिंढोरा पीटती है वास्तव में आपसी फूट पैदा करके ही राज करती रही है, इसी कारण अब जनता का उसमें विश्वास नहीं रहा है। प्रदेश के मुख्यमंत्री नारायण दत्त तिवारी का यह दावा गलत है कि इस प्रदेश में अब कोई राजनीतिक बंदी जेल में नहीं है। जनता पार्टी के गठबंधन के बाद जनसंघ का अपना अस्तित्व बिल्कुल समाप्त हो गया है। सभी दलों ने एक होकर जनता पार्टी के रूप में एक नये राजनीतिक दल का गठन किया है। जनता पार्टी 23 मार्च को दिल्ली में अपनी बैठक में नेता का चुनाव करेगी। हमारे सामने प्रधानमंत्री कौन होगा, का प्रश्न नहीं बल्कि प्रधानमंत्री कैसा होना चाहिये, का प्रश्न है। सरकार बनाने के बाद हमारी पार्टी देश में प्रथम बार एक ऐसे आयोग का गठन करेगी जो अल्पसंख्यक तथा कमजोर वर्गों के हितों की देखभाल करेगी।

देहरादून : 9 मार्च 1977

कांग्रेस सरकार गरीबी दूर करने में सफल नहीं- बहुगुणा

कांग्रेस फोर डेमोक्रेसी के महासचिव हेमवती नन्दन बहुगुणा ने कहा कि परिवार नियोजन अभियान के वर्तमान तरीके से मैं असहमत हूं। बड़े परिवार होने का मुख्य कारण यह है कि सरकार गरीबी दूर करने में सफल नहीं हो सकी। यदि सरकार ने कृषि उत्पादन, हस्तकला तथा रोजगार के अवसरों को बढ़ाने के लिए गंभीरता से कार्यक्रम चलाये होते तो लोगों का जीवन स्तर ऊपर उठ गया होता। आर्थिक समृद्धि से लोगों को छोटा परिवार रखने की प्रेरणा मिलती है। अगर जनता पार्टी सत्ता में आती है तो वह बहुत से कानूनों को रद्द कर देगी, कर्मचारी वर्ग को बोनस, महंगाई भत्ता और अन्य सुविधाएं प्रदान करेगी।

गुवाहाटी : 9 मार्च 1977

कांग्रेस सत्ता में नहीं आयी तो विदेशी हस्तक्षेप संभव- बरुआ

कांग्रेस अध्यक्ष देवकान्त बरुआ ने कहा कि आगामी सप्ताह लोकसभा के लिए होने वाले निर्वाचन में अगर कांग्रेस सत्ता में आयी तो देश में गड़बड़ पैदा होगी, जिससे पवित्र भारतीय भूमि में विदेशी हस्तक्षेप हो सकता है। भारत में एक मात्र राजनीतिक पार्टी कांग्रेस है, जो देश की एकता और सुरक्षा को बनाने में समर्थ रही है।

पटना : 10 मार्च 1977

आजादी और गुलामी में से एक चयन करें- कृपलानी

नब्बे वर्षीय वयोवृद्ध नेता आचार्य जे.बी.कृपलानी ने जनता पार्टी की एक चुनावी सभा को संबोधित करते हुए कहा कि जनता को आजादी और गुलामी में से किसी एक का चयन करना

है। अगर इस चुनाव में कांग्रेस सरकार को नहीं हटाया गया तो अगले दस वर्षों तक जनता गुलाम बनी रहेगी।

जालंधर : 10 मार्च 1977

लोकसभा चुनाव में स्थानीय समस्याओं को न उठाएं - इंदिरा गांधी

प्रधानमंत्री इंदिरा गांधी ने कहा कि गरीबी दूर करने के लिए राजनीतिक स्थिरता की बहुत जरूरत है और लोगों को चाहिए कि वे केंद्र को कमजोर नहीं होने दें। लोकसभा के चुनावों में स्थानीय समस्याओं को नहीं उठाया जाना चाहिए। लोकसभा चुनाव में भविष्य की तथा देश को मजबूत बनाने की बात करनी चाहिए।

गया : 10 मार्च 1977

इंदिरा गांधी अंग्रेजी भोजन करतीं- राम

लोकतंत्र कांग्रेस के अध्यक्ष जगजीवन राम ने कहा कि आपात स्थिति की आड़ में इंदिरा गांधी ने जनतंत्र का गला घोंटा है। आज देश में डेढ़ व्यक्ति की तानाशाही है। स्थिति को मद्देनजर रखते हुए उस समय आपात स्थिति की घोषणा आवश्यक समझी गयी, किन्तु अब जब कि स्थिति शांतिपूर्ण है, आपात स्थिति को जारी रखना अनुचित और अन्यायपूर्ण है। प्रधानमंत्री ने कहा कि आपात स्थिति को हटाने से हमारी निजी योजना गड़बड़ हो जायेगी। इंदिरा गांधी कहती हैं कि जनता पार्टी खिचड़ी है। अंग्रेजी भोजन का स्वाद लेने वाले भला यह कैसे जानेंगे कि गरीबों के लिए खिचड़ी का क्या महत्व है। जनता पार्टी, जनता की पार्टी है। उसका एक ही झंडा और चुनाव चिह्न है। देश की गरीब जनता खिचड़ी के महत्व को जानती है। इसके आलोचक भी आगामी चुनाव में इसके महत्व को जान जाएंगे।

पटना : 10 मार्च 1977

तीस वर्षीय कांग्रेसी शासन ने सौ गुने झगड़े लगाये- इमाम बुखारी

जनता पार्टी की एक चुनाव सभा में जामा मस्जिद (दिल्ली) के शाही इमाम मौलाना बुखारी ने हिंदुओं, मुसलमानों, सिखों तथा ईसाइयों के देश में लोकतंत्र स्थापित करने के लिए जनता पार्टी को वोट दें। अंग्रेज ने भारत पर अपना शासन कायम रखने के लिए हिंदुओं और मुसलमानों में जितने झगड़े लगाये थे उससे सौ गुना अधिक झगड़े कांग्रेसी सरकार ने अपने तीस साल के शासन में लगाये हैं परंतु अब सभी सम्प्रदाय के लोग कांग्रेस की हरकत को समझ गये हैं। परिवार

नियोजन कार्यक्रम के अंतर्गत सरकार ने जो किया है उसे राष्ट्र कभी नहीं माफ करेगा। अब हिंदुओं और मुसलमानों के अक्ल के दांत निकल आये हैं, इसलिए श्रीमति गांधी के पंजे में अब नहीं आ सकते हैं। यदि मैं दस करोड़ मुसलमानों का इमाम हूं तो पचास करोड़ हिंदुओं की भी सलामती चाहता हूं। मुझे भी कुछ दिन पहले केंद्रीय सरकार द्वारा प्रलोभन दिये गये परंतु जब वे इसमें सफल नहीं हुए तब झगड़ा खड़ा कर उन्हें मीसा में गिरफ्तार किया गया। यदि जनता पार्टी की सरकार बनेगी तो प्रधानमंत्री द्वारा किये गये नाजायज कार्यो के लिए उनके विरुद्ध कार्रवाई की जायेगी। यदि जनता पार्टी की सरकार भी इस तरह की कार्रवाई करेगी तो उसे भी माफ नहीं किया जायेगा और उसे भी उखाड़ फेंकने में जनता को देर न लगेगी।

जयपुर :10 मार्च 1977

देश में द्विदलीय प्रणाली हो- वाजपेयी

जनता पार्टी के नेता अटल बिहारी वाजपेयी ने कहा कि देश में द्विदलीय प्रणाली हो रही है जो एक सुखद बात है और भविष्य में लोकतंत्र पर कोई खतरा नहीं आएगा। चुनाव के बाद जनता पार्टी के घटक दल एक पार्टी हो जायेंगे। यह एक पवित्र प्रतिष्ठा है। यह गलत है कि जनता पार्टी पर जनसंघ का प्रभुत्व है। जनसंघ ने राष्ट्रीय विकल्प के संगठन में महान कुर्बानी दी है। नये दल के अध्यक्ष कांग्रेस के मोरारजी देसाई हैं और दल अलोद का चुनाव चिह्न कबूल किया है। नई पार्टी ने संशोधन सहित समाजवाद को स्वीकार किया है कि आर्थिक शक्ति का विकेन्द्रीकरण किया जायेगा। कांग्रेस अध्यक्ष डी.के.बरुआ तथा जनता पार्टी के अध्यक्ष मोरारजी देसाई को संयुक्त रूप से अपील जारी कर लोगों से चुनाव सभाओं में गड़बड़ न करने को कहना चाहिये। यह हरेक व्यक्ति की जिम्मेदारी है कि चुनाव सभाएं शांतिपूर्ण तरीके से सम्पन्न हों। देश में चुनाव अभियान शांतिपूर्ण ढंग से चल रहा है और हम शांतिपूर्ण मतदान की गारंटी चाहते हैं।

हरदोई : 10 मार्च 1977

चुनाव में कांग्रेस द्वारा सरकारी संसाधनों का दुरुपयोग- बहुगुणा

कांग्रेस फोर डेमोक्रेसी के महासचिव हेमवती नन्दन बहुगुणा ने कहा कि कांग्रेस चुनाव में सरकारी संसाधनों का दुरुपयोग कर रही है तथा मतदाताओं एवं कार्यकर्ताओं को सत्ता तंत्र की ओर से धमकी दी जा रही है। विगत महीनों में कर्मचारियों एवं अन्य वर्गो के लोगों का दमन किया गया और अब उनके घावों पर मरहम लगा कर मत प्राप्त करने का प्रयास किया जा रहा है।

मुरादाबाद : 10 मार्च 1977

विपक्षी कांग्रेस को गाली देनी है - राजू

कांग्रेस के महासचिव बी.बी.राजू ने कहा कि केवल कांग्रेस पार्टी और उसके नेताओं को गाली देना है। इस तरह के नकारात्मक विचारों वाले दल देश को आगे नहीं ले जा सकते हैं।

वाराणसी : 10 मार्च 1977

देश का भविष्य जनता पार्टी के हाथों में सुरक्षित है- राज नारायण

जनता पार्टी के नेता राज नारायण ने कहा कि जनता पार्टी के हाथ में देश का भविष्य सुरक्षित है। जनता पार्टी में ऐसे लोग हैं, जिनकी प्रशासनिक क्षमता महान है और जो मामले का सही और सुचारू रूप से संचालन कर सकते हैं। यह कहना गलत है कि जनता पार्टी जनसंघ तथा राष्ट्रीय स्वयंसेवक संघ से प्रभावित है। पार्टी के अधिकतर नेताओं ने यह निश्चय किया है कि यदि पार्टी सत्ता में आती है तो सरकार से बाहर ही रहेंगे। मैं भी उन्हीं लोगों में से एक हूं।

बड़ौदा : 10 मार्च 1977

समाचार पत्र स्वयं अपनी आचार संहिता बनाएं- देसाई

जनता पार्टी के अध्यक्ष मोरारजी देसाई ने कहा कि अगर जनता पार्टी सत्ता में आती है तो समाचार पत्रों सहित जनसंचार के साधनों के सरकारी नियंत्रण से मुक्त कर देगी। जनता पार्टी समाचार पत्रों पर कोई आचार संहिता नहीं थोपेगी बल्कि वह आशा करेगी कि वे स्वयं ही अपनी आचार संहिता बनायें। मैंने कभी नहीं यह कहा कि प्रधानमंत्री इंदिरा गांधी पूरी तरह तानाशाह बन गई हैं। देश के व्यापक हित में केंद्र और राज्य सरकार दोनों का शक्तिशाली होना जरूरी है। केंद्र को राज्य सरकारों के छोटे-छोटे मामलों में हस्तक्षेप नहीं करना चाहिये। केन्द्र को राज्य सरकारों की जब भी जरूरत हो, सलाह और सहायता देनी चाहिये। चुनाव के तुरन्त बाद जनता पार्टी के सभी घटक दल एक पार्टी का रूप लेंगे। जनता पार्टी दल बदलू को प्रोत्साहन नहीं देगी। जगजीवन राम को दलबदलू नहीं कहा जा सकता है क्योंकि उन्होंने सिर्फ कांग्रेस से ही नहीं बल्कि मंत्रिमंडल से भी इस्तीफा दे दिया।

नई दिल्ली : 11 मार्च 1977

जनता पार्टी जनता की अदालत में आई है- वाजपेयी

जनता पार्टी के नेता अटल बिहारी वाजपेयी ने कहा कि जनता पार्टी जनता की अदालत में आयी है, अब जनता का काम है कि वह चुनाव के बारे में फैसला करे। जनता पार्टी यदि सत्ता

में आयी, तो वह आपात स्थिति में जनता के जिन अधिकारों को समाप्त कर दिया गया था, उन्हें पुन: लौटा देगी। इसमें कर्मचारी यूनियनों के अधिकार भी शामिल हैं। सत्ताधारी लोगों को बिना मुकदमा चलाये मीसा के तहत बंद कर रखा है। चुनाव अभियान में कांग्रेस भीड़ इकट्ठी करने के लिए फिल्मी अभिनेताओं का उपयोग कर रही है। जनता पार्टी को चुनाव में बहुमत मिलने का पूरा विश्वास है, लेकिन समझते हैं कि लोकसभा में जनता पार्टी को दो-तिहाई बहुमत मिले।

मद्रास : 11 मार्च 1977

विदेशी रुपये सिर्फ आर.बी.आई. के जरिये ही देश में आ सकते हैं- अशोक मेहता

जनता पार्टी के नेता अशोक मेहता ने कहा कि आगामी चुनाव में किसी तरह की गड़बड़ होने की आशंका नहीं है। यदि किसी तरह की गड़बड़ हुई तो उसके परिणाम भयंकर होंगे। चुनाव शांतिपूर्ण और सद्भावनापूर्वक वातावरण में सम्पन्न होंगे। कर्नाटक के मुख्यमंत्री देवराज अर्स यह कहते हैं कि विरोधी दलों को विदेशों से रुपये मिलते हैं। विदेशी रुपये सिर्फ रिजर्व बैंक ऑफ इण्डिया के जरिये ही देश में आ सकते हैं।

दरभंगा : 11 मार्च 1977

लोकतंत्र संकट से गुजर रहा है- चौधरी चरण सिंह

जनता पार्टी के उपाध्यक्ष चौधरी चरण सिंह ने कहा कि अगर वर्तमान कांग्रेसी तानाशाही के अन्त और लोकतंत्र तथा जनता के लोकतांत्रिक अधिकारों की पुन: स्थापना के लिए संचित हों तो जनता पार्टी को वोट दें। लोकतंत्र संकट से गुजर रहा है। गरीबी भंयकर रूप से बढ़ रही है। जनता की आर्थिक स्थिति असीम रूप से बिगड़ती जा रही है। बेरोजगारी बढ़ रही है। 1 करोड़ 10 लाख बेकार युवक नियोजन कार्यालयों में नाम लिखा चुके हैं, जिन्हें नौकरी नहीं मिल रही है। भ्रष्टाचार व्याप्त है। कृषि उत्पादन बाधित हो रहा है। करोड़ों का अन्न हर साल बाहर से मंगाया जाता है। यह सब होते हुए भी कृषि उत्पादन बढ़ाने का हार्दिक प्रयास नहीं किया जा रहा है।

जमशेदपुर : 11 मार्च 1977

कांग्रेस की परराष्ट्र नीति विदेशों से प्रभावित- आडवाणी

जनता पार्टी के महासचिव लालकृष्ण आडवाणी ने एक पत्रकार सम्मेलन में कहा कि जनता पार्टी भारतीय परराष्ट्र नीति के सिद्धांत में कोई परिवर्तन नहीं करेगी, किन्तु इसके कार्यान्वयन

में आमूल परिवर्तन लाएगी। कांग्रेस ने किसी न किसी स्थिति में अनेक देशों के गुट की परराष्ट्र नीति का पिछलग्गू बना दिया है। रुपये के अवमूल्यन में वह समय अमेरिका से प्रभावित माना गया और प्रतिरक्षा के मामले में वह रूस पर पूर्णत:अवलम्बित है। जनता पार्टी एवं कांग्रेस फोर डेमोक्रेसी के कुल 440 उम्मीदवारों में से कम से कम 300 की विजय निश्चित होगी। इंदिरा गांधी तानाशाही एवं सामंतशाही की मिश्रण हैं।

नई दिल्ली : 12 मार्च 1977

23 मार्च को जनता प्रत्याशी राजघाट पर शपथ लेंगे - देसाई

जनता पार्टी के अध्यक्ष मोरारजी देसाई ने अपने एक वक्तव्य में कहा कि लोकसभा चुनावों के निर्णय घोषित होने के बाद 23 मार्च (1977) को राजघाट के सफल उम्मीदवारों को घोषित कार्यक्रम के कार्यान्वयन हेतु शपथ लेने के लिए नियंत्रित है। श्री जयप्रकाश नारायण, आचार्य कृपलानी और अन्य नेता भी इस अवसर पर उपस्थित रहेंगे। नवनिर्वाचित सदस्य इस बात की शपथ लेंगे कि एक साथ रहेंगे, गांधीवादी सिद्धांतों के अनुसार बनाए जाने वाले आचरण संहिता का पालन करेंगे और चुनाव में प्राप्त जनादेश के अनुसार देश की सेवा करेंगे।

नई दिल्ली : 12 मार्च 1977

घटक दल कभी अलग नहीं होंगे- वाजपेयी

जनता पार्टी के नेता अटल बिहारी वाजपेयी ने कहा कि चुनाव के बाद जनता पार्टी के घटक दलों के अलग होने का कोई प्रश्न ही नहीं उठता। जिन चार घटक दलों को मिलाकर जनता पार्टी का संगठन किया गया है उनके घटक दलों ने एक ही दल में विलीन हो जाने का संकल्प ले लिया है। कांग्रेस की ओर से जनता में भ्रम फैलाने की कोशिश की जा रही है। जनता पार्टी अपने घोषणा पत्र में दिये गये आश्वासन को पूरा करने के लिए कृतसंकल्प है। यह गलत है कि जनता पार्टी पर जनसंघ का प्रभुत्व है। लगता है, प्रधानमंत्री अभी आपात स्थिति से अपने जनसंघी बहम से मुक्त नहीं हुई हैं। यदि जनता पार्टी सत्ता में आयी तो वह संविधान के आधारभूत ढांचे को पुन: स्थापित कर देगी। संविधान के तीसरे खंड में काम करने के अधिकार को जोड़ देगी। प्रधानमंत्री द्वारा चुनाव सभाओं में बाहरी आक्रमण और आंतरिक अवस्था का हवाला देना अनुमत है। जब कभी भी देश पर आक्रमण हुआ पूरा राष्ट्र मतभेद भुलाकर एकजुट खड़ा हो गया। चुनावों के बाद यदि अकाली दल जनता पार्टी में मिलना चाहेगा तो हम उसका स्वागत करेंगे।

बरेली : 12 मार्च 1977

विपक्षी को चुनने से कोई लाभ नहीं- इंदिरा गांधी

प्रधानमंत्री इंदिरा गांधी ने कहा कि सरकार ने देश की दुतगामी प्रगति के लिए बहुत प्रगतिशील कार्यक्रम शुरू किये हैं, लेकिन अभी आम लोगों की गरीबी दूर करने के लिए बहुत कुछ किया जाना बाकी है। आप ऐसे लोगों को लोकसभा के लिए चुनें, जो केंद्र को मजबूत बनायें और विकास कार्यक्रमों के कार्यान्वियन में सहायक हों। ऐसे लोगों को चुनने से कोई लाभ नहीं होगा, जो केवल स्थगन और अविश्वास का प्रस्ताव लेकर सदन में अव्यवस्था फैलाएं।

वाराणसी : 12 मार्च 1977

अब वह कुर्सी भी खतरे में पड़ चुकी है- चौधरी चरण सिंह

जनता पार्टी के उपाध्यक्ष चौधरी चरण सिंह ने कहा कि कांग्रेसी हुकूमत ने देश का नैतिक पतन कर दिया है और भ्रष्टाचार चरम सीमा पर पहुंच गया है। इस हुकूमत में बेकारी बढ़ती जा रही है तथा गरीब और अमीर के बीच खाई चौड़ी होती जा रही है। अत: इसे हटाना जरूरी हो गया है। जिस कुर्सी को बचाने के लिए आपात स्थिति लगायी गयी अब वह कुर्सी भी खतरे में पड़ गयी है। जेलों में बंद लोगों की तत्काल रिहाई की जाए।

नई दिल्ली 12 मार्च 1977

पहली बैठक 22-23 मार्च को होगी- सुरेन्द्र मोहन

जनता पार्टी के सचिव सुरेन्द्र मोहन ने कहा कि जनता संसदीय दल के नेता का चुनाव करने के लिए जनता पार्टी के निर्वाचित सदस्यों की पहली बैठक यहां 22 और 23 मार्च को होगी। चुनाव के बाद की स्थिति पर विचार करने के लिए 21 से 23 मार्च तक जनता पार्टी की राष्ट्रीय समिति की त्रिदिवसीय बैठक होगी। लोकतांत्रिक कांग्रेस के सदस्य जनता पार्टी की बैठक में शामिल नहीं होंगे किन्तु वे औपचारिक और अनौपचारिक विचार विमर्श के लिए दिल्ली में मौजूद रहेंगे।

नई दिल्ली : 12 मार्च 1977

जेपी मोरारजी के संयुक्त वक्तव्य

जनता पार्टी के एक प्रवक्ता ने लोकनायक जयप्रकाश नारायण एवं मोरारजी देसाई को एक संयुक्त वक्तव्य जारी किया। वक्तव्य में कहा कि जिन लोगों पर चुनाव कराने का भार है वे राष्ट्र

द्वारा अपने ऊपर सौंपे गये गुरुतर उत्तरदायित्व को महसूस करें। हमें पूरी आशा है कि उनके हाथों में वोट के रूप में जनता की जो इच्छा होगी उसे वे ईमानदारी से घोषित करेंगे। अपील में चुनाव आयोग की महान परम्पराओं का हवाला देते हुए विश्वास व्यक्त किया गया है कि जिन अभूतपूर्व परिस्थितियों में यह चुनाव हो रहा है उसमें यह आयोग उन्हें निभायेगा। मतदाताओं से भी जागरूक रहकर नियमों के पालन में सहायता देने का आग्रह किया गया है।

सूरत : 12 मार्च 1977

प्रशासनिक व्यय में कमी की जाए- देसाई

जनता पार्टी के अध्यक्ष मोरारजी देसाई ने कहा कि चुनाव में बहुमत प्राप्त होने पर जनता पार्टी स्थायी सरकार दे सकेगी, जो पूरी अवधि तक चलेगी। विभिन्न राज्यों की संविदा सरकारों की तरह यह गिरेगी नहीं। राज्यों में संविदा सरकार इसलिए टूटती गयी, क्योंकि उनके घटक दलों के सामान्य आदर्श और कार्यक्रम नहीं थे, जनता पार्टी के पास एक आदर्श है, जो गांधीवादी सिद्धांतों पर आधारित है। चुनाव घोषणा पत्र में जिस कार्यक्रम की रूपरेखा प्रस्तुत की गयी है, वह इस आदर्श के अनुकूल है। सरकार की दोषपूर्ण नीतियों के कारण ही कीमतों में लगातार वृद्धि होती रही है। कीमतों में वृद्धि रोकने के लिए प्रशासनिक कार्यों में कमी की जाए, बैंक भागियों और मुद्रा प्रसारण को नियंत्रित किया जाए तथा काला बाजारियों और तस्करों के विरुद्ध कड़े कदम उठाये जाएं।

पटना : 14 मार्च 1977

जनता पार्टी केंद्र में सुदृढ़ सरकार बनाएगी- जेपी

जगत नारायण रोड, कदमकुआं स्थित 'प्रभा स्मृति' लोकनायक जयप्रकाश नारायण अपने निवास स्थान पर आयोजित प्रेस कॉन्फ्रेंस में पत्रकारों से बातचीत की। जेपी ने अपने आठ घंटे के डायलिसिस लेने के उपरान्त पत्रकारों से बातचीत की। उनके दायें पैर में पट्टी बंधी हुई थी जिस स्थान से डायलिसिस की गई थी। फिर भी जेपी प्रसन्नचित्त थे और हर सवाल का जवाब नपे तुले ढंग से दे रहे थे। पत्रकारों को संबोधित करते हुए उन्होंने कहा कि चुनाव स्वतंत्र और निष्पक्ष कराया जाए। आगामी लोकसभा चुनाव में बिहार में तरह-तरह का गलत तरीका अख्तियार करने की चुनावी आशंका निर्मूल नहीं है और बिहार तथा दूसरे राज्यों में इस सम्बन्ध में किये जा रहे दुष्कर्मों से विविध उदाहरण उनकी बात की पुष्टि करते हैं। बिहार के कतिपय चुनाव क्षेत्रों में चुनाव जीतने के लिए दुष्कर्मों का सहारा लिया जा रहा है। आगामी लोकसभा चुनाव में नवसंघटित जनता पार्टी को बहुमत मिलेगा और केंद्र में सुदृढ़ और स्थायी सरकार बनाने में

वह पूर्णतया सक्षम और समर्थ होगी। प्रधानमंत्री इंदिरा गांधी और कांग्रेस अध्यक्ष बरुआ द्वारा दिये गये इस वक्तव्य को कि जनता पार्टी केंद्र को स्थायी सरकार कभी प्रदान नहीं कर सकती, वास्तविकता और सत्य से परे है। प्रधानमंत्री गांधी के चुनावी दौरे का असर मतदाताओं पर इस बार बिल्कुल नहीं पड़ने जा रहा है। राज्य और देश के विभिन्न स्थानों के मतदाताओं से इस सम्बन्ध में हुई हमारी बातचीत से कांग्रेस की पराजय निश्चित है।

एक पत्रकार ने जेपी से पूछा कि श्रीमती गांधी मतदाताओं को अपने पक्ष में करने के लिए जो बिहार आयी हुई हैं, इस संबंध में आपको कुछ कहना है। इस पर जेपी ने कहा कि यह उनका नियमित चुनावी दौरा है। उन्हें हर जगह जाने आने का हक है। एक अन्य प्रश्न के उत्तर में जेपी ने कहा कि मैंने कभी श्रीमती नन्दिनी सत्यपति के खिलाफ यह नहीं कहा कि उन्होंने 40-50 लाख रुपये खर्च किए और भ्रष्टाचार को अपनाकर चुनाव में सफल हुई थीं।

एक अन्य पत्रकार के इस प्रश्न के जवाब में कहा कि जनता पार्टी ने किसी महिला को टिकट नहीं दिया, इसलिए बलिया में खड़ी लोकतंत्र कांग्रेस की उम्मीदवार के पक्ष में मतदान करने के लिए लोगों से अपील करेंगे, जेपी ने कहा कि किसी खास उम्मीदवार के पक्ष में प्रचार करना हमारा धर्म नहीं है। यह मतदाताओं पर ही है कि वे चाहे जिसका समर्थन करें।

बम्बई : 15 मार्च 1977

फिल्मी कलाकार जनता पार्टी के साथ

इंदिरा सरकार की तानाशाही की कोई सीमा रेखा नहीं रही। इंदिरा गांधी तानाशाही के विरुद्ध आवाज उठाने वालों को भारत में देशद्रोही, विदेशी एजेंटों, प्रतिक्रियावादियों आदि की संज्ञा दी जाती रही तथा भारतीय चुनाव के इतिहास में यह पहला चुनाव लोकतंत्र और तानाशाही के बीच हुआ। लोकतंत्र में आस्था रखने वाले जनता पार्टी के समर्थक बने- तानाशाही गुलामी को पसंद करने वाले इंदिरा सरकार के समर्थक हुए। लोकतंत्र में आस्था रखने वाले भारतीय विदेशी, विदेशी पत्रकारों, लेखकों, बुद्धिजीवियों के अतिरिक्त आम भारतीय मध्यवर्गीय परिवार के साथ-साथ भारतीय फिल्म उद्योग नगरी बम्बई की महान फिल्म हस्तियों ने खुलकर रचनात्मक रूप से 12 मार्च, 1977 से 'जनता पार्टी' का सहयोग करना शुरू कर दिया। जिनमें सुप्रसिद्ध अभिनेता देवानंद, शतुघ्न सिन्हा, डैनी डॉज गप्पा, राज कपूर परिवार के साथ कई फिल्मी सितारों को जनता पार्टी के प्रति उदारता के साथ काम करते देखकर इंदिरा सरकार के आयकर अधिकारियों से यातनाएं मिलने लगीं। इसके पूर्व संजय गांधी की बात नहीं मानने के नतीजे पार्श्व गायक किशोर कुमार को भुगतने पड़े थे।

पटना : 14 मार्च 1977

ज्यादतियों की जांच करानी पड़ेगी- जेपी

चौदह मार्च की शाम जेपी ने अपने निवास स्थान पर पत्रकार सम्मेलन रखा था। उसी दिन वाराणसी से प्रकाशित होने वाला हिन्दी दैनिक 'आज' के पटना स्थित संवाददाताओं ने जेपी से उनके निवास स्थान पर विशेष भेंटवार्ता की थी। जिसमें संवाददाताओं के प्रश्नों के जवाब देते हुए जेपी ने कहा कि जनता पार्टी सत्ता में आयेगी तो अगले सितंबर में होने वाले राष्ट्रपति के चुनाव के पूर्व सभी विधान सभाओं को भंग करके नया चुनाव कराया जा सकता है बशर्ते इसमें कोई संवैधानिक अड़चन पैदा न हो।

सवाल- लोकसभा के चुनाव में जनता पार्टी को दो तिहाई बहुमत नहीं मिलने की स्थिति में संविधान में मनोकुल परिवर्तन कैसे किया जायेगा?

जेपी- वैसी स्थिति के वक्त लोक शिक्षण के अन्तराल के बाद चुनी हुई संविधान सभा गठित की जा सकती है, जिससे 42वें संशोधन द्वारा भारतीय संविधान के बिगाड़े गये स्वरूप को ठीक किया जा सकेगा ताकि राष्ट्रपति या प्रधानमंत्री के लिए भविष्य में देश पर संवैधानिक तानाशाही की गुंजाइश न रह जाए।

सवाल- जनता पार्टी ने पिछले 19 महीने में बनाये गये जन विरोधी कानूनों को रद्द करने की मांग की है। यदि चुनाव में जनता पार्टी को दो तिहाई बहुमत नहीं मिला तो क्या उन कानूनों को रद्द करने के लिए संविधान सभा के गठन की बात आप सोचेंगे?

जेपी - मैं आधिकारिक रूप से कुछ कहने की स्थिति में नहीं हूं। जनता पार्टी ने जनता से जो वादे किये हैं, मैं आशा करता हूं, जनता पार्टी उनका पालन करेगी, पर यदि सत्ता में आने के बाद वह अपना कर्तव्य भूल जाए तो मेरा प्रयास होगा कि शक्तिशाली जनमत के द्वारा उसको कर्तव्य पालन के लिए मजबूर किया जाए। यदि कांग्रेस की तरह वह भी जनमत की अवहेलना करेगी तो उनके विरुद्ध भी जन आंदोलन संगठित करना होगा।

सवाल - यदि जनता पार्टी को दो तिहाई बहुमत मिलता है तो जो प्रतिक्रियावादी कानून बने हैं, उन्हें वापस लेना होगा और यदि साधारण मिले तो लोकशिक्षण के अन्तराल के बाद नयी निर्वाचित संविधान सभा बनायी जा सकती है?

जेपी- मैं चाहता हूं कि संविधान में इस प्रकार का संशोधन होना चाहिए जिसमें भविष्य में कोई भी राष्ट्रपति या प्रधानमंत्री देश पर संवैधानिक तानाशाही नहीं लाद सके जैसा कि अभी हुआ है। अतः हमारे संविधान में जो यह कमी है कि संविधान की मदद से लोकतंत्र की हत्या कर दी

जाय, इसे सदा के लिए रोक दिया जाना चाहिए। सवाल - आपके प्रयास और प्रेरणा के कारण ही जनता पार्टी का गठन हुआ है। जो राजनीतिक दल इस नये संगठन में शामिल हुए हैं उनकी आपके प्रति निष्ठा है। चुनाव के बाद सत्तारुढ़ होने पर जनता पार्टी को लोकहित में कौन-कौन से काम करने की सलाह आप देंगे?

जेपी- सबसे पहले जो कूर और तानाशाही कानून बने हैं उनको रद्द करने, लोकतंत्र को सही रूप में लाने, जिसमें बोलने, लिखने तथा संगठन बनाने की आजादी भी शामिल है और मौलिक अधिकारों की वापसी की सलाह दूंगा।

आर्थिक क्षेत्र में भूमि सुधार सम्बन्धी कानूनों की कमियों को दूर करने, उन्हें प्रभावकारी ढंग से लागू करने और यदि जरूरत हुई तो नये कानून बनाने की दिशा में कदम उठाने होंगे।

सवाल- क्या आप सोचते हैं कि निष्पक्ष चुनाव संभव होगा? यदि नहीं तो आप इसके लिए कौन सा कदम उठाना चाहेंगे? पाकिस्तान में शासक दल की अप्रत्याशित विजय और वहां के प्रतिपदा दलों द्वारा चुनाव में धांधली के आरोप से यहां भी लोगों के दिल में निष्पक्ष चुनाव के प्रति शंका हो सकती है?

जेपी- पाकिस्तान की बात यहां दोहरायी जाए, यह संभव नहीं है। बड़े पैमाने पर चुनाव में धांधली यहां संभव नहीं है। हां, कुछ पिछड़े इलाकों में यह भले संभव हो सके पर युवा शक्ति जगी हो तो ऐसी धांधलियां चलने नहीं देगी, ऐसा मैं नहीं मानता हूं।

सवाल- यदि जनता पार्टी सत्तारूढ़ हुई तो आपकी सम्पूर्ण क्रांति की नयी दिशा क्या होगी?

जेपी- नयी दिशा का प्रश्न नहीं है। शासक का सहयोग है तो समाज के परिवर्तन में आसानी होती है और समय भी कम लगता है, पर सामाजिक परिवर्तन, खास कर हिन्दू समाज की कुरीतियों को दूर करने जैसे कार्यो पर कानून का कोई वश नहीं चलता, पर दो वर्ष पूर्व जाति प्रथा तोड़ने और सहभोज आयोजित करके जो कार्यक्रम चलाये गये उसका असर हुआ। पर जाति प्रथा तो अंतरजातीय विवाह के द्वारा ही रोकी जा सकती है।

सवाल- आपात स्थिति में जो ज्यादतियां हुई हैं, उनके लिए क्या किसी निष्पक्ष जांच की व्यवस्था होगी।

जेपी - हां, सोचेंगे। जांच करानी पड़ेगी। देश के नेतागण बैठेंगे तो अवश्य ही इस दिशा में कदम उठाये जायेंगे। कई स्थानों पर ज्यादतियां हुई हैं, उनकी जांच होनी चाहिए।

जनता पार्टी की जीत
अन्तर : मार्च 77– जून 77

जनता पार्टी की जीत के बाद पटना में लोकनायक जयप्रकाश नारायण ने 21 मार्च, 1977 को अपने पहले प्रेस सम्मेलन में कहा, "नेता पद का चुनाव जनतांत्रिक तरीके से होगा।" जिसके उपरान्त दिल्ली में नेता पद के लिए चौधरी चरण सिंह और जगजीवन राम की लड़ाई हुई। राज नारायण और जॉर्ज फर्नांडिस द्वारा मंत्रिमंडल में शामिल न होने की बात सामने आयी। जनता पार्टी की जीत के उपरान्त दिल्ली के रामलीला मैदान में जनता पार्टी की सबसे पहली सभा जिसमें टी.वी. और न्यूज रील निर्माताओं, कैमरा मैनों के साथ दुर्व्यवहार तथा जनता पार्टी की जीत के उपरान्त दिल्ली में 'कुर्सी' की लड़ाई की घिनौनी तस्वीरें सामने आयीं।

21 मार्च, 1977 को जेपी ने अपने पहले पत्रकार सम्मेलन में कहा कि, "देश के जिन राज्यों में कांग्रेस की सरकार है, वहां की विधान सभाओं को अविलम्ब भंग कर पुनः चुनाव कराना चाहिये, क्योंकि लोकसभा चुनाव के नतीजे यह बताते हैं कि जनता ने कांग्रेसी हुकूमत से स्पष्ट कह दिया कि अब तुम प्रतिनिधि नहीं, हमारी गद्दी छोड़ दो। जेपी के इस वक्तव्य के उपरान्त ही सम्पूर्ण भारत में कांग्रेसी सरकार की विधान सभाओं को भंग करने की मांग पर विभिन्न छात्र-युवा संगठनों, राजनीतिक दलों और जनमत द्वारा आंदोलन रूपी कार्यरत हो गये। 18 अप्रैल, 1977 को जनता पार्टी सरकार के गृहमंत्री चौधरी चरण सिंह ने एक संवाददाता सम्मेलन में नौ राज्यों उत्तर प्रदेश, मध्यप्रदेश, पंजाब, हरियाणा, हिमाचल प्रदेश, राजस्थान, बिहार, उड़ीसा और पश्चिम बंगाल के मुख्यमंत्रियों को यह सलाह दी कि वे संबंधित विधान सभाओं को भंग करने के लिए राज्यपालों को परामर्श दें और तत्काल नये चुनाव करायें। राज्यों के मुख्यमंत्री संवैधानिक तथा

लोकतांत्रिक परंपरा सम्मत यह सलाह मान कर हम पर अनुग्रह करेंगे। गृह मंत्री चरण सिंह ने इस बात से इनकार किया कि नौ राज्यों के विधानसभा चुनाव से अगस्त में होने वाले राष्ट्रपति के चुनाव से संबंधित हैं। यदि राष्ट्रपति का चुनाव नहीं भी होता तो भी हम यही करते तथा उसी दिन विपक्ष के नेता यशवंत राव चव्हाण ने इसे असंवैधानिक बताया तथा 19 अप्रैल, 1977 को कांग्रेस कार्यकारिणी समिति द्वारा गृह मंत्री चरण सिंह की नौ राज्यों की विधानसभाओं को भंग कराने की अपील अस्वीकार करने की सलाह दी गई।

29 अप्रैल, 1977 को सर्वोच्च न्यायालय द्वारा विधान सभाओं के विघटन पर याचिका रद्द कर दी गई तथा 30 अप्रैल, 1977 को कार्यवाहक राष्ट्रपति बासप्पा दनप्पा जत्ती द्वारा नौ राज्य विधान सभाएँ भंग कर दी गईं और वहां केंद्र शासन लागू कर दिया गया।

नई दिल्ली 23 मार्च, 1977 को एक तरफ गैर कांग्रेसी 'जनता पार्टी सरकार' के गठन का कार्य चल रहा था। जनता पार्टी और सरकार के सूत्रधार लोकनायक जयप्रकाश नारायण नई दिल्ली से 29 मार्च, 1977 की सुबह पटना हवाई अड्डे पहुंचे। पिछले दिनों लोकनायक को जिन परेशानियों से गुजरना पड़ा, निस्संदेह उन्होंने क्षमता से अधिक शारीरिक और मानसिक कार्यों से थकावट महसूस की और पटना स्थित निवास स्थान कदमकुआं 'प्रभा स्मृति में स्वास्थ्य लाभ लेने पहुंचे लेकिन 25 मार्च, 1977 की शाम होते-होते जेपी के वास्तविक स्नट से डायलिसिस का कार्य सुचारू रूप से नहीं होने लगा। जिससे जेपी के निजी चिकित्सकों एवं उनके शुभचिन्तकों को परेशानी होने लगी। उसी शाम जेपी विशेष विमान से पटना से बम्बई के जसलोक अस्पताल पहुंचाये गये, वहां के डॉक्टरों ने जेपी का सही इलाज किया जिससे डायलिसिस का कार्य पुन: सुचारू रूप से होने लगा। 26 मार्च की दोपहर में जेपी के बाईपास में ऑपरेशन कर स्नट बनाया गया, जिससे डायलिसिस करने में मदद मिली। इसके पहले जेपी के दाहिने पांव के स्नट ने काम करना बंद कर दिया था।

लोकसभा में कांग्रेस की हार के बाद भी कांग्रेस संसदीय दल में कुल 316 सदस्य थे, जिनमें राज्यसभा के 163 और लोकसभा में 153 सदस्य थे।

जनता सरकार : जेपी की तपस्या सफल हुई

24 मार्च, 1977 नई दिल्ली : लोकनायक जयप्रकाश नारायण ने जनता पार्टी और जनतांत्रिक कांग्रेस के नवनिर्वाचित संसद सदस्यों को राजघाट पर यह प्रतिज्ञा दिलाई कि भारतीय जनता के निर्वाचित प्रतिनिधि हम लोग, जो राष्ट्रपिता महात्मा गांधी की समाधि पर एकत्र हुए हैं, उनसे प्रेरणा लेते हैं और पूर्ण प्रामाणिकता से यह संकल्प करते हैं-1. महात्मा

जी ने जिस कार्य का शुभारंभ किया, उसे हम पूर्ण करेंगे। 2. हम अपने देशवासियों की सेवा करेंगे और अंत्योदय के लिए अपने को अर्पित करेंगे। 3. भारतीय गणतंत्र के नागरिकों के जीवन और स्वतंत्रता के अनुल्लंघनीय अधिकारों की रक्षा करेंगे। 4. हम उत्सर्ग की भावना से राष्ट्रीय एकता तथा समरसता को बढ़ायेंगे और उनके व्यक्तित्व तथा कृतित्व में जो दिशा दिखाई हैं, उनके प्रति निश्चयपूर्वक आगे बढ़ेंगे, निजी तथा सार्वजनिक जीवन में सादगी तथा ईमानदारी से काम करेंगे। हमारी प्रार्थना है कि गांधी जी का आशीर्वाद हमारा पथ प्रकाशित और प्रशस्त करे।

24 मार्च, 1977 की सुबह राजघाट पर लोकनायक जयप्रकाश नारायण ने नवनिर्वाचित सांसदों को शपथ दिलाई। जेपी राजघाट पहुंच चुके थे, उन्हें पहियेदार कुर्सी पर लाया गया। इसी बीच विजयलक्ष्मी पंडित आयीं और अटल बिहारी वाजपेयी उनको पूरे आदर से यथास्थान बिठा रहे थे। प्रतिज्ञा-समारोह सादगी से हो रहा था। लोकनायक जयप्रकाश नारायण पहियेदार कुर्सी पर ही बैठे थे, उनके दोनों ओर जगजीवन राम, मोरारजी देसाई, आचार्य कृपलानी आदि नेता बैठे थे। प्रतिज्ञा समारोह पूरा होने के बाद 'गांधी शांति प्रतिष्ठान" पहुंचने की सूचना दी गई। राजघाट से नेता, कार्यकर्ता गांधी शांति प्रतिष्ठान पहुंचने लगे, जहां जेपी एक कमरे में नेताओं से बारी-बारी से बातें कर रहे थे। इसी बीच किसी ने बताया कि नेता के नाम की घोषणा गांधी शांति प्रतिष्ठान में नहीं, संसद के सेंट्रल ह़ॉल में संसदीय दल की बैठक होगी।

24 मार्च, 1977 की दोपहर में जनता पहली बार संसद भवन के दरवाजे तक आ गई, सुरक्षा अधिकारी परेशान थे और विवश भी थे। यहां तक जनता के आने का सवाल ही नहीं होता। इसी बीच सेंट्रल हॉल में वयोवृद्ध आचार्य कृपलानी की आवाज उभरी, "आप मेरे और जेपी के निर्णय के स्वीकारने का वचन मानते हैं 'न' 'हां'!" और मोरारजी भाई के नये नेता होने की घोषणा हो गयी। मेजें जोरों से बजीं। हंसी के ठहाकों से सेंट्रल हॉल गूंज उठा। तालियों की गड़गड़ाहट और अंत में खड़े होकर नये नेता का सर्वसम्मति से समर्थन! देश के नये प्रधानमंत्री का चयन हो गया। यह तथ्य किसी से छिपा नहीं रहा कि इस सर्वसम्मत निर्णय के समय जगजीवन राम और हेमवती नन्दन बहुगुणा उपस्थित नहीं थे। कांग्रेस फोर डेमोक्रेसी (जनतांत्रिक कांग्रेस) की नाराजगी की खबर देखते-देखते पूरे देश में फैल गई। जगजीवन राम और हेमवती नंदन बहुगुणा सेंट्रल हॉल में नेता चुनाव में नहीं गये, लेकिन जगजीवन राम ने अपने निवास स्थान पर पत्रकारों को कहा कि जनतांत्रिक कांग्रेस संसद में और बाहर अलग दल के रूप में काम करेगी। वह नयी सरकार को समर्थन देगी, पर अपने घोषणापत्र के अनुरूप कामों में ही। निश्चित ही दोपहर ढलते तक जनता पार्टी के कार्यकर्ताओं का उत्साह फीका पड़ चुका था।

इसी बीच जनता पार्टी नेताओं की दिन भर की भाग दौड़ जारी रही, नेतागण जेपी से मिलते रहे, इस घटनाचक्र से जेपी भी चिंतित हो गये। 24 मार्च, 1977 को कई घटनाएं हुईं। सुबह राजघाट पर जनता पार्टी एवं जनतांत्रिक कांग्रेस के नये सांसदों को जेपी ने महात्मा गांधी के सपनों को ईमानदारी से पूरा करने की 'प्रतिज्ञा' दिलाई। फिर गांधी शांति प्रतिष्ठान में नये नेता के नाम पर चर्चा हुई, उसके बाद सेंट्रल हॉल में नये नेता मोरारजी देसाई के नाम की घोषणा की गई, जिसमें जगजीवन राम और हेमवती नंदन बहुगुणा नहीं गये। फिर जगजीवन राम ने अपने निवास पर पत्रकार सम्मेलन किया, जिसमें बाहर से समर्थन देने की बात कही, लेकिन इसी दिन 24 मार्च को राष्ट्रपति भवन के अशोक हॉल में कार्यवाहक राष्ट्रपति बी.डी.जत्ती ने मोरारजी देसाई को भारत के नये प्रधानमंत्री की शपथ दिलाई। जत्ती ने मोरारजी देसाई को हिन्दी में शपथ दिलाई। शपथ समारोह में विरोधी पक्ष कांग्रेस के नेता यशवंतराव चौहान, जनता पार्टी के नेता लालकृष्ण आडवाणी, श्याम नंदन मिश्र, राज नारायण, जॉर्ज फर्नांडिस आदि उपस्थित थे।

लोकनायक जयप्रकाश नारायण के कारण ही देश में पहली जनता पार्टी की सरकार बनी। बिहार आंदोलन के दौरान जेपी ने गांव-गांव में जनता को अपनी सरकार बनाने का आह्वान किया था। जनता सरकार, जो रचनात्मक काम करे, झगड़ों को निपटाए, जनशक्ति को रचनात्मक दिशा में मोड़े। सेंट्रल हॉल में लोकनायक ने कहा था, "देश का नया इतिहास आप बनाने जा रहे हैं। मोरारजी भाई इस बात से सहमत होंगे कि समाज परिवर्तन सिर्फ राज्य शक्ति से नहीं होता है। उसके लिए जन शक्ति का सहयोग भी आवश्यक है।"

प्रधानमंत्री पद की शपथ लेने के तुरंत बाद ही नये प्रधानमंत्री मोरारजी देसाई का पहला पत्रकार सम्मेलन, जिसमें उन्होंने और बातों के साथ लोगों को निर्भय बनाने पर जोर दिया। उन्होंने पत्रकारों को संबोधित करते हुए कहा, "कल से आप संसद में जो कुछ भी कहा जाये, उसे पहले की तरह ज्यों का त्यों छाप सकते हैं। मैं आपको आश्वासन देता हूं आपके विरुद्ध कोई कार्रवाई नहीं होगी।"

उसी दिन 24 मार्च, 1977 की शाम को रामलीला मैदान में विशाल जनसभा हुई जिसमें नये प्रधानमंत्री मोरारजी देसाई ने लोगों को निर्भय बनने की बात कही। भय के लंबे दौर के बाद निर्भय बनने का यह आह्वान सचमुच देश की राजनीति में आये परिवर्तनों का स्पष्ट संकेत दे रहा था। विनम्र भाव से मोरारजी भाई ने कहा, "मुझसे कोई गलती हो, तो आकर मुझे बताइए, शांति से बताइए। मैं उसे ठीक करने की कोशिश करुंगा। न करूं, तो मेरा कान पकड़ लीजिए।"

25 मार्च, 1977 को देश के समाचार पत्रों में मोरारजी देसाई के प्रधानमंत्री बनने के साथ ही जनता पार्टी के महामंत्री रामधन के अपने पद से त्यागपत्र और जॉर्ज फर्नांडिस की नाराजगी की

खबर छपी। इस बीच यह सवाल भी आया कि जगजीवन राम मंत्रिपरिषद में शामिल होंगे या नहीं ? वहीं जनता पार्टी के नेता दिन-रात जगजीवन बाबू को मंत्रिपरिषद में शामिल करने के लिए अथक प्रयास कर रहे थे। दूसरी ओर जनतांत्रिक कांग्रेस का एक वर्ग अपने दल को सरकार से बाहर रखने के लिए प्रयत्नशील था। 25 मार्च की आधी रात को जगजीवन राम उप प्रधानमंत्री के रूप में मंत्रिपरिषद में शामिल होने को तैयार हो गये।

26 मार्च, 1977 की सुबह तक राजनीतिक परिस्थितियां बहुत बदल गई थीं। 26 मार्च को लोगों को समाचार पत्रों से यह मालूम हुआ कि जगजीवन बाबू और बहुगुणा सरकार में शामिल होंगे, लेकिन जगजीवन राम ने 26 मार्च को कहा कि मंत्रिपरिषद में शामिल होने की सहमति देते समय उनको सिर्फ 13 व्यक्तियों की मंत्रिपरिषद के बारे में बताया गया था, पर मेरे सहमति देने के तुरंत बाद मंत्रिपरिषद का विस्तार कर लिया गया और मुझे उसकी सूचना तक नहीं दी गयी। ऐसी स्थिति में मेरा मंत्रिपरिषद में शामिल होना मुमकिन नहीं है। जगजीवन राम और हेमवती नन्दन बहुगुणा ने 26 मार्च को मंत्रिपिषद में शपथ नहीं ली। उनको मनाने के लिए गये जॉर्ज फर्नांडिस और राज नारायण ने भी शपथ नहीं ली। जनता पार्टी और कार्यकर्ताओं में उदासी छाई रही, कार्यकर्ताओं ने जॉर्ज का घेराव किया, मांग थी शपथ लो। इस पर जॉर्ज ने कहा, "मोरारजी भाई हमारे नेता हैं और हम जनता पार्टी की सरकार को पुख्ता बनाये रखेंगे। इसे तोड़ने की कोई भी कोशिश कामयाब नहीं होने दी जायेगी। जगजीवन राम को मंत्रिपरिषद में शामिल होने के लिए सहमत करने के उद्देश्य से ही सबके साथ शपथ नहीं ली थी। 26 मार्च की आधी रात तक राजनीतिक स्थिति कुछ स्थिर होने लगी थी। जॉर्ज फर्नांडिस सोमवार को शपथ लेने के लिए सहमति दे चुके थे। जगजीवन बाबू ने मंत्रिपरिषद में शामिल होने की अभी तक कोई घोषणा नहीं की थी, पर इस बात के संकेत थे कि रविवार को स्थिति काफी सुधर जायेगी।

27 मार्च को जगजीवन राम का कृष्ण मेन मार्ग स्थित निवास स्थान चहल-पहल का केंद्र बना हुआ था, समर्थकों-प्रशंसकों की नारे लगाती भीड़ के साथ छायाकारों के झुंड भी मौजूद थे। भीतर जनतांत्रिक कांग्रेस की कार्यसमिति की बैठक चल रही थी। 27 मार्च की दोपहर में बाबू जगजीवन राम ने घोषणा की कि जयप्रकाश के संदेश के अनुसार मैंने प्रधानमंत्री को सहयोग देने का निश्चय किया है। उन्होंने कहा, "श्री जयप्रकाश नारायण मेरे पुराने साथी हैं, मेरे मन में उनके प्रति भारी सम्मान है। और मैं बिना शर्त प्रधानमंत्री जी को अपना सहयोग अर्पित कर रहा हूं।" जगजीवन राम का निवास जयप्रकाश जी की जय-जयकार के नारों से गूंज उठा और राजनीतिक स्थिति में आया अनावश्यक तूफान शांत हो गया। जगजीवन राम उप प्रधानमंत्री, जॉर्ज सहित

हेमवती नन्दन बहुगुणा, राज नारायण मंत्रिमंडल में शामिल हो गये। आखिर तीन दिनों तक देश की राजनीति में यह अस्थिरता क्यों बनी रही?

मोरारजी देसाई के मंत्रिमंडल में जहां पहले जॉर्ज फर्नांडिस और राज नारायण ने मंत्रिमंडल में शामिल नहीं होने की घोषणा की थी, सभी मंत्रिमंडल में शामिल हुए। इसके अलावा चौधरी चरण सिंह, चन्द्रशेखर, अटल बिहारी वाजपेयी, लाल कृष्ण आडवाणी, हेमवती नन्दन बहुगुणा आदि नई सरकार में नये चेहरे शामिल हुए।

जेपी न होते तो जनता पार्टी सरकार न बनती

लोकनायक जयप्रकाश नारायण ने भ्रष्टाचार, महंगाई के खिलाफ शिक्षा में आमूल परिवर्तन सहित सम्पूर्ण क्रांति को लेकर देशव्यापी जन आंदोलन शुरू किया, जिस कारण जेपी आपातकाल के दौरान जेल में बंद रहे, जहां उनकी किडनी खराब कर दी गई। उसके बाद भी जेपी ने आपातकाल हटाए बगैर कोई समझौता नहीं किया, लेकिन चार जिनमें जनसंघ, भारतीय लोकदल, सोशलिस्ट पार्टी आदि ने बैठक कर इंदिरा गांधी से समझौता करने के लिए प्रस्ताव पारित कर लिया, जिसे जेपी ने मानने से इंकार कर दिया। इसी दौरान लोकसभा चुनाव की घोषणा इंदिरा गांधी ने कर दी। जेपी सभी चार दलों को मिलाकर 'जनता पार्टी' के गठन में जुट गये, लेकिन अंदर ही अंदर ये दल अपने पुराने दलों की पहचान के साथ रहना चाहते थे। जेपी के अपने जीवन में त्याग और तपस्या के कारण ही 'जनता पार्टी' की सरकार बनी, लेकिन जनता पार्टी सरकार पर भ्रष्टाचार के कई आरोप लगने लगे और आपसी खींचतान गुटबाजी के कारण मात्र 17 महीनों में सरकार अंतिम सांस लेने लगी। जेपी के सिद्धांत और उनके सपनों को चकनाचूर कर भ्रष्टाचार में डूब गई जनता पार्टी की सरकार, जिस कारण यह सरकार मात्र 17 महीनों में टूट और बिखर गई।

चार पार्टियों को मिलाकर जेपी के प्रयासों से जनता पार्टी बनी। यहां यह बताना जरूरी है कि इन चार पार्टियों में से कोई भी अपनी पार्टी का अस्तित्व छोड़ना नहीं चाहती थी और सभी पार्टियों के प्रमुख उसके नेता बने रहना चाहते थे, विलय करना नहीं चाहते थे ताकि उनकी राजनीतिक दुकानदारी चलती रहे। ऐसे हालात में फिर किसी पार्टी को सरकार बनाने के लिए बहुमत कभी नहीं मिलता। यह सब लोकनायक जयप्रकाश नारायण जानते थे। इसलिए उन्होंने स्पष्ट शब्दों में कहा था, जब तक सभी चारों दल आपस में एक नहीं होंगे. आशीर्वाद उन्हें नहीं मिलेगा। आपातकाल हटाए बिना इन चारों दलों जनसंघ, भारतीय लोकदल, सोशलिस्ट पार्टी, संगठन कांग्रेस ने इंदिरा गांधी से समझौता प्रस्ताव भी तैयार कर लिया। आपात काल के अन्तिम समय

तक जेपी के विचार दृढ़ थे, आंदोलन वापस नहीं लेंगे। 23 दिसंबर, 1976 को पटना में जेपी ने कहा,"इस सरकार (कांग्रेस सरकार) के साथ सहयोग नहीं करना चाहिए।" फिर भी विपक्षियों का एक गुट आंदोलन वापस लेने तथा तानाशाह इंदिरा के समर्थन के लिए तैयार था। इस गुट में भारतीय लोकदल के नेता चौधरी चरण सिंह, जनसंघ के नेता अटल बिहारी वाजपेयी शामिल थे। समझौते का प्रारूप लेकर अटल बिहारी वाजपेयी 23 दिसंबर, 1976 को पटना आकर जेपी से मिले, लेकिन जेपी तैयार नहीं हुए। दिल्ली में विरोधी दल सम्मेलन बुलाकर इंदिरा से समझौता करने को तैयार थे, लेकिन सम्मेलन का एक गुट इसके विरुद्ध था।

जनता पार्टी टूटने के बाद सभी अपने-अपने पुराने दलों में फिर से मिल गए। वही हुआ जिसका पूरे देश को डर था। विपक्ष में इंदिरा गांधी थीं, जिन्हें फिर से 'जनता पार्टी' ने सत्ता में वापस आने का रास्ता बना दिया।

लोकनायक जयप्रकाश नारायण के सपनों को चूर-चूर कर आज भी अपने को जेपी के अनुयायी कहे जाने वाले पटना से लेकर दिल्ली सहित देश कई हिस्सों में सत्ता या विपक्ष के नेता लोग सुखी हैं। जेपी के सिद्धांतों, उनके आदर्शों को कब का भूल कर भ्रष्टाचार के आरोपों से घिरे रहे।

महात्मा 47 और 77

1974 के छात्र आंदोलन को लोकनायक जयप्रकाश नारायण ने 'जन आंदोलन' बना कर देशव्यापी कर 1977 को दूसरी आजादी दिलाई, ये बातें आज भी कही जाती हैं। महात्मा गांधी ने देश को अहिंसा के बल पर अंग्रेजों से आजादी दिलाई। जिस तरह बिहार के पंडित राजकुमार शुक्ल ने गांधी जी को 'महात्मा' बनाया और आज पूरी दुनिया गांधी जी को 'महात्मा' कहती है। ठीक उसी प्रकार जयप्रकाश नारायण को 1974 में पटना के गांधी मैदान में जन समुदाय ने उन्हें 'लोकनायक' की उपाधि दी, जिस कारण जेपी युगों युगों तक गांधी जी की तरह 'लोकनायक' कहे जायेंगे। जेपी की मृत्यु पटना में कदमकुआं स्थित उनके निवास स्थान प्रभा स्मृति में 8 अक्टूबर, 1979 में हुई। लोकनायक ने महात्मा गांधी के अहिंसा के रास्ते पर चल कर देश को दूसरी आजादी दिलाई, लेकिन जेपी के अनुयायी भ्रष्टाचार, महंगाई को समाप्त करने में पूरी तरह से असफल रहे, बल्कि उन्हीं पर भ्रष्टाचार के कई आरोप लगे हैं, इन्हें सिर्फ 'सत्ता का सुख' (सत्ता और विपक्ष दोनों को) मिलता रहे, अब इसी सिद्धांत पर चल रहे हैं। जेपी की 'सम्पूर्ण क्रांति' को भूल गये। जिस दिन जेपी की तरह नेतृत्व को जनसमर्थन मिलेगा, देश में एक बार फिर 1974 जैसे आंदोलन की जरूरत होगी, जिसमें सत्ता और व्यवस्था परिवर्तन के साथ 'तीसरी आजादी' मिले।

आभार

आर्यावर्त, हिन्दी दैनिक, पटना, 1974 से 1977

The Indian Nation, English Daily, Patna - 1974 to 1977

The Search Light, English Daily, Patna - 1974 to 1977

दिनमान, हिन्दी साप्ताहिक, टाइम्स ऑफ इंडिया प्रकाशन, नई दिल्ली, 1974 से दिसंबर 1977

तरुण क्रांति : 1974 से 1977

तरुण क्रांति : वार्षिकांक 1975।

धर्मयुग : (टाइम्स ऑफ इंडिया प्रकाशन, बम्बई) 1974 से 1975

साप्ताहिक हिन्दुस्तान (हिन्दुस्तान टाइम्स प्रकाशन, नई दिल्ली) 1974 से 1977

मुनादी : डॉ. धर्मवीर भारती (कल्पना / धर्मयुग)

सरिता : अंक 527 (1977), अंक 539 (1977), दिल्ली प्रेस समाचार पत्र, नई दिल्ली

प्रजा नीति (हिन्दी साप्ताहिक, नई दिल्ली) 1974 से 1975

प्रतिपक्ष (हिन्दी साप्ताहिक, नई दिल्ली) 1974 से 1975

ब्लिट्ज (हिन्दी साप्ताहिक, बम्बई) 1974 से 1977

जनयुद्ध : संग्रह, अंक 1, जुलाई 1976

आवाज : 1976

Economics And Political Weekly - 1975

Report of The Citizens Enquiry Committee on Police Firing on 12 April 1974.

शाह जांच आयोग रिपोर्ट

Sunday : 1976 -1977.

The Times Of India : December 1973 & 1974 to 1977.

The Indian Express December 1973 & 1974 to 1977.

आज हिन्दी दैनिक, वाराणसी, 1974/जनवरी 1977 से दिसंबर 1977

हमारा संघर्ष 1976 (हिन्दी)

जन रुचि 1976 (हिन्दी)

लोकवाणी 1976 (हिन्दी)

मुक्ति संग्राम 1976। (हिन्दी)

क्रांति नाद 1976 (हिन्दी)

Himat : Weekly 1975-1976.

बिहारवासियों के नाम चिट्ठी : जय प्रकाश नारायण- बिहार सर्वोदय मंडल, कदमकुआं, पटना।

रविवार, (हिन्दी साप्ताहिक, कोलकाता) 1977

हिन्दुस्तान, हिन्दी दैनिक, पटना, 10 फरवरी 2023

लेखक परिचय

लेखक : संतोष सुमन, वरिष्ठ पत्रकार। देश के जाने-माने राष्ट्रीय हिन्दी पत्रिकाओं में लम्बे समय तक खोजपूर्ण रिपोर्ट लिखी, 'धर्मयुग', हिन्दी साप्ताहिक (टाइम्स ऑफ इंडिया प्रकाशन, बम्बई), 'दिनमान', हिन्दी साप्ताहिक, (टाइम्स ऑफ इंडिया प्रकाशन, नई दिल्ली, 'साप्ताहिक हिन्दुस्तान', (हिन्दुस्तान टाइम्स प्रकाशन, नई दिल्ली), 'सरिता', 'भू भारती', (दिल्ली प्रेस, नई दिल्ली), 'अवकाश', हिन्दी पाक्षिक, वाराणसी, आज प्रकाशन, 'माया', हिन्दी पाक्षिक, मित्र प्रकाशन, इलाहाबाद सहित अनेक पत्र- पत्रिकाओं में लगातार लिखते और छपते रहे। इसके अलावा 'प्रभात खबर' हिन्दी दैनिक में संवाददाता के रूप में 'रांची और पटना' में कार्य किया। 'हिन्दुस्तान', पटना में नगर प्रतिनिधि के रूप में रिपोर्टिंग का कार्य किया। 'वीर अर्जुन' हिन्दी दैनिक के पटना स्थित विशेष संवाददाता के रूप में कार्य किया। 'बिहारी खबर' हिन्दी साप्ताहिक, पटना में समाचार संपादक, 'बिजनेस भास्कर' (भास्कर समूह प्रकाशन) में वरीय संवाददाता के रूप में भोपाल में कार्य किया। साथ ही कई खोजपूर्ण रिपोर्टें प्रकाशित हुईं।

इनकी पहली पुस्तक : 'प्रेस की आजादी पर हमला - बिहार प्रेस बिल 1982' साल 2022, जनवरी में प्रकाशित हो चुकी है।

*****

www.ingramcontent.com/pod-product-compliance
Ingram Content Group UK Ltd.
Pitfield, Milton Keynes, MK11 3LW, UK
UKHW042136021026
15589UKWH00003B/861

9 789359 047492